Volumen 1 Temas 1 a 8

Autores

Randall I. Charles
Professor Emeritus
Department of Mathematics
San Jose State University
San Jose, California

Jennifer Bay-Williams
Professor of Mathematics
Education
College of Education and Human
Development
University of Louisville
Louisville, Kentucky

Robert Q. Berry, III
Associate Professor of
Mathematics Education
Department of Curriculum,
Instruction and Special Education
University of Virginia
Charlottesville, Virginia

Janet H. Caldwell
Professor of Mathematics
Rowan University
Glassboro, New Jersey

Zachary Champagne
Assistant in Research
Florida Center for Research in
Science, Technology, Engineering,
and Mathematics (FCR-STEM)
Jacksonville, Florida

Juanita Copley
Professor Emerita, College of
Education
University of Houston
Houston, Texas

Warren Crown
Professor Emeritus of Mathematics
Education
Graduate School of Education
Rutgers University
New Brunswick, New Jersey

Francis (Skip) Fennell
L. Stanley Bowlsbey Professor
of Education and Graduate and
Professional Studies
McDaniel College
Westminster, Maryland

Karen Karp
Professor of Mathematics
Education
Department of Early Childhood
and Elementary Education
University of Louisville
Louisville, Kentucky

Stuart J. Murphy
Visual Learning Specialist
Boston, Massachusetts

Jane F. Schielack
Professor of Mathematics
Associate Dean for Assessment
and Pre K-12 Education,
College of Science
Texas A&M University
College Station, Texas

Jennifer M. Suh
Associate Professor for
Mathematics Education
George Mason University
Fairfax, Virginia

Jonathan A. Wray
Mathematics Instructional
Facilitator
Howard County Public Schools
Ellicott City, Maryland

PEARSON

Glenview, Illinois   Boston, Massachusetts   Chandler, Arizona   Hoboken, Nueva Jersey

Matemáticos

Roger Howe
Professor of Mathematics
Yale University
New Haven, Connecticut

Gary Lippman
Professor of Mathematics and
Computer Science
California State University
East Bay
Hayward, California

Revisoras de los estándares de *Common Core*

Debbie Crisco
Math Coach
Beebe Public Schools
Beebe, Arkansas

Kathleen A. Cuff
Teacher
Kings Park Central School District
Kings Park, New York

Erika Doyle
Math and Science Coordinator
Richland School District
Richland, Washington

Susan Jarvis
Math and Science Curriculum
Coordinator
Ocean Springs Schools
Ocean Springs, Mississippi

Velvet M. Simington
K-12 Mathematics Director
Winston-Salem/Forsyth County
Schools
Winston-Salem, North Carolina

ISBN-13: 978-0-328-84199-8
ISBN-10: 0-328-84199-4

PEARSON

2 16

Recursos digitales

Visita PearsonRealize.com

PM

Animaciones de Prácticas matemáticas que se pueden ver en cualquier momento

Aprende

Más aprendizaje visual animado con animaciones, interacción y herramientas matemáticas

Amigo de práctica

Práctica personalizada en línea para cada lección

Evaluación

Comprobación rápida para cada lección

Juegos

Juegos de Matemáticas que te ayudan a aprender mejor

ACTIVe-book

Libro del estudiante en línea, para mostrar tu trabajo

Resuelve

Resuélvelo y coméntalo, problemas y herramientas matemáticas

Glosario

Glosario animado en español e inglés

Herramientas

Herramientas matemáticas que te ayudan a entender mejor

Ayuda

Video de tareas ¡Revisemos!, como apoyo adicional

eText

Libro del estudiante en línea

PEARSON
realize™ Todo lo que necesitas para Matemáticas, en cualquier momento y en cualquier lugar.

¡Hola! Estamos aquí para ayudarte. ¡Que tengamos un buen año escolar!
Me llamo Jackson.
Me llamo Alex.
Me llamo Carlos.
Me llamo Zeke.
Me llamo Emily.
Me llamo Marta.
Me llamo Daniel.
Me llamo Jada.

¡Y recuerda que tu
eText está disponible en
PearsonRealize.com!

Contenido

TEMA 1 Álgebra: Expresiones numéricas y algebraicas

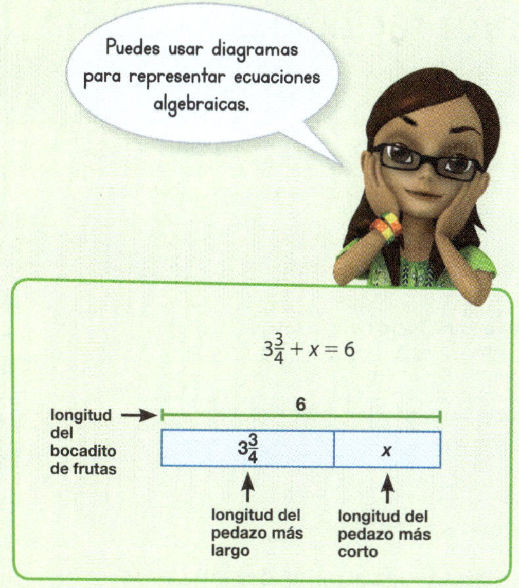

TEMA 2 Álgebra: Resolver ecuaciones y desigualdades

TEMA 3 Números racionales

TEMA 4 Álgebra: Geometría de coordenadas

TEMA 5 Álgebra: Patrones y ecuaciones

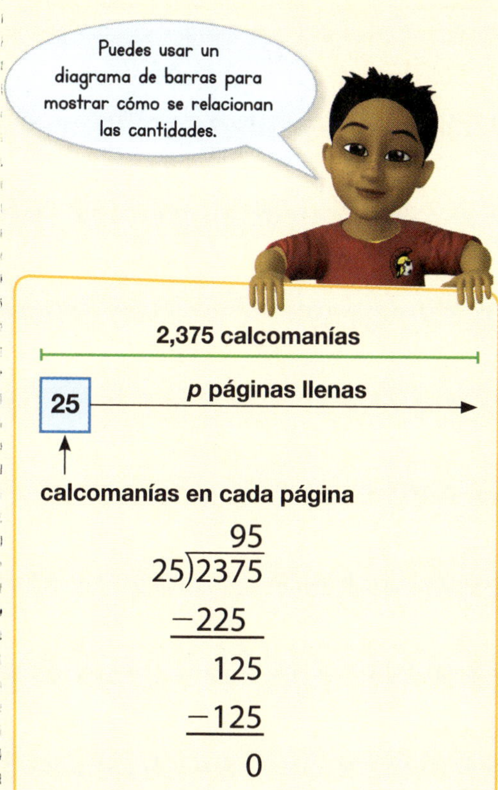

$$25)\overline{2375}$$

95
25)2375
−225
125
−125
0

TEMA 6 Dividir números enteros con facilidad

$$0.36 \leftarrow \quad 2 \text{ lugares decimales}$$
$$\times \quad 4 \leftarrow \quad + 0 \text{ lugares decimales}$$
$$1.44 \leftarrow \quad 2 \text{ lugares decimales}$$

$$
\begin{array}{r}
220 \\
0.16\overline{)35.20} \\
-32 \\
\hline
32 \\
-32 \\
\hline
0
\end{array}
$$

TEMA 7 Sumar, restar, multiplicar y dividir números decimales con facilidad

TEMA 8 Factores comunes y múltiplos

El contenido está organizado enfocándose en los estándares relacionados de *Common Core*.

Queridas familias:

Los estándares de las siguientes páginas describen las matemáticas que los estudiantes aprenderán a lo largo del año. La mayor parte del tiempo estará dedicada a los estándares relacionados principales.

Estándares de *Common Core* para el Grado 6

Estándares de *Common Core* para el contenido matemático

RAMA 6.RP
RAZONES Y RELACIONES PROPORCIONALES

ESTÁNDARES RELACIONADOS PRINCIPALES 6.RP.A
Entender los conceptos de razón y utilizarlos para resolver problemas.

6.RP.A.1 Entender el concepto de una razón y utilizar el lenguaje de las razones para describir una relación de razón entre dos cantidades.

6.RP.A.2 Entender el concepto de una tasa por unidad a/b asociada con una razón $a{:}b$ para $b \neq 0$, y utilizar el lenguaje de las tasas en el contexto de una relación de razones.[1]

6.RP.A.3 Utilizar el razonamiento sobre las razones y tasas para resolver problemas matemáticos y de la vida diaria, por ej., pensando sobre tablas de razones equivalentes, diagramas de cintas, diagramas de rectas numéricas dobles o ecuaciones.

6.RP.A.3a Crear tablas de razones equivalentes relacionando cantidades a medidas de números enteros no negativos, hallar valores que faltan en las tablas y marcar pares de valores en el plano de coordenadas. Utilizar tablas para comparar razones.

6.RP.A.3b Resolver problemas sobre tasas de unidad, incluyendo aquellos problemas relacionados al precio por unidad y la velocidad constante.

6.RP.A.3c Hallar el porcentaje de una cantidad como una tasa por 100 (por ej., 30% de una cantidad significa 30/100 veces la cantidad); resolver problemas en los que se debe hallar un entero dados una parte y el porcentaje.

6.RP.A.3d Utilizar el razonamiento sobre las razones para convertir unidades de medida; manipular y transformar unidades correctamente al multiplicar o dividir cantidades.

RAMA 6.SN
EL SISTEMA NUMÉRICO

ESTÁNDARES RELACIONADOS PRINCIPALES 6.SN.A
Aplicar y ampliar los conocimientos previos de multiplicación y división para dividir fracciones por fracciones.

6.SN.A.1 Interpretar y calcular cocientes de fracciones, y resolver problemas verbales relacionados a la división de fracciones por fracciones, por ej., utilizando modelos visuales de fracciones y ecuaciones para representar el problema.

Estándares de *Common Core* para el contenido matemático

**ESTÁNDARES RELACIONADOS ADICIONALES 6.SN.B
Calcular con facilidad los números de múltiples dígitos, y hallar factores comunes y múltiplos.**

6.SN.B.2 Dividir con facilidad los números de múltiples dígitos utilizando el algoritmo convencional.

6.SN.B.3 Sumar, restar, multiplicar y dividir números decimales de múltiples dígitos utilizando el algoritmo convencional para cada operación.

6.SN.B.4 Hallar el máximo común divisor de dos números enteros no negativos menores que o iguales a 100, y hallar el mínimo común múltiplo de dos números enteros no negativos menores que o iguales a 12. Utilizar la propiedad distributiva para expresar la suma de dos números enteros entre 1 y 100 que tienen un factor común como un múltiplo de la suma de dos números enteros que no tienen un factor común.

**ESTÁNDARES RELACIONADOS PRINCIPALES 6.SN.C
Aplicar y ampliar los conocimientos previos sobre números al sistema de números racionales.**

6.SN.C.5 Entender que los números positivos y negativos se usan juntos para describir cantidades que tienen valores o sentidos opuestos (por ej., la temperatura sobre/bajo cero, la elevación sobre/bajo el nivel del mar, los créditos/débitos, la carga eléctrica positiva/negativa); utilizar números positivos y negativos para representar cantidades en contextos de la vida diaria, explicando el significado del 0 en cada situación.

6.SN.C.6 Entender un número racional como un punto en una recta numérica. Ampliar el conocimiento adquirido en los grados anteriores sobre las rectas numéricas y los ejes de coordenadas para representar puntos de números negativos en la recta y en el plano de coordenadas.

6.SN.C.6a Reconocer que los signos opuestos de un número indican posiciones opuestas a ambos lados del 0 en la recta numérica; reconocer que el opuesto del opuesto de un número es el número mismo, por ej., $-(-3) = 3$, y que 0 es su propio opuesto.

6.SN.C.6b Entender que los signos de los números en los pares ordenados indican sus posiciones en los cuadrantes del plano de coordenadas; reconocer que cuando dos pares ordenados difieren solo en sus signos, las posiciones de los puntos están relacionadas por reflexiones a través de un eje o ambos ejes.

6.SN.C.6c Hallar y ubicar enteros y otros números racionales en una recta numérica horizontal o vertical; hallar y ubicar pares de enteros y otros números racionales en un plano de coordenadas.

6.SN.C.7 Entender el ordenamiento de números y el valor absoluto de los números racionales.

6.SN.C.7a Interpretar los enunciados de desigualdad como enunciados sobre la posición relativa de dos números en una recta numérica.

6.SN.C.7b Escribir, interpretar y explicar los enunciados sobre orden con números racionales en contextos de la vida diaria.

6.SN.C.7c Entender el valor absoluto de un número racional como su distancia a partir del 0 en la recta numérica; interpretar el valor absoluto como una magnitud para una cantidad positiva o negativa en una situación de la vida diaria.

6.SN.C.7d Distinguir entre las comparaciones de valores absolutos y los enunciados sobre orden.

6.SN.C.8 Resolver problemas matemáticos y de la vida diaria al graficar puntos en los cuatro cuadrantes de un plano de coordenadas. Incluir el uso de coordenadas y el valor absoluto para hallar las distancias entre puntos que tienen la misma primera o segunda coordenada.

RAMA 6.EE
EXPRESIONES Y ECUACIONES

**ESTÁNDARES RELACIONADOS PRINCIPALES 6.EE.A
Aplicar y ampliar los conocimientos previos sobre aritmética a las expresiones algebraicas.**

6.EE.A.1 Escribir y evaluar expresiones numéricas relacionadas a los exponentes de números enteros no negativos.

6.EE.A.2 Escribir, leer y evaluar expresiones en las que las letras representan números.

6.EE.A.2a Escribir expresiones que representan operaciones mediante números y letras que simbolizan números.

6.EE.A.2b Identificar las partes de una expresión usando términos matemáticos (suma, término, producto, factor, cociente, coeficiente); considerar una o más partes de una expresión como una entidad única.

Estándares de *Common Core* para el contenido matemático

6.EE.A.2c Evaluar expresiones para valores específicos de sus variables. Incluir expresiones que surgen de fórmulas utilizadas en problemas de la vida diaria. Efectuar operaciones aritméticas, incluyendo aquellas con exponentes de números enteros no negativos, en el orden convencional cuando no hay paréntesis que indican un orden en particular (orden de las operaciones).

6.EE.A.3 Aplicar las propiedades de las operaciones para generar expresiones equivalentes.

6.EE.A.4 Saber identificar cuándo dos expresiones son equivalentes (es decir, cuándo ambas expresiones simbolizan el mismo número sin importar el valor que se sustituya en ellas).

ESTÁNDARES RELACIONADOS PRINCIPALES **6.EE.B**
Razonar acerca de las ecuaciones de una variable y las desigualdades, y resolverlas.

6.EE.B.5 Entender que resolver una ecuación o una desigualdad es un proceso en el que se contesta una pregunta: ¿qué valores de un conjunto especificado, si es que los hay, hacen que la ecuación o la desigualdad sea verdadera? Utilizar la sustitución para determinar si un número dado en un conjunto especificado hace que una ecuación o desigualdad sea verdadera.

6.EE.B.6 Utilizar variables para representar números y escribir expresiones al resolver un problema de la vida diaria o un problema matemático; entender que una variable puede representar un número desconocido, o, según la intención, cualquier número en un conjunto especificado.

6.EE.B.7 Resolver problemas de la vida diaria o problemas matemáticos escribiendo y resolviendo ecuaciones de la forma $x + p = q$ y $px = q$ para los casos en los que p, q y x son todos números racionales no negativos.

6.EE.B.8 Escribir una desigualdad de la forma $x > c$ o $x < c$ para representar una restricción o condición en un problema de la vida diaria o un problema matemático. Reconocer que las desigualdades de la forma $x > c$ o $x < c$ tienen un número infinito de soluciones; representar las soluciones de dichas desigualdades en un diagrama sobre una recta numérica.

ESTÁNDARES RELACIONADOS PRINCIPALES **6.EE.C**
Representar y analizar las relaciones cuantitativas entre variables dependientes e independientes.

6.EE.C.9 Usar variables para representar dos cantidades que cambian en relación una con otra, en un problema de la vida diaria; escribir una ecuación para expresar una cantidad, considerada como la variable dependiente, en términos de la otra cantidad, considerada como la variable independiente. Analizar la relación entre variables dependientes e independientes utilizando gráficas y tablas, y relacionar estas a la ecuación.

RAMA **6.G**
GEOMETRÍA

ESTÁNDARES RELACIONADOS DE APOYO **6.G.A**
Resolver problemas matemáticos y de la vida diaria relacionados al área, área total y volumen.

6.G.A.1 Hallar el área de triángulos rectángulos, otros triángulos, cuadriláteros especiales y polígonos mediante su composición en rectángulos o su descomposición en triángulos y otras figuras; aplicar estas técnicas al contexto de la resolución de problemas de la vida diaria y problemas matemáticos.

6.G.A.2 Hallar el volumen de un prisma rectangular recto con aristas que tienen longitudes fraccionarias rellenándolo con bloques de unidades con longitudes de fracciones unitarias apropiadas, y mostrar que el volumen es igual al que se hallaría multiplicando las longitudes de las aristas del prisma. Aplicar las fórmulas $V = \ell\,a\,h$ y $V = b\,h$ para hallar los volúmenes de prismas rectangulares rectos con longitudes de arista fraccionarias en el contexto de la resolución de problemas matemáticos y de la vida diaria.

6.G.A.3 Dibujar polígonos en un plano de coordenadas dadas las coordenadas para los vértices; utilizar coordenadas para hallar la longitud de un lado que conecta dos puntos cuya primera o segunda coordenada es la misma. Aplicar estas técnicas al contexto de la resolución de problemas de la vida diaria y problemas matemáticos.

6.G.A.4 Representar figuras tridimensionales utilizando modelos planos compuestos de rectángulos y triángulos, y utilizar los modelos planos para hallar el área total de estas figuras. Aplicar estas técnicas al contexto de la resolución de problemas de la vida diaria y problemas matemáticos.

Estándares de *Common Core* para el contenido matemático

RAMA 6.EP
ESTADÍSTICA Y PROBABILIDAD

ESTÁNDARES RELACIONADOS ADICIONALES 6.EP.A
Desarrollar la comprensión sobre la variabilidad estadística.

6.EP.A.1 Reconocer la pregunta estadística como una pregunta que anticipa la variabilidad de los datos relacionados a la pregunta y la justifica en las respuestas.

6.EP.A.2 Entender que un conjunto de datos reunidos para contestar una pregunta estadística tiene una distribución que puede describirse según su centro, su dispersión y su forma general.

6.EP.A.3 Reconocer que una medida de tendencia central de un conjunto de datos numéricos sirve para resumir todos sus valores con un número único, mientras que una medida de variabilidad usa un número único para describir cómo varían esos valores.

ESTÁNDARES RELACIONADOS ADICIONALES 6.EP.B
Resumir y describir distribuciones.

6.EP.B.4 Representar datos numéricos en diagramas sobre una recta numérica, incluyendo los diagramas de punto, los histogramas y los diagramas de caja.

6.EP.B.5 Hacer un resumen de conjuntos de datos numéricos en relación a su contexto, mediante:

6.EP.B.5a El reporte del número de observaciones.

6.EP.B.5b La descripción de la naturaleza del atributo bajo investigación, incluyendo la manera en que se midió y las unidades de medida usadas.

6.EP.B.5c Las medidas cuantitativas de tendencia central (mediana y/o media) y la variabilidad (rango entre cuartiles y/o desviación media absoluta), así como la descripción de cualquier patrón general y las desviaciones notables en ese patrón general, con referencia al contexto en el que se reunieron los datos.

6.EP.B.5d La relación entre la elección de las medidas de tendencia central y de variabilidad, y la forma de la distribución de los datos y el contexto en el que los datos se reunieron.

---

[1] Las expectativas relativas a tasas por unidad en este grado se limitan a fracciones no complejas.

Estándares de *Common Core* para las prácticas matemáticas

PM.1 ENTENDER PROBLEMAS Y PERSEVERAR EN RESOLVERLOS.

Los estudiantes con buen dominio de las matemáticas comienzan por explicar el significado del problema y por buscar puntos de partida para su resolución. Analizan los elementos dados, las limitaciones, las relaciones y los objetivos. Hacen conjeturas sobre la forma y el significado de la solución y trazan un plan para llegar a ella en lugar de realizar un intento apresurado. Consideran problemas análogos y analizan casos especiales y versiones más simples del problema original para comprender mejor su solución. Monitorean y evalúan su progreso y cambian de dirección si es necesario. Los estudiantes de mayor edad pueden, dependiendo del contexto del problema, convertir expresiones algebraicas o modificar la ventana de la calculadora gráfica para obtener la información que necesitan. Los estudiantes con buen dominio de las matemáticas pueden explicar la correspondencia entre ecuaciones, descripciones verbales, tablas y gráficas o dibujar diagramas de elementos y relaciones importantes, graficar datos y buscar regularidades o tendencias. Los estudiantes de menor edad pueden utilizar objetos concretos o imágenes que los ayuden a conceptualizar y resolver un problema. Los estudiantes con buen dominio de las matemáticas pueden verificar sus respuestas utilizando un método diferente y se preguntan continuamente: "¿Tiene sentido lo que estoy haciendo?". Pueden entender los enfoques de otros para solucionar problemas complejos e identificar correspondencias entre diferentes enfoques.

PM.2 RAZONAR DE MANERA ABSTRACTA Y CUANTITATIVA.

Los estudiantes con buen dominio de las matemáticas entienden las cantidades y cómo se relacionan dentro de un problema. Aplican dos habilidades complementarias que los ayudan a resolver problemas que involucran relaciones cuantitativas: la habilidad de descontextualizar —abstraer una situación dada y representarla simbólicamente y de manipular los signos o símbolos representados como si estos tuvieran vida propia, sin necesariamente prestar atención a sus referentes— y la habilidad de contextualizar —hacer pausas cuando sea necesario durante el proceso de manipulación para comprobar los referentes de los signos o símbolos involucrados—. El razonamiento cuantitativo implica el hábito de crear representaciones coherentes del problema; considerar las unidades involucradas y no solamente saber calcularlas; y conocer y utilizar con flexibilidad diferentes propiedades de las operaciones y objetos.

PM.3 CONSTRUIR ARGUMENTOS VIABLES Y EVALUAR EL RAZONAMIENTO DE OTROS.

Los estudiantes con buen dominio de las matemáticas entienden y utilizan suposiciones, definiciones y resultados previamente establecidos en la construcción de argumentos. Hacen conjeturas y construyen una progresión lógica de enunciados para explorar la veracidad de sus conjeturas. Son capaces de analizar las situaciones al dividirlas en casos y pueden reconocer y utilizar contraejemplos. Justifican sus conclusiones, se las transmiten a otros y responden a los argumentos de otras personas. Razonan de forma inductiva sobre los datos, creando argumentos viables que toman en cuenta el contexto en el que se originaron dichos datos. Los estudiantes con buen dominio de las matemáticas también son capaces de comparar la efectividad de dos argumentos viables, distinguir el razonamiento correcto de otro que es erróneo, y —en caso de haber un error en el argumento— explicar en qué consiste. Los estudiantes de la escuela primaria pueden construir argumentos utilizando referentes concretos como objetos, dibujos, diagramas y acciones. Estos argumentos pueden tener sentido y ser correctos, aunque no se puedan generalizar o formalizar hasta los grados superiores. Más adelante, los estudiantes aprenderán a determinar las áreas a las cuales un argumento se aplica. Los estudiantes de todos los grados pueden escuchar o leer los argumentos de otros, decidir si tienen sentido y hacer preguntas útiles para clarificar o mejorar dichos argumentos.

PM.4 REPRESENTAR CON MODELOS MATEMÁTICOS.

Los estudiantes con buen dominio de las matemáticas pueden aplicar las matemáticas para resolver problemas de la vida cotidiana, la sociedad y el trabajo. En los grados iniciales, esto puede ser tan simple como escribir una ecuación de suma para describir una situación. En los grados intermedios, es posible que un estudiante use el razonamiento proporcional para planear un evento escolar o analizar un problema de la comunidad. En la preparatoria o bachillerato, un estudiante podrá usar la geometría para resolver un problema de diseño o usar una función para describir cómo una cantidad determinada depende de otra. Los estudiantes con buen dominio de las matemáticas que pueden aplicar lo que saben se sienten seguros al desarrollar suposiciones y aproximaciones para hacer más simple una situación compleja y entender que dichas suposiciones se podrían revisar más tarde. Son capaces de identificar cantidades importantes en una situación práctica y expresar las relaciones

Estándares de *Common Core* para las prácticas matemáticas

usando herramientas como diagramas, tablas de doble entrada, gráficas, diagramas de flujo y fórmulas. Pueden analizar matemáticamente dichas relaciones para sacar conclusiones. Interpretan rutinariamente sus resultados matemáticos dentro del contexto de la situación y analizan si los resultados tienen sentido para posiblemente mejorar el procedimiento si este no ha cumplido su propósito.

PM.5 USAR HERRAMIENTAS APROPIADAS DE MANERA ESTRATÉGICA.

Los estudiantes con buen dominio de las matemáticas consideran las herramientas disponibles durante la resolución de problemas matemáticos. Estas herramientas pueden incluir lápiz y papel, modelos concretos, una regla, un transportador, una calculadora, una hoja de cálculo, un sistema algebraico, un paquete estadístico o un programa de geometría dinámica. Los estudiantes competentes están suficientemente familiarizados con las herramientas apropiadas al nivel de grado o curso y pueden tomar decisiones acertadas para determinar si las herramientas son útiles en un momento dado y reconocen las limitaciones de las mismas. Por ejemplo, los estudiantes con buen dominio de las matemáticas de la preparatoria o bachillerato analizan las gráficas de funciones y soluciones generadas usando una calculadora gráfica. Detectan posibles errores al usar estratégicamente la estimación y otros conocimientos matemáticos. Al crear modelos matemáticos, saben que la tecnología puede ayudarlos a visualizar los resultados de las diversas suposiciones, explorar las consecuencias y comparar las predicciones con los datos. Los estudiantes con buen dominio de las matemáticas de varios niveles pueden identificar recursos matemáticos externos relevantes, como el contenido digital de una página en línea, y usarlos para plantear o resolver problemas. Son capaces de usar herramientas tecnológicas para explorar y profundizar su comprensión de los conceptos.

PM.6 PRESTAR ATENCIÓN A LA PRECISIÓN.

Los estudiantes con buen dominio de las matemáticas tratan de comunicarse con precisión. Tratan de usar definiciones claras durante un debate o en sus propios razonamientos. Comunican el significado de los símbolos que han elegido, incluyendo el uso apropiado y consistente del signo de igualdad. Son cuidadosos al especificar unidades de medida y al rotular ejes para clarificar la correspondencia con las cantidades en un problema. Calculan correcta y eficientemente, expresan respuestas numéricas con un grado de precisión apropiado al contexto del problema. En los grados de primaria, los estudiantes

comentan entre ellos explicaciones cuidadosamente formuladas. Cuando pasan a preparatoria o bachillerato, ya han aprendido a examinar afirmaciones y a hacer uso explícito de definiciones.

PM.7 BUSCAR Y USAR LA ESTRUCTURA.

Los estudiantes con buen dominio de las matemáticas observan con atención para distinguir patrones y estructuras. Los estudiantes menores, por ejemplo, pueden darse cuenta de que tres y siete es la misma cantidad que siete y tres o pueden organizar un grupo de figuras de acuerdo a los lados que tengan. Más adelante, los estudiantes verán que 7×8 es igual a lo ya conocido $7 \times 5 + 7 \times 3$, en preparación para aprender acerca de la propiedad distributiva. En la expresión $x^2 + 9x + 14$, los estudiantes mayores pueden reconocer que 14 es 2×7 y que 9 es $2 + 7$. Reconocen el significado de una línea que existe en una figura geométrica y pueden usar la estrategia de dibujar una línea auxiliar para resolver problemas. También pueden volver atrás para tener una visión general y un cambio de perspectiva. Pueden ver algo complejo, tal como expresiones algebraicas, como elementos individuales o como un compuesto de varios elementos. Por ejemplo, pueden ver $5 - 3(x - y)^2$ como 5 menos un número positivo al cuadrado y usar esa información para darse cuenta de que su valor no puede ser mayor que 5 para cualquier número real x y y.

PM.8 BUSCAR Y EXPRESAR UNIFORMIDAD EN LOS RAZONAMIENTOS REPETIDOS.

Los estudiantes con buen dominio de las matemáticas pueden darse cuenta si los cálculos se repiten y buscan tanto métodos generales como métodos simplificados. Los estudiantes de los últimos grados en la escuela primaria tal vez pueden darse cuenta que al dividir 25 por 11, se repiten los mismos cálculos una y otra vez y concluir que hay un número decimal que se repite. Al poner atención al cálculo de la pendiente al mismo tiempo que comprueban constantemente si los puntos pertenecen a una línea que pasa por el punto (1, 2) con la pendiente 3, los estudiantes de la escuela intermedia posiblemente podrán extraer la ecuación $(y - 2)/(x - 1) = 3$. Al notar la regularidad en la forma en que los términos se cancelan al ampliarse $(x - 1)(x + 1)$, $(x - 1)(x^2 + x + 1)$ y $(x - 1)(x^3 + x^2 + x + 1)$, puede llevarlos a la fórmula general de la suma de una serie geométrica. Al tratar de resolver un problema, los estudiantes con buen dominio de las matemáticas mantienen el control del proceso mientras se ocupan de los detalles. Evalúan continuamente qué tan razonables son sus resultados intermedios.

Manual de Prácticas matemáticas y resolución de problemas

Prácticas matemáticas

PM.1 Entender problemas y perseverar en resolverlos.

PM.2 Razonar de manera abstracta y cuantitativa.

PM.3 Construir argumentos viables y evaluar el razonamiento de otros.

PM.4 Representar con modelos matemáticos.

PM.5 Usar herramientas apropiadas de manera estratégica.

PM.6 Prestar atención a la precisión.

PM.7 Buscar y usar la estructura.

PM.8 Buscar y expresar uniformidad en los razonamientos repetidos.

Entender problemas y perseverar en resolverlos.

Jon gana \$15.50 a la semana por ayudar a su papá a repartir periódicos. Ha estado ayudando a su papá durante 3 semanas. Jon usa parte de sus ingresos para comprar un nuevo videojuego que cuesta \$42.39, impuestos incluidos. ¿Cuánto dinero le queda de sus ingresos?

Lo que sé:
- Jon gana \$15.50 a la semana.
- Jon ha trabajado durante 3 semanas.
- Jon compra un videojuego que cuesta \$42.39.

Lo que necesito hallar:
- La cantidad de dinero que le queda a Jon de sus ingresos.

Hábitos de razonamiento

¡Razona correctamente! Estas preguntas te pueden ayudar.

- ¿Qué necesito hallar?
- ¿Qué sé?
- ¿Cuál es mi plan para resolver el problema?
- ¿Qué más puedo intentar si no puedo seguir adelante?
- ¿Cómo puedo comprobar si mi solución tiene sentido?

Razonar de manera abstracta y cuantitativa.

Jacie compró un paquete de 6 cajas de jugo a $4.50. ¿Cuánto cuesta cada caja de jugo que hay en el paquete?

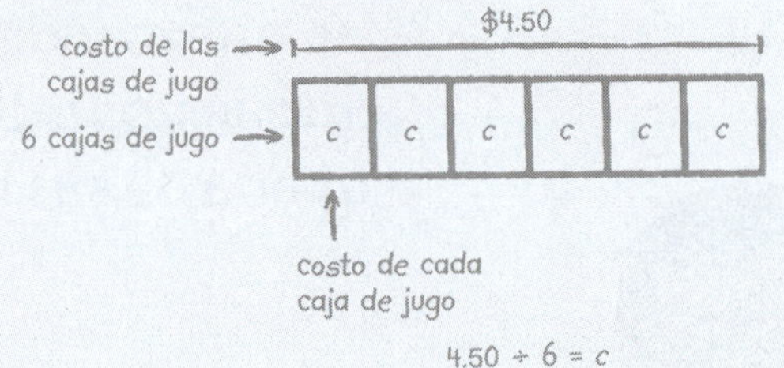

Hábitos de razonamiento

¡Razona correctamente! Estas preguntas te pueden ayudar.

- ¿Qué significan los números y los signos o símbolos del problema?

- ¿Cómo están relacionados los números o las cantidades?

- ¿Cómo puedo representar un problema verbal usando dibujos, números o ecuaciones?

PM.3 Construir argumentos viables y evaluar el razonamiento de otros.

Los que razonan correctamente en matemáticas usan las matemáticas para explicar por qué tienen razón. También pueden opinar sobre los problemas de matemáticas hechos por otras personas.

Escribí un argumento claro usando palabras, números y signos o símbolos.

Ana dijo que cuando se multiplica un número entero distinto de cero por una fracción menor que 1, el producto es siempre menor que el número entero. ¿Estás de acuerdo? Explícalo.

La multiplicación por una fracción menor que uno se puede pensar como la manera en que se halla una parte de un entero. Por tanto, el producto de un número entero distinto de cero y una fracción menor que uno es siempre menor que el número entero. Por ejemplo:

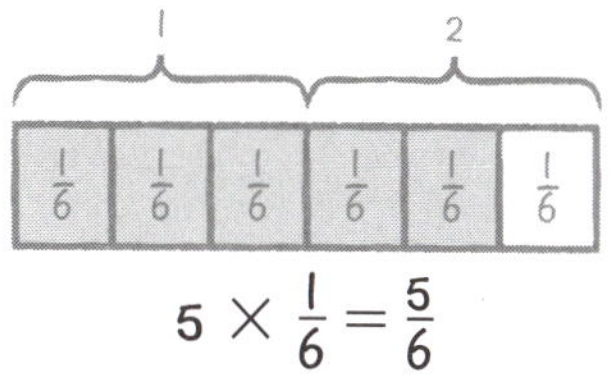

$$5 \times \frac{1}{6} = \frac{5}{6}$$

Hábitos de razonamiento

¡Razona correctamente! Estas preguntas te pueden ayudar.

- ¿Cómo puedo usar números, objetos, dibujos o acciones para justificar mi argumento?
- ¿Estoy usando los números y los signos o símbolos correctamente?
- ¿Es mi explicación clara y completa?
- ¿Qué preguntas puedo hacer para entender el razonamiento de otros?
- ¿Hay errores en el razonamiento de otros?
- ¿Puedo mejorar el razonamiento de otros?
- ¿Puedo usar contraejemplos en mi argumento?

PM.4 Representar con modelos matemáticos.

El papá de Sally está construyendo estantes en su garaje. En una pared de 32.5 pies de longitud, coloca 6 estantes idénticos. ¿Cuál es el ancho de cada estante?

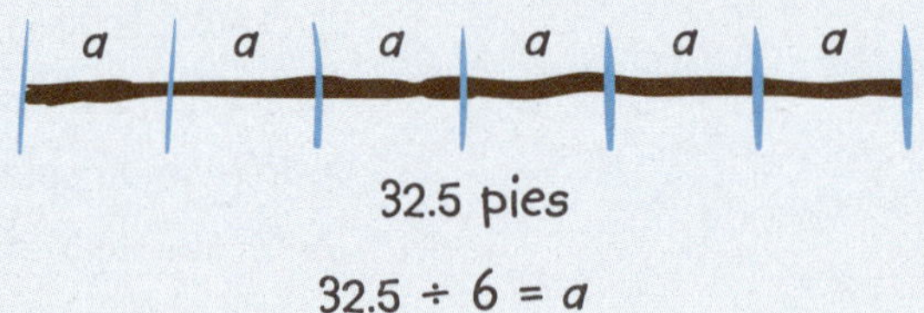

PM.5 Usar herramientas apropiadas de manera estratégica.

Los que razonan correctamente en matemáticas saben cómo escoger las herramientas adecuadas para resolver problemas matemáticos.

Decidí usar bloques de unidades para mostrar cómo podría llenar la caja.

Alex tiene una caja de lápices que mide 9 pulgadas de longitud, 6 pulgadas de ancho y 3 pulgadas de altura. ¿Cuál es el volumen de su caja de lápices?

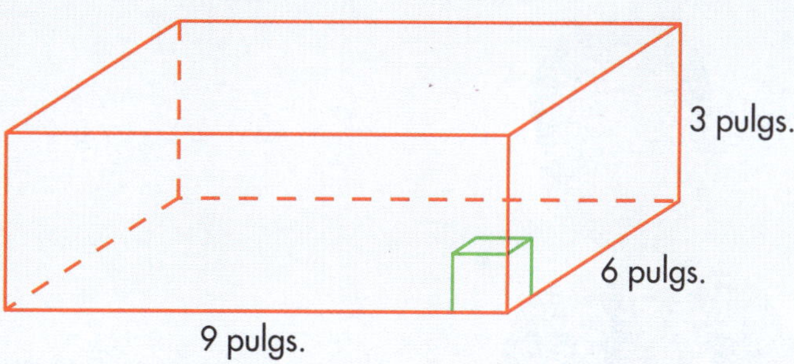

Hábitos de razonamiento

¡Razona correctamente! Estas preguntas te pueden ayudar.

- ¿Qué herramientas puedo usar?

- ¿Por qué debo usar esta herramienta como ayuda para resolver el problema?

- ¿Hay alguna otra herramienta que podría usar?

- ¿Estoy usando la herramienta correctamente?

PM.6 Prestar atención a la precisión.

Un organizador de fiestas dice que, para una reunión, se deben preparar $\frac{2}{3}$ de libra de pollo por persona. En una cena, habrá 8 personas. ¿Qué cantidad de pollo se debe preparar para esa reunión?

$$8 \times \frac{2}{3}$$
$$= 8 \times 2 \times \frac{1}{3}$$
$$= 16 \times \frac{1}{3}$$
$$= \frac{16}{3}$$
$$= 5\frac{1}{3}$$

Se deben preparar $5\frac{1}{3}$ libras de pollo para esa reunión.

Hábitos de razonamiento

¡Razona correctamente! Estas preguntas te pueden ayudar.

- ¿Estoy usando los números, las unidades y los signos o símbolos correctamente?

- ¿Estoy usando las definiciones correctas?

- ¿Estoy haciendo los cálculos con precisión?

- ¿Es clara mi respuesta?

PM.7 | Buscar y usar la estructura.

Un jardinero está plantando una fila de espinacas, para lo cual coloca semillas cada 0.25 metros. ¿Cuántos centímetros hay entre cada semilla?

1 m = 100 cm

0.25×10^2
$= 0.25 \times 100$
$= 25$

Entre cada semilla hay 25 centímetros.

Hábitos de razonamiento

¡Razona correctamente! Estas preguntas te pueden ayudar.

- ¿Qué patrones puedo ver y describir?
- ¿Cómo puedo usar los patrones para resolver el problema?
- ¿Puedo ver las expresiones y los objetos de una manera diferente?
- ¿Qué expresiones equivalentes puedo usar?

PM.8 Buscar y expresar uniformidad en los razonamientos repetidos.

Usa $<$, $>$ o $=$ para comparar las expresiones sin hacer el cálculo.

$$534 \div 10 \bigcirc 534 \times 10$$

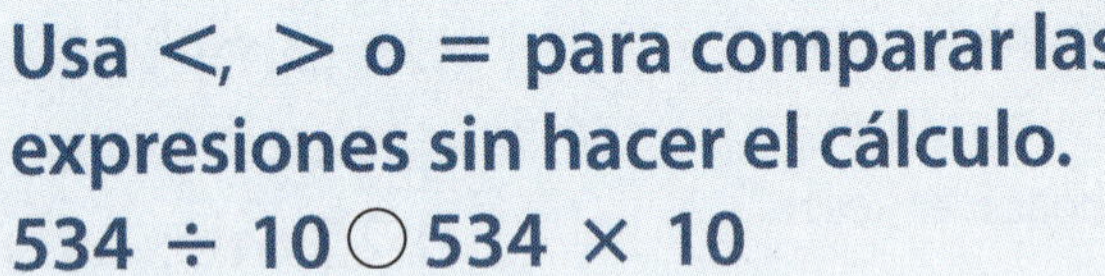

Hábitos de razonamiento

¡Razona correctamente! Estas preguntas te pueden ayudar.

- ¿Se repiten algunos cálculos?

- ¿Puedo hacer generalizaciones a partir de los ejemplos?

- ¿Qué métodos cortos puedo ver en el problema?

Guía para la resolución de problemas

Entender el problema

Razonar de manera abstracta y cuantitativa

- ¿Qué necesito hallar?
- ¿Qué información conocida puedo usar?
- ¿Cuál es la relación entre las cantidades?

Pensar en problemas similares

- ¿He resuelto antes problemas como este?

Perseverar en resolver el problema

Representar con modelos matemáticos

- ¿Cómo puedo usar lo que sé de matemáticas?
- ¿Cómo puedo representar el problema?
- ¿Hay un patrón o estructura que pueda usar?

Usar herramientas apropiadas de manera estratégica

- ¿Qué herramientas matemáticas puedo usar?
- ¿Cómo puedo usar esas herramientas de manera estratégica?

Comprobar la respuesta

Entender la respuesta

- ¿Es razonable mi respuesta?

Verificar la precisión

- ¿Revisé mi trabajo?
- ¿Es clara mi respuesta?
- ¿Construí un argumento viable?
- ¿Hice generalizaciones correctamente?

Algunas maneras de representar problemas

- Hacer un dibujo
- Hacer un diagrama de barras
- Hacer una tabla o gráfica
- Escribir una ecuación

Algunas herramientas matemáticas

- Objetos
- Papel cuadriculado
- Reglas
- Tecnología
- Papel y lápiz

Resolución de problemas: Hoja de anotaciones

Nombre Carlos

Elemento didáctico
1

Resolución de problemas: Hoja de anotaciones

Problema

Una de las comidas favoritas del diablillo espinoso son las hormigas. Puede comer hasta 45 hormigas por minuto. ¿Cuánto tiempo le llevará comer 1,080 hormigas? Expresa tu respuesta en segundos.

ENTIENDE EL PROBLEMA

Necesito hallar

Cuánto tiempo le lleva al diablillo espinoso comer 1,080 hormigas.

Puesto que...

El diablillo espinoso puede comer 45 hormigas por minuto.

PERSEVERA EN RESOLVER EL PROBLEMA

Algunas maneras de representar problemas

☐ Hacer un dibujo
☑ Hacer un diagrama de barras
☐ Hacer una tabla o una gráfica
☑ Escribir una ecuación

Algunas herramientas matemáticas

☐ Objetos
☐ Papel cuadriculado
☐ Reglas
☐ Tecnología
☑ Papel y lápiz

Solución y respuesta

$1,080 \div 45$

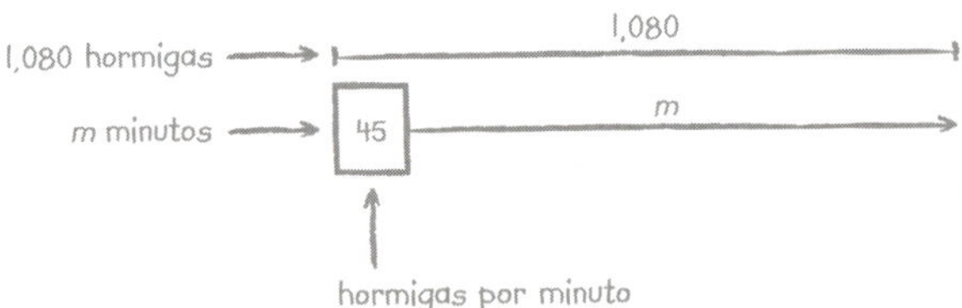

Al diablillo espinoso le lleva 24 minutos comer 1,080 hormigas. En un minuto, hay 60 segundos.
$24 \times 60 = 1,440$

Al diablillo espinoso le llevaría 1,440 segundos comer 1,080 hormigas.

COMPRUEBA LA RESPUESTA

Comprueba
$1,440 \div 60 = 24$ minutos   Mi respuesta es correcta.
$24 \times 45 = 1,080$

Resolución de problemas: Hoja de anotaciones  ED1

Diagramas de barras

Puedes dibujar un **diagrama de barras** para mostrar cómo se relacionan las cantidades de un problema. Luego, puedes escribir una ecuación para resolver el problema.

Sumar

Dibuja este **diagrama de barras** para situaciones en las que se necesita *sumar* algo a una cantidad.

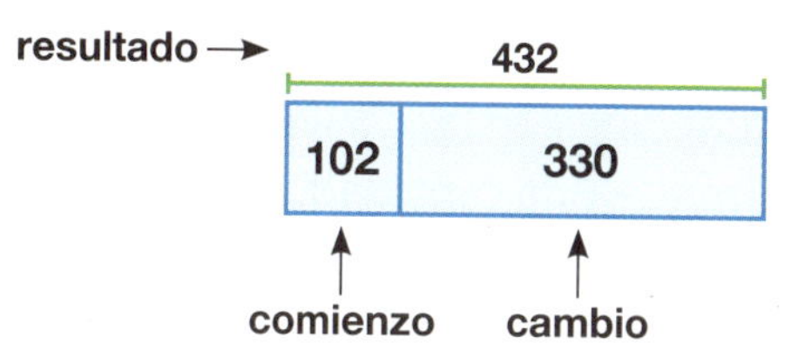

Resultado desconocido

Terence compró una bolsa de manzanas y un frasco de mantequilla de maní. ¿Cuánto dinero gastó Terence en total?

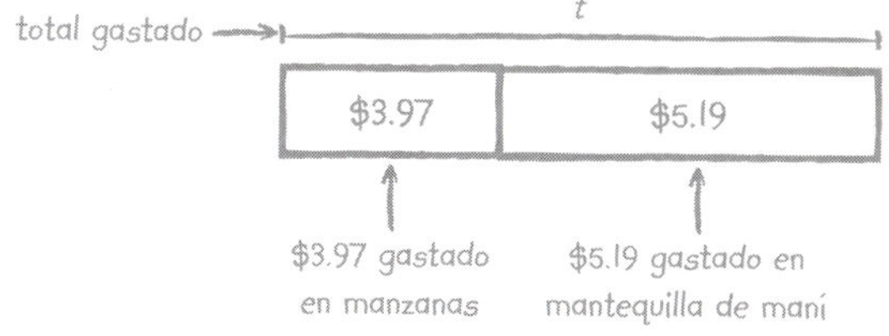

$\$3.97 + \$5.19 = t$

Terence gastó $9.16 en total.

Comienzo desconocido

Kari caminó cierta distancia en uno de los caminos del parque. Luego, corrió $1\frac{3}{8}$ millas hasta el final del camino. ¿Cuántas millas caminó Kari?

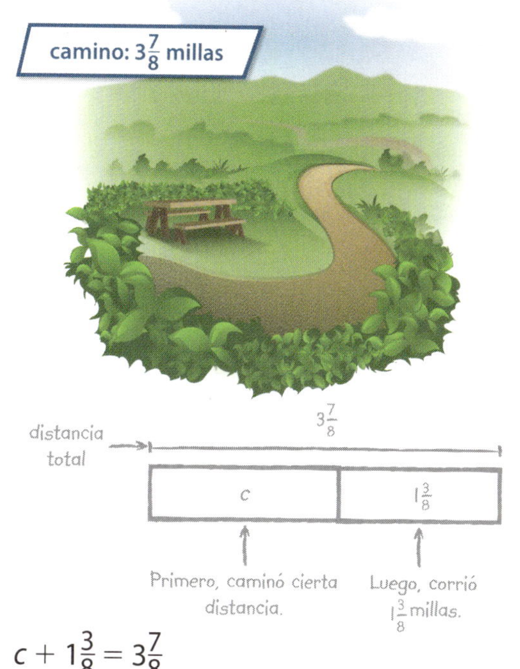

$c + 1\frac{3}{8} = 3\frac{7}{8}$

Kari caminó $2\frac{1}{2}$ millas.

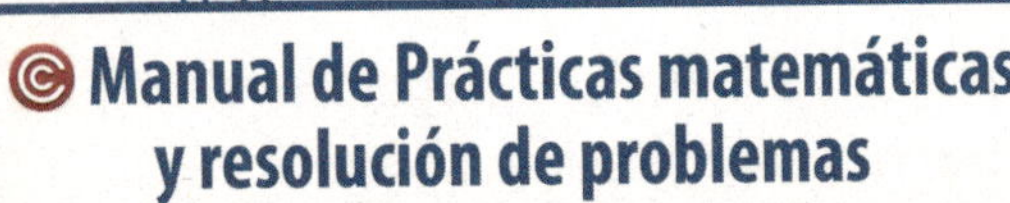

Diagramas de barras

Restar

Dibuja este **diagrama de barras** para situaciones en las cuales se necesita *restar* de una cantidad.

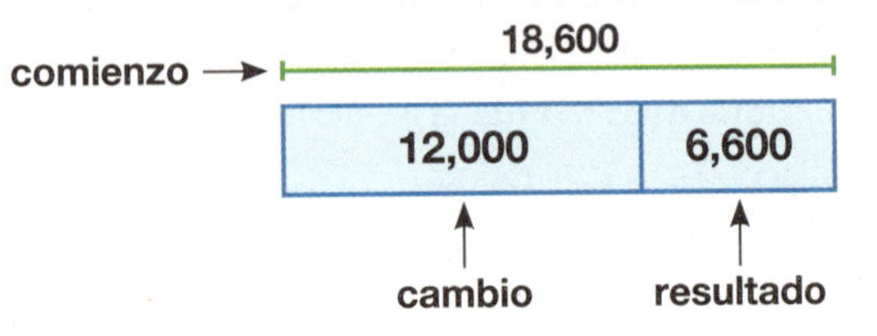

Resultado desconocido

Bristol tenía $15\frac{1}{4}$ tazas de harina. Usó un poco de esa harina para preparar una tarta. ¿Cuántas tazas de harina quedan?

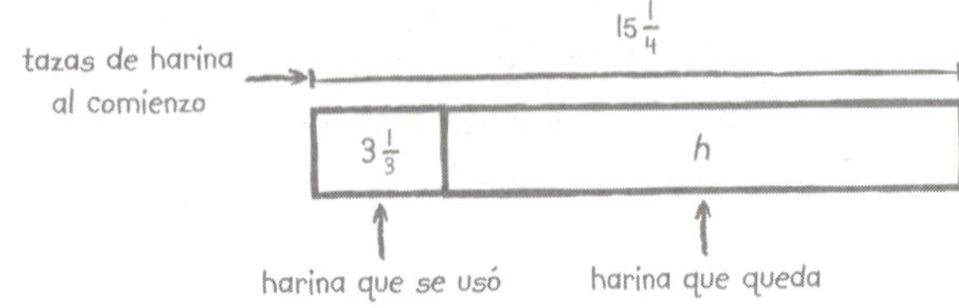

$$15\frac{1}{4} - 3\frac{1}{3} = h$$

Quedan $11\frac{11}{12}$ tazas de harina.

Comienzo desconocido

El Sr. Adkins usó 2.4 galones de gasolina para hacer mandados el sábado. Incluyendo la gasolina que le queda, ¿cuánta gasolina tenía al comienzo?

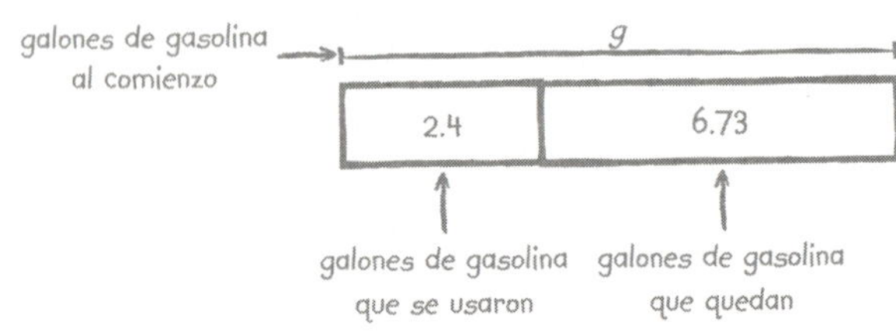

$$g - 2.4 = 6.73$$

El Sr. Adkins tenía 9.13 galones de gasolina al comienzo.

Los **diagramas de barras** de esta página te pueden ayudar a entender mejor otras situaciones de suma y resta.

Unir/Separar

Dibuja este **diagrama de barras** para situaciones en las que haya que *unir* o *separar* cantidades.

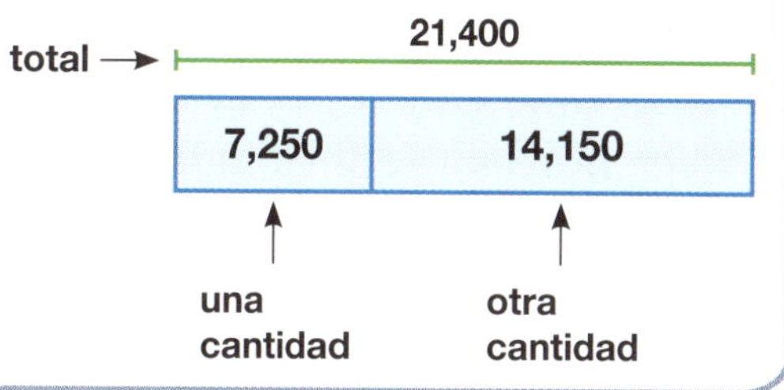

Todo desconocido

Joseph plantó soja y maíz en diferentes secciones de su granja. ¿Cuántos acres plantó Joseph?

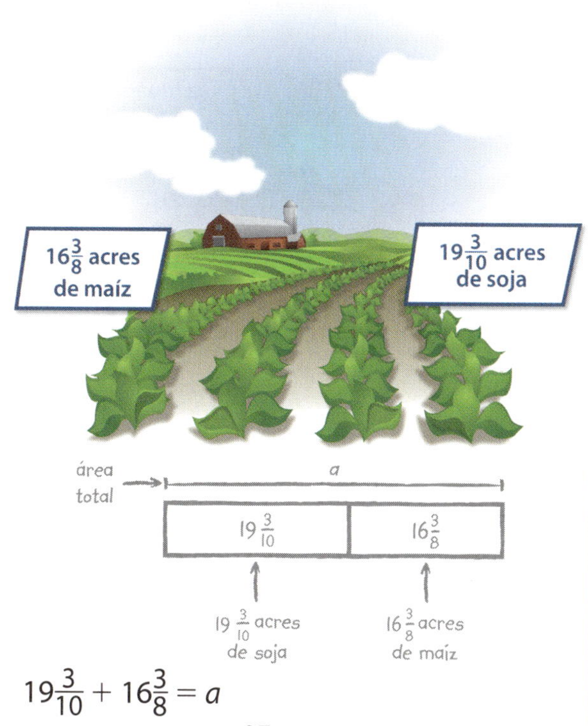

$$19\frac{3}{10} + 16\frac{3}{8} = a$$

Joseph plantó $35\frac{27}{40}$ acres.

Parte desconocida

Las dos colmenas de Karyn produjeron 64.9 libras de miel. ¿Qué cantidad de miel produjo la segunda colmena?

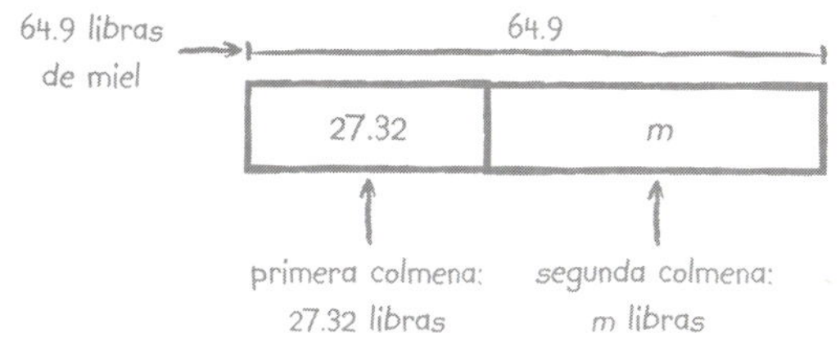

$$27.32 + m = 64.9 \text{ o } 64.9 - 27.32 = m$$

La segunda colmena produjo 37.58 libras de miel.

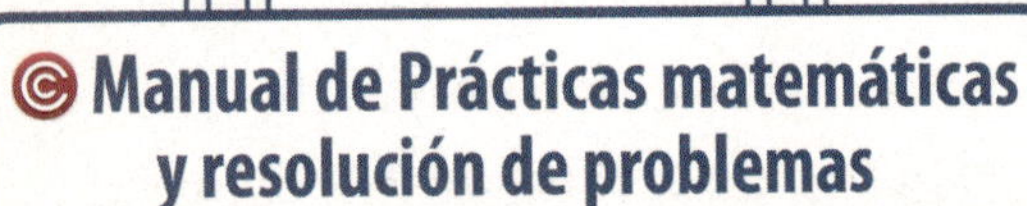

Diagramas de barras

Comparar: Suma y resta

Dibuja este **diagrama de barras** para situaciones en las que haya que *comparar* la diferencia entre dos cantidades (cuántos más o cuántos menos hay).

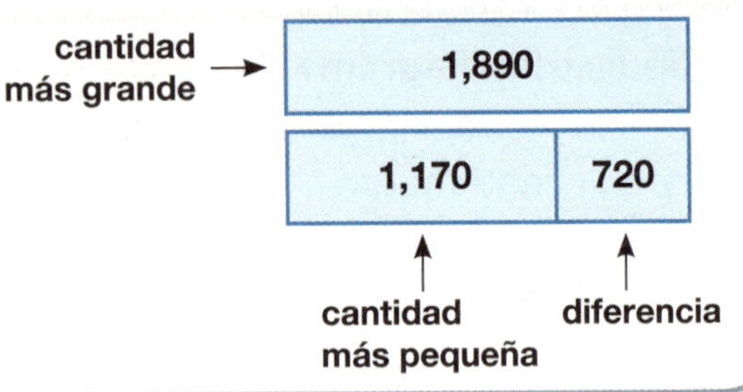

Diferencia desconocida

Sandi tiene una computadora portátil y una computadora de escritorio. ¿Cuántas pulgadas cuadradas más de pantalla tiene su computadora de escritorio que su computadora portátil?

$118.75 + p = 211.68$ o
$211.68 - 118.75 = p$

La computadora de escritorio tiene 92.93 pulgs.² más de pantalla que la computadora portátil.

Parte más pequeña desconocida

Jared tiene dos iguanas verdes: un macho y una hembra. La hembra pesa $4\frac{1}{10}$ libras menos que el macho. ¿Cuántas libras pesa la iguana hembra?

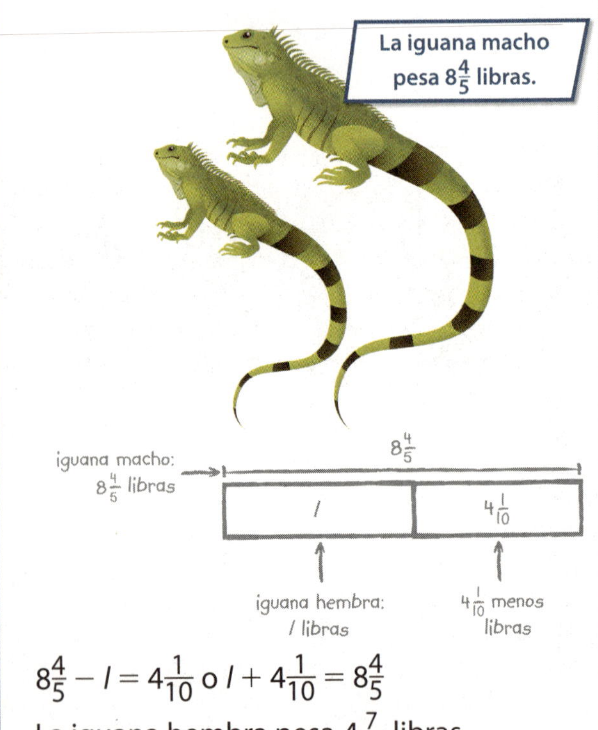

$8\frac{4}{5} - l = 4\frac{1}{10}$ o $l + 4\frac{1}{10} = 8\frac{4}{5}$

La iguana hembra pesa $4\frac{7}{10}$ libras.

Los **diagramas de barras** de esta página te pueden ayudar a resolver problemas de multiplicación y división.

Grupos iguales: Multiplicación y división

Dibuja este **diagrama de barras** para situaciones en las que haya *grupos iguales*.

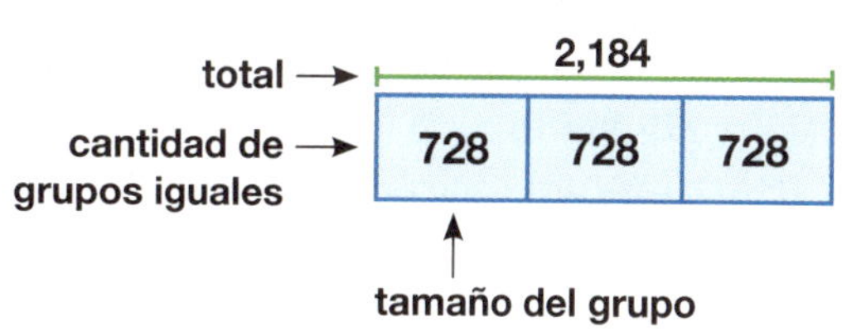

Cantidad de grupos desconocida

Los padres de Silvia gastaron $390 en abonos para el parque de diversiones. ¿Cuántos abonos compraron los padres de Silvia?

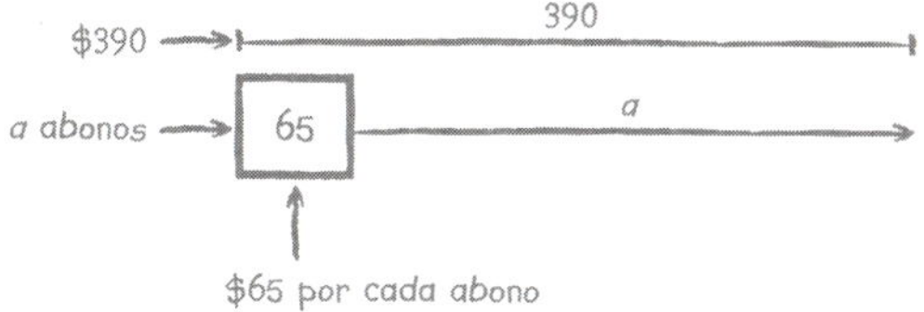

$a \times 65 = 390$ o $390 \div 65 = a$

Los padres de Silvia compraron 6 abonos para el parque de diversiones.

Tamaño de grupo desconocido

Con el dinero que ahorró, Ben planea asistir a 3 partidos de beisbol de las ligas mayores este verano. Si gasta la misma cantidad en cada partido, ¿cuánto dinero puede gastar en cada partido?

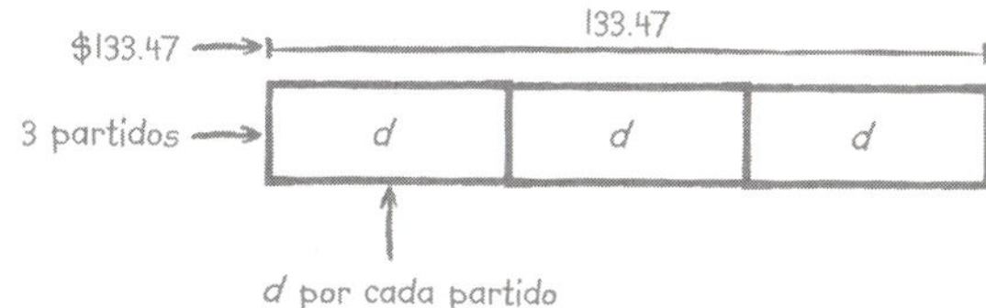

$3 \times d = 133.47$ o $133.47 \div 3 = d$

Ben puede gastar $44.49 en cada partido.

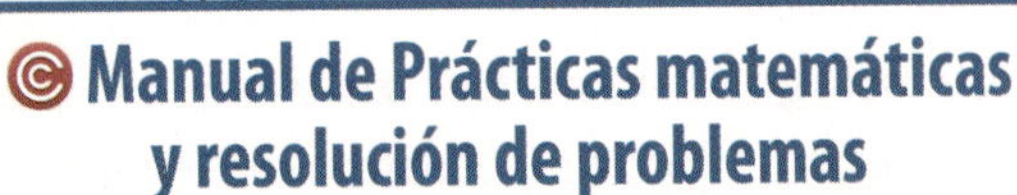

Diagramas de barras

Comparar: Multiplicación y división

Dibuja este **diagrama de barras** para situaciones en las que haya que *comparar* cuántas veces una cantidad es otra cantidad.

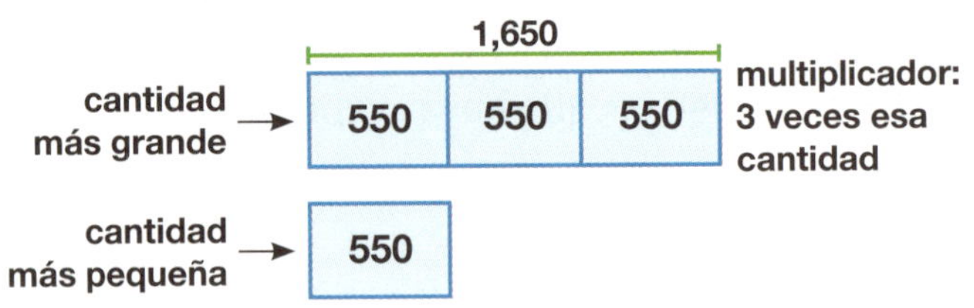

Cantidad más grande desconocida

El caballo de Marci come $2\frac{1}{4}$ pacas de heno en una semana. ¿Cuántas pacas de heno comen los caballos de Craig, que se muestran abajo, en una semana?

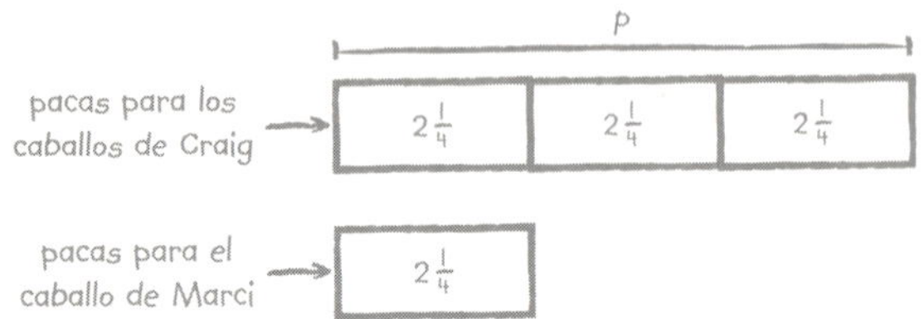

$$2\frac{1}{4} \times 3 = p \text{ o } p \div 2\frac{1}{4} = 3$$

Los caballos de Craig comen $6\frac{3}{4}$ pacas de heno en una semana.

Multiplicador desconocido

Trini compró un libro nuevo. Gloria compró el mismo libro en una tienda de libros usados. ¿Cuántas veces la cantidad de dinero que pagó Gloria pagó Trini?

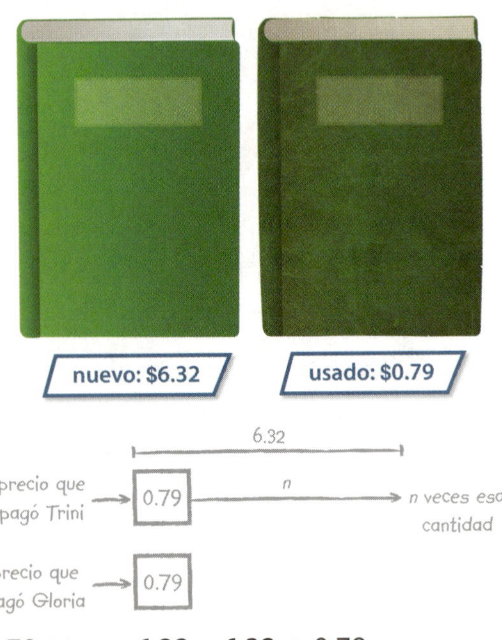

$$0.79 \times n = 6.32 \text{ o } 6.32 \div 0.79 = n$$

Trini pagó por el libro 8 veces la cantidad de dinero que pagó Gloria.

TEMA 1

Álgebra: Expresiones numéricas y algebraicas

Pregunta esencial: ¿Qué son las expresiones y cómo se las puede escribir y evaluar?

Proyecto de Matemáticas y Ciencias: Energía y cadenas alimentarias

Investigar Usa la Internet u otros recursos para aprender más sobre el flujo de energía en las redes alimentarias. Explica cómo obtienes la energía, o calorías, de la luz solar. Halla cuánta energía se pierde en cada nivel de una cadena alimentaria. Muestra las pérdidas de energía de una cadena alimentaria que finalice en tu plato.

Diario: Escribir un informe Incluye lo que averiguaste. En tu informe, también:

- dibuja una red alimentaria de un ecosistema cercano a tu casa.

- rotula la red alimentaria con flechas que muestren cómo se mueve la energía. Explica por qué el orden es importante.

- escribe una expresión algebraica que muestre el flujo de energía por cada parte de una cadena alimentaria.

 Repasa lo que sabes

A-Z Vocabulario

Escoge el mejor término del recuadro y escríbelo en el espacio en blanco.

- fórmula
- expresión numérica
- orden de las operaciones
- variable

1. Una _________ es una regla que utiliza símbolos para relacionar dos o más cantidades.

2. Una _________________ es una frase matemática que contiene números y al menos una operación.

3. Una cantidad desconocida puede representarse con una _________.

Expresiones numéricas

Evalúa las expresiones numéricas.

4. $56 - 27 + (16 \div 4)$

5. $94 - (5 \times 6) \div 6 \times 11$

6. $[21 \div 3] + (18 \div 6)$

7. $2 \times 36 - (12 + 7)$

8. $12 \div (2 + 1) \times 15 \div 3$

9. $15 - (2 \times 3) \times 2 + 9$

Perímetro y área

Usa las fórmulas $P = 2\ell + 2a$ y $A = \ell a$, donde ℓ es la longitud y a es el ancho, para hallar el perímetro, P, y el área, A, de las figuras.

10. 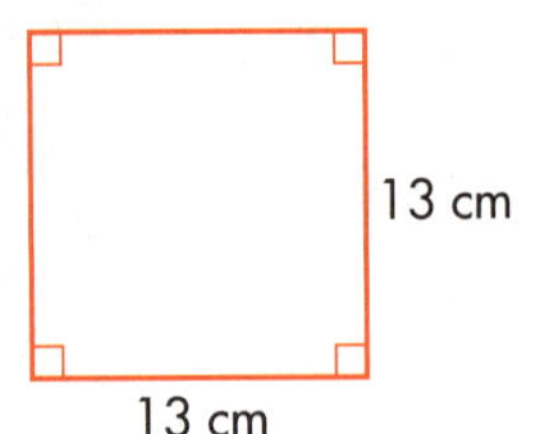

$P =$ _______________

$A =$ _______________

11. 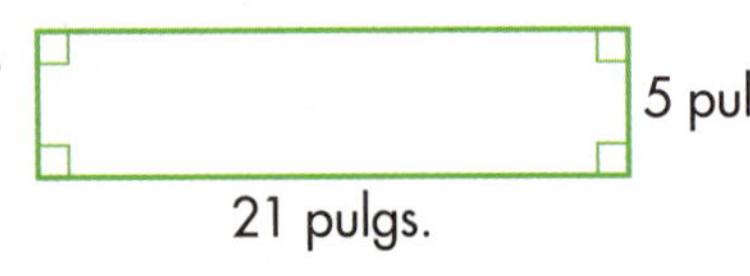

$P =$ _______________

$A =$ _______________

12. 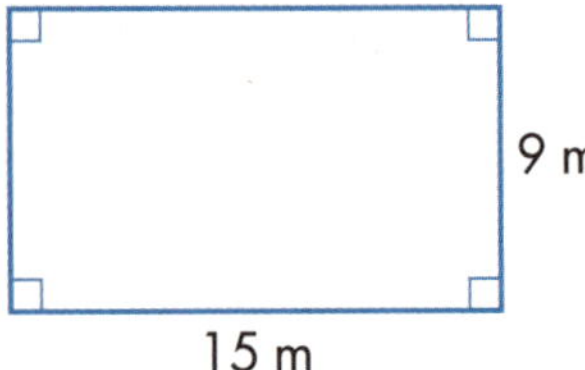

$P =$ _______________

$A =$ _______________

Operaciones y expresiones

13. ¿En qué se parecen los términos diferencia, suma, cociente y producto?

14. ¿Qué significa evaluar una expresión?

Mis tarjetas de palabras

Usa los ejemplos de las palabras de las tarjetas para ayudarte a completar las definiciones que están al reverso.

3^2 ← base

3^2 ← exponente

3^2 ← potencia

Evalúa el término con el exponente.

$$6 + 5^2 = 6 + 25 = 31$$

$7k$ ← variable

$5t - 12$

$$\underline{2w} + \underline{5} - \underline{\frac{w}{4}}$$

términos

coeficiente

$7k$

Mis tarjetas de palabras

Completa cada definición. Para ampliar lo que aprendiste, escribe tus propias definiciones.

El _________________________ indica la cantidad de veces que se usa la base como factor.

Un número que se usa como factor la cantidad de veces que indica un exponente se llama _________________________.

_________________________ una expresión significa hallar su valor.

El producto de la multiplicación repetida de una base es una _________________________. Ese término también describe un número elevado a un exponente.

Una frase matemática que tiene al menos una variable y al menos una operación es una _________________________.

Una letra o un símbolo que representa una cantidad desconocida se llama _________________________.

Un número multiplicado por una variable en una expresión algebraica es un _________________________.

Cada parte de una expresión separada por un signo más o menos se llama _________________________.

Mis tarjetas de palabras

Usa los ejemplos de las palabras de las tarjetas para ayudarte a completar las definiciones que están al reverso.

---

sustitución

Sustituye *d* por 3.

$5d - 6$

$5(3) - 6 = 15 - 6 = 9$

---

expresiones equivalentes

$6m - 2 \qquad 2(3m - 1)$

$= 2(3m) - 2(1)$

$= 6m - 2$

---

términos semejantes

$$7g - 6 - \frac{g}{8}$$

términos semejantes

---

simplificar

$$8r - 3r + r$$

$$= (8 - 3 + 1)r$$

$$= 6r$$

---

fórmula

$$A = \ell a$$

fórmula del área, *A*, de un rectángulo con una longitud, ℓ, y un ancho, *a*

Las expresiones que tienen el mismo valor sin importar qué número sustituye la misma variable son

____

_______________________________.

Al evaluar una expresión algebraica, se usa

la _______________________________

para reemplazar la variable por un número.

Usa operaciones para combinar los términos semejantes de una expresión

algebraica y _______________________ la expresión.

Los términos que tienen la misma variable

son _______________________________.

Una regla que utiliza símbolos o variables para relacionar dos o más cantidades

se llama _______________________________.

Dobla una hoja de papel por la mitad. En la tabla se indica la cantidad de secciones que se ven al desdoblar la hoja. Sigue doblando la hoja por la mitad 4 veces más. Anota el número de secciones que veas cada vez. Describe los patrones que veas en la tabla.

Lección 1-1
Exponentes

Puedo...
escribir y evaluar números con exponentes.

© **Estándar de contenido** 6.EE.A.1
Prácticas matemáticas PM.2, PM.3, PM.4, PM.7, PM.8

Cantidad de dobleces	Cantidad de secciones	Cantidad de 2
1	2	1
2	$2 \times 2 = 4$	
3		
4		
5		

¡Vuelve atrás! © **PM.7 Usar la estructura** ¿Cuántas secciones habrá después de 6 dobleces? ¿Y después de 7?

Pregunta esencial ¿Cómo se puede escribir un número con exponentes?

A

La expresión 2 × 2 × 2 representa la cantidad de células después de 1 hora si hay 1 célula al principio. ¿Cómo escribes esa expresión con exponentes? ¿Cuántas células habrá después de 1 hora?

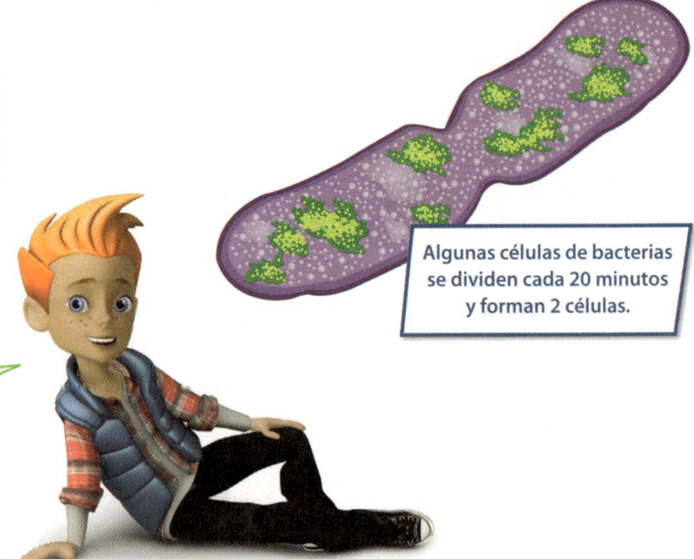

B Puedes usar un exponente para escribir la multiplicación repetida de un número.

El número que se multiplica varias veces es la **base**. El **exponente** indica cuántas veces se usa la base como factor.

$$\underbrace{2 \times 2 \times 2}_{\text{3 factores de 2}} = 2\overbrace{^3}^{} \leftarrow \text{exponente}$$

base

potencia

Un número que se escribe con exponentes se llama **potencia**.

C Puedes usar la multiplicación repetida para **evaluar** o hallar el valor de una potencia.

$$2^3 = 2 \times 2 \times 2 = 8$$

Habrá 8 células después de 1 hora.

¡Convénceme! © **PM.4 Representar con modelos matemáticos** Usa la multiplicación repetida para escribir una expresión que muestre cuántas células habría después de 2 horas. Luego, escribe la expresión con un exponente y evalúala.

Otro ejemplo

¿Cómo evalúas 2^0?

Haz una tabla y busca un patrón.

Potencia	2^0	2^1	2^2	2^3	2^4
Valor	☐	2	4	8	16

Cada valor es igual al valor anterior multiplicado por 2.

☐ $\times\ 2 = 2$; por tanto, el valor de 2^0 es 1.

☆ Práctica guiada *

¿Lo entiendes?

1. © **PM.7 Buscar relaciones** ¿Cuántas veces se usa 4 como factor en la expresión 4^5? Escribe la expresión numérica como una multiplicación repetida.

2. © **PM.8 Generalizar** Escribe una potencia y luego evalúala.

¿Cómo hacerlo?

3. Escribe 81 como una multiplicación repetida de 3 y luego escríbelo como una potencia.

4. ¿Cómo escribirías $\left(\frac{1}{2}\right)^3$ como una multiplicación repetida?

☆ Práctica independiente

Escribe el exponente de las expresiones en los Ejercicios **5** a **7**.

5. $9 \times 9 \times 9 \times 9$ ____

6. 1.2^9 ____

7. $\frac{1}{6} \times \frac{1}{6} \times \frac{1}{6}$ ____

Evalúa las potencias en los Ejercicios **8** a **10**.

8. $0.6^2 =$ ____

9. $\left(\frac{1}{4}\right)^2$ ____

10. $2^7 =$ ____

11. Sentido numérico Explica por qué las expresiones 10^0, 1^4 y 1×1.0^0 tienen el mismo valor.

12. © PM.3 Construir argumentos Se usan los mismos dígitos en las expresiones 2^5 y 5^2. Explica cómo comparar el valor de las expresiones.

13. © PM.3 Evaluar el razonamiento A Kristen le pidieron que escribiera los números de la expresión $80{,}000 \times 25$ con exponentes. Su respuesta fue $(8 \times 10^3) \times 5^2$. ¿Es correcta su respuesta? Explica cómo lo sabes.

14. Álgebra Resuelve la ecuación $0.3^3 = n$.

15. Considera la ecuación $1{,}000{,}000 = 10^6$. ¿Por qué se usa el número 10 como la base para escribir 10^6?

16. Razonamiento de orden superior Zach invirtió \$50 y triplicó su dinero en dos años. Kayla también invirtió \$50 y después de dos años la cantidad era igual a 50 a la tercera potencia. ¿Quién tenía más dinero después de dos años? Explícalo.

© Evaluación de *Common Core*

17. ¿Qué expresión **NO** es igual a 1,024?

Ⓐ 2^{10}

Ⓑ $5 \times 5 \times 5 \times 5$

Ⓒ 4^5

Ⓓ $4 \times 4 \times 4 \times 4 \times 4$

18. ¿Qué expresión es igual a $\frac{1}{36}$?

Ⓐ $\frac{1}{3} \times \frac{1}{6}$

Ⓑ $\frac{1}{4} \times \left(\frac{1}{3}\right)^3$

Ⓒ $\left(\frac{1}{2}\right)^2 \times \left(\frac{1}{3}\right)^2$

Ⓓ $\frac{1}{2} \times \frac{1}{3} \times \frac{1}{3} \times \frac{1}{3}$

¡Revisemos!

Escribe $5 \times 5 \times 5 \times 5$ con un exponente y luego evalúa la expresión.

$$5 \times 5 \times 5 \times 5 = 5^4$$

exponente

base

potencia

Evalúa 5^4 usando la multiplicación repetida.

$$5^4 = 5 \times 5 \times 5 \times 5 = 625$$

Presiona: 5 ⊠ 5 ⊠ 5 ⊠ 5 ENTER =

Pantalla: 625

Escribe el número de la base de las expresiones en los Ejercicios **1** a **3**.

1. 5^{12} _____

2. 1.2^2 _____

3. $\left(\frac{1}{3}\right)^4$ _____

Escribe el exponente de las expresiones en los Ejercicios **4** a **6**.

4. $7 \times 7 \times 7 \times 7$ _____

5. $\left(\frac{2}{3}\right)^8$ _____

6. $0.5 \times 0.5 \times 0.5$ _____

Evalúa las expresiones en los Ejercicios **7** a **12**.

7. $9^3 =$ _____

8. $\left(\frac{1}{4}\right)^3 =$ _____

9. $3^5 =$ _____

10. $\left(\frac{1}{8}\right)^3$ _____

11. $99^0 =$ _____

12. $1.5^2 =$ _____

13. © **PM.3 Construir argumentos** ¿Es 0.3^4 igual a 0.9^2? Explícalo.

14. **Sentido numérico** Escribe dos maneras de representar el numero 27 usando el número 3.

15. © **PM.2 Razonar** ¿Cuál es el valor de 1^{102}? ¿Cuál es el valor de cualquier potencia de 1? Justifica tu respuesta.

16. Los seres humanos distinguen hasta 18,400,000 puntos individuales, llamados pixeles, en la pantalla de una computadora típica. ¿Puede un ser humano distinguir pixeles en un televisor de alta definición del mismo tamaño con 2×10^6 pixeles? Explícalo.

17. **Razonamiento de orden superior** En caso de emergencia, la escuela tiene una lista de llamadas para llamar a todos en el menor tiempo posible. Cada una de las primeras 3 personas de la lista llama a otras 3 personas de la lista. Luego, cada persona del segundo grupo llama a otras 3 personas y así sucesivamente. El 5.° grupo de personas hará 243 llamadas. ¿Es acertado el enunciado? Explícalo.

18. © **PM.7 Usar la estructura** Se deposita una inversión de $1 en una cuenta. Cada 8 años, el dinero se duplica. No se agregó más dinero a la cuenta. ¿La expresión $1 \times 2 \times 2 \times 2 \times 2 \times 2 \times 2$ representaría correctamente el dinero que habría en la cuenta después de 48 años? Explícalo.

© **Evaluación de *Common Core***

19. ¿Qué expresión es igual a 343?

   Ⓐ 8^3

   Ⓑ $6 \times 6 \times 6$

   Ⓒ 7^3

   Ⓓ $7 \times 7 \times 7 \times 7$

20. ¿Qué expresión **NO** es igual a 0.125?

   Ⓐ 0.5^3

   Ⓑ 0.5×3

   Ⓒ $0.5 \times 0.5 \times 0.5$

   Ⓓ 0.5×0.5^2

Lección 1-2
Evaluar expresiones numéricas

Una aerolínea cobra tarifas adicionales por el equipaje que supera los límites de peso y tamaño. En un vuelo, se cobraron tarifas por un total de 50 maletas que superaban el límite de peso y 6 que superaban el límite de tamaño. Escribe y evalúa una expresión para hallar la cantidad total que se cobró en tarifas en ese vuelo.

Puedo...
usar el orden de las operaciones para evaluar expresiones numéricas con números decimales y fracciones.

Estándares de contenido 6.EE.A.1, 6.EE.A.3
Prácticas matemáticas PM.1, PM.3, PM.4, PM.6, PM.7

¡Vuelve atrás! **PM.4 Representar con modelos matemáticos**
A Tamara le cobraron por dos maletas que superaban el límite de peso y una maleta que superaba el límite de tamaño. Escribe y evalúa una expresión numérica para hallar cuánto le cobraron a Tamara por las maletas.

A

Algunas expresiones parecen difíciles porque tienen paréntesis y corchetes. Puedes pensar en los corchetes como paréntesis "externos".

Evalúa la expresión
$\frac{1}{2} \times 4^2 - [2 + (3.6 \div 0.9)]$.

Orden de las operaciones

1. Evalúa los paréntesis y los corchetes de adentro hacia afuera.

2. Evalúa las potencias.

3. Multiplica y divide de izquierda a derecha.

4. Suma y resta de izquierda a derecha.

B **Lo que escribes**

Evalúa lo que está entre paréntesis.
$$\frac{1}{2} \times 4^2 - [2 + (3.6 \div 0.9)]$$
Evalúa lo que está entre corchetes.
$$\frac{1}{2} \times 4^2 - [2 + 4]$$
Evalúa la potencia.
$$\frac{1}{2} \times 4^2 - 6$$
Multiplica o divide de izquierda a derecha.
$$\frac{1}{2} \times \frac{16}{1} - 6$$
Suma o resta de izquierda a derecha.
$$8 - 6$$
$$2$$

C **Cómo usar una calculadora**

3.6 ÷ 0.9 **ENTER =** Pantalla: 4.

2 + 4 **ENTER =** Pantalla: 6.

4 × 4 **ENTER =** Pantalla: 16.

16 ÷ 2 **ENTER =** Pantalla: 8.

8 − 6 **ENTER =** Pantalla: 2.

¡Convénceme! © **PM.6 Hacerlo con precisión** Evalúa la expresión
$\frac{1}{8}(6^3 + [48 \div 6]) - 20$.

⭐ Práctica guiada *

¿Lo entiendes?

1. © **PM.1 Entender y perseverar** Agrega paréntesis para que la oración numérica sea verdadera.

   $80 \div 8 \times 5 + 4 = 90$

2. En la expresión $(21 - 3) \times (7 + 2) \div (12 - 4)$, ¿qué operación es la última que debes hacer? ¿Por qué?

¿Cómo hacerlo?

Evalúa las expresiones en los Ejercicios **3** a **6**.

3. $5^2 + (6.7 - 3.1)$

4. $(8.2 + 5.3) \div 5$

5. $[(7.3 + 3.6) - 4.7] + 1.8 - 2^2$

6. $\left[(11.2 + 8.8) \times \frac{1}{4}\right] - 1.8$

⭐ Práctica independiente

Práctica al nivel Usa el orden de las operaciones para evaluar en los Ejercicios **7** a **9**.

7. $4^2 - (3.1 + 6.4) + 4.5$

   $4^2 - \underline{\quad} + 4.5$

   $\underline{\quad} - \underline{\quad} + 4.5$

   $\underline{\quad} + 4.5$

   $\underline{\quad}$

8. $(8.7 + 3.3) \times \left(\frac{1}{2}\right)^2$

   $\underline{\quad} \times \left(\frac{1}{2}\right)^2$

   $\underline{\quad} \times \underline{\quad}$

   $\underline{\quad}$

9. $157.8 - (3^2 + 6) \times 3$

   $157.8 - (\underline{\quad} + 6) \times 3$

   $157.8 - \underline{\quad} \times 3$

   $157.8 - \underline{\quad}$

   $\underline{\quad}$

Evalúa las expresiones en los Ejercicios **10** a **12**.

10. $4.3 + (8.4 - 5.1)$

11. $4^3 - \left[(9.9 \div 3.3) \times \frac{1}{3}\right]$

12. $[2^3 \times (152 \div 8)] - 52$

13. **© PM.7 Usar la estructura** ¿Cómo sabes qué parte de la expresión numérica debes evaluar primero? Explícalo.

$(26 + 2.5) - [(8.3 \times 3) + (1^3 - 0.25)]$

14. **Matemáticas y Ciencias** En un ecosistema, algunos animales comen plantas para obtener energía. Un alce come 20 libras de plantas por día. Escribe y evalúa una expresión para hallar cuántas libras de plantas come una manada de 18 alces en una semana.

15. **© PM.4 Representar con modelos matemáticos** Lillian compró cuatro cepillos a $3.99 cada uno. Tenía un cupón de $1 de descuento. Su mamá pagó la mitad de lo que faltaba. Escribe y evalúa una expresión numérica para hallar cuánto pagó Lillian en la compra de los cepillos.

16. **Razonamiento de orden superior** Frederick evalúa la expresión numérica $[(53.7 + 37.2) - (3^3 + 3.8)] - 8.6$. Él anota que la respuesta es 51.5. Laura evalúa la expresión numérica $53.7 + 37.2 - 3^3 + 3.8 - 8.6$. Ella anota que la respuesta es 59.1. Las expresiones tienen los mismos números y operaciones. Explica por qué las dos respuestas pueden ser correctas.

© Evaluación de *Common Core*

17. Une los números de la derecha con la expresión numérica equivalente de la izquierda.

$12.3 \times [(2 \times 1.7) + 6.6] - 2^3$	21
$2^4 \div [(3.2 \times 0.8) + 1.44]$	12
$6.2 + \left(3 \times \dfrac{1}{3} + 4.8\right)$	115
$[4 \times (9.6 \div 3)] + 8.2$	4

¡Revisemos!

Usa el orden de las operaciones para evaluar la expresión
$2.3^2 + [(9 \times 4) + 9] \times \left(\frac{1}{3}\right)^2$.

Primero, evalúa lo que está entre paréntesis. $2.3^2 + [(9 \times 4) + 9] \times \left(\frac{1}{3}\right)^2$ Evalúa lo que esté entre otros símbolos de agrupación, como los corchetes. $2.3^2 + [36 + 9] \times \left(\frac{1}{3}\right)^2$	Luego, evalúa las potencias. $2.3^2 + 45 \times \left(\frac{1}{3}\right)^2$	Después, multiplica o divide de izquierda a derecha. $5.29 + 45 \times \frac{1}{9}$	Finalmente, suma o resta de izquierda a derecha. $5.29 + 5$ El valor de la expresión numérica es 10.29.

Usa el orden de las operaciones para evaluar en los Ejercicios **1** a **3**.

1. $0.2^2 \div [7.9 - (4.1 + 1.8)]$

$0.2^2 \div [7.9 - \underline{\quad}]$

$0.2^2 \div \underline{\quad}$

$\underline{\quad} \div \underline{\quad}$

$\underline{\quad}$

2. $(14.7 + 9.3) \times \left(\frac{1}{2}\right)^2$

$\underline{\quad} \times \left(\frac{1}{2}\right)^2$

$\underline{\quad} \times \underline{\quad}$

$\underline{\quad}$

3. $12.3 + (6^2 - 11.8) - 1$

$12.3 + (\underline{\quad} - 11.8) - 1$

$12.3 + \underline{\quad} - 1$

$\underline{\quad} - 1$

$\underline{\quad}$

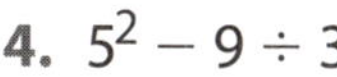

Evalúa las expresiones en los Ejercicios **4** a **12**.

4. $5^2 - 9 \div 3$

5. $8 + 6 - 2 \times 2 - 3^2$

6. $4^2 \div [(3.2 \times 2) + 1.6]$

7. $8 + (6 - 2) \times 2 - 3^2$

8. $[(12 \times 2^2) - (18.4 + 0.6)] + 3^2$

9. $\left[(19 + 1^5) \div \frac{1}{2}\right] + 5$

10. $4 \times (5 + 5) \div 20 + 6^2$

11. $5^2 - [(0.2 \times 8) + 0.4] \times \frac{1}{2}$

12. $36 \div 9 + 4 \times 5 - 3$

13. **© PM.3 Evaluar el razonamiento** El equipo de básquetbol de Ivy anotó 38 puntos en el primer partido de la temporada. En los siguientes dos partidos, anotaron 77 puntos en total. Por cada punto anotado, se colocan $0.50 en un frasco para hacer una fiesta al final de la temporada. Ivy dice que se puede usar la expresión $38 + 77 \times 0.5$ para hallar cuánto dinero hay en el frasco después del tercer partido. ¿Tiene razón? Explícalo.

14. **Razonamiento de orden superior** Por un error de imprenta en un libro de matemáticas, se eliminaron los paréntesis de una expresión numérica. Vuelve a escribir la expresión $3^2 + 7 \times 4 + 5$ con paréntesis para que sea igual a 69.

15. Jessica compró una computadora por $800. Dio un anticipo de $120 y le hicieron un descuento de estudiante de $50. Su mamá le dio $\frac{1}{2}$ del saldo por su cumpleaños. Usa la expresión numérica para hallar cuánto debe Jessica todavía por la computadora.

$$[800 - (120 + 50)] \div 2$$

16. Luke debe colocar una valla nueva alrededor de su jardín, pero no cambiará la puerta que está en el extremo estrecho del jardín. Escribe y evalúa una expresión numérica para hallar cuántos pies de vallado necesita Luke.

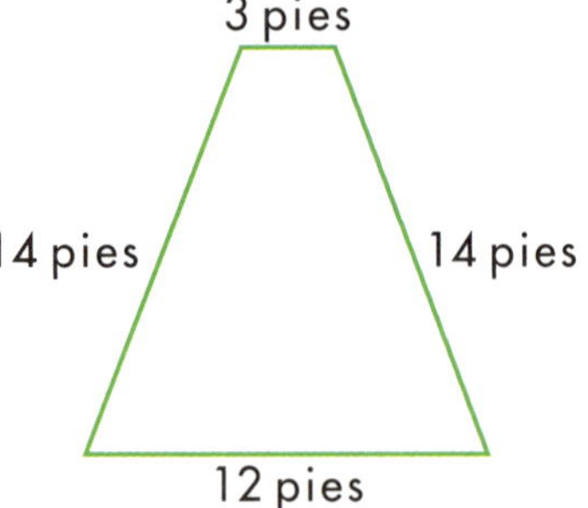

© Evaluación de *Common Core*

17. Une los números de la derecha con la expresión equivalente de la izquierda.

$102.4 - [(2^3 \times 3) + 13.8] \div 7$	5
$\frac{1}{2} \times \left[(3^3 - 17) \div \frac{1}{6} \right] + 20$	25
$4 + [(1^6 \times 18) + 3]$	97
$[(7.21 \times 2) + 0.58] \div 3$	50

Resuélvelo y coméntalo

La tabla muestra la cantidad de partidos que ganaron los Avispones y la cantidad de partidos que ganaron los Linces. Explica cómo completarías la tabla de los Linces si los Avispones ganaron c cantidad de partidos.

Lección 1-3
Usar variables para escribir expresiones

Puedo...
usar variables para escribir expresiones algebraicas.

Estándares de contenido 6.EE.A.2a, 6.EE.B.6
Prácticas matemáticas PM.1, PM.2, PM.4, PM.6, PM.7, PM.8

DATOS

Partidos ganados

Avispones	Linces
3	5
6	8
9	11
c	

¡Vuelve atrás! **PM.2 Razonar** Supón que los Linces ganaron p partidos. ¿Qué expresión matemática escribirías para mostrar cuántos partidos ganaron los Avispones?

¿Cómo se puede escribir una expresión algebraica?

A

Darius compró algunas revistas de historietas. ¿Cómo escribes una expresión algebraica para representar el costo total de las revistas?

Usa una **variable** para escribir una expresión algebraica. Una variable es una letra o un símbolo que representa una cantidad desconocida.

B Sea c = la cantidad de revistas de historietas.

Cada revista cuesta $4.

Cantidad de revistas de historietas	Costo total ($)
1	4×1
2	4×2
3	4×3
4	4×4
⋮	
c	$4 \times c$

C Una **expresión algebraica** es un tipo de expresión matemática que tiene al menos una variable y al menos una operación.

El costo total de c revistas de historietas puede representarse con la expresión algebraica $4 \times c$.

D También puedes usar un punto (•), paréntesis o no usar ningún símbolo para escribir la expresión $4 \times c$.

$$4 \cdot c \text{ o } 4(c) \text{ o } 4c$$

¡Convénceme! © **PM.4 Representar con modelos matemáticos** La hermana de Darius, Rachel, compró *m* libros de misterio a $6.50 cada uno. Muestra 3 maneras de escribir una expresión algebraica que represente el costo total de los libros de misterio.

Otro ejemplo

La tabla muestra expresiones algebraicas que representan determinadas situaciones.

Frase en palabras	Operación	Expresión algebraica
cinco minutos más que el tiempo t	suma	$t + 5$
diez borradores con una disminución de un número n	resta	$10 - n$
seis veces un ancho a	multiplicación	$6a$ o $6 \cdot a$ o $6(a)$
n nectarinas dividido por tres	división	$n \div 3$ o $\frac{n}{3}$
4 veces la cantidad x más 8	multiplicación y suma	$4(x + 8)$

✫ Práctica guiada *

¿Lo entiendes?

1. © **PM.6 Hacerlo con precisión** Identifica la variable y la operación de la expresión algebraica $\frac{6}{x}$.

2. **A-Z Vocabulario** Explica por qué $15 + \frac{1}{2}n$ es una expresión algebraica.

¿Cómo hacerlo?

Escribe una expresión algebraica para cada situación en los Ejercicios **3** a **5**.

3. cinco menos que y

4. cuatro más que dos veces x

5. seis veces la cantidad dos x más tres y

✫ Práctica independiente

Escribe una expresión algebraica para cada situación en los Ejercicios **6** a **11**.

6. 12 veces un número g

7. la diferencia de un número m y 18

8. c centavos sumados a 22 centavos

9. 5 menos que 3 veces un número z

10. 22 dividido por un número s

11. $12\frac{3}{4}$ menos que el producto de 7 y un número x

12. Una carroza del Desfile de las Rosas usa la misma cantidad de flores que un florista vende en 6 años. Si *f* es la cantidad de flores que vende un florista en 1 año, escribe una expresión algebraica que represente la cantidad de flores que usa una carroza del desfile.

13. © **PM.1 Entender y perseverar** Un grupo de vacas produjo la misma cantidad de galones, *g*, de leche por día durante una semana. Sara juntó la leche durante seis días. Escribe una expresión que muestre la cantidad de galones que Sara **NO** juntó.

14. Yuri paseó *c* caniches y *b* bulldogs el lunes. De martes a viernes, paseó la misma cantidad que el lunes de caniches y bulldogs por día. Escribe una expresión algebraica que represente cuántos perros paseó en total durante esos 5 días.

15. **Razonamiento de orden superior** Algunos estudiantes reparten en partes iguales 2 canastas de manzanas. Cada canasta tiene 12 manzanas. Escribe una expresión algebraica que represente esa situación y luego explica cómo escogiste qué variable y qué operaciones debías usar.

16. © **PM.4 Representar con modelos matemáticos** La figura es un octágono regular cuya longitud de lado es *l*. Escribe dos expresiones algebraicas con distintas operaciones para representar el perímetro de la figura.

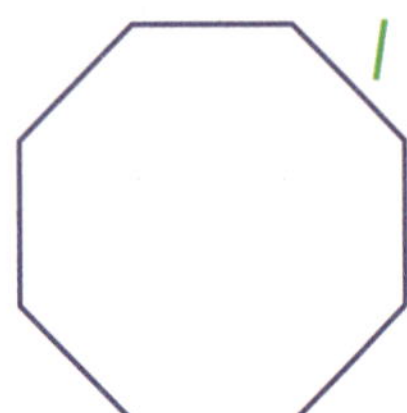

© Evaluación de *Common Core*

17. ¿Qué expresión algebraica **NO** podría representar la siguiente frase?

Cuatro más que el producto de 3 veces la cantidad *c* de caballos

   Ⓐ $4 + 3c$

   Ⓑ $(4 + 3)c$

   Ⓒ $3 \cdot c + 4$

   Ⓓ $(3 \times c) + 4$

18. ¿Cuál es la frase que la expresión algebraica $\frac{w}{4} - 4$ representa mejor?

   Ⓐ el cociente de cuatro y un número *w*

   Ⓑ la diferencia entre un número *w* y 4

   Ⓒ cuatro menos que el cociente de *w* dividido por 4

   Ⓓ cuatro menos que un número *w*

¡Revisemos!

Una variable, escrita con una letra, representa una cantidad que puede cambiar. Puedes usar una variable para escribir una expresión algebraica que tenga al menos una operación.

¿Cómo puede una expresión algebraica representar una situación determinada?

Frase en palabras	Variable	Operación	Expresión algebraica
diez **más que** un número b	b	Suma	$b + 10$
la **suma o total** de 8 y un número c	c		$8 + c$
cinco **menos que** un número d	d	Resta	$d - 5$
15 **con una disminución de** un número e	e		$15 - e$
el **producto** de 8 y un número f	f	Multiplicación	$8f$
19 **veces** un número g	g		$19g$
el cociente de un número h **dividido por** 2	h	División	$\dfrac{h}{2}$
50 **dividido por** un número i	i		$50 \div i$

Escribe una expresión algebraica para cada situación en los Ejercicios **1** a **10**.

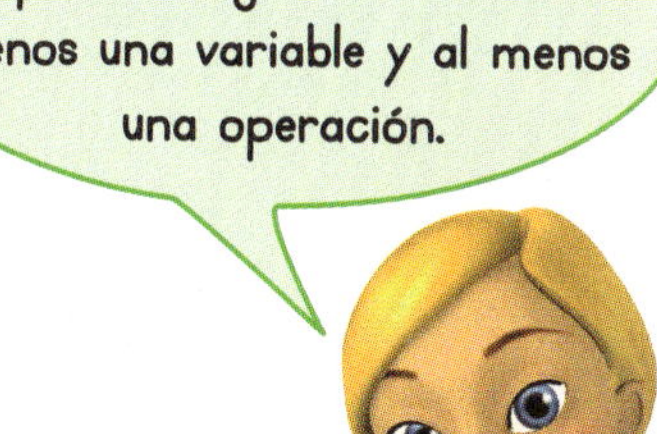

1. 6 más que un número c

2. 2.5 menos que un número d

3. 50 dividido por un número f

4. dos veces un número n

5. 12 menos que h horas

6. 4 veces la suma de x y $\frac{1}{2}$

7. 6 menos que el cociente de z dividido por 3

8. dos veces un número k más la cantidad s menos 2

9. 8 más que s sapos

10. 5 veces la cantidad m dividido por 2

Usa la tabla de la derecha en los Ejercicios **11** a **14**.

11. En una tienda de mascotas, hay peces en oferta. Lenny compró p peces platy y l lochas. Escribe una expresión algebraica que represente el costo total de los peces.

12. © **PM.4 Representar con modelos matemáticos** El Sr. Bolden compró g gupis y pagó con un billete de $20. Escribe una expresión algebraica que represente el vuelto que recibió el Sr. Bolden.

Peces en oferta

Gupi		$3
Locha		$4
Platy		$2
Tetra		$5

13. © **PM.1 Entender y perseverar** La Sra. Wilson compró dos bolsas de peces para sus sobrinas. Cada bolsa tiene g gupis y un tetra. También compró una caja de alimento para peces que costó d dólares. Escribe una expresión algebraica que represente cuánto pagó en total.

14. En 3 días, en la tienda vendieron 27 gupis. También vendieron dos veces la cantidad de peces platy que de gupis. Evalúa la siguiente expresión para hallar la cantidad en dólares por la venta de gupis y peces platy.

$27 \cdot 3 + (2 \cdot 27) \cdot 2$

15. **Razonamiento de orden superior** Describe una situación que pueda representarse con la expresión algebraica $6b + w$.

© **Evaluación de _Common Core_**

16. ¿Qué expresión algebraica podría representar la siguiente situación?

Seis lápices menos que p paquetes de lápices que contienen 5 lápices cada uno.

Ⓐ $5p - 6$

Ⓑ $p - 6$

Ⓒ $5 \cdot (p - 6)$

Ⓓ $6 - 5p$

17. ¿Qué opción es la variable de la expresión algebraica $(6.5 + 2.2y) \div 3$?

Ⓐ 6.5

Ⓑ 2.2

Ⓒ y

Ⓓ 3

Resuélvelo y coméntalo

Mira la expresión matemática del siguiente cartel. Usa lenguaje matemático para escribir al menos tres enunciados que describan la expresión o partes de la expresión.

Lección 1-4
Identificar partes de una expresión

Puedo...
usar palabras de matemáticas específicas para describir partes de expresiones matemáticas.

Estándar de contenido 6.EE.A.2b
Prácticas matemáticas PM.1, PM.3, PM.4, PM.6

¡Vuelve atrás! **PM.6 Hacerlo con precisión** En la expresión anterior, ¿en qué se parecen y en qué se diferencian $4t$ y $(3 \div 2)$?

¿Cómo se pueden describir las partes de una expresión?

A

Cada parte de una expresión separada por un signo más o menos se llama ==término==*.*

¿Cuántos términos tiene la expresión?

Describe las partes de la expresión.

$$12r + \frac{r}{2} - 19$$

B

$12r + \frac{r}{2} - 19$ tiene **tres términos**.

$$12r + \frac{r}{2} - 19$$

términos

Los términos son $12r$, $\frac{r}{2}$ y 19.

C

El primer término, $12r$, es un producto de dos factores.

producto

$12r$

factores

Un ==coeficiente== es el número que se multiplica por una variable.

12 es el coeficiente de r.

$12r$

coeficiente

D

El segundo término, $\frac{r}{2}$, está escrito como una fracción y representa el cociente de r dividido por 2.

cociente $\left[\begin{array}{l}\frac{r}{2}\end{array}\right.$ — dividendo / divisor

El tercer término, 19, es un valor numérico constante.

¡Convénceme! © **PM.6 Hacerlo con precisión** ¿Cuántos términos tiene la expresión $r \div 9 + 5.5$? Explícalo.

☆Práctica guiada *

¿Lo entiendes?

1. © **PM.6 Hacerlo con precisión**
¿Describirías la expresión $2(3 + 4)$ como un producto de dos factores? Explícalo.

2. ¿Qué parte de la expresión $2(3 + 4)$ es la suma de dos términos? Explícalo.

¿Cómo hacerlo?

Usa la expresión $\frac{w}{4} + 12.5 - 7z$ en los Ejercicios **3** y **4**.

3. ¿Cuántos términos tiene la expresión?

4. ¿Qué parte de la expresión es un producto de dos factores? Describe sus partes.

☆Práctica independiente

Práctica al nivel Indica cuántos términos tienen las expresiones en los Ejercicios **5** a **8**.

5. $5 - g$

6. $3 + \frac{1}{2}b$

7. $\frac{v}{3} + 2 \cdot 5$

8. $16.2 - (3 \cdot 4) + (14 \div 2)$

Usa la expresión $5.3t - (20 \div 4) + 11$ en los Ejercicios **9** y **10**.

9. ¿Qué parte de la expresión es un cociente? Describe sus partes.

10. ¿Qué parte de la expresión es un producto de dos factores? Describe sus partes.

Usa la expresión $7(10 + 8) - 9$ en los Ejercicios **11** y **12**.

11. ¿Qué parte de la expresión representa una suma?

12. ¿Qué parte de la expresión representa un producto? Identifica los factores.

Puedes encontrar otro ejemplo en el Grupo D, página 70.

Usa la tabla de la derecha en los Ejercicios **13** y **14**.

13. © **PM.4 Representar con modelos matemáticos** Escribe una expresión que muestre cuánto más largo es el viaje de ida y vuelta a San Diego que el viaje de ida y vuelta a San José. ¿Cuántos términos tiene la expresión?

14. © **PM.1 Entender y perseverar** El mes pasado, el conductor de un camión hizo 5 viajes de ida y vuelta a Los Ángeles y algunos viajes de ida y vuelta a San Diego. Escribe una expresión que muestre cuántas millas viajó en total. Identifica y describe la parte de la expresión que muestra cuántas millas viajó de ida y vuelta a San Diego.

DATOS	De Sacramento a	Viaje de ida y vuelta (millas)
	San José	236
	Los Ángeles	770
	San Diego	1,012

15. © **PM.3 Evaluar el razonamiento** Anthony dice que la expresión *abc* tiene tres términos porque tiene tres variables. Evalúa el razonamiento de Anthony y explica si tiene razón.

16. Razonamiento de orden superior Escribe una expresión numérica cuyo valor sea 45. La expresión debe tener al menos tres términos, una potencia y un par de paréntesis.

© Evaluación de *Common Core*

17. Usa la siguiente expresión para completar la tabla. La primera columna contiene las partes de la expresión. Identifica las partes de la expresión que corresponden a las descripciones y completa la tabla.

$$y \div 3(4 - 2) + 5.5$$

Descripción de la parte	Parte
Variable	
Diferencia	
Producto	
Valor numérico constante	

¡Revisemos!

Expresión	Descripción	Frase en palabras
$4(7 + 11)$	Esta expresión tiene dos factores. Un factor es 4 y el otro es la suma $7 + 11$.	4 veces la suma de 7 y 11
$\dfrac{x}{6}$	Esta expresión tiene un término y es el cociente de x dividido por 6.	x dividido por 6
$f - 3$	Esta expresión tiene dos términos y es la diferencia de f y 3.	3 menos que f o f menos 3
$15g$	En esta expresión de un término, el coeficiente de g es 15.	15 veces la cantidad g

Indica cuántos términos tienen las expresiones de los Ejercicios **1** a **4**.

1. $4c + 7\frac{1}{2}$

2. $80.6 - 3p - q$

3. $(7 \cdot 2) \div s$

4. $100 + (8 \cdot 6) - 50 + 2$

Usa la expresión $1 + \frac{z}{3} + 2w$ en los Ejercicios **5** y **6**.

5. ¿Qué parte de la expresión es un cociente? Describe sus partes.

6. ¿Qué parte de la expresión es un producto de dos factores? Describe sus partes.

Usa la expresión $\frac{3}{4} + 3(14 - 7)$ en los Ejercicios **7** y **8**.

7. ¿Qué parte de la expresión representa una diferencia?

8. ¿Qué parte de la expresión representa un producto? Identifica los factores.

9. © **PM.4 Representar con modelos matemáticos**
Escribe una expresión que muestre el costo de 2 sándwiches, 2 bebidas y una ensalada. ¿Cuántos términos tiene la expresión?

10. © **PM.6 Hacerlo con precisión** El equipo de futbol pidió 16 bebidas y algunos sándwiches. Escribe una expresión que muestre el costo total de su pedido, descríbela e identifica las partes.

Menú de almuerzo

Sándwich $5

Sopa $2

Ensalada. $4

Bebida $1

11. © **PM.3 Evaluar el razonamiento** Mary dice que la expresión $\frac{a}{2}$ no tiene términos porque no hay un signo más ni un signo menos. Explica si su razonamiento es correcto.

12. **Sentido numérico** ¿Multiplicar la expresión $(x + y)$ por $\frac{1}{3}$ es lo mismo que dividirla por qué número?

13. **Razonamiento de orden superior** En $6 + 5(12 - 8)$, ¿qué palabra describe mejor la expresión completa: suma, diferencia, producto o cociente? Explica tu razonamiento.

© Evaluación de *Common Core*

14. Usa la expresión de la derecha para completar la siguiente tabla. La primera columna enumera partes de la expresión. Identifica las partes de la expresión que corresponden a las descripciones y completa la segunda columna.

$$3t - \frac{10}{(4 + 1)} - 2$$

Descripción de la parte	Parte
Coeficiente	
Cociente	
Suma	
Producto	

Jason tiene 20 cromos deportivos para empezar una colección. Puede comprar paquetes de cromos para aumentar la colección. ¿Cuántos cromos tendrá Jason si compra 3 paquetes de cromos? ¿Y si compra 8 paquetes? **Resuelve este problema de la manera que prefieras.**

Lección 1-5
Evaluar expresiones algebraicas

Puedo...
usar la sustitución para evaluar expresiones algebraicas.

© **Estándares de contenido** 6.EE.A.2c, 6.EE.B.6
Prácticas matemáticas PM.2, PM.3, PM.4, PM.7, PM.8

Puedes escribir una expresión algebraica para estructurar el problema. Si p = la cantidad de paquetes que compra Jason, "$20 + 12p$" indica la cantidad de cromos que tendrá.

¡Vuelve atrás! © **PM.8 Generalizar** ¿Con qué valores de números enteros de p es posible evaluar la expresión $12p + 20$ para hallar cuántos cromos tendrá Jason si compra p paquetes de cromos?

¿Cómo se puede evaluar una expresión algebraica?

A

Erik colecciona carros en miniatura. Tiene una caja grande que contiene 20 carros. También tiene 3 cajas pequeñas, del mismo tamaño, llenas de carros.

Sea c = la cantidad de carros que hay en cada caja pequeña.

Por tanto, la expresión $20 + 3c$ representa la cantidad de carros que tiene Erik en total.

¿Cuántos carros en miniatura tiene Erik si cada caja pequeña tiene 10 carros? ¿Y 12 carros? ¿Y 14 carros?

B Evalúa $20 + 3c$ cuando c es igual a 10, 12 o 14.

Para evaluar una expresión algebraica, usa la sustitución para reemplazar la variable por un número.

Sustituye c por 10.

$$20 + 3c$$
$$20 + 3(10)$$
$$= 20 + 30$$
$$= 50$$

Si cada caja pequeña tiene 10 carros, Erik tiene 50 carros.

C Sustituye c por 12.

$$20 + 3c$$
$$20 + 3(12)$$
$$= 20 + 36$$
$$= 56$$

Si cada caja pequeña tiene 12 carros, Erik tiene 56 carros.

Sustituye c por 14.

$$20 + 3c$$
$$20 + 3(14)$$
$$= 20 + 42$$
$$= 62$$

Si cada caja pequeña tiene 14 carros, Erik tiene 62 carros.

D

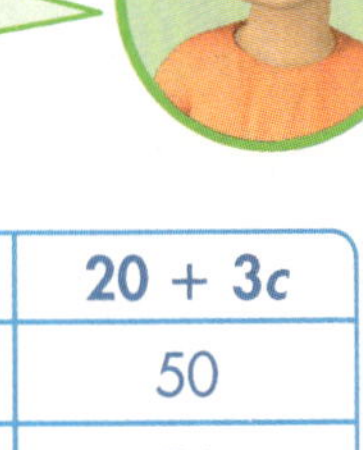

c	$20 + 3c$
10	50
12	56
14	62

¡Convénceme! © **PM.7 Usar la estructura** Evalúa la expresión $\frac{t}{5} + 13$ para cada valor de t que se muestra en la tabla.

t	10	20	25
$\frac{t}{5} + 13$			

Amigo de práctica   Herramientas   Evaluación

Otro ejemplo

¿Cuál es el valor de $3a - 6b \div c + d^2$, cuando $a = 9$, $b = 8$, $c = 4$ y $d = 3$?

Evalúa la expresión.

$$3a - 6b \div c + d^2 = 3(9) - 6(8) \div 4 + 3^2$$
$$= 24$$

Usa la sustitución para reemplazar las variables por sus valores.

☆ Práctica guiada *

¿Lo entiendes?

1. © **PM.3 Construir argumentos** ¿Por qué es importante usar el orden de las operaciones al evaluar expresiones algebraicas?

2. © **PM.2 Razonar** En el problema de la página anterior, ¿hay números enteros que no deberían formar parte de un conjunto de datos usado para evaluar $20 + 3c$? Explícalo.

¿Cómo hacerlo?

En los Ejercicios **3** a **6**, evalúa la expresión cuando $t = 8$, $w = \frac{1}{2}$ y $x = 3$.

3. $3t - 8$

4. $6w \div x + 9$

5. $t^2 - 12w \div x$

6. $5x - 2w + t$

☆ Práctica independiente

Práctica al nivel En los Ejercicios **7** a **12**, evalúa las expresiones si $w = 5$, $x = 3$, $y = 4$ y $z = 8$.

7. $9x$

8. $3w + 6 \div 2x$

9. $w^2 + 2 + 48 \div 2x$

10. $x^3 + 5y \div w + z$

11. $9y \div x + z^2 - w$

12. $x^2 + 4w - 2y \div z$

Prácticas matemáticas y resolución de problemas

13. © **PM.4 Representar con modelos matemáticos**
La Sra. White quiere alquilar un carro pequeño durante una semana. Deberá pagar la tarifa semanal más $0.30 por milla manejada.

a. Sea $m =$ la cantidad de millas que maneja la Sra. White durante la semana. Escribe una expresión que muestre cuánto pagará por el carro.

b. Evalúa la expresión que escribiste para hallar cuánto pagará si maneja 100 millas.

	Vehículo	Semana	Día
DATOS	Carro pequeño	$250	$100
	Carro mediano	$290	$110
	Carro de lujo	$325	$120
	Camioneta pequeña	$350	$150
	Camioneta grande	$390	$170

14. El Sr. Black alquilará un carro de lujo durante una semana y algunos días, d. No tendrá que pagar la tarifa por milla manejada. Evalúa la expresión $325 + 120d$ para hallar cuánto pagará por un alquiler de 11 días.

15. **Sentido numérico** ¿Durante cuántos días se puede alquilar cualquiera de los vehículos de la tabla antes de que sea más barato alquilarlo durante una semana?

16. © **PM.3 Evaluar el razonamiento** Charlene dice que la expresión $5 + 3n$ puede evaluarse sumando $5 + 3$ y luego multiplicando por el valor de n. ¿Estás de acuerdo? Explícalo.

17. **Razonamiento de orden superior** Explica cómo se puede evaluar la siguiente expresión calculando mentalmente si $d = 7$; luego evalúa la expresión.

$$(d \cdot 10^4) + (d \cdot 10^3) + (d \cdot 10^2) + (d \cdot 10^1) + (d \cdot 10^0)$$

© Evaluación de *Common Core*

18. ¿Cuál es el valor de $a^2 + 3b \div c - d$, cuando $a = 7$, $b = 8$, $c = 6$ y $d = 1$?

Ⓐ 52

Ⓑ 17

Ⓒ 9

Ⓓ 5

19. ¿Cuál es el valor de $8b \div a - c^2 + d$, cuando $a = 2$, $b = 5$, $c = 3$ y $d = 9$?

Ⓐ 2

Ⓑ 5

Ⓒ 20

Ⓓ 23

Tarea y práctica 1-5

Evaluar expresiones algebraicas

¡Revisemos!

Evalúa la expresión $5a + 2b \div c - d^2$, cuando $a = 9$, $b = 6$, $c = 3$ y $d = 5$.

Usa la sustitución para reemplazar las variables por los valores y luego usa el orden de las operaciones para simplificar.

$$5a + 2b \div c - d^2 = 5(9) + 2(6) \div 3 + 5^2$$
$$= 74$$

Práctica al nivel En los Ejercicios **1** a **8**, halla el valor de las expresiones cuando $a = \frac{1}{3}$, $b = 9$, $c = 5$ y $d = 10$.

1. $6a + 4$

2. $5a - \frac{2}{3}$

3. $5d \div c + 2$

4. $b^2 - 9a$

5. $12a + c - b$

6. $\frac{1}{2}d + c^2 - b$

7. $d^2 \div 2c - b + 3a$

8. $3c + b^2 \div 27a - d$

Evalúa las expresiones para el conjunto de valores de cada tabla en los Ejercicios **9** y **10**.

9.

c	1	2	3
$28 - c^3 + 6$			

10.

d	28	49	63
$\frac{d}{7} - 3 + 10$			

11. Ⓒ **PM.4 Representar con modelos matemáticos** Tamara tiene un negocio de cuidado de mascotas. La tabla muestra cuánto cobra. La semana pasada, cuidó un perro y dos gatos.

Cantidad de mascotas	Por día	Por hora
Un perro	$20	$7
Dos perros	$25	$9
Uno o dos gatos	$15	$6

   a. Supón que pasó h horas cuidando al perro y 2 días cuidando los gatos. Escribe una expresión que muestre cuánto ganó.

   b. Evalúa la expresión que escribiste para hallar cuánto ganó si cuidó al perro durante 2 horas.

12. **Sentido numérico** ¿Durante cuántas horas se puede contratar cualquiera de los servicios de la tabla antes de que sea más barato pagar por un día entero?

13. Conner está aprendiendo surf. Puede pagar $65 por un curso de entrenamiento básico y luego alquilar una tabla de surf a $6 la hora. Conner escribió la expresión $65 + 6x$ para hallar cuánto le costaría hacer surf. ¿Cuánto pagará si hace surf durante 4 horas?

14. **Razonamiento de orden superior** Rita y Janet se anotaron en dos clases de baile distintas. La clase de Rita cuesta $20 más $8 por lección. La clase de Janet cuesta $12 por lección. ¿Cuántas lecciones debe tomar Janet para que su clase cueste lo mismo que la de Rita? Explica cómo lo decidiste.

Ⓒ **Evaluación de *Common Core***

15. ¿Cuál es el valor de $3g \div h^2 + k - n$, cuando $g = 12$, $h = 3$, $k = 10$ y $n = 1$?

   Ⓐ 21

   Ⓑ 16

   Ⓒ 15

   Ⓓ 13

16. ¿Cuál es el valor de $\frac{1}{2}x + y^2 - 4z \div t$, cuando $x = 10$, $y = 4$, $z = 5$ y $t = 2$?

   Ⓐ 3

   Ⓑ 4

   Ⓒ 11

   Ⓓ 18

Escribe una expresión equivalente a $2(3x + 1)$. Explica por qué tu expresión es equivalente a $2(3x + 1)$. **Resuelve este problema de la manera que prefieras.**

Lección 1-6
Escribir expresiones equivalentes

Puedo...
usar las propiedades de las operaciones para escribir expresiones equivalentes.

Estándares de contenido 6.EE.A.3, 6.EE.A.4
Prácticas matemáticas PM.3, PM.4, PM.7, PM.8

¡Vuelve atrás! **PM.7 Buscar relaciones** Escribe una expresión equivalente a $2(3x - 1)$. Explica qué tienen en común esa expresión y la del problema anterior.

Pregunta esencial ¿Cómo se pueden escribir expresiones equivalentes?

A

Las **expresiones equivalentes** tienen el mismo valor sin importar el valor por el que se sustituya la misma variable en las expresiones.

Usa las propiedades de las operaciones para escribir expresiones equivalentes a $3(4x - 1)$ y $2x + 4$.

Propiedades de las operaciones

Propiedad conmutativa

de la suma	$a + b = b + a$
de la multiplicación	$a \times b = b \times a$

Propiedad asociativa

de la suma	$(a + b) + c = a + (b + c)$
de la multiplicación	$(a \times b) \times c = a \times (b \times c)$

Propiedad distributiva

$$a(b + c) = a(b) + a(c)$$
$$a(b - c) = a(b) - a(c)$$

B

Usa las propiedades distributiva y asociativa para escribir una expresión equivalente a $3(4x - 1)$.

$3(4x - 1) = 3(4x) - 3(1)$ ← Propiedad distributiva

$\qquad = (3 \cdot 4)x - 3$ ← Propiedad asociativa de la multiplicación

$\qquad = 12x - 3$

$12x - 3$ y $3(4x - 1)$ son expresiones equivalentes.

C

Usa la propiedad distributiva en orden inverso para escribir una expresión equivalente a $2x + 4$. Busca un factor común a ambos términos que sea mayor que 1.

$2x + 4 = 2(x) + 2(2)$ ← Propiedad distributiva

$\qquad = 2(x + 2)$ ← 2 es un factor común.

Por tanto, $2(x + 2)$ es equivalente a $2x + 4$.

¡Convénceme! © **PM.7 Usar la estructura** Escribe una expresión equivalente a $3y - 9$.

Amigo de práctica   Herramientas   Evaluación

Otro ejemplo

¿Son n^2 y $2n$ expresiones equivalentes?

Puedes usar la sustitución para determinar si dos expresiones son equivalentes. Para que las expresiones algebraicas sean equivalentes, deben tener el mismo valor con *cualquier* número por el que se sustituya la misma variable. Dado que n^2 y $2n$ no son equivalentes cuando $n = 1$, no son expresiones equivalentes.

n	n^2	$2n$
0	0	0
1	1	2
2	4	4

☆ Práctica guiada *

¿Lo entiendes?

1. © **PM.7 Usar la estructura** ¿Qué propiedad de las operaciones usarías para escribir una expresión equivalente a $y + \frac{1}{2}$? Escribe la expresión equivalente.

2. © **PM.8 Generalizar** ¿Son z^3 y $3z$ expresiones equivalentes? Explícalo.

¿Cómo hacerlo?

Usa las propiedades de las operaciones para completar las expresiones equivalentes en los Ejercicios **3** a **5**.

3. $2(r + 3) =$ _____ $r +$ _____

4. $6(4s - 1) =$ _____ $s -$ _____

5. $8t + 2 = 2($ _____ $t +$ _____ $)$

☆ Práctica independiente

Práctica al nivel Usa las propiedades de las operaciones para completar las expresiones equivalentes en los Ejercicios **6** a **8**.

6. $3(m + 3) =$ __ $m +$ __

7. $20n - 4m = 4($ __ $n -$ __ $m)$

8. $4\left(3p + 2\frac{1}{2}\right) =$ __ $p +$ __

Escribe expresiones equivalentes en los Ejercicios **9** a **16**.

9. $3(x - 6)$

10. $2x + 10$

11. $8\left(2y + \frac{1}{4}\right)$

12. $5.7 + (3z + 0.3)$

13. $5w - 15$

14. $2x + 4y$

15. $10(y^2 + 2.45)$

16. $\frac{3}{4} \cdot (z^3 \cdot 4)$

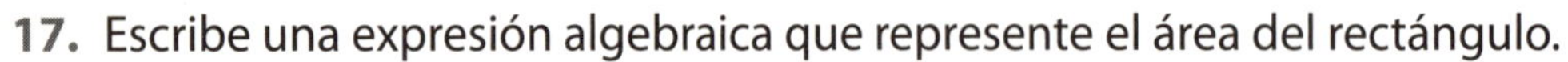

Prácticas matemáticas y resolución de problemas

17. Escribe una expresión algebraica que represente el área del rectángulo.

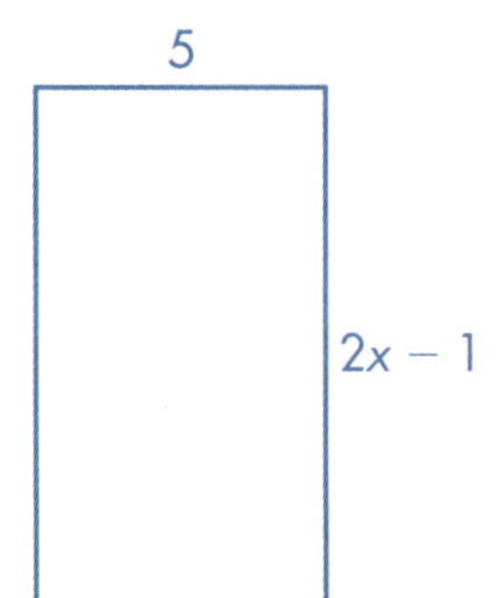

18. © **PM.7 Usar la estructura** Usa las propiedades de las operaciones para escribir una expresión equivalente a la expresión que escribiste en el Ejercicio 17.

19. ¿Cuál es el área del rectángulo, en unidades cuadradas, si $x = 5\frac{1}{2}$?

---

20. El maestro de ciencias pidió 7 lupas que cuestan $1.25 cada una y 7 pares de lentes de seguridad que cuestan $3.75 cada par. ¿Cuál es el costo total? Muestra cómo lo sabes.

21. **A-Z Vocabulario** ¿Cuál es un factor común de los dos términos que sea mayor que uno de la expresión $5y - 20$?

---

22. © **PM.3 Evaluar el razonamiento** Chris dice que la expresión $4n - 2$ puede escribirse como $2(2n - 1)$. ¿Estás de acuerdo? Explícalo.

23. **Razonamiento de orden superior** Escribe una expresión con un solo término que sea equivalente a la siguiente expresión.

$$(f \cdot g^2) + 5 - (g^2 \cdot f)$$

© Evaluación de *Common Core*

24. Selecciona todas las expresiones que sean equivalentes a $8.5 + (2s + 0.5)$.

- ☐ $(8.5 + 2s) + 0.5$
- ☐ $(8.5 + 0.5) + 2s$
- ☐ $9 + 2$
- ☐ $2(4.5 + s)$

25. Selecciona todas las expresiones que sean equivalentes a $5(n + 4)$.

- ☐ $5n + 4$
- ☐ $5n + 20$
- ☐ $15 + 5n + 5$
- ☐ $5(n + 3) + 5$

Tarea y práctica 1-6

Escribir expresiones equivalentes

¡Revisemos!

Escribe una expresión equivalente a $2(5x + 7)$.

Usa la propiedad distributiva.

$$2(5x + 7) = 2(5x) + 2(7)$$
$$= (2 \cdot 5)x + 14$$
$$= 10x + 14$$

Dos expresiones algebraicas son equivalentes si tienen el mismo valor cuando la variable se sustituye por cualquier número.

Propiedades de las operaciones

Propiedad conmutativa

de la suma $\qquad a + b = b + a$
de la multiplicación $\quad a \times b = b \times a$

Propiedad asociativa

de la suma $\qquad (a + b) + c = a + (b + c)$
de la multiplicación $\quad (a \times b) \times c = a \times (b \times c)$

Propiedad distributiva

respecto de la suma $\quad a(b + c) = a(b) + a(c)$
respecto de la resta $\quad a(b - c) = a(b) - a(c)$

En los Ejercicios **1** a **6**, usa las propiedades de las operaciones para completar las expresiones equivalentes.

1. $5(m - 2) =$ ____ $m -$ ____

2. $24x + 18y = 6($ ____ $x +$ ____ $y)$

3. $2\left(9p - \frac{1}{2}\right) =$ ____ $p -$ ____

4. $8(2x - 3)$ y ____ $x - 24$

5. $5(3x - 9)$ y ____ $x -$ ____

6. $6(2x + 9)$ y ____ $x +$ ____

En los Ejercicios **7** a **18**, usa las propiedades de las operaciones para escribir expresiones equivalentes.

7. $3(6x - 7)$

8. $4(9x - 2)$

9. $6(8x + 1)$

10. $35x + 30$

11. $4(x + 7)$

12. $5x - 15y$

13. $6\left(3y - \frac{1}{2}\right)$

14. $1.6 + (2z + 0.4)$

15. $8w - 16$

16. $2.2x + 2.2$

17. $100(z^2 - 5.38)$

18. $8 \cdot \left(y^3 \cdot \frac{3}{4}\right)$

19. © **PM.4 Representar con modelos matemáticos** La Sra. Thomas pidió 5 paquetes de lápices, *n* cuadernos y 5 juegos de marcadores. Escribe una expresión algebraica que represente el costo del pedido de la Sra. Thomas.

20. © **PM.7 Usar la estructura** Usa las propiedades de las operaciones para escribir una expresión equivalente a la que escribiste en el Ejercicio 19.

21. ¿Cuál es el costo total del pedido de la Sra. Thomas si pidió 20 cuadernos?

22. © **PM.4 Representar con modelos matemáticos** La fórmula del perímetro de un rectángulo es $2\ell + 2a$, donde ℓ es la longitud y a es el ancho. ¿Cómo puedes usar la propiedad distributiva para escribir una expresión equivalente a $2\ell + 2a$?

23. **Razonamiento de orden superior** Explica por qué la expresión que escribiste en el Ejercicio 22 es más fácil de usar que $2\ell + 2a$.

© **Evaluación de *Common Core***

24. Selecciona todas las expresiones equivalentes a $4\frac{1}{2} + \left(3t + 1\frac{1}{2}\right)$.

- ☐ $\left(4\frac{1}{2} + 3t\right) + 1\frac{1}{2}$
- ☐ $\left(4\frac{1}{2} + 1\frac{1}{2}\right) + 3t$
- ☐ $6 + 3t$
- ☐ $3(2 + t)$

25. Selecciona todas las expresiones equivalentes a $8x - 24$.

- ☐ $8(x - 3)$
- ☐ $8(x - 24)$
- ☐ $9(x - 3) - (x - 3)$
- ☐ $(5 + 3)x - 24$

Lección 1-7
Simplificar expresiones algebraicas

Resuélvelo y coméntalo

Escribe una expresión equivalente a $x + 5 + 2x + 2$ combinando tantos términos como sea posible. *Resuelve este problema de la manera que prefieras.*

Puedo...

combinar términos semejantes en expresiones algebraicas.

Estándares de contenido 6.EE.A.3, 6.EE.A.4

Prácticas matemáticas PM.1, PM.3, PM.4, PM.6, PM.7

¡Vuelve atrás! **PM.6 Hacerlo con precisión** ¿Cómo sabes que la expresión que escribiste es equivalente a $x + 5 + 2x + 2$?

Pregunta esencial — **¿Cómo se pueden combinar términos semejantes para simplificar expresiones algebraicas?**

A

Los términos que tienen la misma variable, como y y 2y, son términos semejantes. *Para* simplificar *expresiones algebraicas, se usan las propiedades de las operaciones para escribir expresiones equivalentes sin términos semejantes y sin paréntesis.*

Escribe expresiones equivalentes simplificadas para $x + x + x$ *y* $2y - y$.

Propiedades de las operaciones

Propiedad de identidad

de la suma $\qquad a + 0 = a = 0 + a$

de la multiplicación $\qquad a \times 1 = a = 1 \times a$

Propiedad distributiva

respecto de la suma $\quad a(b + c) = a(b) + a(c)$

respecto de la resta $\quad a(b - c) = a(b) - a(c)$

B Combina los términos semejantes de $x + x + x$.

$x + x + x$ $\quad\longleftarrow$ Los tres términos son semejantes.

$= 1x + 1x + 1x$ $\quad\longleftarrow$ Propiedad de identidad de la multiplicación

$= (1 + 1 + 1)x$ $\quad\longleftarrow$ Propiedad distributiva

$= 3x$

Método abreviado: Suma los coeficientes y escribe la variable en común.

Por tanto, $3x$ es equivalente a $x + x + x$.

C Combina los términos semejantes de $2y - y$.

$2y - y$ $\quad\longleftarrow$ $2y$ y y son términos semejantes.

$= 2y - 1y$ $\quad\longleftarrow$ Propiedad de identidad de la multiplicación

$= (2 - 1)y$ $\quad\longleftarrow$ Propiedad distributiva

$= 1y$ o y

Método abreviado: Resta los coeficientes y escribe la variable en común.

Por tanto, y es equivalente a $2y - y$.

¡Convénceme! © **PM.7 Usar la estructura** Cuando una expresión contiene valores numéricos y términos semejantes, combina los términos semejantes y luego los números. Simplifica la expresión $4z + 7 - z - 4$.

★ Práctica guiada *

¿Lo entiendes?

1. © **PM.3 Construir argumentos** Explica por qué la expresión $2y - y$ puede escribirse como y.

2. Explica por qué las expresiones $\frac{1}{2}x + \frac{1}{2}x$ y x son equivalentes.

3. © **PM.3 Evaluar el razonamiento** Henry escribió $4z^2 - z^2$ como 4. ¿Son $4z^2 - z^2$ y 4 expresiones equivalentes? Explícalo.

¿Cómo hacerlo?

Simplifica las expresiones en los Ejercicios **4** a **11**.

4. $x + x + x + x$

5. $4y - y$

6. $3x + 8 + 2x$

7. $7y - 4.5 - 6y$

8. $4x + 2 - \frac{1}{2}x$

9. $3 + 3y - 1 + y$

10. $x + 6x$

11. $9y - 3y$

★ Práctica independiente

Simplifica las expresiones en los Ejercicios **12** a **23**.

12. $2z + \frac{1}{4} + 2z$

13. $5 + 3w + 3 - w$

14. $5w - 5w$

15. $2x + 5 + 3x + 6$

16. $10y^2 + 2y^2$

17. $\frac{3}{4}z^3 + 4 - \frac{1}{4}z^3$

18. $3.4m + 2.4m$

19. $4.2n + 5 - 3.2n$

20. $5p^2 - 5 - 2p^2$

21. $q^5 + q^5 + q^5$

22. $3x + \frac{1}{4} + 2y + \frac{1}{4} + 7x - y$

23. $1.5z^2 + 4.5 + 6z - 0.3 - 3z + z^2$

Usa el diagrama de la derecha en los Ejercicios **24** a **26**.

24. Escribe una expresión algebraica para hallar el perímetro del rectángulo.

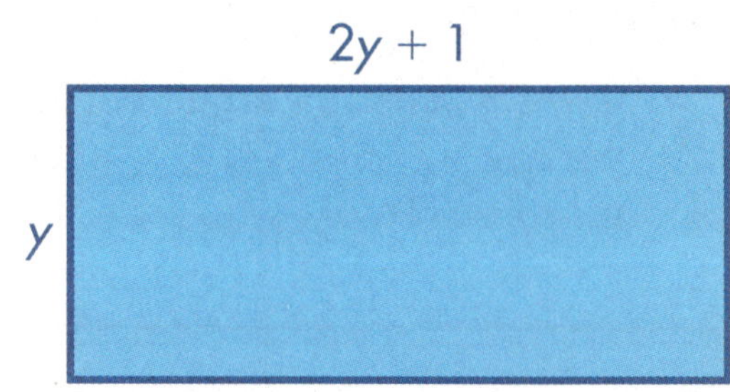

25. © **PM.7 Usar la estructura** Escribe una expresión equivalente a la expresión que escribiste en el Ejercicio 24.

26. ¿Cuál es el perímetro del rectángulo, en unidades, si $y = 2\frac{1}{2}$?

27. Rodney volvió a escribir la expresión $\frac{1}{2}(2x + 7)$ como $x + 3\frac{1}{2}$. ¿Qué propiedad de las operaciones usó Rodney?

28. **Sentido numérico** Da un ejemplo de un número, n, con el que la siguiente desigualdad sea verdadera.

$$n > n^2$$

29. © **PM.3 Evaluar el razonamiento** Thea dijo que las expresiones $4x - 3x + 2$ y $x + 2$ son equivalentes. ¿Tiene razón? Explícalo.

30. **Razonamiento de orden superior** Escribe una expresión equivalente a la siguiente expresión.

$$\frac{a}{3} + \frac{a}{3} + \frac{a}{3}$$

© **Evaluación de *Common Core***

31. Escribe las siguientes expresiones en la columna correspondiente de la tabla de la derecha para mostrar si la expresión es equivalente a $2x + 7 + 6x - x$.

$2x + 13$

$7 + 7x$

$14x$

$7x + 7$

Es equivalente a $2x + 7 + 6x - x$	NO es equivalente a $2x + 7 + 6x - x$

Tarea y práctica 1-7

Simplificar expresiones algebraicas

¡Revisemos!

Simplifica la expresión $2x + 6 + 5x + 4$.

Los **términos semejantes** tienen la misma variable. En esta expresión, $2x$ y $5x$ son términos semejantes.

$$2x + 6 + 5x + 4$$
$$= 2x + 5x + 6 + 4 \quad \text{Propiedad conmutativa de la suma}$$
$$= 7x + 10$$

$2x + 6 + 5x + 4 = 7x + 10$

En los Ejercicios **1** a **3**, combina los términos semejantes para completar las expresiones equivalentes.

1. $n + n + n = 1n + 1n + 1n$
$$= (1 + \underline{} + \underline{})n$$
$$= \underline{}$$

2. $3n + 6 - n - 4 = (\underline{}n - \underline{}n) + 6 - 4$
$$= \underline{}n + \underline{}$$

3. $1\frac{1}{2}z^2 + 3\frac{1}{2} + 5z - 3 + 6z - \frac{1}{2}z^2$
$$= (z^2 - z^2) + (z + z) + (-)$$
$$= \underline{}z^2 + z +$$

Simplifica las expresiones en los Ejercicios **4** a **15**.

4. $4y + 9y$

5. $3z + \frac{3}{4} - 2z$

6. $25 + 5w - 10 + w$

7. $7.7w - 4.6w$

8. $\frac{1}{2}x + \frac{1}{2} + \frac{1}{2}x + \frac{1}{2}$

9. $12y^2 - 6y^2$

10. $3z^3 + 2\frac{1}{4} - z^3$

11. $6.6m + 3m$

12. $100n - 1 - 25n$

13. $5x + \frac{1}{2} + 3y + \frac{1}{4} + 2x - 2y$

14. $p^2 + 2.3 + 3p^2$

15. $z^4 + z^4 + z^4 + z^4$

16. © **PM.4 Representar con modelos matemáticos** En un restaurante, la familia de Casey pidió una bebida pequeña y m bebidas medianas. La familia de Anika pidió m bebidas medianas y una bebida grande. Escribe una expresión algebraica que muestre el costo total, en dólares, de los dos pedidos.

17. © **PM.7 Usar la estructura** Combina los términos semejantes para escribir una expresión equivalente a la expresión que escribiste en el Ejercicio 16.

18. ¿Cuál fue el costo total de las bebidas de los dos pedidos si $m = 3$?

19. Jan volvió a escribir la expresión $\frac{1}{2}y \cdot 5$ como $5 \cdot \frac{1}{2}y$. ¿Qué propiedad de las operaciones usó Jan?

20. **Sentido numérico** Da un ejemplo de un número, n, que haga que la siguiente desigualdad sea verdadera.

$$n^3 < n^2$$

21. © **PM.3 Evaluar el razonamiento** Manuel volvió a escribir la expresión $6x - x + 5$ como $6 + 5$. ¿Son $6x - x + 5$ y $6 + 5$ expresiones equivalentes? Explícalo.

22. **Razonamiento de orden superior** Escribe una expresión equivalente a la siguiente expresión.

$$\frac{b}{2} + \frac{b}{2}$$

© **Evaluación de *Common Core*** ____________

23. Escribe las siguientes expresiones en la columna correspondiente de la tabla de la derecha para mostrar si la expresión es equivalente a $\frac{1}{2}x + 4\frac{1}{2} + \frac{1}{2}x - \frac{1}{2}$.

$$\frac{1}{2}x + 4$$
$$x + 4\frac{1}{2}$$
$$x + 4$$
$$x - 4$$

Es equivalente a $\frac{1}{2}x + 4\frac{1}{2} + \frac{1}{2}x - \frac{1}{2}$	NO es equivalente a $\frac{1}{2}x + 4\frac{1}{2} + \frac{1}{2}x - \frac{1}{2}$

Juwon hizo la siguiente tabla. Dice que la tabla muestra que $8n + 6$, $2(4n + 3)$ y $14n$ son expresiones equivalentes. ¿Estás de acuerdo? Explica tu razonamiento. *Resuelve este problema de la manera que prefieras*.

Lección 1-8
Expresiones equivalentes

Puedo...
identificar expresiones algebraicas equivalentes.

© **Estándares de contenido** 6.EE.A.3, 6.EE.A.4
Prácticas matemáticas PM.1, PM.3, PM.7, PM.8

n	$8n + 6$	$2(4n + 3)$	$14n$
1	$8(1) + 6$ $= 14$	$2(4 \cdot 1 + 3)$ $= 2(4 + 3)$ $= 2 \cdot 7$ $= 14$	$14(1)$ $= 14$

¡Vuelve atrás! © **PM.8 Generalizar** Cuando se sustituye la misma variable por un número en dos expresiones, ¿cuántas veces deben tener esas dos expresiones valores diferentes antes de que sepas que no son equivalentes? Explícalo.

Pregunta esencial ¿Cómo se pueden identificar expresiones equivalentes?

A

¿Cuáles de las siguientes expresiones son equivalentes? Explica cómo lo sabes.

$$8x - 4$$
$$4x$$
$$4(2x - 1)$$

B Una manera

Evalúa las expresiones con los mismos valores para x.

Intenta con $x = 1$.

$$8x - 4 = 8 \cdot 1 - 4 = 4$$
$$4x = 4 \cdot 1 = 4$$
$$4(2x - 1) = 4(2 \cdot 1 - 1) = 4$$

Intenta con $x = 2$.

$$8x - 4 = 8 \cdot 2 - 4 = 12$$
$$4x = 4 \cdot 2 = 8$$
$$4(2x - 1) = 4(2 \cdot 2 - 1) = 12$$

$8x - 4$ y $4(2x - 1)$ indican el mismo número sin importar el valor de x; por tanto, son equivalentes.

C Otra manera

Puedes usar las propiedades de las operaciones para determinar si las expresiones son equivalentes.

Usa la propiedad distributiva para escribir $8x - 4$ como $4(2x - 1)$.

$$8x - 4 = 4(2x) - 4(1)$$
$$= 4(2x - 1)$$

No pueden usarse las propiedades de las operaciones para escribir $8x - 4$ o $4(2x - 1)$ como $4x$.

$$8x - 4 \neq 4x$$
$$4(2x - 1) \neq 4x$$

$8x - 4$ y $4(2x - 1)$ son expresiones equivalentes.

¡Convénceme! © **PM.7 Usar la estructura** ¿Cuáles de las siguientes expresiones son equivalentes? Explica cómo lo sabes.

$$10y + 5$$
$$15y$$
$$5(2y + 1)$$

★ Práctica guiada *

¿Lo entiendes?

1. ¿Son las expresiones $3(y + 1)$ y $3y + 3$ equivalentes si $y = 1$? ¿Y si $y = 2$? ¿Y si $y = 3$?

2. © **PM.3 Construir argumentos** ¿Son las expresiones $3(y + 1)$ y $3y + 3$ equivalentes con cualquier valor de y? Explícalo.

¿Cómo hacerlo?

3. Completa la siguiente tabla.

x	$12x - 6$	$3x + 3$	$6(2x - 1)$
1			
2			
3			

4. ¿Qué expresiones de la tabla son equivalentes?

★ Práctica independiente

Práctica al nivel Completa las tablas y, luego, encierra en un círculo las expresiones equivalentes en los Ejercicios **5** y **6**.

5.

y	$9(y + 3)$	$9y + 27$	$9y + 3$
1			
2			
3			

6.

y	$4\frac{1}{2} + \left(2y - \frac{1}{2}\right)$	$\left(4\frac{1}{2} - \frac{1}{2}\right) + 2y$	$2(y + 2)$
1			
2			
3			

Identifica qué expresiones son equivalentes a la expresión dada en los Ejercicios **7** a **10**.

7. $5(2x + 3)$

   a. $10x + 15$

   b. $5x + 15 + 5x$

   c. $10x + 8$

8. $4x - 8$

   a. $2(2x - 6)$

   b. $2(2x - 4)$

   c. $x - 8 + 3x$

9. $12x - 16$

   a. $9.6x - 16 + 2.4x$

   b. $3(3x - 5)$

   c. $4(3x - 4)$

10. $2\left(6x + \frac{1}{2}\right)$

   a. $12x + 2$

   b. $12x + 1$

   c. $6x + \frac{1}{2} + 6x + \frac{1}{2}$

Prácticas matemáticas y resolución de problemas

11. Escribe una expresión algebraica que represente cada compra.

   a. El Sr. Tonkery compró una cantidad x de pelotas de futbol y 3 pelotas de beisbol.

   b. Dennis, Eddie y Félix están en un equipo de beisbol. Cada uno compró una pelota de beisbol y x pares de medias deportivas.

12. © **PM.1 Entender y perseverar** Supón que x tiene el mismo valor en las dos expresiones que escribiste en el Ejercicio 11. ¿Son equivalentes las dos expresiones? Explícalo.

13. © **PM.3 Evaluar el razonamiento** Wendy dice que las pelotas de futbol cuestan $2\frac{1}{2}$ veces el valor de las pelotas de beisbol. ¿Estás de acuerdo? Explícalo.

14. © **PM.3 Evaluar el razonamiento** Jamie dice que las expresiones $6x - 2x + 4$ y $4(x + 1)$ no son equivalentes porque una expresión tiene un término que se resta y la otra, no. ¿Estás de acuerdo? Explícalo.

15. **Razonamiento de orden superior** ¿Son equivalentes las siguientes expresiones? Explícalo.
$$4(n + 3) - (3 + n) \text{ y } 3n + 9$$

© Evaluación de *Common Core*

16. ¿Qué expresión **NO** es equivalente a $6x + 12$?

   Ⓐ $6(x + 2)$

   Ⓑ $12 + 6x$

   Ⓒ $3(2x + 4)$

   Ⓓ $18x$

17. ¿Qué expresión es equivalente a $4y + \frac{1}{2} - y + 2\frac{1}{4}$?

   Ⓐ $4y + 2\frac{3}{4}$

   Ⓑ $2\frac{3}{4} + 3y$

   Ⓒ $3y + 2\frac{1}{2}$

   Ⓓ $2\frac{3}{4} + 5y$

Tarea y práctica 1-8
Expresiones equivalentes

¡Revisemos!

¿Cuáles de las siguientes expresiones son equivalentes? Explica cómo lo sabes.

$2(5x + 7)$

$10x + 14$

$24x$

Las expresiones son equivalentes si indican el mismo número o tienen el mismo valor sin importar el valor de la variable.

Intenta con $x = 2$.

$2(5x + 7) = 2(5 \cdot 2 + 7) = 34$

$10x + 14 = 10(2) + 14 = 34$

$24x = 24(2) = 48$

Usa las propiedades de las operaciones para determinar si las expresiones son equivalentes.

$2(5x + 7) = 2(5x) + 2(7)$ — Propiedad distributiva

$\qquad\quad = 10x + 14$

Las propiedades de las operaciones no pueden usarse para escribir $2(5x + 7)$ o $10x + 14$ como $24x$.

$2(5x + 7) \neq 24x$

$10x + 14 \neq 24x$

$2(5x + 7)$ y $10x + 14$ son expresiones equivalentes.

Completa las tablas y, luego, encierra en un círculo las expresiones equivalentes en los Ejercicios **1** y **2**.

1.

y	$10y - 5$	$5y$	$5(2y - 1)$
1			
2			
3			

2.

y	$3y + 3.5 - y$	$1.5 + 2(1 + y)$	$3y + 2.5$
1			
2			
3			

Identifica las expresiones equivalentes a la expresión dada en los Ejercicios **3** a **6**.

3. $5x + 5$

  a. $10x + 5 - 5x$

  b. $10x$

  c. $5(x + 1)$

4. $12x - 10 - 6x$

  a. $6x - 10$

  b. $2(3x - 5)$

  c. $16x - 8 - 2$

5. $\frac{1}{2}x + 3 + \frac{1}{2}x$

  a. $\frac{1}{2}(x + 3)$

  b. $x + 3$

  c. $3x + 3 - x$

6. $3(3x - 1)$

  a. $6x - 2$

  b. $9x - 3$

  c. $15x + 6 - 6x - 3$

7. Escribe una expresión algebraica que represente cada compra.

   a. La Sra. Martínez compró una cantidad x de cajas de arena sanitaria y 8 bolsas de comida para gatos para el albergue para animales.

   b. Dos hermanas compraron 1 caja de arena sanitaria, 10 juguetes para gatos y x bolsas de comida para gatos cada una.

8. © **PM.1 Entender y perseverar** Supón que el valor de x es el mismo en las dos expresiones que escribiste en el Ejercicio 7. ¿Son equivalentes las expresiones? Explícalo.

9. © **PM.3 Construir argumentos** ¿Qué opción cuesta más: 12 juguetes para gatos, 4 bolsas de comida para gatos o 3 cajas de arena sanitaria? Explícalo.

10. © **PM.3 Evaluar el razonamiento** Zach dice que las expresiones $6x - 36$ y $3(2x - 12)$ son equivalentes por la propiedad distributiva. ¿Estás de acuerdo? Explícalo.

11. **Razonamiento de orden superior** ¿Son equivalentes las siguientes expresiones? Explícalo.
$$4n + 6m - 12k \text{ y } 2(2n + 3m - 6k)$$

© Evaluación de *Common Core*

12. ¿Cuál de las siguientes expresiones **NO** es equivalente a $9x + 3x - 12$?

   Ⓐ $6(x - 2)$

   Ⓑ $12x - 12$

   Ⓒ $3(4x - 4)$

   Ⓓ $4(3x - 3)$

13. ¿Qué expresión es equivalente a $3\left(y + \frac{1}{4}\right)$?

   Ⓐ $3y + 2\frac{3}{4} - 1$

   Ⓑ $3y + \frac{3}{4} - y$

   Ⓒ $\frac{3}{4} + 3y$

   Ⓓ $\frac{3}{4} - 3y$

Lección 1-9
Fórmulas

Puedes usar la fórmula $P = 4l$ para hallar el perímetro, P, de un cuadrado cuya longitud de lado es l. ¿Cuál es la diferencia entre el perímetro de un cuadrado cuyos lados miden 1.2 pulgadas y uno cuyos lados miden 2.5 pulgadas? **Resuelve este problema de la manera que prefieras.**

Puedo...

usar fórmulas para resolver problemas.

Ⓒ **Estándar de contenido** 6.EE.A.2c
Prácticas matemáticas PM.3, PM.4, PM.5, PM.6, PM.8

¡Vuelve atrás! Ⓒ **PM.8 Generalizar** ¿Cómo usas la fórmula para hallar la longitud de los lados de un cuadrado cuyo perímetro es 72 pulgadas?

¿Cómo se pueden usar fórmulas para resolver problemas?

A

Una **fórmula** es una regla que usa símbolos para relacionar dos o más cantidades.

La fórmula del interés simple, $I = crt$, puede usarse para hallar I, el interés simple que se cobra por un préstamo, donde C es el capital, r es la tasa de interés y t es la duración del préstamo en años.

Usa la fórmula para hallar el interés del préstamo.

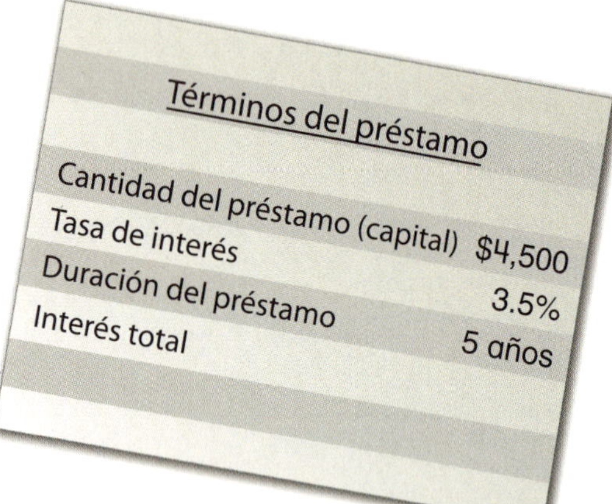

Términos del préstamo

Cantidad del préstamo (capital)	$4,500
Tasa de interés	3.5%
Duración del préstamo	5 años
Interés total	

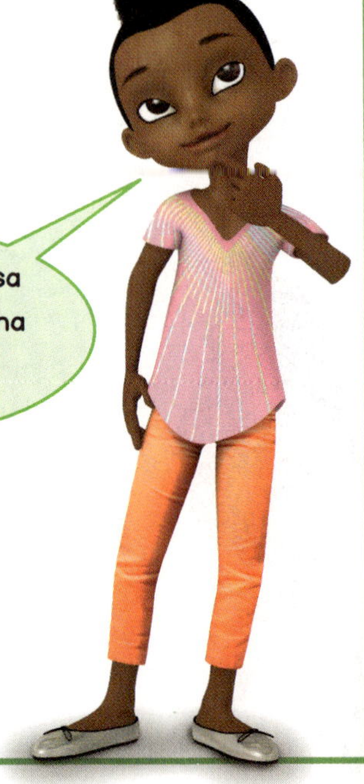

B Paso 1

Identifica los valores usados en la fórmula.

$I =$ el interés desconocido
$c =$ el capital del préstamo, $4,500
$r =$ la tasa de interés, 3.5%
$t =$ el tiempo en años, 5

C Paso 2

Sustituye los valores en la fórmula y evalúa.
$3.5\% = 0.035$

$I = crt$
$ = (4{,}500 \cdot 0.035 \cdot 5)$
$ = 787.5$

El interés que se cobra por el préstamo es $787.50.

¡Convénceme! © **PM.8 Generalizar** ¿Cuánto se paga de interés por un préstamo de $10,000 con interés simple a una tasa de interés de 5%, o 0.05, que se devuelve en 4 años? ¿Cómo sabes que puedes usar la fórmula anterior para resolver este problema?

☆ Práctica guiada *

¿Lo entiendes?

1. ¿Por qué son útiles las fórmulas?

2. © **PM.6 Hacerlo con precisión** ¿Por qué es importante definir cada variable usada en una fórmula?

¿Cómo hacerlo?

3. La fórmula $d = rt$ relaciona la distancia, d, con la velocidad, r, y el tiempo, t. Un avión vuela a una velocidad de 400 millas por hora. ¿Qué distancia recorre el avión en 5 horas?

4. ¿Cuánto tardará un auto que viaja a una velocidad de 68 millas por hora en recorrer 510 millas? Muestra cómo lo sabes.

☆ Práctica independiente

Usa el diagrama del cubo para resolver los Ejercicios **5** y **6**.

5. La fórmula $V = l^3$ puede usarse para hallar el volumen, V, del cubo. La variable l representa las dimensiones del cubo, longitud, ancho y altura, que son iguales. Halla su volumen.

6. La fórmula $A = 6l^2$ puede usarse para hallar el área de superficie total del cubo. Halla el área de superficie total. Muestra tu trabajo.

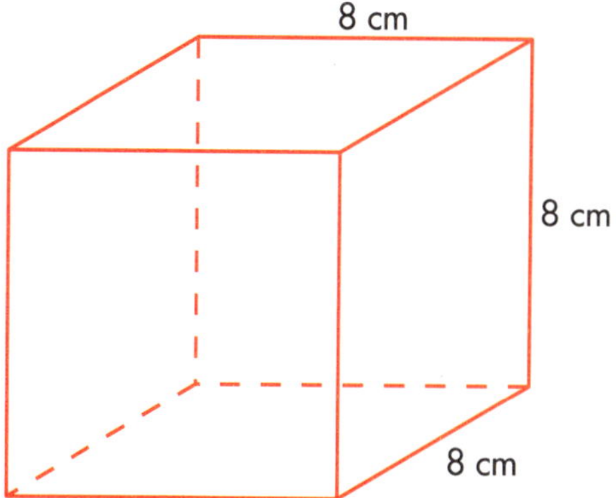

7. El camión de Myra recorre 16 millas con 1 galón de gasolina. ¿Cuántos galones de gasolina necesitará Myra para recorrer 296 millas? Usa la fórmula $\frac{d}{m} = g$, donde m representa las millas por galón, d es la distancia recorrida y g es la cantidad de galones de gasolina usados.

Prácticas matemáticas y resolución de problemas

8. La fórmula $F = (C \times 1.8) + 32$ se usa para convertir una temperatura en grados Celsius, C, a grados Fahrenheit, F. Usa la fórmula para convertir la temperatura que muestra el termómetro a grados Fahrenheit. Muestra tu trabajo.

9. © **PM.3 Construir argumentos** ¿Puede un termómetro en °F y °C mostrar la temperatura como 45 °F y 13 °C simultáneamente? Explícalo.

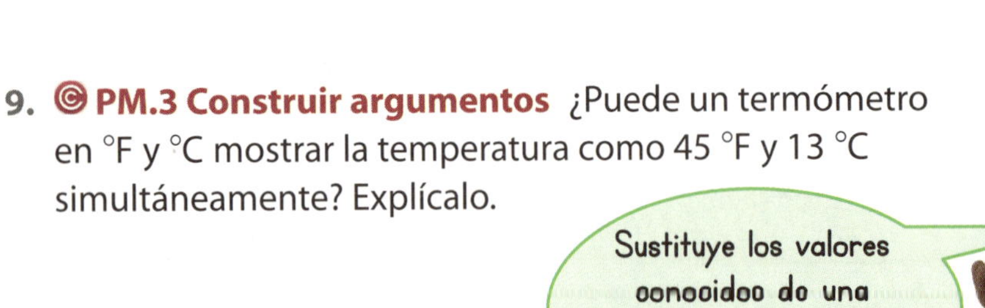

10. **Álgebra** La fórmula para hallar el promedio de calificación, A, de tres exámenes es $A = \dfrac{X + Y + Z}{3}$, donde X, Y y Z son las tres calificaciones. Jules obtuvo 78, 90 y 81 en los últimos tres exámenes. Usa la fórmula para hallar el promedio de sus calificaciones.

11. **Matemáticas y Ciencias** La densidad de un objeto, d, puede hallarse con la fórmula $d = \dfrac{m}{v}$, donde m es la masa del objeto y v es su volumen. ¿Cuál es la densidad de un objeto que tiene una masa de 65 gramos y un volumen de 8 metros cúbicos?

12. Evalúa la expresión $7(3^2 + 5) - \left(\dfrac{81}{9}\right)$.

13. **Razonamiento de orden superior** Janie sabe que pagará $696 de interés si toma un préstamo de $5,800 a una tasa de interés de 4%, o 0.04. Muestra cómo usar la fórmula $I = crt$ para hallar si Janie tardará 2 años, 3 años o 4 años en devolver el préstamo.

© Evaluación de *Common Core*

14. Jeremiah ayuda a su vecino con el jardín 6 horas por día durante 15 días. El vecino le ofrece dos opciones de pago. La Opción 1 es pagarle $4.50 por hora trabajada. La Opción 2 es un pago final de $350. Usa la fórmula $p = 15 \times 4.50h$, donde p es el pago total después de 15 días y h es el número de horas trabajadas por día, para decidir qué oferta debería escoger Jeremiah. Justifica tu respuesta.

Tarea y práctica 1-9

Fórmulas

¡Revisemos!

Para hallar la medida del ángulo que falta en un triángulo, usa la fórmula $a = 180 - (b + c)$, donde a, b y c son las medidas de los ángulos. Usa la fórmula para hallar la medida del ángulo A.

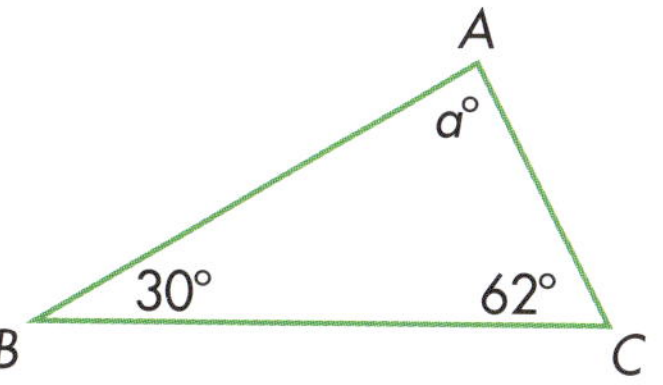

Paso 1 Identifica los valores de la fórmula.

a = medida del ángulo A
$b = 30$
$c = 62$

Paso 2 Sustituye los valores de la fórmula y evalúa.

$a = 180 - (30 + 62)$
$a = 180 - 92$
$a = 88$

La medida del ángulo A es $88°$.

En los Ejercicios **1** y **2**, sea ℓ = la longitud del rectángulo y a = el ancho del rectángulo.

1. La fórmula para hallar el perímetro de un rectángulo es $P = 2\ell + 2a$. Usa la fórmula para hallar el perímetro del rectángulo $LMNP$.

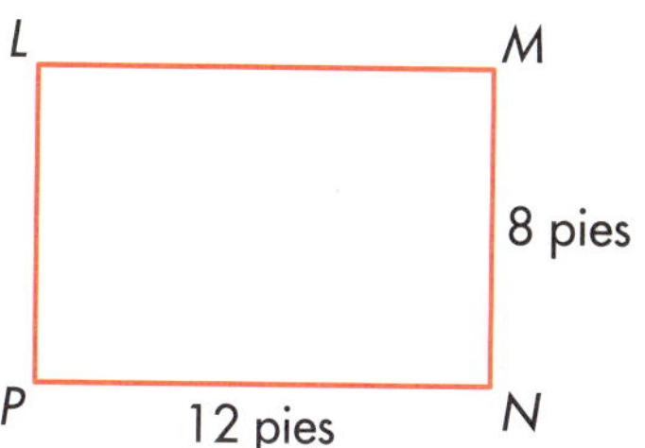

2. La fórmula $A = \ell a$ puede usarse para hallar el área de un rectángulo. Usa la fórmula para hallar el área del rectángulo $LMNP$.

3. Un carro de carrera pasa de 44 metros por segundo a 77 metros por segundo en apenas 11 segundos. ¿Cuál es la aceleración (en metros por segundo al cuadrado) del carro? Muestra cómo lo sabes.

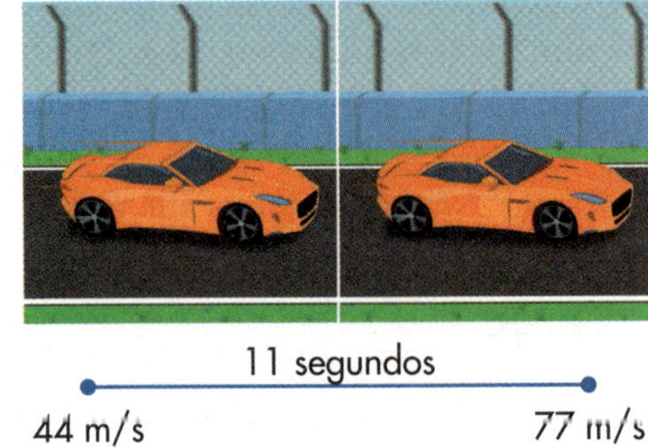

4. © **PM.3 Construir argumentos** Un modelo de carro popular acelera de 0 a 26.9 metros por segundo en apenas 6.5 segundos. En una publicidad del carro, se afirma que la tasa de aceleración es 4 metros por segundo al cuadrado. ¿Puedes apoyar esa afirmación? Explícalo.

5. Jenna hornea dos tipos de galletas. Una receta lleva $\frac{3}{4}$ taza de harina. La otra receta lleva $\frac{1}{2}$ taza de harina. Jenna tiene 2 tazas de harina. ¿Tiene suficiente para las dos recetas? Explica cómo lo sabes.

6. **Razonamiento de orden superior** Jack escribe la fórmula $P = 2\ell + 2a$ para hallar el perímetro, P, de un rectángulo con una longitud ℓ, y un ancho a. Sandy dice que usa la fórmula $P = 2(\ell + a)$ para hallar el perímetro de un rectángulo. ¿Qué fórmula es correcta? Explícalo.

© **Evaluación de *Common Core***

7. Un fabricante de muebles europeo necesita que las dimensiones de los muebles a pedido estén en centímetros. El rectángulo de la derecha es el modelo de una mesa. Un pie es igual a aproximadamente 0.3 metros. Usa la fórmula $c = 0.3p \times 100$, donde c es la medida en centímetros y p es la medida en pies, para hallar las dimensiones de la mesa rectangular en centímetros.

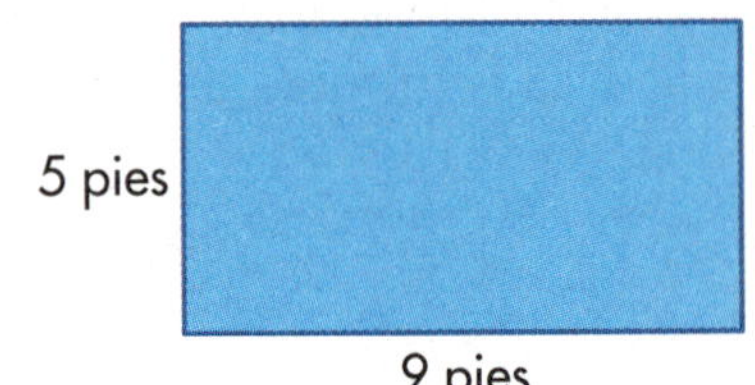

Resuélvelo y coméntalo

Alicia dice que $3(2b - 4)$ es equivalente a $6b - 12$. Benny dice que Alicia tiene razón pero que a él se le ocurren otras tres expresiones que también son equivalentes a $3(2b - 4)$.

Piensa en la estructura de la expresión algebraica $3(2b - 4)$ y halla otras tres expresiones algebraicas equivalentes.

Prácticas matemáticas y resolución de problemas

Lección 1-10
Buscar y usar la estructura

Puedo...
buscar y usar la estructura para analizar expresiones algebraicas.

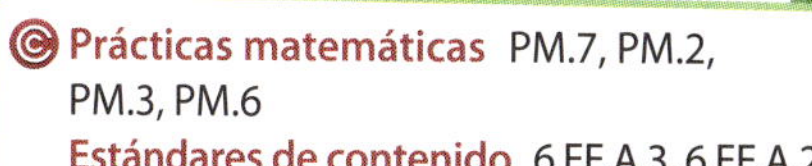

Prácticas matemáticas PM.7, PM.2, PM.3, PM.6
Estándares de contenido 6.EE.A.3, 6.EE.A.2c

Hábitos de razonamiento

¡Razona correctamente! Estas preguntas te pueden ayudar.

- ¿Qué patrones puedo ver y describir?

- ¿Cómo puedo usar los patrones para resolver el problema?

- ¿Puedo ver las expresiones y los objetos de una manera diferente?

- ¿Qué expresiones equivalentes puedo usar?

¡Vuelve atrás!  **PM.7 Usar la estructura** Escribe dos expresiones que sean equivalentes a $8g + 2$.

Pregunta esencial

¿Cómo se puede usar la estructura para analizar expresiones?

A

Este verano, Vanna quiere cobrar el doble por cortar el césped y rastrillar, pero sus gastos ($10 por fin de semana) también se duplicarán. La siguiente expresión puede usarse para hallar cuánto ganará Vanna este verano por cortar el césped y rastrillar x jardines en un fin de semana.

Trabajo	Cantidad ganada por cada uno
Cortar el césped	$20
Rastrillar el césped cortado	$5

$2(20x + 5x - 10)$

Escribe cuatro expresiones algebraicas equivalentes.

¿Qué debo hacer para resolver este problema?

Debo analizar la estructura de la expresión algebraica y escribir cuatro expresiones algebraicas equivalentes.

B **¿Cómo puedo usar la estructura para resolver este problema?**

Puedo

- buscar y describir patrones.

- usar los patrones para resolver el problema.

- ver las expresiones y objetos de distintas maneras.

- usar expresiones equivalentes.

C Una manera de analizar la estructura es pensar en las propiedades.

Usa la propiedad conmutativa.
$2(20x + 5x - 10) = (20x + 5x - 10)2$

Usa la propiedad distributiva.
$$2(20x + 5x - 10) = 2(20x) + 2(5x) - 2(10)$$
$$= 40x + 10x - 20$$
$$= 50x - 20$$

Reordenar o combinar términos y simplificar las expresiones facilita la evaluación de las expresiones.

¡Convénceme! © **PM.7 Usar la estructura** ¿Hay más de una manera de usar la propiedad conmutativa para escribir una expresión algebraica equivalente a $2(20x + 5x - 10)$? Muestra cómo hacerlo.

✩ Práctica guiada *

© PM.7 Usar la estructura

Este verano, Patrick quiere triplicar la cantidad de tiempo que pasa entrenando para deportes. La tabla muestra cuánto tiempo pasa entrenando durante el año escolar. La siguiente expresión representa el total de horas que Patrick planea entrenar durante x semanas este verano.

$$3(3x + 2x + x)$$

Deporte	Horas de entrenamiento por semana durante el año escolar
Beisbol	3
Futbol americano	2
Básquetbol	1

1. ¿Cómo usas propiedades para escribir expresiones equivalentes?

2. Explica cómo usas la expresión para hallar la cantidad de horas que Patrick planea entrenar durante el verano si $x = 9$ y luego resuelve.

✩ Práctica independiente

© PM.7 Usar la estructura

Yolanda planea una fiesta que se hará en tres salones. La siguiente expresión puede usarse para representar la cantidad total que Yolanda necesitará para alquilar los tres salones durante t horas. Sea $t = 5$.

$$(25t + 15) + (20t + 10) + 50t$$

Salón	Alquiler (por hora)	Tarifa por sistema de sonido
1	$25	$15
2	$20	$10
3	$50	sin cargo

3. ¿Cómo usas una propiedad para escribir una expresión equivalente?

4. Explica cómo evalúas la expresión para hallar el costo total de alquiler que pagará Yolanda y luego resuelve.

Prácticas matemáticas y resolución de problemas

Trabajo de construcción

La Sra. Hayes contrató a Alex y Tyrone para construir casetas de perro para su criadero de perros. Le pagó a cada uno un bono diario por horas extra y un salario por hora. Tardaron dos días en completar el proyecto. La Sra. Hayes usó la expresión $2(10 + 7x) + 2(15 + 8x)$ para calcular la cantidad total que les pagó a Alex y Tyrone por trabajar x horas cada uno de los dos días.

Trabajador	Bono por horas extra ($)	Salario por hora ($)
Alex	10	7
Tyrone	15	8

5. **PM.6 Hacerlo con precisión** ¿Cómo están representados en la expresión los ingresos de cada trabajador? Explica cómo lo sabes.

6. **PM.3 Evaluar el razonamiento** ¿Es acertada la expresión de la Sra. Hayes? ¿Cómo lo decidiste?

7. **PM.2 Razonar** ¿Qué propiedad puedes usar para escribir una expresión equivalente? Explícalo.

8. **PM.7 Usar la estructura** Explica cómo usas una expresión equivalente para hallar la cantidad total que la Sra. Hayes les pagó a Alex y Tyrone si cada uno trabajó 9 horas por día.

¡Revisemos!

Shea vende pulseras en la feria local. Por cada pulsera que vende, gasta $1.50 en cuentas y $3.00 en artículos de mercería. También paga $10 para alquilar su puesto. La expresión $4(1.50x + 3x) + 10$ representa el total de sus gastos por vender x pulseras por día en cuatro días. Escribe dos expresiones equivalentes.

¿Cómo usas la estructura para resolver el problema?

- Puedo simplificar la expresión algebraica combinando términos semejantes.

- Puedo usar las propiedades de las operaciones para escribir expresiones equivalentes y resolver el problema.

Escribe dos expresiones equivalentes.

Al combinar términos semejantes, obtengo esta expresión:
$$4(1.50x + 3x) + 10 = 4[(1.50 + 3)x] + 10$$
$$= 4(4.50x) + 10$$

Al usar la propiedad distributiva, obtengo esta expresión:
$$4(1.50x + 3x) + 10 = 4(1.50x) + 4(3x) + 10$$
$$= (4 \cdot 1.50)x + (4 \cdot 3)x + 10$$
$$= 6x + 12x + 10$$

© PM.7 Usar la estructura

José está entrenando para una media maratón. Cada semana, corre x millas por día durante 5 días. Durante 3 días de la semana, corre a una velocidad de 8 minutos por milla. Durante 2 días, corre a 7 minutos por milla. José usa la expresión $4(3 \cdot 8x) + 4(2 \cdot 7x)$ para representar la cantidad de tiempo, en minutos, que corre en 4 semanas.

1. ¿Qué partes de la expresión de José describen la cantidad de tiempo que corre un día dado? Explícalo.

2. ¿Cómo usas las propiedades para escribir expresiones equivalentes?

Proyecto de investigación

El grupo de estudio de matemáticas de Josephine tiene un proyecto de investigación. Hay 5 estudiantes en su grupo. En enero, cada integrante encuestó a *x* voluntarios e hizo una presentación de 10 minutos. Cada voluntario completó una encuesta de seguimiento en mayo. Josephine escribió la expresión $5(6x + 25x + 10)$ para representar el tiempo total, en minutos, que su grupo pasó encuestando a voluntarios y haciendo las presentaciones.

Tiempo dedicado a encuestar voluntarios	
Mes	**Duración de la encuesta**
Enero	6
Mayo	25

3. PM.6 Hacerlo con precisión ¿Qué partes de la expresión representan el tiempo que cada integrante dedicó a encuestar voluntarios? Explícalo.

4. PM.3 Evaluar el razonamiento ¿Es acertada la expresión de Josephine? ¿Cómo lo decidiste?

5. PM.2 Razonar ¿Cómo usas las propiedades de las operaciones para escribir una expresión equivalente? Explica tu razonamiento.

6. PM.7 Usar la estructura Explica cómo usas una expresión equivalente para hallar el tiempo total que el grupo de Josephine dedicó al proyecto de investigación si cada integrante encuestó a 20 voluntarios.

Nombre ___________________________

Emparéjalo

Trabaja con un compañero. Señala una pista y léela.

Mira la tabla de la parte de abajo de la página y busca la pareja de esa pista. Escribe la letra de la pista en la casilla al lado de su pareja.

Halla una pareja para cada pista.

Puedo...

multiplicar números enteros de varios dígitos.

Ⓒ **Estándar de contenido**
5.NBD.B.5

Pistas

V El producto está entre 2,000 y 3,000.

I El producto es exactamente 12,231.

A El producto está entre 3,000 y 4,000.

A El producto es exactamente 4,526.

L El producto es mayor que 75,000.

E El producto está entre 8,000 y 9,000.

R El producto es exactamente 16,244.

B El producto es menor que 1,000.

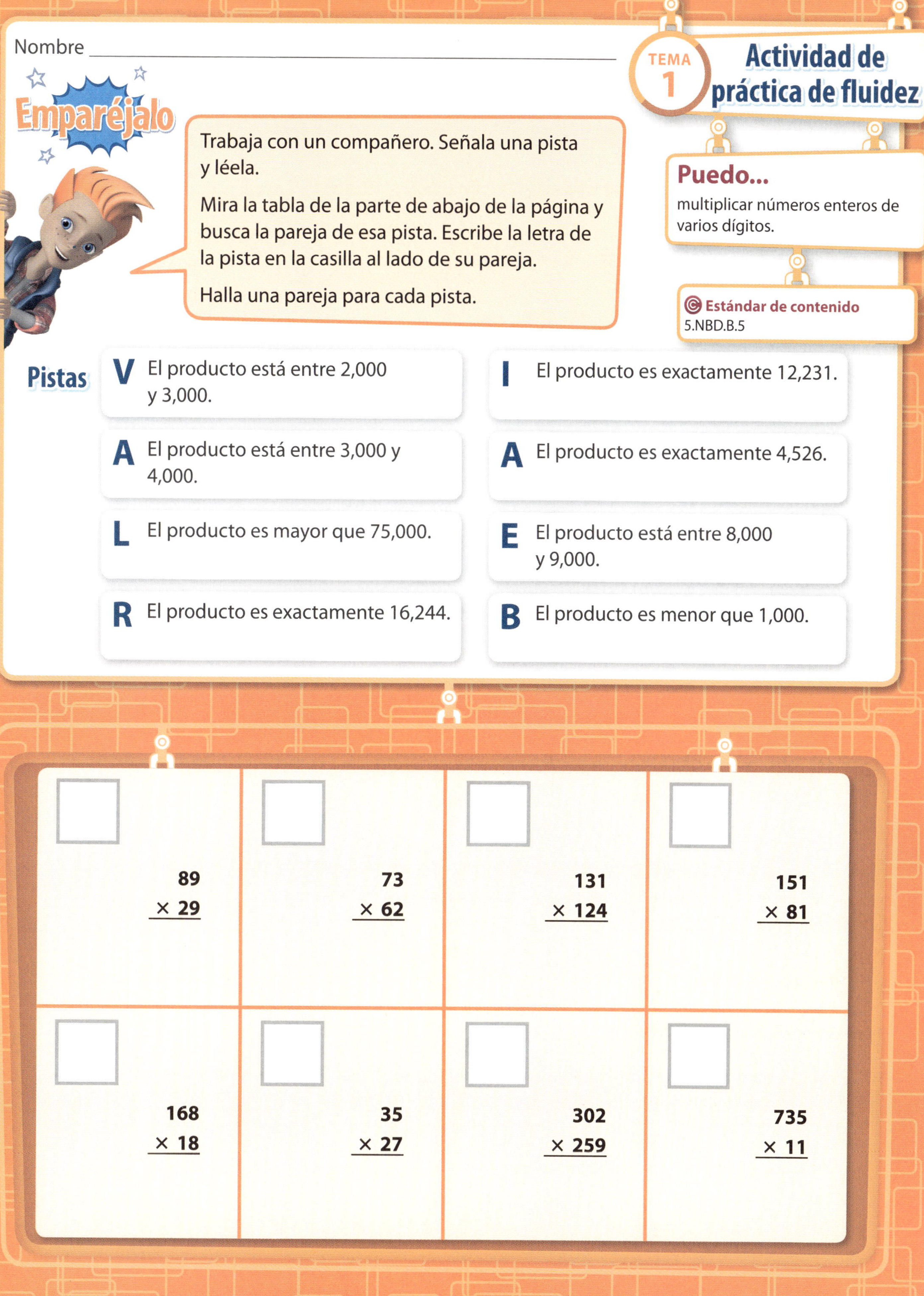

| 89 | 73 | 131 | 151 |
| × 29 | × 62 | × 124 | × 81 |

| 168 | 35 | 302 | 735 |
| × 18 | × 27 | × 259 | × 11 |

Repaso del vocabulario

A-Z
Glosario

Lista de palabras

- base
- coeficiente
- evaluar
- exponente
- expresión algebraica
- expresiones equivalentes
- fórmula
- potencia
- simplificar
- sustitución
- términos
- términos semejantes
- variable

Comprender el vocabulario

Escoge el mejor término de la Lista de palabras y escríbelo en el espacio en blanco.

1. El número 5 en la expresión 5^3 es la _____________.

2. Un _____________ describe la cantidad de veces que se usa la base como factor.

3. Hay cuatro _____________ en la expresión $5k + 3 - 2k + 7$.

4. Una _____________ es una cantidad que cambia o varía.

Traza una línea de cada expresión de la Columna A a una *expresión equivalente* de la Columna B.

Columna A	Columna B
5. $3x + 2$	$6x$
6. $7x - x$	$4(x - 2)$
7. $3(2x - 3)$	$6x - 9$
8. $x - 8 + 3x$	$4x + 3 - x - 1$

9. Mira las variables de las siguientes expresiones. Escribe **S** si los términos de las expresiones son *términos semejantes*. Escribe **N** si NO son *términos semejantes*.

$3a + 3z$ _____ $\frac{x}{3} + \frac{x}{4}$ _____ $4j - j + 3.8j$ _____

Usar el vocabulario al escribir

10. Explica una manera de simplificar la expresión $4(3q - q)$; usa al menos 4 palabras de la Lista de palabras en la explicación.

Nombre _______________________________

Grupo A páginas 7–12

Evalúa 6^3.

6 es la base y 3 es el exponente.

6 se usa 3 veces como factor.

$6 \times 6 \times 6 = 216$

Recuerda que el valor de cualquier número de base distinto de 0 con un exponente 0 es 1.

Evalúa las expresiones.

1. 9^2 **2.** 99^1 **3.** $3{,}105^0$

Grupo B páginas 13–18

Usa el orden de las operaciones para evaluar expresiones con paréntesis y corchetes.

Orden de las operaciones

1. Calcular lo que está entre paréntesis y corchetes.

2. Evaluar los términos con exponentes.

3. Multiplicar y dividir de izquierda a derecha.

4. Sumar y restar de izquierda a derecha.

Recuerda que puedes pensar en los corchetes como paréntesis externos y evaluar los paréntesis internos primero.

Evalúa las expresiones.

1. $80 - 4^2 \div 8$

2. $92.3 - (3.2 \div 0.4) \times 2^3$

3. $\left[(2^3 \times 2.5) \div \frac{1}{2} \right] + 120$

4. $[20 + (2.5 \cdot 3)] - 3^3$

5. $\left[(2 \times 10^0) \div \frac{1}{3} \right] + 8$

Grupo C páginas 19–24

Una variable representa una cantidad desconocida que cambia.

La expresión $24 + n$ significa "la suma de 24 y un número". El número desconocido es una variable que se expresa con una letra, n.

Términos de las operaciones

Suma $\longrightarrow$ Suma o total

Resta $\longrightarrow$ Diferencia

Multiplicación $\longrightarrow$ Producto

División $\longrightarrow$ Cociente

Recuerda que puedes usar cualquier letra como variable para representar un valor desconocido.

Escribe una expresión algebraica que represente cada situación.

1. 22 menos que 5 veces un número f

2. 48 veces una cantidad de fichas, g

3. una cantidad de huevos, h, dividido por 12

4. 3 veces la suma de m y 7

Cada parte de una expresión separada por un signo más o menos se llama término.

$$4x + 9 - \frac{x}{2}$$

términos

Un coeficiente es un número que se multiplica por una variable. En la expresión anterior, 4 es el coeficiente de x en el producto $4x$.

Recuerda que los términos agrupados entre paréntesis también pueden verse como una sola parte de una expresión.

En los Ejercicios **1** y **2**, escribe la cantidad de términos de cada expresión e identifica los coeficientes.

1. $12 + y$

2. $8x + (9 \div 3) - 4.3$

3. Escribe una expresión que tenga cuatro términos y dos variables.

¿Cuál es el valor de $8a \div b + 2c - d^2$, cuando $a = 3, b = 4, c = \frac{1}{2}$ y $d = 2$?

Evalúa la expresión.

$8a \div b + 2c - d^2 =$

$8(3) \div 4 + 2(\frac{1}{2}) - 2^2 = 3$

Usa la sustitución para reemplazar las variables por sus valores.

Recuerda que usar la *sustitución* significa reemplazar las variables con los valores dados.

Evalúa las expresiones si $n = 7, x = 4, y = 8$ y $z = 1$.

1. $12x - 7$

2. $x^2 \div y$

3. $5z + 3n - z^3$

4. $y^2 \div 2x + 3n - z$

Las expresiones equivalentes son expresiones que tienen el mismo valor. Usa las propiedades de las operaciones para escribir la expresión $4(2x + 9)$ como una expresión equivalente.

$4(2x + 9) = 4(2x) + 4(9)$ ← Propiedad distributiva

$\quad\quad\quad = (4 \cdot 2)x + 36$ ← Propiedad asociativa de la multiplicación

$\quad\quad\quad = 8x + 36$

Por tanto, $8x + 36$ es equivalente a $4(2x + 9)$.

Recuerda que tal vez debas usar más de una propiedad para escribir una expresión equivalente.

Usa las propiedades de las operaciones para completar las expresiones equivalentes.

1. $2(x + 4)$ y _____ $x +$ _____

2. $5x - 45$ y $5($_____ $-$ _____$)$

3. $3(x + 7)$ y _____ $x +$ _____

Grupo G páginas 43–48

Simplifica la expresión $3x + 7 + 6x$.

$3x + 7 + 6x$ Identifica los términos semejantes $3x$ y $6x$.

$= 3x + 6x + 7$ Propiedad conmutativa de la suma

$= 9x + 7$ Simplifica.

Recuerda que solo se combinan los términos semejantes.

Simplifica las expresiones.

1. $9y + 4 - 6y$

2. $3x + 5 + 7x$

3. $2y + 8 - y$

4. $8x + 13 - 3x + 9$

5. $y^2 + 3y^2$

6. $4x + 15 - 3x + 10$

7. $20y - 15 - 6y$

8. $10x + 2x - 12x$

Grupo H páginas 49–54

Para que las expresiones algebraicas sean equivalentes, cada una debe indicar el mismo valor sin importar por qué valor se sustituya la variable.

x	$5x + 20$	$5(x + 4)$	$x + 4$
1	25	25	5
2	30	30	6
3	35	35	7

Usa las propiedades de las operaciones para determinar si las expresiones son equivalentes.

Usa la propiedad distributiva para escribir $5x + 20$ como $5(x + 4)$.

$5x + 20 = 5 \cdot x + 5 \cdot 4$
$= 5(x + 4)$

Las propiedades de las operaciones no pueden usarse para escribir $5x + 20$ o $5(x + 4)$ como $x + 4$. $5x + 20$ y $5(x + 4)$ son expresiones equivalentes.

Recuerda que las expresiones algebraicas equivalentes deben indicar el mismo número sin importar el valor de la variable.

Completa la tabla y encierra en un círculo las expresiones equivalentes.

1.

y	$5(2.2y + 1) - 3$	$11y + 5 - y$	$11y + 2$
1			
2			
3			

Escribe Sí o No para indicar si las expresiones son equivalentes.

2. $10x - 3 + 2x - 5$ y $4(3x - 2)$

3. $3y + 3$ y $9\left(y + \frac{1}{3}\right)$

4. $6(3x + 1)$ y $9x + 6 + 9x$

Una fórmula es una regla que usa símbolos para relacionar dos o más cantidades.

Halla la medida del ángulo que falta en el cuadrilátero usando la fórmula $d = 360° - (a + b + c)$, donde a, b, c y d son las medidas de los ángulos del cuadrilátero.

Identifica los valores de la fórmula. Luego sustituye los valores y evalúa.

$$d = 360° - (a + b + c)$$
$$d = 360° - (45° + 100° + 135°)$$
$$d = 360° - 280°$$
$$d = 80°$$

La medida del ángulo D es 80°.

Recuerda que tal vez debas usar el orden de las operaciones para evaluar las fórmulas.

1. La fórmula $F = 1.8 \times (K - 273) + 32$ puede usarse para convertir la temperatura en grados Fahrenheit, F, a grados Kelvin, K. Usa la fórmula para convertir una temperatura de 323 grados Kelvin a grados Fahrenheit.

2. El banco le ofrece a Yolanda un préstamo con interés simple a una tasa de 4%, o 0.04. Yolanda planea pedir $4,000. Usa la fórmula $I = crt$ para hallar cuánto pagará de intereses si devuelve el préstamo en 5 años.

3. Una fórmula para hallar el perímetro de un rectángulo es $P = 2\ell + 2a$. ¿Cuál es el perímetro de un marco con una longitud de 6.5 centímetros y un ancho de 5.5 centímetros?

Piensa en estas preguntas como ayuda para **buscar y usar la estructura.**

Hábitos de razonamiento

- ¿Qué patrones puedo ver y describir?

- ¿Cómo puedo usar los patrones para resolver el problema?

- ¿Puedo ver las expresiones y objetos de distintas maneras?

- ¿Qué expresiones equivalentes puedo usar?

Recuerda que debes usar la estructura de una expresión algebraica para escribir expresiones equivalentes.

Cada semana, Michael practica batería durante 5 horas y violonchelo durante 3 horas. Para duplicar el tiempo de práctica, Michael usa la expresión $2(5x + 3x)$ para representar el total de horas que practicará en x semanas.

1. Describe qué representan las cantidades $5x$ y $3x$ en la situación.

2. ¿Cómo puede Michael usar la estructura para escribir una expresión equivalente?

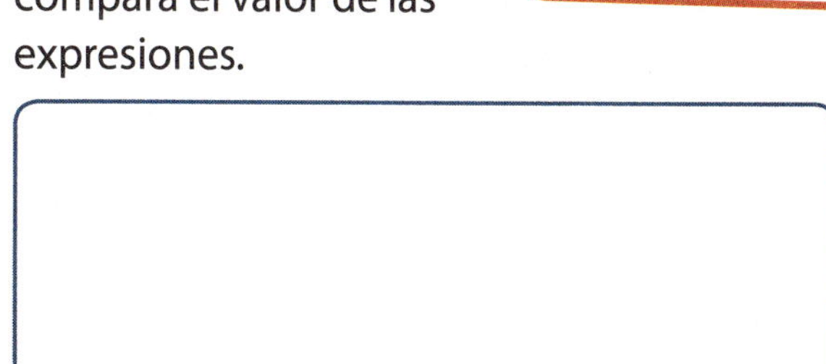

1. Evalúa la siguiente expresión.

$(4.5 + 7.6) - 8 \div 2.5$

2. Los globos grandes se venden en paquetes de 12. Selecciona las expresiones que representan la cantidad total de globos en p paquetes de globos grandes.

- ☐ $12 - p$
- ☐ $12 \times p$
- ☐ $p + 12$
- ☐ $p \div 12$
- ☐ $12p$

Usa la expresión $5h + 8$ en los Ejercicios **3** y **4**.

3. Escribe los términos de la expresión.

4. ¿Cuál es el coeficiente de la expresión?

5. En las expresiones 3^4 y 4^3 se usan los mismos dígitos. Explica cómo se compara el valor de las expresiones.

6. En las preguntas 6a a 6d, escoge Sí o No para indicar si las expresiones son equivalentes.

6a. $6.5 \times 4 - 7.8$ ○ Sí ○ No
y $26 - 7.8$

6b. $10.3 + (8.7 - 4.2)$ ○ Sí ○ No
y $19 - 4.2$

6c. $(5^2 + 3.4) \div 6.8$ ○ Sí ○ No
y $13.4 \div 6.8$

6d. $6.5 \times (12.6 - 9.3)$ ○ Sí ○ No
y 6.5×3.3

7. Barb vende collares a \$3 cada uno. Gasta \$15 en materiales. Escribe una expresión que muestre cuánto gana si vende c collares.

8. El Sr. Parker quiere alquilar una camioneta por un día. Deberá pagar una tarifa diaria de $50 más $0.35 por milla manejada.

Parte A

Sea $m =$ la cantidad de millas que maneja el Sr. Parker en el día. Escribe una expresión que muestre cuánto pagará por la camioneta.

Parte B

Evalúa la expresión que escribiste para hallar cuánto pagará el Sr. Parker si maneja 80 millas.

9. El camión de Darnell recorre 18 millas con 1 galón de gasolina.

¿Cuántos galones de gasolina necesitará Darnell para recorrer 315 millas?

Usa la fórmula $\frac{d}{m} = g$, donde m representa las millas por galón, d es la distancia recorrida y g es la cantidad de galones de gasolina usados.

Ⓐ 11 galones

Ⓑ 14.5 galones

Ⓒ 17.5 galones

Ⓓ 19 galones

10. En las preguntas 10a a 10d, escoge Sí o No para indicar si las expresiones son equivalentes.

10a. $4(5c + 3)$ y $9c + 7$ ○ Sí ○ No

10b. $10f - 10$ y $2(8f - 5)$ ○ Sí ○ No

10c. $12g + 21$ y $3(4g + 7)$ ○ Sí ○ No

10d. $6(4j - 6)$ y $24 - 36j$ ○ Sí ○ No

11. Une las propiedades de la izquierda con el par de expresiones equivalentes correspondientes de la derecha.

Propiedad distributiva		$(6 + 9) + 11 = 6 + (9 + 11)$
Propiedad asociativa		$16k - 24 = 8(2k - 3)$
Propiedad conmutativa		$12 \times 4 \times 5 = 4 \times 5 \times 12$

12. Marca todas las expresiones que sean iguales a 243.

☐ 3^5

☐ 5^3

☐ $5 \times 5 \times 5$

☐ $3 \times 3 \times 3 \times 3 \times 3$

☐ $3 \times 3 \times 3 \times 5 \times 5$

13. En un viaje, Morgan maneja a un promedio de 65 millas por hora. La ecuación $d = 65t$ puede usarse para hallar la distancia, d, recorrida, donde t es el tiempo en horas.

Completa la siguiente tabla para hallar las distancias en distintos tiempos.

Tiempo, t	Distancia, d
3	195
4	
6	390
7	
10	

14. ¿Qué expresión es equivalente a $5b + 13 - 2b - 7$?

Ⓐ $3b + 6$

Ⓑ $7b + 6$

Ⓒ $9b$

Ⓓ $3b + 20$

15. Selecciona las expresiones equivalentes a $12n - 8$.

☐ $3n + 4 + 3n + 4 + 4n$

☐ $11n + 4 + n - 12$

☐ $6(6n - 2)$

☐ $4(3n - 2)$

☐ $4n + 2^2 - 12 + 8n$

16. Usa el siguiente diagrama.

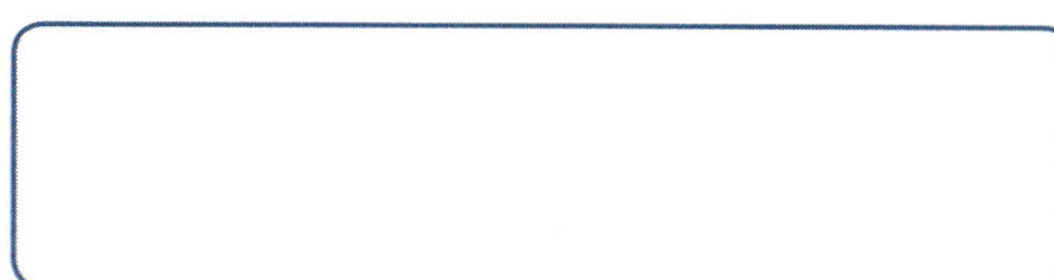

Parte A

Escribe una expresión algebraica para el perímetro del rectángulo.

Parte B

Escribe una expresión equivalente a la que escribiste en la Parte A.

Parte C

Halla el perímetro del rectángulo si $a = 8$.

17. Quinn dice que las expresiones $10x - 4x + 6$ y $3(2x + 2)$ no son equivalentes porque una expresión tiene un término que se resta y la otra no. ¿Estás de acuerdo? Explícalo.

18. A continuación se muestran dos expresiones.

$$3(3x - 5)$$
$$6x - 15$$

Parte A

Usa la propiedad distributiva para escribir una expresión equivalente a $3(3x - 5)$.

Parte B

Usa la propiedad distributiva para escribir una expresión equivalente a $6x - 15$.

Parte C

Explica si las expresiones son equivalentes.

19. Usa la fórmula $V = l^3$, donde V es el volumen y l es la longitud de los lados. ¿Cuál es el volumen del siguiente cubo?

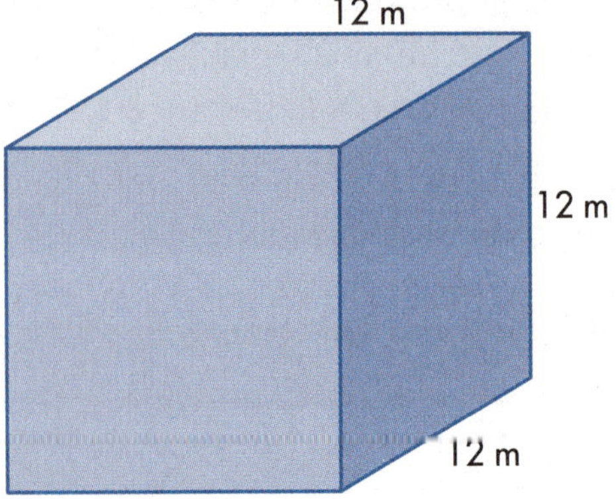

Ⓐ 36 m^3

Ⓑ 288 m^3

Ⓒ $1{,}152 \text{ m}^3$

Ⓓ $1{,}728 \text{ m}^3$

20. Escribe dos expresiones algebraicas equivalentes a $3(14x + 23 + 5x)$.

Clases de ejercicios

Danny da una clase de ejercicios en el centro comunitario. Repartió folletos con la siguiente información para promocionar la clase.

Clase de ejercicios de Danny	
Inscripción (incluye bandas para ejercicios)	$5
Por clase	$8

1. Danny quiere saber cuánto le costarán las clases a cada persona según la cantidad de clases que tome.

Parte A

Usa la tabla anterior para responder a la pregunta.

Sea c = la cantidad de clases que toma una persona. Escribe una expresión que muestre cuánto pagará la persona por tomar las clases.

Parte B

Usa la expresión de la Parte A para completar la siguiente tabla.

Completa la siguiente tabla para hallar cuánto pagará una persona por tomar c clases.

Cantidad de clases, c	
1	13
3	
5	45
8	
10	

Parte C

Usa la tabla anterior para responder a la pregunta.

Supón que Danny no cobra la inscripción y aumenta el valor de la clase en $1. Escribe una expresión que muestre la nueva cantidad que pagará una persona por tomar las clases.

Parte D

Usa la expresión de la Parte C para completar la siguiente tabla.

Completa la siguiente tabla para hallar cuánto pagará una persona por tomar c clases.

Cantidad de clases, c	
1	9
3	
5	45
8	
10	

Parte E

Usa las tablas de la Parte B y la Parte D para responder a la pregunta.

¿Costará más o menos asistir a 3 clases después de que Danny cambia la tarifa de inscripción? ¿Y a 5 clases? ¿Y a 10 clases?

2. Si estuvieras a cargo de la clase de Danny, ¿preferirías el plan antes o después del cambio de tarifa de la inscripción? Explícalo.

Álgebra: Resolver ecuaciones y desigualdades

Pregunta esencial: ¿Cuáles son los procedimientos que se pueden usar para resolver ecuaciones y desigualdades?

Proyecto de Matemáticas y Ciencias: Reducir, reutilizar, reciclar

Investigar Usa Internet u otras fuentes para aprender sobre qué se desecha en los vertederos. ¿Qué cantidad del flujo de desechos se podría reciclar? Piensa en las cosas que desechas; ¿qué sucedería si reciclaras solo un tipo de desperdicio, como ropa, alimento, papel, plástico o metal?

Diario: Escribir un informe Incluye lo que averiguaste. En tu informe, también:

- describe un plan para reducir y reciclar desechos.

- escribe y resuelve una ecuación para hallar cuántas semanas le llevará a una familia de cuatro miembros reciclar 1,000 libras de un tipo de desecho.

Repasa lo que sabes

Vocabulario

Escoge el mejor término del recuadro.
Escríbelo en el espacio en blanco.

- coeficiente
- expresión algebraica
- evaluar
- variable

1. En $6x$, x es una _____________.

2. $x + 5$ es un ejemplo de una _____________.

3. _____________ una expresión es hallar su valor.

Igualdad

Indica si la ecuación es verdadera o falsa.

4. $6 + 2 = 2 + 6$

5. $2.5 - 1 = 1 - 2.5$

6. $\frac{1}{2} \times 3 = 3 \times \frac{1}{2}$

7. $\frac{3}{4} \div 5 = \frac{3}{4} \times \frac{1}{5}$

8. $5 \div \frac{1}{3} = \frac{5}{3}$

9. $\frac{2}{3} \times 5 = \frac{10}{15}$

Expresiones

Evalúa las expresiones.

10. $x - 2$ para $x = 8$

11. $2b$ para $b = 9$

12. $3\frac{3}{4} + y$ para $y = \frac{5}{6}$

13. $\frac{15}{x}$ para $x = 3$

14. $5.6t$ para $t = 0.7$

15. $4x$ para $x = \frac{1}{2}$

Orden de las operaciones

16. ¿En qué orden debes calcular las operaciones de la expresión?
Evalúa la expresión.

$$[(33 \div 3) + 1] - 2^2$$

Mis tarjetas de palabras

Usa los ejemplos de las palabras de las tarjetas para ayudarte a completar las definiciones que están al reverso.

---

ecuación

$$5 + 3 = 16 - 8$$

valores equivalentes

---

propiedad de suma de la igualdad

$$(d - 4) + 4 = (17) + 4$$

---

propiedad de resta de la igualdad

$$(r + 16) - 16 = (21) - 16$$

---

propiedad multiplicativa de la igualdad

$$(w \div 3) \times 3 = 15 \times 3$$

---

propiedad de división de la igualdad

$$(7s) \div 7 = (42) \div 7$$

---

relación inversa

$$(k + 6) - 6 = (15) - 6$$

$$k = 9$$

Restar 6 "cancela" sumar 6.

---

recíprocos

$$\frac{2}{3} \qquad \frac{3}{2}$$

$$\frac{2}{3} \times \frac{3}{2} = \frac{6}{6} = 1$$

---

desigualdad

$$x \geq 4$$

La propiedad que establece que los dos lados de una ecuación permanecen iguales cuando se suma la misma cantidad a ambos lados se denomina

____

__________________________.

Una oración matemática con valores equivalentes a cada lado del signo igual ($=$) se llama

__________________________.

La propiedad que establece que los dos lados de una ecuación permanecen iguales cuando se multiplican ambos lados por la misma cantidad se denomina

____

__________________________.

La propiedad que establece que los dos lados de una ecuación permanecen iguales cuando se resta la misma cantidad a ambos lados se denomina

____

__________________________.

Las operaciones que se cancelan entre sí tienen una __________________________.

La propiedad que establece que los dos lados de una ecuación permanecen iguales cuando se dividen ambos lados por la misma cantidad se denomina

____

__________________________.

Una oración matemática que contiene $<$ (menor que), $>$ (mayor que), $\leq$ (menor que o igual a), $\geq$ (mayor que o igual a) o $\neq$ (no es igual a) se denomina

__________________________.

Dos números cuyo producto es 1 se denominan __________________________.

Se ponen bloques de unidades en una balanza de platillos. Hay 3 bloques en un platillo y 9 bloques en el otro. ¿Qué puedes hacer para equilibrar los platillos? **Resuelve este problema de la manera que prefieras.**

Lección 2-1
Ecuaciones y soluciones

Puedo...
hallar un valor para una variable que hace que una ecuación sea verdadera.

© **Estándar de contenido** 6.EE.B.5
Prácticas matemáticas PM.2, PM.3, PM.4, PM.5, PM.6, PM.7, PM.8

¡Vuelve atrás! © **PM.7 Usar la estructura** Supón que añades 10 bloques al platillo con 3 bloques y, luego, añades 4 bloques al platillo con 9 bloques. ¿Se equilibrarán los platillos? Escribe una ecuación para mostrar esta relación.

Pregunta esencial ¿Cómo se puede determinar si un número dado hace que una ecuación sea verdadera?

A

Jordan recibió una tarjeta de regalo de $15.00 para aplicaciones para el teléfono. Usó $4.50 del valor y quiere comprar otra aplicación para gastar el saldo. ¿Qué aplicación puede comprar?

Aplicaciones	
Todo Recetas	$ 9.50
Deportes Ya	$10.50
Acceso Remoto	$12.00

$15.00

$4.50	x

B Una **ecuación** es una oración matemática que usa un signo igual para mostrar que dos expresiones son equivalentes.

La solución de una ecuación es un valor de la variable que hace que la ecuación sea verdadera.

Halla la solución de $4.50 + x = 15.00.

C Sustituye x por el costo de cada aplicación y evalúa.

Intenta con $x = 9.50: $4.50 + $9.50 = $14.00   No es la solución.

Intenta con $x = 10.50: $4.50 + $10.50 = $15.00 Es la solución.

Intenta con $x = 12.00: $4.50 + $12.00 = $16.50 No es la solución.

La solución es $10.50; por tanto, Jordan debería comprar la aplicación *Deportes Ya*.

¡Convénceme! © **PM.8 Generalizar** Tracy recibió una tarjeta de regalo de $21.00 para aplicaciones de teléfono. Usó $9.00 del valor y quiere comprar otra aplicación para gastar el saldo. Usa la ecuación $21.00 = x + 9.00 para determinar qué aplicación debería comprar.

✫ Práctica guiada *

¿Lo entiendes?

1. ¿Cuándo es verdadera una ecuación?

2. © **PM.2 Razonar** Ben dice que $n = 5$ es la solución de la ecuación $7n = 45$. ¿Cómo puedes comprobar si tiene razón?

3. Hay 3 bloques en un platillo y 11 bloques en el otro. Lucy piensa que debe añadir 7, 8, 9 o 10 bloques para que los platillos se equilibren. ¿Cómo puedes usar la ecuación $3 + c = 11$ para hallar la cantidad de bloques que Lucy debe añadir?

¿Cómo hacerlo?

Sustituye la variable por los valores dados para hallar la solución de las ecuaciones en los Ejercicios **4** a **7**.

4. $d + 9 = 35$ $d = 16, 22, 26, 36$

5. $13.4 - g = 8.1$ $g = 4.3, 5.3, 5.5, 6.5$

6. $4 = 36 \div m$ $m = 4, 6, 8, 9$

7. $c - 17 = 3.4$ $c = 13.4, 14.6, 18.4, 21.4$

Indica si cada ecuación es verdadera o falsa para $n = 8$ en los Ejercicios **8** y **9**.

8. $n = 54 - 36$ **9.** $5n = 40$

✫ Práctica independiente ✫

Indica qué valor de la variable es la solución de la ecuación en los Ejercicios **10** a **15**.

10. $t - 2.1 = 0$ $t = 2.1, 2.4, 2.6, 2.8$

11. $49 = 7r$ $r = 3, 6, 7, 9$

12. $24 \div h = 6$ $h = 1, 3, 6, 8$

13. $8.9 + a = 9.7$ $a = 0.7, 0.8, 0.9, 1.2$

14. $u + \$8.44 = \$12.00$ $u = \$2.56, \$2.66, \$3.46, \$3.56$

15. $\$4.10 = \$16.25 - y$ $y = \$12.15, \$12.95, \$13.05, \$13.15$

Prácticas matemáticas y resolución de problemas

16. Hay 27 monedas de 1¢ en un platillo de una balanza y 18 monedas de 1¢ en el otro. Para hacer que los platillos se equilibren, Hillary piensa que debe añadir 5 monedas de 1¢ al platillo más alto, Sam piensa que se deben añadir 8 monedas de 1¢ y Rachel piensa que se deben añadir 9 monedas de 1¢. Usa la ecuación $27 = 18 + p$ para determinar quién tiene razón.

17. © **PM.3 Construir argumentos** Gerard pagó $5.12 por un refresco y un sándwich. El refresco costó $1.30. ¿Compró un sándwich de jamón por $3.54, un sándwich de atún por $3.82 o un sándwich de pavo por $3.92? Usa la ecuación $s + 1.30 = 5.12$ para justificar tu respuesta.

18. **Razonamiento de orden superior** Escribe una ecuación cuya solución sea 12. Muestra cómo sabes que 12 es la solución.

19. La familia de Gina viaja 255 millas en carro para visitar Sacramento. Luego de viajar un rato, pasan por un cartel que dice "Sacramento: 124 millas". Sustituye $m = 111$, 121, 131 y 141 en la ecuación $255 - m = 124$ para hallar la cantidad de millas que la familia ya ha recorrido en carro.

20. **Álgebra** Alisa está haciendo una colcha con un patrón de triángulos como el que se muestra. Escribe una ecuación que represente la longitud faltante si el perímetro es 19 centímetros.

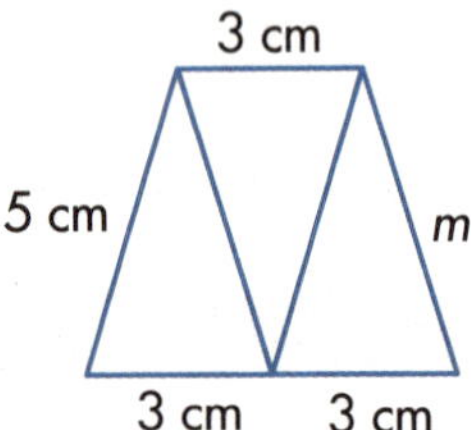

© Evaluación de *Common Core*

21. Trish tiene $26.00 para gastar en una tienda de manualidades. Compra tela por $18.62. También quiere comprar botones por $7.32, flores de seda por $7.38 o lana por $8.48.

Usa la ecuación $18.62 + c = 26.00$, donde c es el costo del objeto, para hallar el objeto más caro que puede comprar. Explica cómo hallaste la respuesta.

Ayuda Amigo de Herramientas Juegos
práctica

¡Revisemos!

Longitud del recorrido	
Recorrido de las Colinas	3.2 millas
Recorrido Circular	4.2 millas
Recorrido de los Robles	4.6 millas

13.5

m	8.9

Halla la solución de $m + 8.9 = 13.5$.
Sustituye la variable m por los diferentes valores.

Intenta con $m = 3.2$: $3.2 + 8.9$ millas $= 12.1$ millas   No es la solución.
Intenta con $m = 4.2$: $4.2 + 8.9$ millas $= 13.1$ millas   No es la solución.
Intenta con $m = 4.6$: $4.6 + 8.9$ millas $= 13.5$ millas   Es la solución.

Como la solución de la ecuación es 4.6 millas, Anton debe caminar por el Recorrido de los Robles para completar su meta de 13.5 millas para esta semana.

En los Ejercicios **1** a **12,** indica qué valor de la variable es la solución de la ecuación.

1. $5.6 = l + 4.09$ $l = 0.7, 0.97, 1.51, 9.69$

2. $5k = 65$ $k = 11, 12, 13, 14$

3. $t - \$5.60 = \$1.04$ $t = \$6.00, \$6.10, \$6.64, \$7.00$

4. $133 \div y = 19$ $y = 6, 7, 8, 9$

5. $14 = \dfrac{u}{6}$ $u = 78, 81, 84, 90$

6. $9 + a = 46$ $a = 37, 39, 41, 55$

7. $6.8 = 2.89 + m$ $m = 3.9, 3.91, 4, 4.11$

8. $8c = 64$ $c = 6, 7, 8, 9$

9. $0.06 = n - 4.4$ $n = 4.406, 4.46, 4.64, 5$

10. $\dfrac{176}{g} = 16$ $g = 10, 11, 12, 13$

11. $25.54 = 83.1 - b$ $b = 57, 57.47, 57.56, 57.65$

12. $\$19.25p = \$115.50$ $p = \$5.25, \$6.00, \$6.50, \$7.00$

13. **Razonamiento de orden superior** James compró un boleto para una película y palomitas por $12.20. El boleto costó $8.45. Usa la ecuación $c + \$8.45 = \$12.20$ para hallar qué tamaño de palomitas compró James. ¿Cuánto cambio recibió si pagó con un billete de $20?

Precio de las palomitas	
Pequeñas	$2.85
Medianas	$3.75
Grandes	$4.75
Extra grandes	$4.85

14. © **PM.2 Razonar** Kyle compró un boleto para una película por $8.45 y un refresco por $1.80. Le quedó el dinero suficiente para comprar palomitas grandes. ¿Cuánto dinero tenía Kyle al principio? Escribe una ecuación que muestre tu razonamiento.

15. Nadia cocinó 56 pastelitos. Quiere que cada bolsa de dulces contenga 8 pastelitos. Compró 7 bolsas. Usa la ecuación $56 \div b = 8$ para explicar si Nadia compró bolsas suficientes para poner todos los pastelitos.

16. © **PM.7 Usar la estructura** Los estudiantes de la clase del Sr. Johnson van a correr una carrera. Sea m la cantidad de corredoras mujeres y h la cantidad de corredores hombres. Escribe una expresión algebraica que describa la cantidad total de estudiantes en la carrera.

© Evaluación de *Common Core*

17. Jerry construyó una mesa con un tablero cuadrado. El perímetro del tablero es 18 pies. Él sabe que cada lado de la mesa mide 3, $3\frac{1}{2}$, 4 o $4\frac{1}{2}$ pies de largo. Usa la ecuación $18 = 4l$, donde l es la longitud del lado de la mesa, para hallar la longitud del tablero de la mesa.

Resuélvelo y coméntalo

Comienza con la ecuación $4 + 8 = 12$ y completa los cálculos que se muestran en el cartel de abajo. Haz cada cálculo por separado. Usa la tabla de abajo para anotar tus resultados.

¿Cuáles son los cálculos que mantienen verdadera la ecuación? Indica cómo lo sabes.

Lección 2-2
Propiedades de la igualdad

Puedo...
usar las propiedades de la igualdad para escribir ecuaciones equivalentes.

Estándares de contenido 6.EE.A.4, 6.EE.B.7
Prácticas matemáticas PM.2, PM.3, PM.4, PM.7

Inicio	Cálculo a realizar	Resultado
$4 + 8 = 12$	Suma 5 a ambos lados de la ecuación.	
$4 + 8 = 12$	Suma 3 al lado izquierdo de la ecuación. Suma 5 al lado derecho de la ecuación.	
$4 + 8 = 12$	Divide el lado izquierdo de la ecuación por 2. Multiplica el lado derecho de la ecuación por 2.	
$4 + 8 = 12$	Resta 4 a ambos lados de la ecuación.	

¡Vuelve atrás! **PM.7 Usar la estructura** Completa la ecuación $7 + \boxed{} = 10 - \boxed{}$ escribiendo los números que faltan. Describe al menos otras dos operaciones con números que puedes hacer en cada lado de la ecuación para mantenerla equilibrada.

A

Recuerda que una ecuación lleva un signo igual que muestra que dos expresiones tienen el mismo valor.

$$5 + 3 = 8$$

La **propiedad de suma de la igualdad** establece que los dos lados de una ecuación permanecen iguales cuando se suma la misma cantidad a ambos lados.

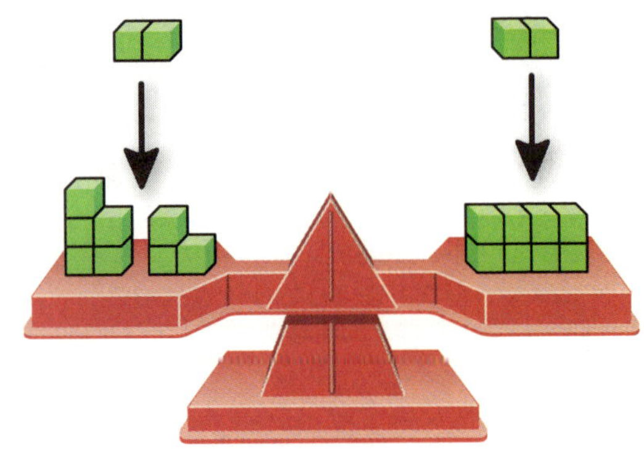

$$(5 + 3) + 2 = 8 + 2$$

B La **propiedad de resta de la igualdad** establece que, cuando se resta la misma cantidad a ambos lados de una ecuación, los dos lados permanecen iguales.

$$5 + 3 = 8$$

$$(5 + 3) - 2 = 8 - 2$$

C La **propiedad multiplicativa de la igualdad** establece que, cuando se multiplican los dos lados de una ecuación por la misma cantidad, ambos lados permanecen iguales.

$$5 + 3 = 8$$

$$(5 + 3) \times 2 = 8 \times 2$$

D La **propiedad de división de la igualdad** establece que, cuando se dividen ambos lados de una ecuación por la misma cantidad, los dos lados permanecen iguales.

$$5 + 3 = 8$$

$$(5 + 3) \div 2 = 8 \div 2$$

¡Convénceme! © **PM.7 Usar la estructura** Si $5y = 25$, ¿qué propiedad de la igualdad se usó para mantener la ecuación $5y - 7 = 25 - 7$ equilibrada?

Otro ejemplo

Propiedad de suma de la igualdad

Si $y - 12 = 30$, ¿es $y - 12 + 12 = 30 + 12$?

¿Por qué?

Sí; se sumó el mismo número, 12, a ambos lados de la ecuación.

Propiedad de división de la igualdad

Si $4y = 20$, ¿es $4y \div 4 = 20 \div 5$?

¿Por qué?

No; los lados de la ecuación se dividieron por números diferentes, no por la misma cantidad.

☆ Práctica guiada *

¿Lo entiendes?

1. **© PM.2 Razonar** Una balanza de platillos muestra $7 + 5 = 12$. Si se quitan 4 unidades de un lado, ¿qué hay que hacer del otro lado para mantener el equilibrio de los platillos?

2. **© PM.2 Razonar** Si un lado de la ecuación $23 + 43 = 66$ se multiplica por 3, ¿qué hay que hacer del otro lado de la ecuación para mantener iguales los lados?

¿Cómo hacerlo?

Responde "Sí" o "No" y explica por qué en los Ejercicios **3** a **5**.

3. Si $23 + 37 = 60$, ¿es $23 + 37 + 9 = 60 + 9$?

4. Si $7m = 63$, ¿es $7m - 9 = 63 - 9$?

5. Si $35 - 7 = 28$, ¿es $(35 - 7) \div 7 = 28 \div 4$?

☆ Práctica independiente ☆

Indica qué propiedad de la igualdad se usó en los Ejercicios **6** a **9**.

6. $5m + 4 = 19$
$5m + 4 - 3 = 19 - 3$

7. $3t = 20$
$3t \div 2 = 20 \div 2$

8. $\dfrac{n}{6} = 9$
$\left(\dfrac{n}{6}\right) \times 5 = 9 \times 5$

9. $5b - 6 = 14$
$(5b - 6) + 2 = 14 + 2$

10. Bobbie escribió $y + 6 = 15$ y, luego, escribió $(y + 6) \div 3 = 15$. Explica por qué la segunda ecuación no es equivalente a la primera. ¿Qué puede hacer Bobbie para que las ecuaciones sean equivalentes?

11. © **PM.2 Razonar** Rolanda planea invitar a sus amigas a dormir a su casa. Llegarán a las 7:30 *p. m.* y se irán a las 11:15 *a. m.* de la mañana siguiente. ¿Cuánto tiempo pasarán sus amigas en su casa?

12. © **PM.3 Construir argumentos** Los científicos usan habitualmente una balanza de platillos para medir la masa cuando realizan experimentos. La ecuación $4 + 3 - 1 = 7 - 1$ representa que un científico quita una unidad de masa de cada lado de una balanza. Construye un argumento para explicar cómo sabe el científico que los platillos continúan en equilibrio.

13. **Razonamiento de orden superior** Emil tiene \$1 y una moneda de 25¢. Jade tiene 5 monedas de 25¢. Si Emil le da \$1 a Jade y Jade le da 4 monedas de 25¢ a Emil, ¿el valor de las dos pilas permanecerá equivalente? Explícalo.

14. **A-Z Vocabulario** Si $7w = 49$, ¿qué propiedad de la igualdad se usó para hallar la ecuación equivalente $7w \div 7 = 49 \div 7$?

15. © **PM.3 Construir argumentos** John escribió que $5 + 5 = 10$ y, luego, escribió que $5 + 5 + n = 10 + n$. ¿Son equivalentes las ecuaciones que escribió John? Explícalo.

© Evaluación de *Common Core*

16. ¿Qué ecuación es equivalente a $n + 4 = 11$?

Ⓐ $(n + 4) \times 2 = 11$

Ⓑ $(n + 4) \times 2 = 11 \div 2$

Ⓒ $(n + 4) \times 2 = 11 \times 4$

Ⓓ $(n + 4) \times 2 = 11 \times 2$

17. ¿Qué ecuación **NO** es equivalente a $8p = 12$?

Ⓐ $8p \div 8 = 12 \div 8$

Ⓑ $8p \div 8 = 12 \div 12$

Ⓒ $8p + 4 = 12 + 4$

Ⓓ $8p - 2 = 12 - 2$

Tarea y práctica
2-2
Propiedades de la igualdad

¡Revisemos!

¿Cómo se pueden usar las propiedades de la igualdad y la variable a para escribir cuatro ecuaciones que sean equivalentes a $7 + 3 = 10$?

Suma el mismo número a cada lado.

$7 + 3 = 10$; por tanto, $(7 + 3) + a = 10 + a$

Resta el mismo número de cada lado.

$7 + 3 = 10$; por tanto, $(7 + 3) - a = 10 - a$

Multiplica cada lado por el mismo número.

$7 + 3 = 10$; por tanto, $(7 + 3) \times a = 10 \times a$

Divide cada lado por el mismo número.

$7 + 3 = 10$; por tanto, $(7 + 3) \div a = 10 \div a$

Indica qué propiedad de la igualdad se usó en los Ejercicios **1** a **4**.

1. $49 = \dfrac{245}{v}$

$49 \times 65 = \left(\dfrac{245}{v}\right) \times 65$

2. $14 + s = 28$

$(14 + s) - 2 = 28 - 2$

3. $4y = 48$

$4y \div 4 = 48 \div 4$

4. $88 = 33 + 5x$

$88 - 33 = (33 + 5x) - 33$

Responde "Sí" o "No" y explica por qué en los Ejercicios **5** a **8**.

5. Si $10 \times 3 = 30$, ¿es $10 \times 3 + 4 = 30 + 5$?

6. Si $8n = 180$, ¿es $8n \div 8 = 180 \div 8$?

7. Si $d \div 3 = 10$, ¿es $d \div 3 + 3 = 10 + 3$?

8. Si $12 - 2 = 10$, ¿es $12 - 2 - 3 = 10 - 2$?

9. **© PM.4 Representar con modelos matemáticos** Wayne tiene 6 veces la cantidad de canciones que su mamá en un reproductor MP3. Si Wayne tiene 1,800 canciones, ¿qué ecuación puedes escribir para hallar la cantidad de canciones, c, que tiene su mamá?

10. **© PM.3 Construir argumentos** Maggie dijo que puede sumar 8 a ambos lados de cualquier ecuación y las expresiones en ambos lados de la ecuación permanecerán iguales. ¿Estás de acuerdo? Explica por qué.

11. James multiplica un lado de la ecuación $56 + 124 = 180$ por un número n. ¿Qué debe hacer para equilibrar la ecuación?

12. **Sentido numérico** Escribe los tres números que siguen en este patrón y, luego, describe el patrón.

6, 10, 8, 12, 10, 14, 12, 16, 14

13. **Razonamiento de orden superior** Una tienda vende 3 bolígrafos en cada paquete. Hay 12 paquetes de bolígrafos en cada caja. Escribe una ecuación que represente la cantidad de bolígrafos que hay en cada caja. Úsala para escribir otra ecuación que use la propiedad de resta de la igualdad. Explica cómo se equilibra la ecuación.

© Evaluación de *Common Core*

14. ¿Qué ecuación **NO** es equivalente a $5 + n = 10$?

   Ⓐ $5 + n - n = 10 - n$

   Ⓑ $5 + n - 5 = 10 - 10$

   Ⓒ $5 + n - 5 = 10 - 5$

   Ⓓ $5 + n + 3 = 10 + 3$

15. ¿Qué ecuación es equivalente a $5 = 95 \div x$?

   Ⓐ $5 = (95 \div x) + 6$

   Ⓑ $5 + 6 = (95 \div x) + 6$

   Ⓒ $5 + 6 = (95 \div x) \times 6$

   Ⓓ $5 \div 6 = (95 \div x) + 6$

Resuélvelo y coméntalo

Había un grupo de estudiantes en un autobús escolar. En la última parada, subieron 16 estudiantes más. Al llegar a la escuela había 25 estudiantes en total en el autobús. ¿Cuántos estudiantes había en el autobús antes de la última parada? *Resuelve este problema de la manera que prefieras.*

Puedo...

resolver una ecuación de suma o de resta.

© **Estándares de contenido** 6.EE.B.6, 6.EE.B.7
Prácticas matemáticas PM.2, PM.3, PM.4, PM.5

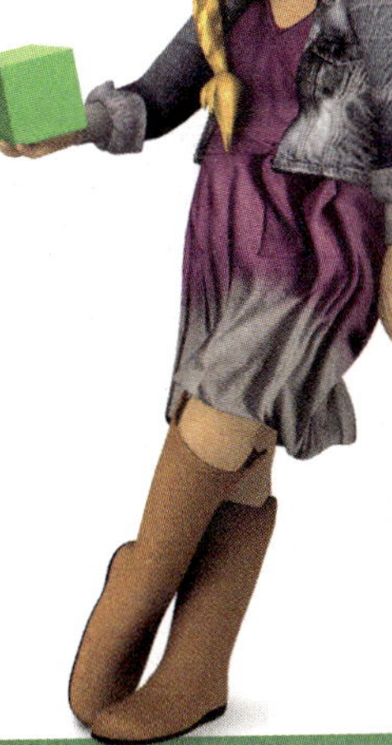

¡Vuelve atrás! © **PM.2 Razonar** ¿Cómo puedes demostrar las propiedades de suma y de resta de la igualdad usando bloques y una balanza de platillos?

Pregunta esencial **¿Cómo se puede resolver una ecuación de suma?**

A

George tenía algunos muñecos. Luego de comprar 7 más, pasó a tener 25 muñecos. ¿Cuántos muñecos tenía George antes de comprar más?

Sea n *la cantidad de muñecos que George tenía antes de comprar más.*

Resuelve la ecuación $n + 7 = 25$ *para hallar la respuesta.*

Para resolver
la ecuación, debes hallar
el valor de *n*.

B

Puedes hallar el valor
de *n* separándola en un lado
de la ecuación.

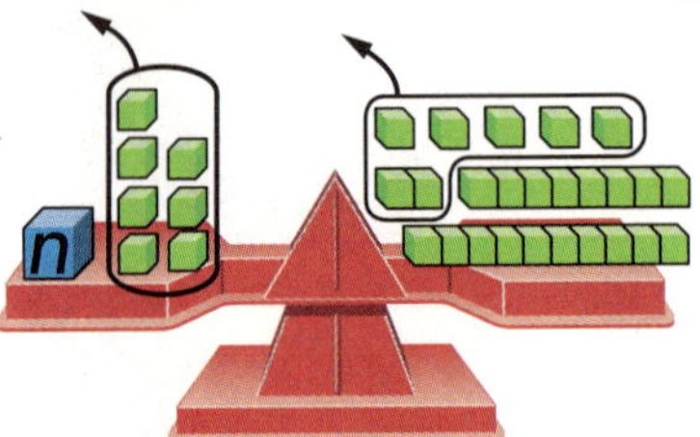

Quita 7 de cada lado.
Eso hará que la *n* quede sola.

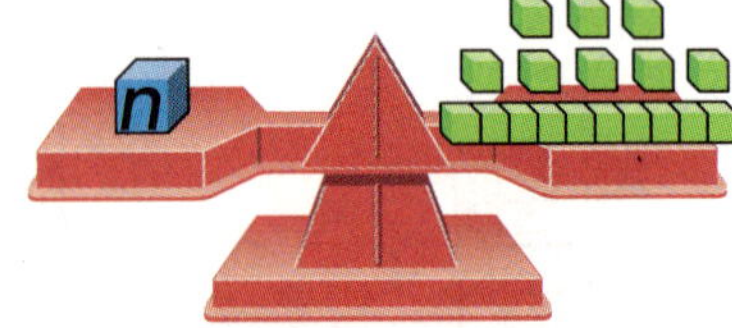

n es 18.

Las operaciones que se cancelan entre sí tienen una
==relación inversa==.

Restar 7 es lo inverso a sumar 7.

C

Resuelve la ecuación de suma.

$$n + 7 = 25$$

$$n + 7 - 7 = 25 - 7$$

$$n = 18$$

Para comprobar, sustituye
n por 18.

$$n + 7 = 25$$

$$18 + 7 = 25$$

$$25 = 25$$ Se comprueba
la respuesta.

George tenía 18 muñecos al
principio, antes de comprar más.

¡Convénceme! © **PM.3 Construir argumentos** Explica qué propiedad
de la igualdad se usó para resolver la ecuación de suma $n + 7 = 25$ y por
qué se usó.

Otro ejemplo

Resuelve $n - 19 = 34$.

Puedes separar la n en un lado de la ecuación $n - 19 = 34$ si sumas 19 a ambos lados.

$$n - 19 = 34$$

$$n - 19 + 19 = 34 + 19$$
$$n = 53$$

Para comprobar, sustituye n por 53.

$$n - 19 = 34$$
$$53 - 19 = 34$$
$$34 = 34 \quad \text{Se comprueba la respuesta.}$$

☆ Práctica guiada

¿Lo entiendes?

1. Explica cómo usas la relación inversa de la suma y la resta para resolver la ecuación $n + 7 = 25$.

2.  **PM.4 Representar con modelos matemáticos** Clare tenía t libros. Después de comprar 8 libros más, pasó a tener 24 libros. Escribe y resuelve una ecuación para hallar la cantidad de libros que Clare tenía al principio.

¿Cómo hacerlo?

Resuelve las ecuaciones y muestra tu trabajo en los Ejercicios **3** a **6**.

3. $24 + m = 49$

4. $t - 40 = 3$

5. $12 = y - 11$

6. $22 = 13 + a$

☆ Práctica independiente

Práctica al nivel Resuelve las ecuaciones en los Ejercicios **7** a **12**.

7. $y - 12 = 89$
$y - 12 + \square = 89 + 12$
$y = \square$

8. $80 + r = 160$
$80 + r - \square = 160 - \square$
$r = \square$

9. $60 = x - 16$
$60 + \square = x - 16 + \square$
$\square = x$

10. $20 = y + 12$

11. $x + 2 = 19$

12. $z - 313 = 176$

Prácticas matemáticas y resolución de problemas

13. **PM.2 Razonar** Jeremy compró el almuerzo en la escuela. Gastó \$7 en un sándwich y un refresco. El refresco costó \$1.75. Resuelve la ecuación $7 = s + 1.75$ para hallar el costo del sándwich de Jeremy, s.

14. **PM.4 Representar con modelos matemáticos** Joy agregó 26 contactos nuevos a su lista telefónica de 100 contactos. Tuvo que borrar 15 contactos viejos para poder agregar los nuevos. Sea c la letra que representa la cantidad de contactos que tenía en su listado telefónico antes de actualizarlo. Escribe una ecuación y, luego, halla c.

15. Hay un triatlón de aproximadamente 51 kilómetros. Un participante completó las primeras dos de las tres partes de la carrera y recorrió 42 kilómetros. Resuelve la ecuación $42 + d = 51$ para hallar la distancia, d, de la tercera parte de la carrera.

16. Eve recibe una mesada de \$25 por semana. Está ahorrando dinero para comprar una bicicleta por \$109, un casco por \$14 y un par de tenis por \$47. ¿Durante cuántas semanas debe ahorrar Eve todo el dinero de su mesada para comprar todo lo que quiere?

17. **Razonamiento de orden superior** En la ecuación $6 + 3y = 4y + 2$, la variable y representa el mismo valor. ¿Es $y = 2, 3, 4$ o 5 la solución para esta ecuación? Explica cómo lo sabes.

18. Cuando se resta diez a cuatro veces un número, el resultado es seis. Escribe una ecuación que represente esta oración. Usa la letra que prefieras para la variable.

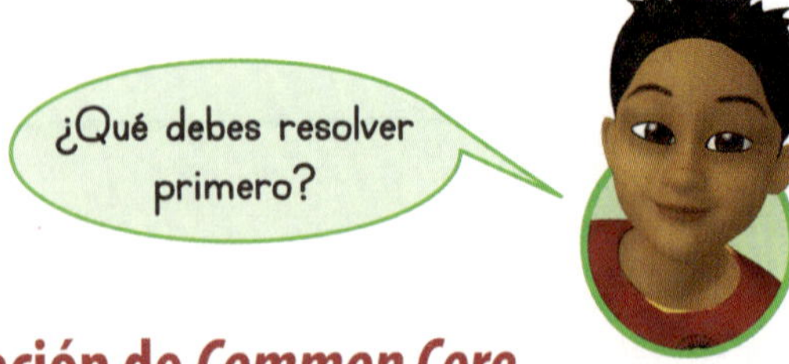

Evaluación de Common Core

19. Marca todas las ecuaciones que tengan $g = 6$ como solución.

- ☐ $g + 2 = 10$
- ☐ $g - 1 = 10$
- ☐ $g - 2 = 4$
- ☐ $58 + g = 60$

20. Marca todas las ecuaciones que tengan $x = 4$ como solución.

- ☐ $42 = 38 + x$
- ☐ $x + 15 = 19$
- ☐ $18 = x - 2$
- ☐ $36 = x + 32$

¡Revisemos!

Ecuación de suma

Sea c la letra que representa la incógnita.

Resuelve la ecuación $5 + c = 15$.

Para separar c, cancela la suma de 5 restando 5 a ambos lados.

$$5 + c = 15$$
$$5 + c - 5 = 15 - 5$$
$$c = 10$$

Comprueba tu respuesta sustituyendo c por 10 en la ecuación.

$$5 + c = 15$$
$$5 + 10 = 15$$
$$15 = 15$$

Se comprueba la respuesta.

Ecuación de resta

Sea m la letra que representa la incógnita.

Resuelve la ecuación $m - 20 = 16$.

Para separar m, cancela la resta de 20 sumando 20 a ambos lados.

$$m - 20 = 16$$
$$m - 20 + 20 = 16 + 20$$
$$m = 36$$

Comprueba tu respuesta sustituyendo m por 36 en la ecuación.

$$m - 20 = 16$$
$$36 - 20 = 16$$
$$16 = 16$$

Se comprueba la respuesta.

Escribe una ecuación y halla la variable en los Ejercicios **1** y **2**.

1. 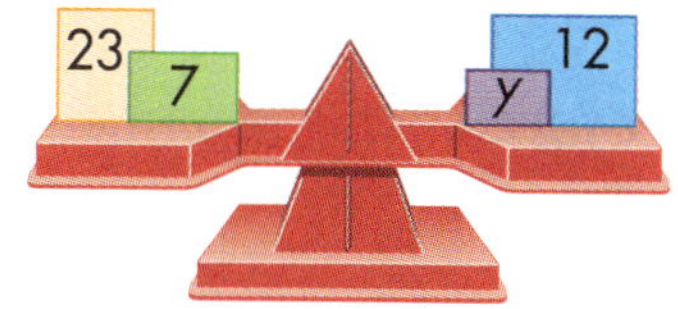

2. 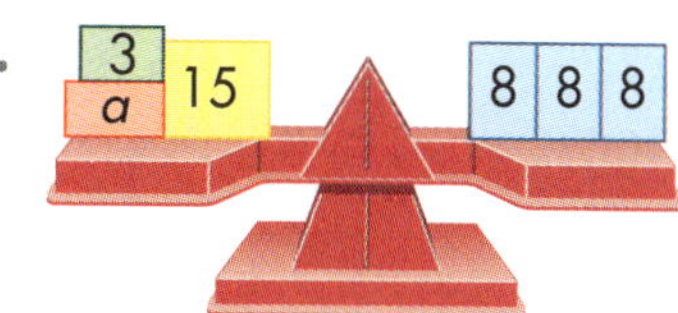

Resuelve las ecuaciones y comprueba tu respuesta en los Ejercicios **3** a **8**.

3. $g - 8 = 25$

4. $25 + y = 42$

5. $r + 82 = 97$

6. $30 = m - 18$

7. $150 = e + 42$

8. $a - 51 = 12$

9. Sea *a* la medida del ángulo *A*. La ecuación $360° = a + 90° + 135° + 75°$ representa la suma de los ángulos del cuadrilátero. Halla la medida del ángulo que falta resolviendo la ecuación.

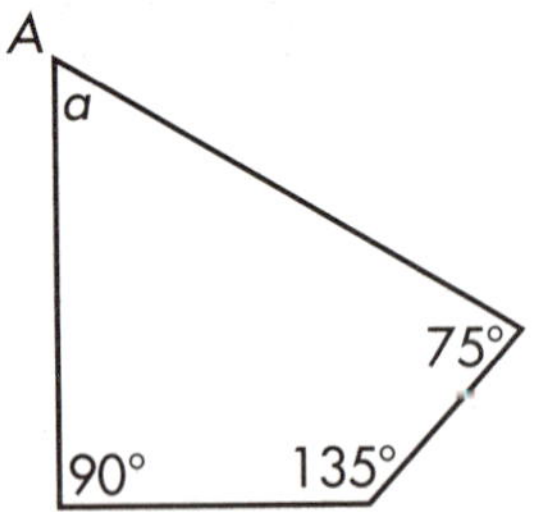

10. **Razonamiento de orden superior** En la ecuación $8x - 1 = 3x + 4$ la variable *x* representa el mismo valor. ¿Qué valor de *x* es la solución de la ecuación, $x = 0$, 1, 2 o 3? Explica cómo sabes la solución.

11. Cameron brinda un servicio de paseo de perros. Acaba de sumar 2 perros a los 14 que pasea cada semana. De los perros que pasea ahora, 10 son pequeños. ¿Qué fracción describe la cantidad de perros pequeños que pasea Cameron?

12. © **PM.4 Representar con modelos matemáticos** Jorge hizo una caminata de 15.4 millas el lunes. Caminó 20.6 millas el martes y lo que restaba del camino de 50 millas el miércoles. Si *m* representa las millas que caminó Jorge el miércoles, escribe una ecuación que muestre la cantidad total de millas que caminó Jorge y halla *m*.

13. **A-Z Vocabulario** Si $8t = 72$, ¿qué propiedad se usó para escribir $8t \div 8 = 72 \div 8$?

14. © **PM.3 Construir argumentos** Explica cómo hallar *n* en la ecuación $n + 25 = 233$.

© **Evaluación de *Common Core***

15. Marca todas las ecuaciones que representen el diagrama de barras.

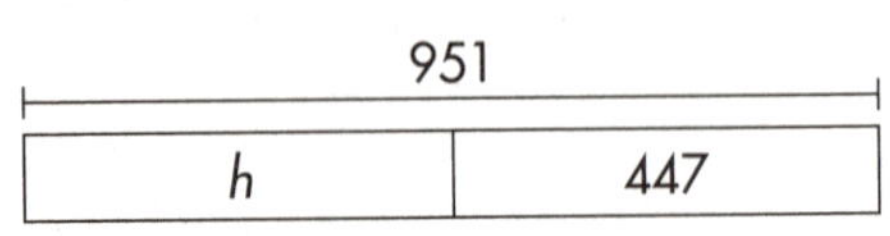

☐ $951 - h = 447$

☐ $447 + h = 951$

☐ $h - 447 = 951$

☐ $447h = 951$

16. Marca todas las ecuaciones que tengan $x = 4$ como solución.

☐ $42 = 38 + x$

☐ $x + 15 = 19$

☐ $18 = x - 2$

☐ $36 = x + 32$

David tiene dos veces la cantidad de lápices de colores que tiene Linda. Si David tiene 18 lápices de colores, ¿qué ecuación puedes escribir para mostrar cuántos lápices de colores tiene Linda?

Lección 2-4
Resolver ecuaciones de multiplicación y de división

Puedo...
resolver ecuaciones de multiplicación y división.

Estándares de contenido 6.EE.B.6, 6.EE.B.7
Prácticas matemáticas PM.1, PM.4, PM.6, PM.7, PM.8

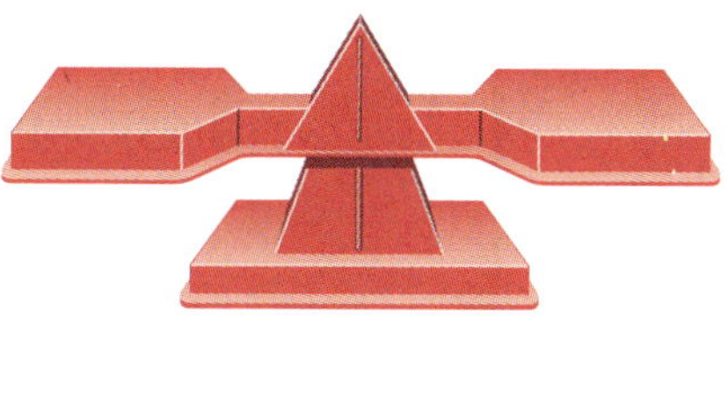

¡Vuelve atrás! © **PM.7 Usar la estructura** ¿Qué semejanzas y diferencias observas entre resolver una ecuación de multiplicación y resolver una ecuación de suma o de resta?

¿Cómo se puede resolver una ecuación de multiplicación?

A

Juan cobró la misma cantidad por cada cuadro. ¿Cuánto cobró por cada cuadro?

Sea x = la cantidad que cobró Juan por cada cuadro.

Resuelve la ecuación $3x = 45$ para hallar la respuesta.

Se vendieron 3 cuadros por $45.

B

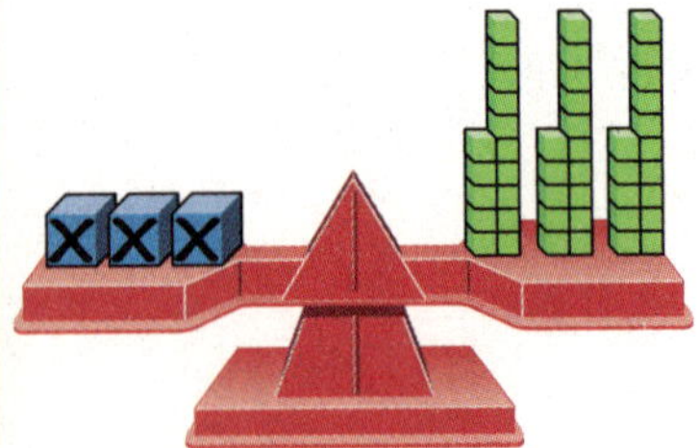

Divide ambos lados en 3 grupos iguales.

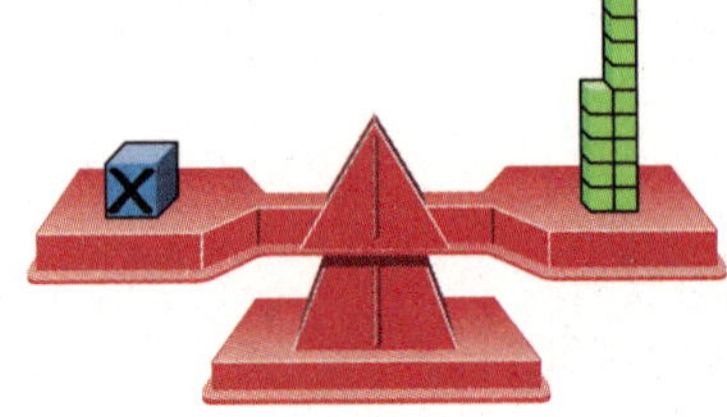

x es 15.

Dividir por 3 es lo inverso a multiplicar por 3.

C

Usa operaciones inversas para resolver.

$$3x = 45$$

$$3x \div 3 = 45 \div 3$$

$$x = 15$$

Para comprobar, sustituye x por 15.

$$3x = 45$$

$$3(15) = 45$$

$$45 = 45$$

Se comprueba la respuesta.

Juan cobró $15 por cada cuadro.

¡Convénceme! Ⓒ **PM.8 Generalizar** Explica cómo sabes qué propiedad de la igualdad debes usar para resolver una ecuación.

Otro ejemplo

Resuelve $n \div 2 = 40$.

$$n \div 2 = 40$$
$$n \div 2 \times 2 = 40 \times 2$$
$$n = 80$$

Para comprobar, sustituye n por 80.

$$n \div 2 = 40$$
$$80 \div 2 = 40$$
$$40 = 40 \qquad \text{Se comprueba la respuesta.}$$

☆ Práctica guiada *

¿Lo entiendes?

1. ¿Qué propiedad de la igualdad usarías para resolver la ecuación $8n = 16$?

2. ¿Cómo puedes comprobar que tu respuesta es correcta?

3. ¿Qué propiedad de la igualdad usarías para resolver la ecuación $a \div 9 = 2$?

¿Cómo hacerlo?

Explica cómo resolver las ecuaciones en los Ejercicios **4** y **5**.

4. $18m = 36$ **5.** $t \div 3 = 10$

Resuelve la ecuación en los Ejercicios **6** y **7**.

6. $2y = 12$ **7.** $a \div 5 = 22$

☆ Práctica independiente

Práctica al nivel Explica cómo aislar la variable de cada ecuación en los Ejercicios **8** a **11**.

8. $8y = 56$ **9.** $t \div 15 = 3$ **10.** $u \div 8 = 12$ **11.** $31y = 310$

Resuelve las ecuaciones en los Ejercicios **12** a **15**.

12. $d \div 2 = 108$ **13.** $7{,}200 = 800s$ **14.** $x \div 3 = 294$ **15.** $99 = 3x$

*Puedes encontrar otro ejemplo en el Grupo C, página 133.

Prácticas matemáticas y resolución de problemas

Usa el triángulo en los Ejercicios **16** y **17**.

16. El área del triángulo isósceles es 44 centímetros cuadrados. Usa la ecuación $\left(\frac{1}{2}\right)8h = 44$ para hallar la altura del triángulo.

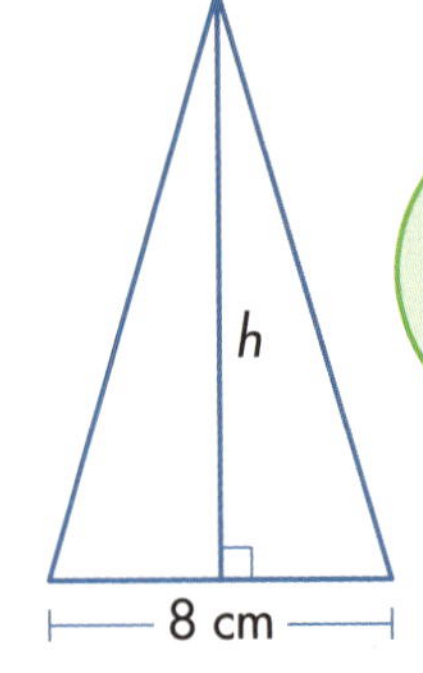

17. Razonamiento de orden superior. Si el perímetro del triángulo es 32 centímetros, ¿cuál es la longitud de cada uno de los dos lados? Escribe una ecuación y resuélvela.

---

18. © **PM.1 Entender y perseverar** La ecuación $5x + 10 = 5(x + 2)$ usa la propiedad distributiva. Sustituye el valor $x = 4$ para comprobar si la ecuación está equilibrada.

19. © **PM.4 Representar con modelos matemáticos** El costo de envío de un paquete usando el servicio postal es $4.95. Escribe una expresión para hallar el costo de envío de p paquetes.

---

20. Álgebra Resuelve la ecuación $1.2^2 = x$.

21. Sentido numérico ¿De qué dos formas se puede representar el número 64 usando el número 8?

© Evaluación de *Common Core*

22. Verónica recorrió 562 millas. Condujo 85 millas por día. El último día de su viaje solo condujo 52 millas.

Escribe y resuelve una ecuación para hallar la cantidad de días que viajó Verónica. Explica cada paso de tu estrategia para resolver el problema.

Ayuda · Amigo de práctica · Herramientas · Juegos

Tarea y práctica 2-4

Resolver ecuaciones de multiplicación y de división

¡Revisemos!

Ecuación de multiplicación

Sea m la letra que representa la incógnita.

Resuelve la ecuación $9m = 54$.

Para separar m, divide ambos lados por 9.
$$9m = 54$$
$$9m \div 9 = 54 \div 9$$
$$m = 6$$

Comprueba tu solución sustituyendo m por 6 en la ecuación.
$$9m = 54$$
$$9(6) = 54$$
$$54 = 54 \quad \text{Se comprueba la respuesta.}$$

Ecuación de división

Sea p la letra que representa la incógnita.

Resuelve la ecuación $p \div 8 = 7$.

Para separar p, multiplica ambos lados por 8.
$$p \div 8 = 7$$
$$p \div 8 \times 8 = 7 \times 8$$
$$p = 56$$

Comprueba tu solución sustituyendo p por 56 en la ecuación.
$$p \div 8 = 7$$
$$56 \div 8 = 7$$
$$7 = 7 \quad \text{Se comprueba la respuesta.}$$

Explica cómo se resuelven las ecuaciones en los Ejercicios **1** a **4**.

1. $81 = \dfrac{m}{9}$

2. $h \div 3 = 12$

3. $4r = 20$

4. $34 = 17b$

Resuelve cada ecuación y comprueba tus respuestas en los Ejercicios **5** a **12**.

5. $\dfrac{t}{35} = 42$

6. $1 = \dfrac{u}{2}$

7. $7s = 245$

8. $600a = 2,400$

9. $936 = 78p$

10. $29 = k \div 5$

11. $16d = 2,864$

12. $180 = \dfrac{g}{12}$

13. **© PM.4 Representar con modelos matemáticos** Teddy tiene siete veces la edad de Bella. Si Teddy tiene 42 años, ¿cuántos años tiene Bella? Escribe una ecuación para hallar la edad de Bella.

14. Un productor de queso distribuye 672 onzas de queso por día. El queso se empaqueta en recipientes de 16 onzas. Halla la cantidad de recipientes de queso que se distribuyen por día resolviendo la ecuación $16r = 672$.

15. **© PM.1 Entender y perseverar** Kris salió de la biblioteca a las 4:30 *p. m.* Estuvo estudiando en la biblioteca durante 45 minutos. Le lleva 12 minutos caminar a la biblioteca desde su casa. ¿A qué hora salió Kris de su casa para ir a la biblioteca?

16. **Matemáticas y ciencias** En la clase de ciencias, Krissy rotuló 26 vértebras en un diagrama de un humano adulto. Doug rotuló 1 hueso de la garganta y 6 huesos de ambos oídos internos. La mayoría de los humanos adultos tiene 206 huesos. Escribe una ecuación para hallar la cantidad de huesos que quedan por rotular en el diagrama.

17. **Razonamiento de orden superior** Stanley compró 108 pies de vallado para poner alrededor de su jardín. El jardín es un cuadrado perfecto. Escribe una ecuación para hallar las dimensiones del jardín. ¿Tiene el área el tamaño suficiente para una piscina que mide 800 pies^2?

© Evaluación de *Common Core*

18. Maggie llevó $188.50 para gastar en sus 7 días de vacaciones. Luego de 4 días de vacaciones, había gastado $107.50. Los últimos 3 días, gastó el dinero que le quedaba en igual cantidad cada día.

Escribe una ecuación para hallar cuánto dinero gastó Maggie cada uno de los 3 días que le quedaban de vacaciones.

Resuélvelo y coméntalo

Un pluviómetro mostró que llovió $\frac{3}{8}$ de pulgada durante la mañana. El siguiente pluviómetro muestra la cantidad total de lluvia que cayó durante todo el día. ¿Cuánto llovió después del mediodía? *Resuelve este problema de la manera que prefieras.*

Lección 2-5
Resolver ecuaciones con fracciones

Puedo...
resolver ecuaciones que tienen fracciones.

Estándares de contenido 6.EE.B.6, 6.EE.B.7
Prácticas matemáticas PM.1, PM.2, PM.4, PM.6, PM.7, PM.8

¡Vuelve atrás! **PM.2 Razonar** Escribe una ecuación que incluya fracciones y tenga una solución de 1.

¿Cómo se pueden resolver las ecuaciones que tienen fracciones y números mixtos?

A

Un trozo de 6 pies de un bocadito de frutas se corta en dos pedazos. ¿Cuál es la longitud del pedazo más corto?

B Usa el diagrama de barras y escribe una ecuación.

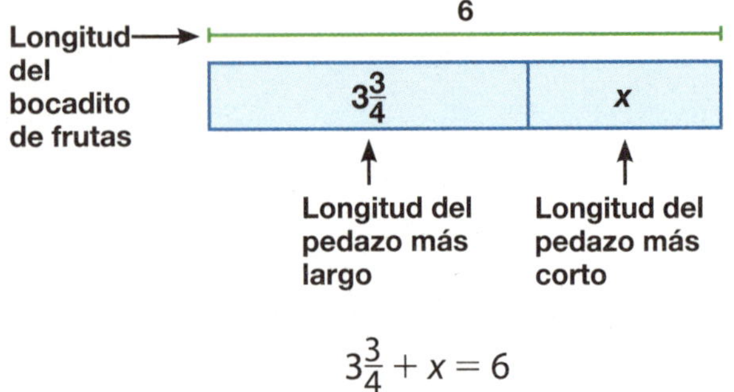

$$3\frac{3}{4} + x = 6$$

C Resuelve $3\frac{3}{4} + x = 6$.

Usa las relaciones inversas y las propiedades de la igualdad.

$$3\frac{3}{4} + x = 6$$

$$3\frac{3}{4} + x - 3\frac{3}{4} = 6 - 3\frac{3}{4}$$

$$x = 5\frac{4}{4} - 3\frac{3}{4}$$

$$x = 2\frac{1}{4}$$

El pedazo más corto mide $2\frac{1}{4}$ pies de largo.

¡Convénceme! © **PM.4 Representar con modelos matemáticos** Supón que cortas en dos partes el pedazo más corto del bocadito de frutas del ejemplo de arriba. El pedazo más largo de los dos mide $1\frac{3}{8}$ pies de largo. Haz un diagrama de tiras para representar la ecuación. Luego, halla la longitud del pedazo más corto.

Otro ejemplo

Ecuación de resta

Resuelve: $y - \frac{4}{9} = 5\frac{1}{3}$

$$y - \frac{4}{9} + \frac{4}{9} = 5\frac{1}{3} + \frac{4}{9}$$

$$y = 5\frac{7}{9}$$

Ecuación de multiplicación

Dos números cuyo producto es 1 se llaman recíprocos.

Por ejemplo, $\frac{3}{8}$ y $\frac{8}{3}$ son recíprocos porque $\frac{3}{8} \times \frac{8}{3} = \frac{24}{24}$ o 1.

Resuelve: $\frac{3}{8}n = 15$

$$\left(\frac{8}{3}\right)\frac{3}{8}n = \left(\frac{8}{3}\right)15$$

$$n = \frac{8}{1\cancel{3}} \times \frac{\cancel{15}^5}{1}$$

$$n = 40$$

Ecuación de división

Otra forma de representar $p \div 5$ es $\frac{p}{5}$ o $\frac{1}{5}p$.

Para hallar p, multiplica por el recíproco de $\frac{1}{5}$, o $\frac{5}{1}$.

Resuelve: $\frac{p}{5} = 8$

$$\left(\frac{5}{1}\right) \cdot \frac{1}{5}p = \left(\frac{5}{1}\right) \cdot 8$$

$$p = 5 \cdot 8$$

$$p = 40$$

Práctica guiada *

¿Lo entiendes?

1. © **PM.8 Generalizar** Cuando resuelves una ecuación que tiene un número mixto, como $y + \frac{3}{4} = 4\frac{1}{2}$, ¿qué debes hacer con el número mixto?

¿Cómo hacerlo?

Resuelve las ecuaciones en los Ejercicios **2** a **5**.

2. $t - \frac{2}{3} = 25\frac{3}{4}$ 3. $v + \frac{5}{8} = 9\frac{1}{3}$

4. $\frac{1}{8}k = 2$ 5. $\frac{3}{8}r = 6$

☆ Práctica independiente

Resuelve las ecuaciones en los Ejercicios **6** a **13**.

6. $6s = \frac{4}{5}$ 7. $16 = n + \frac{3}{4}$ 8. $3\frac{1}{6} + f = 7\frac{5}{6}$ 9. $p - 6 = 2\frac{7}{12}$

10. $7\frac{1}{9} = 2\frac{4}{5} + m$ 11. $a + 3\frac{1}{4} = 5\frac{2}{9}$ 12. $\frac{1}{8} \cdot y = 4$ 13. $k - 6\frac{3}{8} = 4\frac{6}{7}$

Prácticas matemáticas y resolución de problemas

14. **© PM.7 Usar la estructura** Una fracción, f, multiplicada por 5 equivale a $\frac{1}{8}$. Escribe una oración algebraica que muestre la ecuación. Luego, resuelve la ecuación y explica cómo la resolviste.

15. Yelena debe nadar un total de 8 millas esta semana. Hasta ahora, nadó $5\frac{3}{8}$ millas. Usa la ecuación $5\frac{3}{8} + m = 8$ para hallar cuántas millas más debe nadar.

16. **Razonamiento de orden superior** La solución de $b \times \frac{5}{6} = 25$ ¿es mayor o menor que 25? ¿Cómo puedes saberlo antes de hacer el cálculo?

17. ¿Cuál es el ancho de un rectángulo con una longitud de $\frac{3}{7}$ de pie y un área de 2 pies^2?

18. **© PM.1 Entender y perseverar** Aproximadamente ¿cuántos galones de combustible se necesitan para mover el transbordador espacial 3 millas desde el hangar hasta el Edificio de Ensamble de Vehículos?

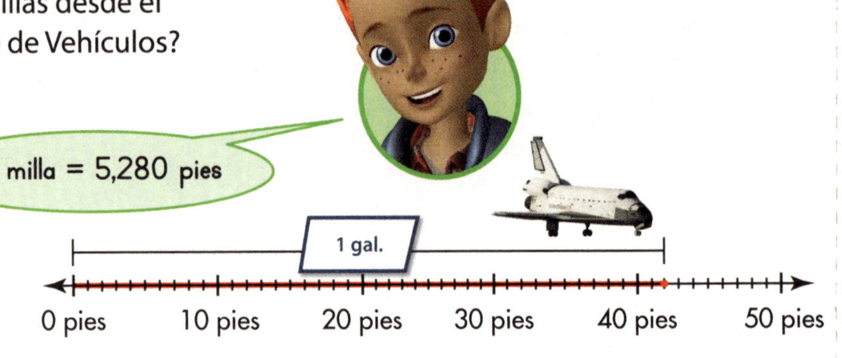

© Evaluación de *Common Core*

19. Daniel puso $8\frac{3}{4}$ pies de valla alrededor de su jardín de forma triangular. El frente del jardín mide $1\frac{3}{4}$ pies de ancho. Los otros dos lados son iguales.

    ¿Qué ecuación **NO** representa cómo hallar la longitud de los otros dos lados del jardín de Daniel?

    Ⓐ $\quad 8\frac{3}{4} - 2l = 1\frac{3}{4}$

    Ⓑ $\quad 1\frac{3}{4} + 2l = 8\frac{3}{4}$

    Ⓒ $\quad 2l = 8\frac{3}{4} - 1\frac{3}{4}$

    Ⓓ $\quad 2l - 1\frac{3}{4} = 8\frac{3}{4}$

¡Revisemos!

Resuelve las siguientes ecuaciones.

Ecuación de suma

$$h + \frac{3}{5} = \frac{2}{3}$$
$$h + \frac{3}{5} - \frac{3}{5} = \frac{2}{3} - \frac{3}{5}$$
$$h = \frac{1}{15}$$

Ecuación de resta

$$y - \frac{2}{3} = \frac{4}{9}$$
$$y - \frac{2}{3} + \frac{2}{3} = \frac{4}{9} + \frac{2}{3}$$
$$y = 1\frac{1}{9}$$

Ecuación de multiplicación

$$\frac{3}{4}t = 9$$
$$\left(\frac{4}{3}\right) \cdot \frac{3}{4}t = \left(\frac{4}{3}\right) \cdot \frac{9}{1}$$
$$t = 12$$

Ecuación de división

$$\frac{r}{5} = 14$$
$$\left(\frac{5}{1}\right) \cdot \frac{1}{5}r = \left(\frac{5}{1}\right) \cdot \frac{14}{1}$$
$$r = 70$$

Resuelve las ecuaciones en los Ejercicios **1** a **15**.

1. $s + \frac{1}{4} = 12\frac{1}{2}$

2. $2\frac{2}{3} + y = 4\frac{1}{4}$

3. $a - 4\frac{3}{8} = 2\frac{1}{2}$

4. $\frac{2}{7}q = 3$

5. $14\frac{1}{6} = d + 12\frac{3}{4}$

6. $7f = \frac{1}{12}$

7. $\frac{t}{3} = 6\frac{1}{2}$

8. $u + 2\frac{7}{8} = 6\frac{1}{6}$

9. $7\frac{1}{5} = m - \frac{2}{3}$

10. $\frac{8}{9} = 13p$

11. $9\frac{1}{12} = \frac{k}{9}$

12. $x + \frac{1}{3} = \frac{2}{5}$

13. $n - 5\frac{3}{8} = \frac{1}{5}$

14. $\frac{3}{5} = 12g$

15. $h + \frac{11}{12} = 120\frac{1}{2}$

16. © **PM.6 Hacerlo con precisión** Sam necesita un recipiente para mezclar su refresco. Tiene un recipiente de 2 tazas, uno de 4 tazas y otro de 6 tazas. ¿Cuál es el recipiente más pequeño que puede usar para hacer su refresco? Explícalo.

Refresco de frutas de Sam

$\frac{2}{3}$ de taza	jugo de piña
$\frac{1}{2}$ taza	jugo de naranja
$\frac{3}{4}$ de taza	jugo de lima-limón
$\frac{1}{3}$ de taza	ginger ale

17. Esta receta es para una jarra de refresco. Si Sam usó dos tazas de jugo de piña para hacer su refresco, ¿cuántas jarras preparó? Usa la ecuación $\frac{2}{3}m = 2$ para hallar la cantidad de jarras.

18. **Álgebra** Sam necesita $7\frac{1}{2}$ tazas de jugo de naranja para hacer refresco para sus amigos. Solo tiene $5\frac{1}{3}$ tazas. Escribe una ecuación que represente cuántas tazas más de jugo de naranja necesita Sam. Luego, resuélvela.

19. Hay 6 personas sentadas en un mesón. Si cada persona ocupa $1\frac{7}{8}$ pies del mesón, ¿cuál es la longitud del mesón? Indica cómo puedes comprobar si tu respuesta es razonable.

20. **Razonamiento de orden superior** Un autobús partió de la ciudad de Nueva York y llegó a Filadelfia luego de $2\frac{1}{3}$ horas. Desde allí, tardó $1\frac{3}{4}$ horas en llegar a Baltimore. Tardó otras $\frac{5}{6}$ de hora en ir de Baltimore a Washington. Si el autobús llegó a Washington a las 10:05 *p. m.*, ¿A qué hora salió de Nueva York? Indica cómo lo sabes.

© **Evaluación de *Common Core***

Abigail participó en una carrera de 18 millas. Corrió $6\frac{3}{4}$ millas, subió $\frac{1}{4}$ de milla por un camino de montaña y, luego, nadó y montó en bicicleta una cantidad igual de millas para terminar la carrera.

¿Qué ecuación representa cómo hallar la cantidad de millas que nadó y montó en bicicleta Abigail en la carrera?

Ⓐ $18 = \frac{1}{2}c$

Ⓑ $2c = 11$

Ⓒ $\frac{c}{2} = 11$

Ⓓ $c + 7 = 18$

Lección 2-6
Escribir desigualdades

El récord de tiempo para la competencia femenina de 50 metros de nado en estilo libre es 24.49 segundos. Camila estuvo entrenando y quiere nadar los 50 metros en menos tiempo. ¿Cuáles son algunos de los tiempos posibles en que debe nadar Camila para vencer el récord actual? *Resuelve este problema de la manera que prefieras.*

Puedo...
escribir una desigualdad para describir una situación de la vida diaria.

Estándar de contenido 6.EE.B.5, 6.EE.B.8
Prácticas matemáticas PM.2, PM.3, PM.4, PM.6, PM.8.

Puedes usar el razonamiento para escribir una oración matemática que lleve los símbolos $<$, $>$, $\leq$ o $\geq$ para mostrar la relación entre las cantidades.

ESTILO LIBRE 50 METROS

Nadadora A	26.56
Nadadora B	25.14
Nadadora C	24.49
Nadadora D	25.32

¡Vuelve atrás! **PM.6 Hacerlo con precisión** Fran ganó una cinta azul por cultivar la calabaza más pesada, que pesó 217 libras. Escribe una desigualdad que describa el peso de las calabazas que son más pesadas que la de Fran. Escribe una desigualdad que describa el peso de las calabazas que pesan lo mismo o más que la calabaza de Fran.

¿Cómo se puede escribir una desigualdad para describir una situación?

A

Una **desigualdad** es una oración matemática que contiene $<$ (menor que), $>$ (mayor que), $\leq$ (menor que o igual a) o $\geq$ (mayor que o igual a).

¿Cómo puedes escribir una desigualdad que describa las edades de los niños que deben estar acompañados por un adulto para deslizarse en trineo por la colina?

B ¿Cuáles son algunas de las edades de niños que deben estar acompañados por un adulto?

Puedes mostrar algunas de las edades en la recta numérica.

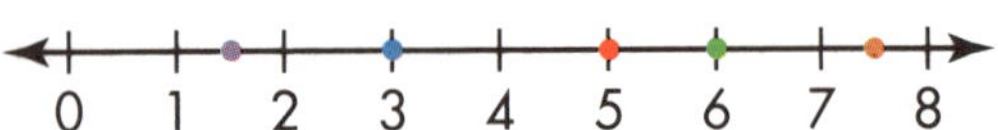

C Sea e la letra que representa las edades de los niños que deben estar acompañados por un adulto. Usa el símbolo *menor que* ($<$) para escribir la desigualdad.

$$e < 8$$

Esta desigualdad se lee como "e es menor que 8".

¡Convénceme! © **PM.4 Representar con modelos matemáticos** Muestra algunas edades de personas que no necesitan estar acompañadas por un adulto en la recta numérica. Sea $n =$ las edades de las personas que no necesitan estar acompañadas por un adulto. Escribe una desigualdad que represente las edades.

Otro ejemplo

La tabla muestra desigualdades para algunas situaciones.

Situación	Desigualdad
La longitud de un pedazo de cable, l, es mayor que 20 pies.	$l > 20$
El costo de la pizza, c, será por lo menos $8.	$c \geq 8$
La altura de Henry, h, es menor que 60 pulgadas.	$h < 60$
La cantidad de estudiantes, e, es como máximo 30.	$e \leq 30$
La edad de Zoe, z, no es 11 años.	$z \neq 11$

☆ Práctica guiada *

¿Lo entiendes?

1. © **PM.8 Generalizar** ¿Cuál es la diferencia entre una ecuación con una variable y una desigualdad con una variable?

¿Cómo hacerlo?

Escribe una desigualdad para las situaciones en los Ejercicios **2** y **3**.

2. Un número, n, es mayor que 22.

3. El valor, v, no es igual a 2.

☆ Práctica independiente ☆

Escribe una desigualdad para las situaciones de los Ejercicios **4** a **7**.

4. Hasta 12 personas, p, entran en el microbús.

5. La cantidad de días de sol, d, no es 28.

6. La distancia de la carrera, c, es mayor que 6.2 millas.

7. El valor de la pulsera, v, es menor que $85.

Puedes encontrar otro ejemplo en el grupo E, página 134.   **Tema 2** | Lección 2-6   **115**

8. El récord de cantidad de nieve caída en la ciudad en 1 día es 19.7 pulgadas. Escribe una desigualdad que represente una nevada que supere este récord.

9. Álgebra En la primera estantería de la biblioteca caben 2,492 libros. La estantería tiene 7 estantes. En cada estante cabe la misma cantidad de libros. ¿Cuántos libros caben en cada estante? Escribe una ecuación que te ayude a resolver el problema.

10. Razonamiento de orden superior Bryan dijo que mide 9 pulgadas menos que la parte más alta de una escalera de 6 pies. Allen dijo que es más alto que Bryan porque mide 63 pulgadas. ¿Tiene razón Allen? Explica por qué.

11. © PM.3 Construir argumentos Para subir a una montaña rusa, se debe medir más de 42 pulgadas de alto. Para representar esta situación, Elías escribió $a \geq 42$ y Nina escribió $a > 42$. ¿Quién tiene razón? Explica tu razonamiento.

© Evaluación de *Common Core*

12. Miguel gana dinero extra trabajando dos fines de semana con su papá. Está ahorrando para comprarse una bicicleta nueva que cuesta $140.

Heather dice que Miguel necesita ganar más de $6 por hora de trabajo para tener dinero suficiente para comprarse la bicicleta. A continuación se muestra su trabajo. Explica por qué ella está equivocada.

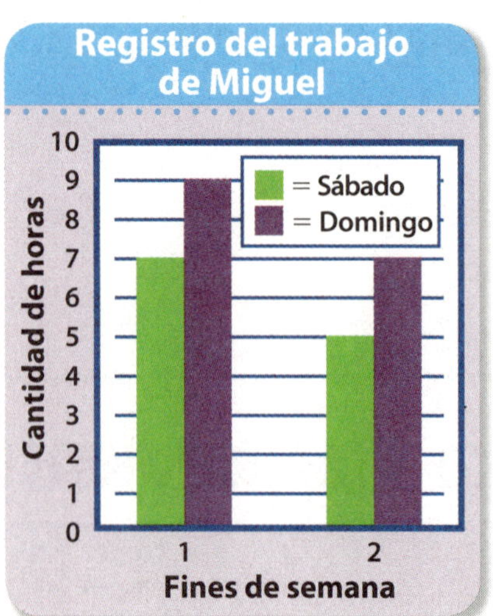

La solución de Heather

Fin de semana 1:   16 horas
Fin de semana 2:   + 7 horas
                     23 horas

$140 ÷ 23 horas ≥ $6.00 por hora

Miguel debe ganar más de $6.00 por hora.

Tarea y práctica 2-6
Escribir desigualdades

¡Revisemos!

¿Cuáles son algunas de las cantidades de personas que pueden haber ido al picnic? 52, 67, 102, 115

Si fueron más de 50 personas al picnic, cualquier cantidad posible será mayor que 50. $p > 50$

Si fueron 50 personas o más al picnic, 50 se debe incluir como una respuesta posible. $p \geq 50$

Símbolos de desigualdad	
Símbolo	Significado
$<$	es menor que
$\leq$	es menor que o igual a
$>$	es mayor que
$\geq$	es mayor que o igual a
$\neq$	no es igual a

Escribe una desigualdad para las situaciones de los Ejercicios **1** a **10**.

1. La cantidad de estudiantes que entran en el autobús, *e*, es menor que 40.

2. El peso límite que soporta un puente, *p*, es 12 toneladas.

3. La distancia, *d*, es por lo menos 110 millas.

4. La profundidad de una piscina, *p*, no puede ser mayor que $3\frac{1}{2}$ pies.

5. La cantidad mínima de agua, *a*, que los senderistas deben llevar es 30 onzas.

6. La cantidad mínima de minutos, *m*, que un jugador debe entrenar por día es 45 minutos.

7. La edad de Tim, *t*, no es 21 años.

8. El costo, *c*, es menor que $45.

9. La longitud del camino de entrada, *c*, es mayor que $\frac{1}{5}$ milla.

10. La altura de un girasol, *g*, no es $45\frac{5}{6}$ pulgadas de alto.

11. **© PM.6 Hacerlo con precisión** Un examen tiene 50 preguntas, 25 valen 1 punto cada una y 25 valen 3 puntos cada una. A Julia le restaron no más de 20 puntos del total posible. Escribe una desigualdad que muestre los puntos posibles, p, que obtuvo Julia.

12. Lorraine practica piano 1 hora por semana y baila h horas 3 veces por semana. Evalúa $3h + 1$ para $h = 2, 5$ y 9, y analiza cuántas horas por semana puede pasar Lorraine practicando piano y bailando.

13. **Razonamiento de orden superior** En 4.º grado, Richard leyó 37 libros. En 5.º grado leyó 9 libros más que el año anterior. Este año, en 6.º grado, Richard planea leer por lo menos 12 libros más que la cantidad total de libros que leyó en 4.º y 5.º grado. Richard escribe la desigualdad $b \geq 180$ para mostrar la cantidad total de libros que leerá en 4.º, 5.º, y 6.º grado. ¿Es correcta su desigualdad? ¿Por qué?

14. **Matemáticas y Ciencias** El proceso de producción de energía mediante desechos genera energía en forma de electricidad, calor o combustible a partir de la incineración de desechos. Convertir materiales no reciclables en electricidad, calor o combustible genera una fuente de energía renovable. Las 86 instalaciones en los Estados Unidos tienen una capacidad de producción de 2,720 megavatios de potencia por año pues procesan más de 28 millones de toneladas de desechos por año. Escribe una desigualdad que muestre la potencia, p, que pueden producir las instalaciones de generación de energía a partir de desechos en los Estados Unidos.

© Evaluación de *Common Core*

15. La familia Cruz comparte un plan familiar de telefonía celular. El plan es para 3,200 minutos por mes. El padre usó 1,200 minutos. La madre usó por lo menos 600 minutos. Los dos hijos usaron 675 minutos cada uno.

    Escribe una desigualdad que muestre la cantidad de minutos que usó la familia Cruz. Explica tu razonamiento.

Nombre _______________________

Resuélvelo y coméntalo

Henry está pensando en un número menor que 17. ¿Qué números hacen que el enunciado $q < 17$ sea verdadero? *Resuelve este problema de la manera que prefieras.*

Puedo...
escribir y representar soluciones de desigualdades.

© **Estándares de contenido** 6.EE.B.5, 6.EE.B.8
Prácticas matemáticas PM.2, PM.4, PM.5, PM.7

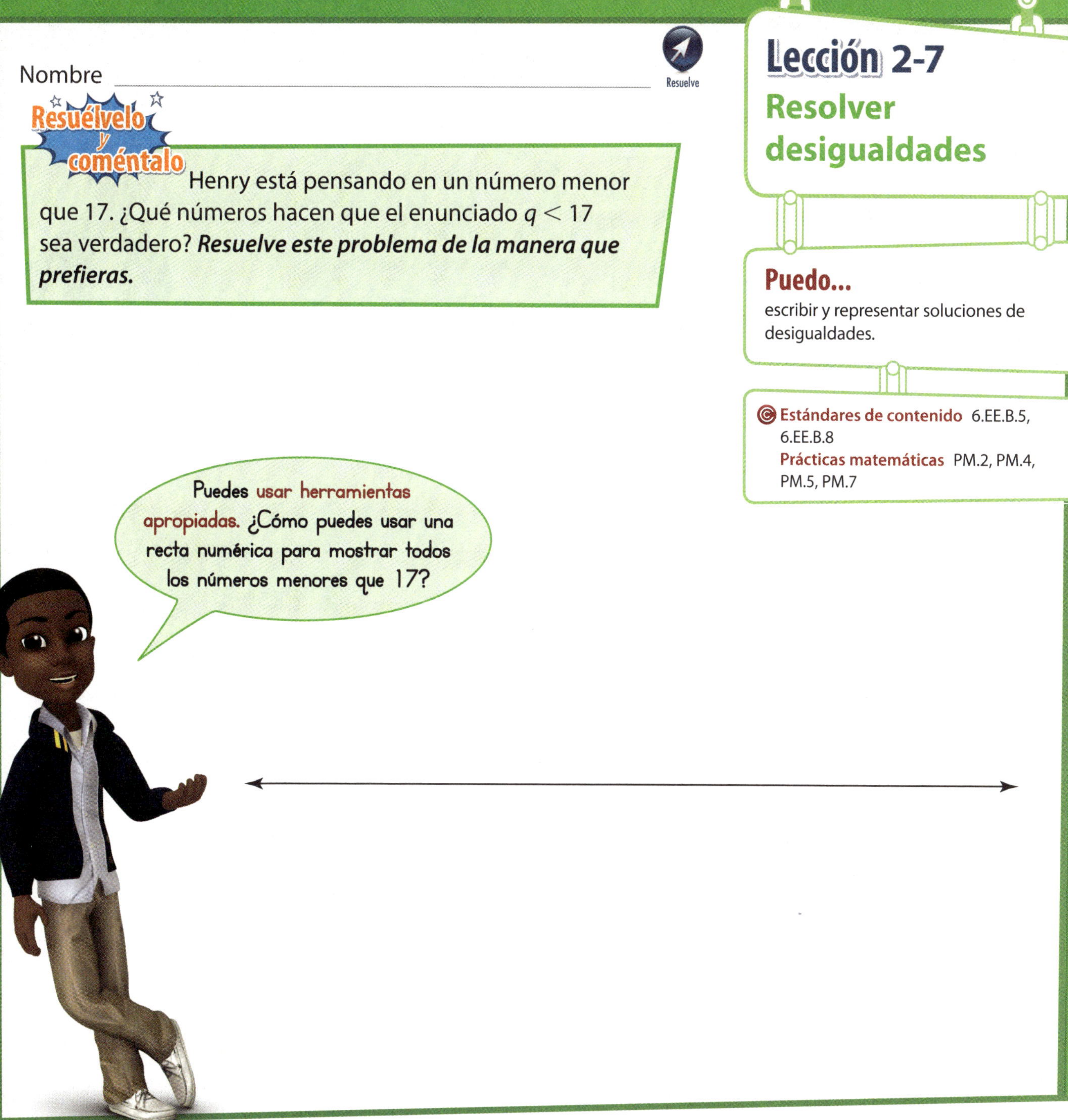

¡Vuelve atrás! © **PM.2 Razonar** ¿Henry podría estar pensando en el número 17? Explícalo.

Pregunta esencial ¿Cómo se puede resolver una desigualdad?

A

Una desigualdad usa >, <, ≥ o ≤ para comparar dos expresiones. Una solución de la desigualdad $x > 5$ *es* $x = 7$ *porque* $7 > 5$. *Las desigualdades tienen infinitas soluciones. Marca todas las soluciones de* $x > 5$.

0 1 2 3 4 5 6 7 8 9 10

B ## Paso 1

Para marcar $x > 5$, dibuja un círculo vacío en el 5 en la recta numérica. El círculo vacío muestra que 5 NO es una solución.

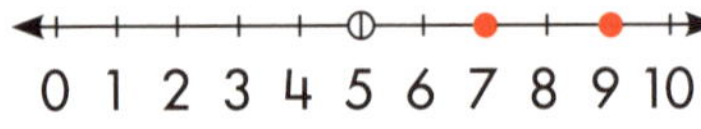

0 1 2 3 4 5 6 7 8 9 10

C ## Paso 2

Halla algunas soluciones y márcalas en la recta numérica. 7 y 9 son soluciones porque $7 > 5$ y $9 > 5$.

0 1 2 3 4 5 6 7 8 9 10

D ## Paso 3

Empieza en el círculo vacío y colorea las soluciones que hallaste. Dibuja una flecha para mostrar que las soluciones continúan al infinito.

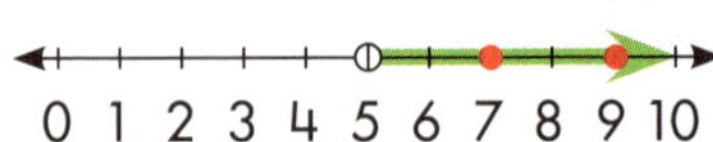

0 1 2 3 4 5 6 7 8 9 10

¡Convénceme! © **PM.2 Razonar** ¿Cuántas soluciones tiene la desigualdad $x > 5$? Explícalo.

Amigo de práctica   Herramientas   Evaluación

Otro ejemplo

La desigualdad $s \geq 18$ describe la longitud de un salto que clasifica a la final. ¿Qué atletas clasificarán a la final?

Resultado de salto en largo

Amir	$22\frac{1}{3}$ pies
Jake	16 pies
Tyrell	$18\frac{1}{2}$ pies
Ryan	$20\frac{1}{2}$ pies

Una manera

Sustituye s por los valores.

Amir: $22\frac{1}{3} \geq 18$

Jake: $16 < 18$

Tyrell: $18\frac{1}{2} \geq 18$

Ryan: $20\frac{1}{2} \geq 18$

Otra manera

Haz una gráfica de la desigualdad. Dibuja un círculo coloreado en 18 para indicar que 18 puede ser una solución y haz una flecha desde el círculo coloreado hacia la derecha. Observa qué puntos están en la gráfica.

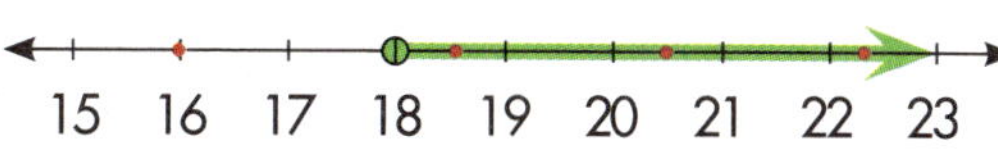

Amir, Tyrell y Ryan clasificaron a la final porque $22\frac{1}{3}$, $18\frac{1}{2}$, y $20\frac{1}{2}$ son soluciones.

☆ Práctica guiada *

¿Lo entiendes?

1. Explica por qué en el problema de la página anterior 9 es una solución de $x > 5$.

2. Explica por qué 2 **NO** es una solución para $x > 5$.

¿Cómo hacerlo?

Completa la desigualdad que representa la gráfica del Ejercicio **3**.

3. $z \bigcirc$ _____

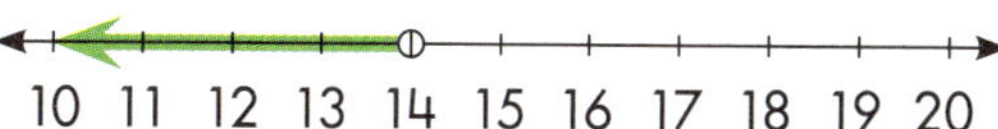

☆ Práctica independiente ☆

Escribe la desigualdad que representan las gráficas de los Ejercicios **4** a **7**.

4.
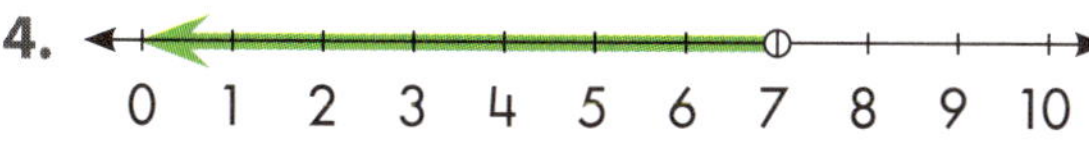

5.
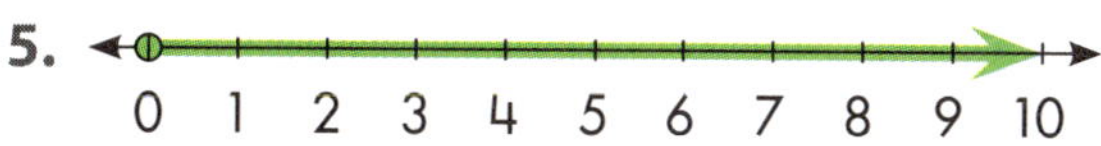

6.
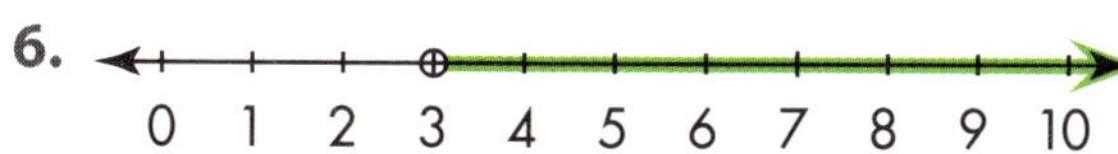

7.
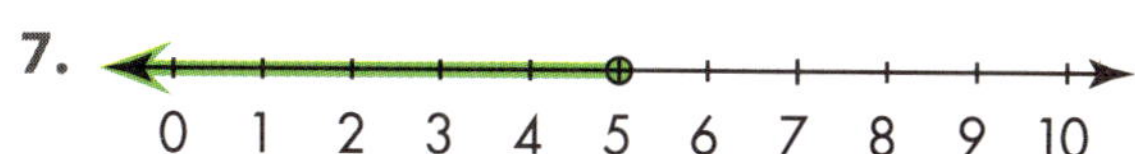

Prácticas matemáticas y resolución de problemas

8. La recta numérica de abajo representa las soluciones de la ecuación $x > 7$. ¿Es 7.1 una solución? ¿Y 7.01? Explica cómo lo sabes.

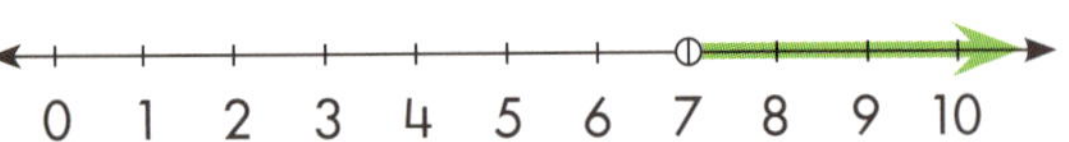

9. © **PM.4 Representar con modelos matemáticos** El Valle de la Muerte es el lugar más caluroso de los Estados Unidos. La temperatura máxima registrada allí fue 134 °F. La mínima registrada fue 15 °F. Escribe dos desigualdades que representen la temperatura, en °F, en el Valle de la Muerte, en cualquier momento desde que se registraron las temperaturas.

10. **Razonamiento de orden superior** Francine recibió una tarjeta de regalo para comprar aplicaciones para el teléfono celular. Ella dice que el valor de la tarjeta es suficiente para comprar cualquiera de las aplicaciones que se muestran a la derecha. Sea v la letra que representa el valor en dólares de la tarjeta de regalo. Escribe la desigualdad que describa mejor el valor de la tarjeta de regalo.

Aplicaciones	
Todo Recetas	$ 9.50
Deportes Ya	$10.50
Acceso Remoto	$12.00

11. La carga máxima de un montacargas es 1,500 libras. Sea p = el peso en el montacargas. Escribe una desigualdad que represente el peso permitido en el montacargas.

12. **Álgebra** Un tablero de ajedrez tiene 64 casillas cuadradas. Sea l = la longitud de los lados de cada cuadrado del tablero. Evalúa la expresión $64l^2$ para hallar el área del tablero de ajedrez en el que $l = 1\frac{1}{2}$ pulgadas.

© **Evaluación de *Common Core***

13. Tania comenzó una gráfica para mostrar la desigualdad $y < 3.7$. Termina de rotular la recta numérica y haz la gráfica.

14. Bill comenzó una gráfica para mostrar la desigualdad $x \leq 25$. Termina de rotular la recta numérica y haz la gráfica.

Tarea y práctica 2-7

Resolver desigualdades

¡Revisemos!

Marca las soluciones de las desigualdades $x < 3$ y $x \geq 5$.

Dibuja un círculo vacío en 3. Los valores de x son menores que 3; por tanto, colorea hacia la izquierda en la recta numérica.

$$x < 3$$

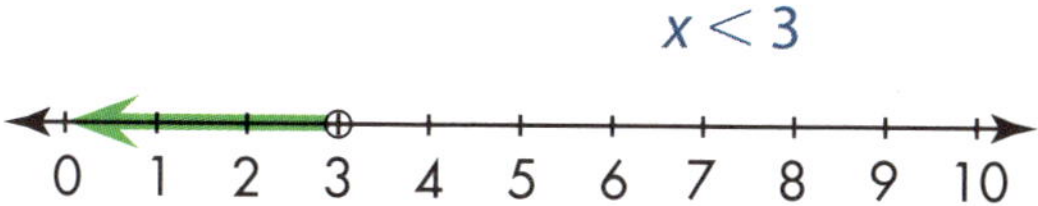

Dibuja un círculo coloreado en 5. Los valores de y son mayores que 5; por tanto, colorea hacia la derecha en la recta numérica.

$$y \geq 5$$

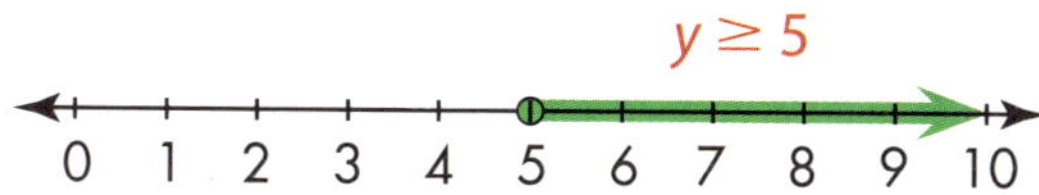

Escribe la desigualdad que representan las gráficas de los Ejercicios **1** a **4**.

1. 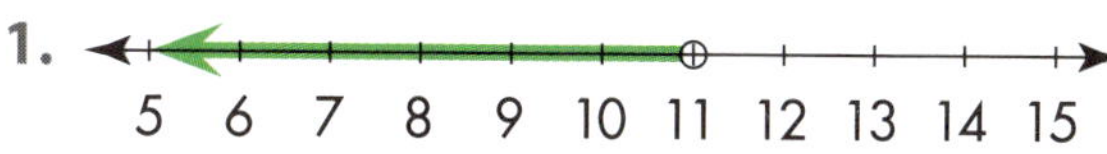

2. 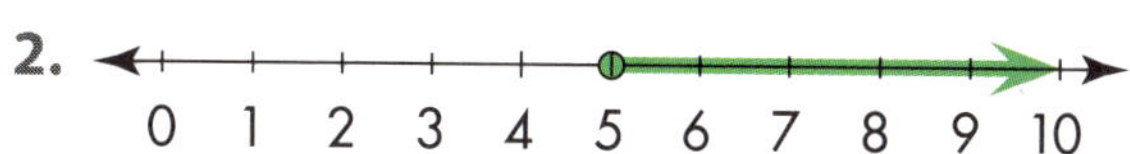

3. 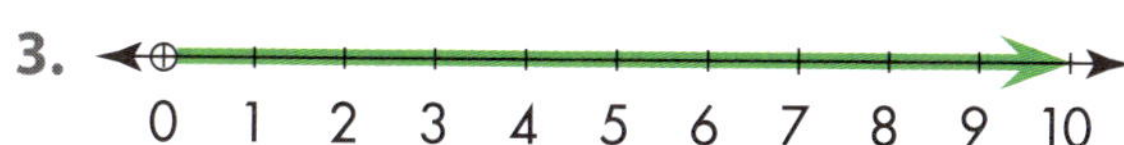

4. 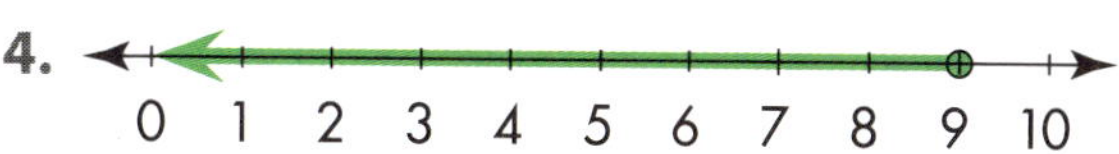

Grafica las desigualdades en las rectas numéricas de los Ejercicios **5** y **6**.

5. $x < 7$

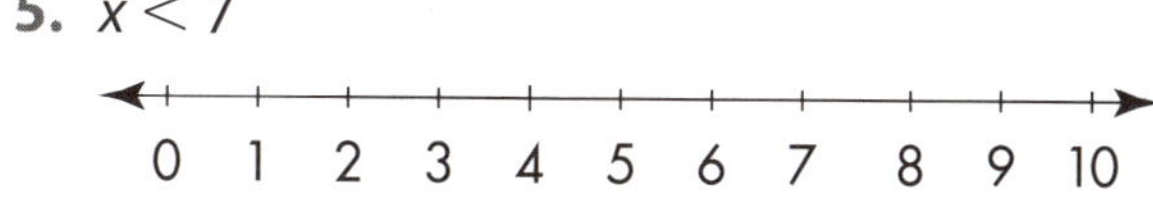

6. $x \geq 7$

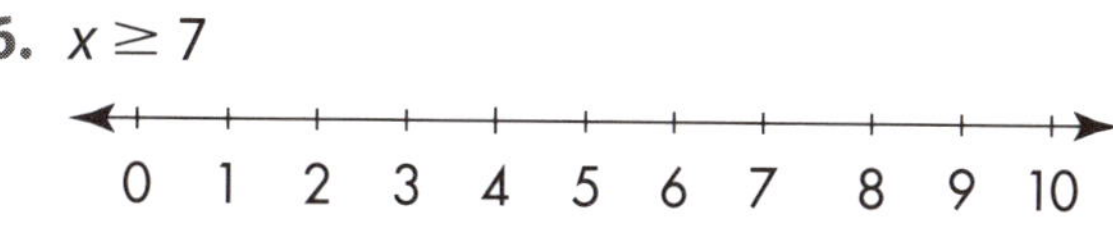

Nombra tres soluciones para las desigualdades de los Ejercicios **7** a **14**.

7. $x < 9$

8. $x < 6$

9. $y > 2$

10. $y \geq 100$

11. $z < 8$

12. $x \geq 77$

13. $u > 10.9$

14. $u \leq 13.99$

15. © **PM.7 Usar la estructura** La siguiente recta numérica representa las soluciones de la ecuación $y < 6$. ¿Cuántas soluciones tiene? Escribe tres de las soluciones que sean mayores que 5.

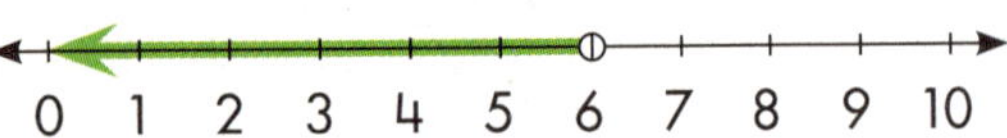

16. © **PM.4 Representar con modelos matemáticos** En 1992, el récord mundial femenino de salto con garrocha fue oficialmente reconocido como 4.05 metros. El récord mundial más reciente, obtenido en 2009, es 5.06 metros. ¿Qué desigualdad puedes escribir para representar un nuevo récord mundial femenino en salto con garrocha?

17. A la derecha se muestra el menú de un restaurante. La desigualdad $d < 5$ representa la cantidad de dinero, d, que Elizabeth tiene para gastar en el almuerzo. ¿Qué platos puede elegir para almorzar?

Restaurante	
Sándwich de pavo	$3.99
Sándwich de atún y una fruta	$5.45
Sándwich de carne	$4.75
Porción de pizza	$2.25
Sándwich de pollo	$6.00

18. **Razonamiento de orden superior** El ancho de un campo de futbol juvenil debe medir por lo menos 45 metros, pero no puede exceder los 60 metros. Escribe dos desigualdades que describan el ancho, a, de un campo de futbol juvenil. Luego, escribe dos enteros que sean soluciones de las desigualdades.

19. © **PM.2 Razonamiento** Dos amigos dividen el costo de una pizza mediana en partes iguales. Cada uno paga $5.60. Si 4 amigos dividen el costo de 2 pizzas medianas en partes iguales, ¿cuánto deberá pagar cada uno? Explica cómo lo sabes sin hacer el cálculo.

© **Evaluación de *Common Core***

20. Andy comenzó una gráfica que muestra la desigualdad $z > 0.4$. Termina de rotular la recta numérica y haz la gráfica.

21. Tricia comenzó una gráfica que muestra la desigualdad $x \geq 12$. Termina de rotular la recta numérica y haz la gráfica.

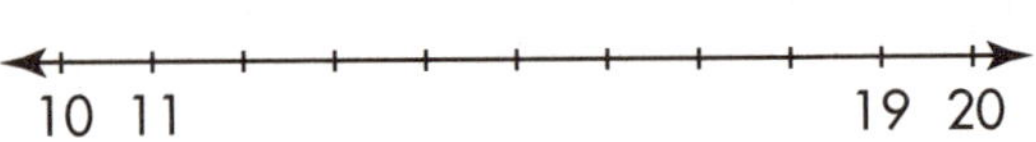

Barb tiene tres veces la edad de sus sobrinas gemelas, Allie y Sam. La suma de la edad de las tres es 55. ¿Qué edad tiene cada persona ahora?

Puedo...
entender problemas y continuar trabajando si no puedo seguir adelante.

Ⓒ **Prácticas matemáticas** PM.1. También, PM.2, PM.4, PM.6, PM.8.
Estándares de contenido 6.EE.B.6, 6.EE.B.7

Hábitos de razonamiento

Piensa en estas preguntas como ayuda para entender problemas y perseverar en resolverlos.

- ¿Qué necesito hallar?
- ¿Qué sé?
- ¿Cuál es mi plan para resolver el problema?
- ¿Qué más puedo intentar si no puedo seguir adelante?
- ¿Cómo puedo comprobar si mi solución tiene sentido?

¡Vuelve atrás! Ⓒ **PM.1 Entender y perseverar** ¿Qué información del problema te indica que Barb es mayor que sus sobrinas?

Pregunta esencial

¿Cómo se pueden entender los problemas y perseverar en resolverlos?

A

John dibujó el triángulo isósceles ABC. Las longitudes de los lados AB y AC son iguales. La longitud de lado BC es la mitad de la longitud de los otros dos lados. ¿Cuáles son las longitudes de los lados del triángulo?

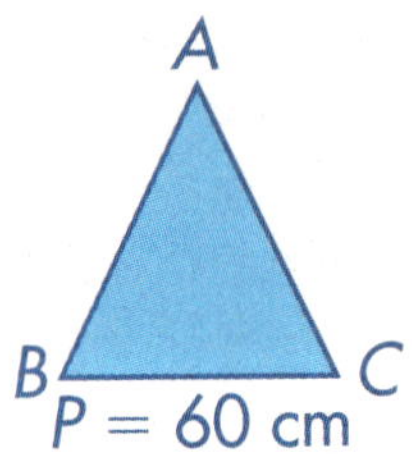

¿Qué debo hacer?

Debo entender el problema antes de resolverlo. Si no puedo seguir adelante, debo perseverar hasta que halle las longitudes de los lados del triángulo.

B **¿Cómo puedo entender y resolver este problema?**

Puedo

- identificar lo que sé y lo que debo hallar.
- hacer un plan para resolver el problema.
- probar otras estrategias si no puedo seguir adelante.
- comprobar si mi solución tiene sentido.

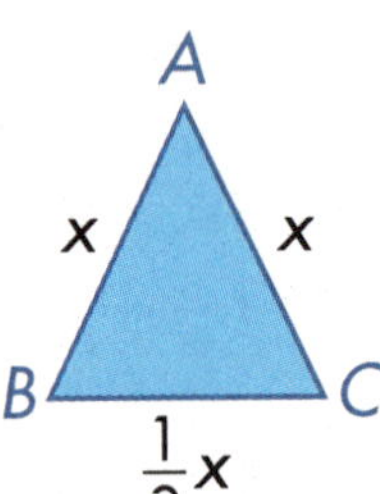

C Puedo hacer un dibujo y escribir una ecuación que muestre lo que sé.

Sea x = las longitudes de AB y AC.
Entonces, $\frac{1}{2}x$ = longitud BC.

$$P = x + x + \frac{1}{2}x$$
$$60 = x + x + \frac{1}{2}x$$
$$60 = \frac{5}{2}x$$
$$\frac{2}{5} \cdot \frac{60}{1} = \frac{5}{2}x \cdot \frac{2}{5}$$
$$24 = x$$
$$AB = 24 \text{ cm}$$
$$AC = 24 \text{ cm}$$
$$BC = \frac{1}{2}(24) = 12 \text{ cm}$$

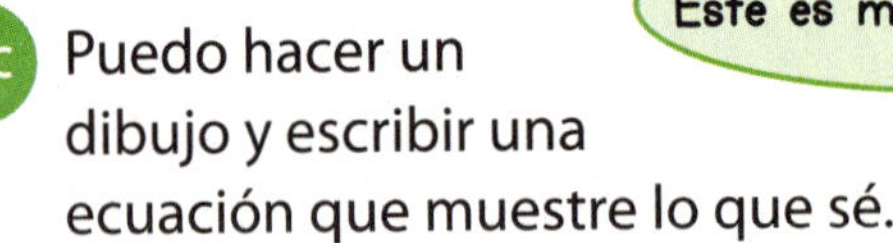

¡Convénceme! © PM.1 Entender y perseverar

El rectángulo *GHJK* se muestra a la derecha. Su longitud es 4 veces su ancho. ¿Cuál es la longitud y el ancho del rectángulo *GHJK*?

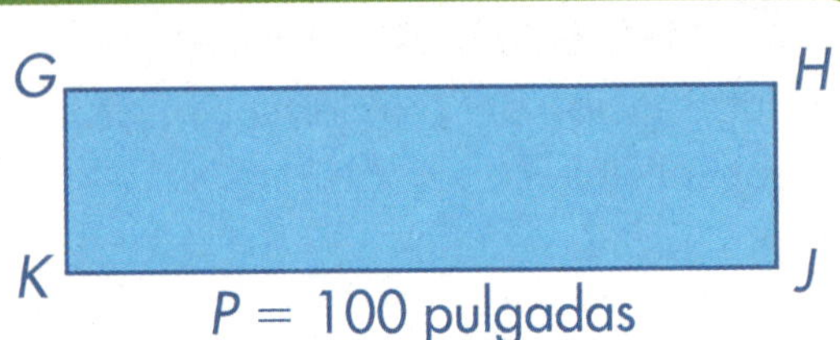

☆ Práctica guiada *

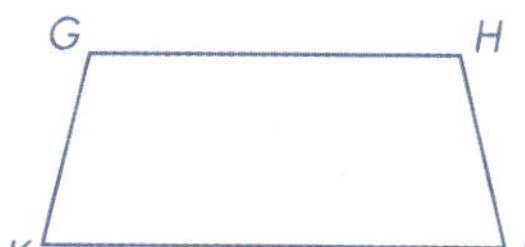

Ⓒ PM.1 Entender y perseverar

El trapecio *GHJK* tiene un perímetro de 66 cm. Las longitudes de los lados *GK* y *HJ* son iguales. El lado *GH* tiene $1\frac{1}{2}$ veces el largo de *GK*. El lado *KJ* es dos veces el largo de *GK*. ¿Cuáles son las longitudes de cada uno de los lados?

1. ¿Cómo se relacionan las medidas dadas en el problema?

2. Describe una estrategia que puedas usar y, luego, resuelve el problema.

☆ Práctica independiente

Ⓒ PM.1 Entender y perseverar

Bo usó su podómetro para llevar el registro de la distancia que caminó durante mayo y junio. En junio caminó 3 veces la distancia que caminó en mayo. Caminó 152 millas en total durante los dos meses. ¿Qué distancia caminó Bo cada mes?

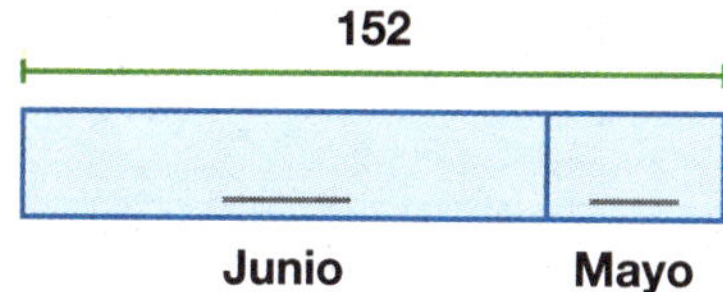

3. ¿Qué información del problema te indica que Bo caminó más en junio que en mayo?

4. ¿Cómo puedes usar el diagrama de barras como ayuda para resolver el problema?

5. Halla una solución para el problema y, luego, describe cómo puedes comprobar tu respuesta.

Ⓒ Evaluación de rendimiento de *Common Core*

Batido de frutas del bosque

La receta del batido de frutas del bosque lleva 24 pedazos de fruta. La cantidad necesaria de fresas es 4 veces la cantidad necesaria de moras. La cantidad necesaria de rodajas de plátano es dos veces la cantidad necesaria de moras. Lleva la misma cantidad de arándanos que moras. ¿Qué cantidad de cada fruta se usa para hacer el batido?

6. PM.1 Entender y perseverar ¿Qué sabes? ¿Cómo se relaciona la información que conoces?

7. PM.4 Representar con modelos matemáticos ¿Cómo puedes usar una variable como ayuda para representar la situación?

8. PM.2 Razonar Ben dice que se necesitan 2 arándanos, 2 moras, 4 rodajas de plátano y 12 fresas para hacer el batido. Describe cómo sabes que la respuesta de Ben es incorrecta.

9. PM.6 Hacerlo con precisión Resuelve el problema. Explica cómo puedes comprobar tu respuesta.

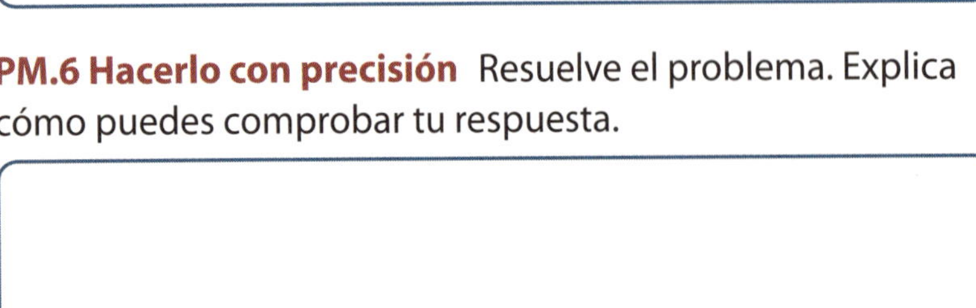

Nombre _______________________________

Tarea y práctica 2-8

Entender y perseverar

¡Revisemos!

Harold descarga una canción, una película y un juego en su tableta digital. El juego ocupa 5 veces la cantidad de *megabytes* que ocupa la canción. La película ocupa 100 veces el espacio que ocupa el juego. El espacio de almacenamiento total que hace falta para las 3 descargas es 4,048 MB. ¿Cuántos *megabytes* de almacenamiento se necesitan para cada descarga?

Entender el problema

Lo que sabes

Harold usa 4,048 MB de almacenamiento para las descargas.

juego = 5 veces la canción
película = 100 veces el juego

Lo que debes hallar

La cantidad de espacio de almacenamiento que se necesita para cada descarga.

Planificar

Definir una variable y, luego, usar las relaciones entre las cantidades para escribir una ecuación.

x = espacio de almacenamiento de la canción

$5x$ = espacio de almacenamiento del juego

$100(5x) = 500x$ = espacio de almacenamiento de la película

Resolver

$$x + 5x + 500x = 4{,}048$$
$$506x = 4{,}048$$
$$506x \div 506 = 4{,}048 \div 506$$
$$x = 8$$

$$5x = 5 \cdot 8 = 40$$
$$500x = 500 \cdot 8 = 4{,}000$$

La canción ocupa 8 MB, el juego ocupa 40 MB y la película ocupa 4,000 MB de espacio de almacenamiento.

© **PM.1 Entender y perseverar**

Vivi camina cinco días a la semana. Camina la misma distancia los primeros dos días. El tercer y cuarto día, camina dos veces la cantidad de millas que cada uno de los dos primeros días. El quinto día, camina la mitad de lo que camina el primer día. Si Vivi camina 13 millas por semana, ¿cuánto camina cada día?

1. Escribe las expresiones que representan la distancia que Vivi camina cada día y, luego, escribe una ecuación que represente cuánto camina por semana.

2. Resuelve el problema.

Guardián de zoológico

Un zoológico local presupuesta $750,000 para los salarios y beneficios de sus empleados. Los salarios se estiman en $35,000 por empleado y los beneficios en $15,000 por empleado. ¿Cuál es la mayor cantidad de empleados que puede tener el zoológico sin superar el presupuesto?

3. PM.2 Razonar ¿Puede el zoológico tener 10 empleados? Explica cómo lo sabes.

4. PM.4 Representar con modelos matemáticos Representa la solución del problema. Puedes usar una representación de barras, un dibujo o una ecuación.

5. PM.1 Entender y perseverar Halla la mayor cantidad de empleados que puede tener el zoológico sin superar el presupuesto. Muestra dos maneras de demostrar que tu respuesta es correcta.

6. PM.2 Razonar Supón que el presupuesto del zoológico aumentará a $1,000,000. ¿Cuántos empleados más podría contratar el zoológico? Explica tu razonamiento.

Colorea la ruta desde la **SALIDA** hasta la **META**. Sigue los productos en los que el dígito en el lugar de las centenas es mayor que el dígito en el lugar de las decenas. Solo puedes moverte hacia arriba, hacia abajo, hacia la derecha o hacia la izquierda.

Puedo...
multiplicar números enteros no negativos de varios dígitos.

Estándar de contenido
5.NBD.B.5

Salida

593 × 56	57 × 26	746 × 421	2,951 × 17	91 × 15
44 × 12	1,599 × 31	453 × 367	276 × 252	37 × 21
75 × 39	41 × 23	5,201 × 43	277 × 58	806 × 264
214 × 21	114 × 76	85 × 52	247 × 111	6,250 × 18
576 × 136	1,822 × 67	142 × 99	853 × 28	3,049 × 60

Meta

TEMA 2 — Repaso del vocabulario

Comprender el vocabulario

Escoge el mejor término de la Lista de palabras y escríbelo en el espacio en blanco.

1. Una _______________________ compara dos cantidades usando un signo de igual.

2. El _______________________ de 4 es $\frac{1}{4}$.

3. La suma y la resta tienen una _______________________.

Traza una línea desde cada ecuación de la Columna A hasta la propiedad de la igualdad que describe en la Columna B.

Columna A

4. $(6 + 3) - 3 = 9 - 3$
5. $(6 + 3) \times 3 = 9 \times 3$
6. $(6 + 3) + 3 = 9 + 3$
7. $(6 + 3) \div 3 = 9 \div 3$

Columna B

propiedad de suma de la igualdad
propiedad de división de la igualdad
propiedad multiplicativa de la igualdad
propiedad de resta de la igualdad

¿Qué operación matemática tiene una *relación inversa* con la operación que se muestra en las ecuaciones? Escribe *suma, resta, multiplicación* o *división.*

8. $k + 6 = 13$

9. $c \div 6 = 42$

10. $5n = 30$

11. $p - 7 = 15$

_______________   _______________   _______________   _______________

Usar el vocabulario al escribir

12. Describe cómo se resuelve $\frac{3}{7}n = 27$. Usa por lo menos 3 palabras de la Lista de palabras en tu explicación.

Grupo A   páginas 83 a 88, 95 a 100 _______________

Refuerzo

¿Qué valor de x es la solución de la ecuación?

$x + 4.8 = 19$ $x = 13, 14.2, 15.8$

Intenta $x = 13$: $13 + 4.8 = 17.8$ ✗
Intenta $x = 14.2$: $14.2 + 4.8 = 19$ ✔
Intenta $x = 15.8$: $15.8 + 4.8 = 20.6$ ✗

También puedes usar propiedades para resolver el problema.

$$x + 4.8 - 4.8 = 19 - 4.8$$
$$x = 14.2$$

Recuerda que la solución de una ecuación hace que la ecuación sea verdadera.

Indica qué valor de la variable es la solución de la ecuación.

1. $d + 9 = 25$ $d = 6, 14, 16, 21$

2. $c - 8 = 25$ $c = 17, 28, 33, 35$

Halla el valor de x.

3. $x + 2 = 11$ **4.** $x - 17 = 13$

Grupo B   páginas 89 a 94 _______________

La tabla ilustra las propiedades de la igualdad.

Propiedades de la igualdad

Propiedad de suma de la igualdad	$4 + 3 = 7$ Por tanto, $4 + 3 + 2 = 7 + 2$
Propiedad de resta de la igualdad	$9 + 8 = 17$ Por tanto, $9 + 8 - 5 = 17 - 5$
Propiedad multiplicativa de la igualdad	$3 \times 5 = 15$ Por tanto, $3 \times 5 \times 2 = 15 \times 2$
Propiedad de división de la igualdad	$16 + 2 = 18$ Por tanto, $(16 + 2) \div 2 = 18 \div 2$

Recuerda que las propiedades de la igualdad permiten aplicar la misma operación con la misma cantidad a ambos lados de una ecuación.

1. Si $6 + 2 = 8$, ¿es $6 + 2 + 3 = 8 + 3$? ¿Por qué?

2. Si $8 - 1 = 7$, ¿es $8 - 1 - 2 = 7 - 3$? ¿Por qué?

Grupo C   páginas 101 a 106 _______________

Resuelve $9x = 18$.

Dividir por 9 es lo inverso a multiplicar por 9.

$9x = 18$ ← Resuelve la ecuación.

$9x \div 9 = 18 \div 9$ ← Usa la propiedad de división de la igualdad.

$x = 2$ ← Simplifica.

Recuerda que la multiplicación y la división tienen una relación inversa. Para comprobar, sustituye x por tu respuesta en la ecuación original.

Halla el valor de x.

1. $8x = 64$ **2.** $x \div 20 = 120$

3. $x \div 12 = 2$ **4.** $7x = 77$

5. $26 = 13x$ **6.** $242 = x \div 22$

Grupo D · páginas 107 a 112

Halla $w + 4\frac{1}{3} = 7$.

Resta $4\frac{1}{3}$ a ambos lados.

$$w + 4\frac{1}{3} - 4\frac{1}{3} = 7 - 4\frac{1}{3}$$

$$w = 2\frac{2}{3}$$

Recuerda que puedes usar las relaciones inversas y las propiedades de la igualdad para resolver las ecuaciones.

1. $g + 3\frac{5}{8} = 7\frac{1}{4}$ **2.** $b \div 15 = 8\frac{1}{3}$

Grupo E · páginas 113 a 118, 119 a 124

Molly tiene menos de 15 años, lo que se representa con la desigualdad $x < 15$.

Para graficar la desigualdad en la recta numérica, dibuja un círculo vacío en 15 y colorea todas las soluciones que halles. Dibuja una flecha para mostrar todos los números menores que 15.

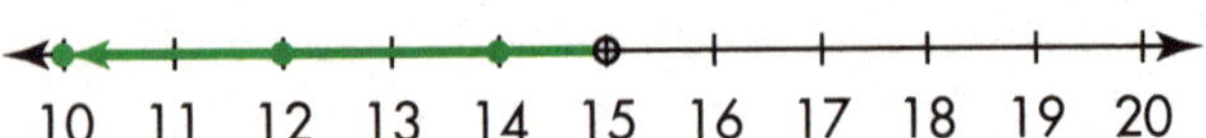

Recuerda que se usa un círculo vacío para $<$ o $>$ y un círculo coloreado para $\leq$ o $\geq$.

Escribe la desigualdad que representan las gráficas.

1.

2.

Grupo F · páginas 125 a 130

Piensa en estas preguntas como ayuda para **entender problemas y perseverar** en su resolución.

Hábitos de razonamiento

- ¿Qué necesito hallar?
- ¿Qué sé?
- ¿Cuál es mi plan para resolver el problema?
- ¿Qué más puedo intentar si no puedo seguir adelante?
- ¿Cómo puedo comprobar si mi solución tiene sentido?

Recuerda que puedes probar diferentes estrategias para resolver un problema. Luego, comprueba que tu solución tenga sentido.

Leti piensa en dos números. Un número es 12 menos que el otro. La suma de los dos números es 208. ¿En qué dos números está pensando Leti?

1. Explica cómo puedes usar lo que sabes para decidir cómo resolver el problema.

2. Resuelve el problema.

© **Evaluación**

1. El albergue local para animales tiene 3 veces la cantidad de gatos que tiene de perros. Hay 27 gatos en el albergue. Sea x = la cantidad de perros en el albergue. Resuelve la ecuación $3x = 27$ para hallar la cantidad de perros en el albergue.

Ⓐ $x = 81$

Ⓑ $x = 30$

Ⓒ $x = 24$

Ⓓ $x = 9$

2. Resuelve las ecuaciones y, luego, escribe la ecuación en la casilla correspondiente.

$8x = 56$ $x + 5\frac{3}{4} = 8\frac{3}{4}$ $\frac{x}{2} = 3.5$

$2\frac{1}{4} + x = 9\frac{1}{8}$ $x - 2.56 = 0.44$

Ecuaciones con solución $x = 3$	Ecuaciones con solución $x = 7$	Ninguna

3. El cumpleaños de Ed es en menos de 16 días. Ann escribe la desigualdad $d \leq 16$, donde d es la cantidad de días, para representar la situación. ¿Tiene razón Ann? Explícalo.

4. Marca todas ecuaciones que son verdaderas si $x = 9$.

☐ $32.54 - 23.54 = x$

☐ $x \div 27 = 4$

☐ $\frac{3}{8}x = 3\frac{3}{8}$

☐ $8.7 + x = 17$

☐ $5x = 45$

5. En la biblioteca hay un total de 750 libros de biografía, misterio, género fantástico y ciencia ficción. Hay 3 veces la cantidad de libros de ciencia ficción que de género fantástico, el doble de libros de misterio que de género fantástico y cuatro veces la cantidad de biografías que de género fantástico.

Escribe una ecuación que describa la cantidad de libros de cada tipo que hay en la biblioteca.

¿Cuántos libros de cada género hay en la biblioteca?

Biografía

☐ libros

Género fantástico

☐ libros

Misterio

☐ libros

Ciencia ficción

☐ libros

6. Escribe una ecuación algebraica que represente el peso total (p) de cinco cajas de arándanos, si a representa el peso de una caja de arándanos.

7. ¿Qué gráfica representa la solución de la desigualdad $p \geq 10$?

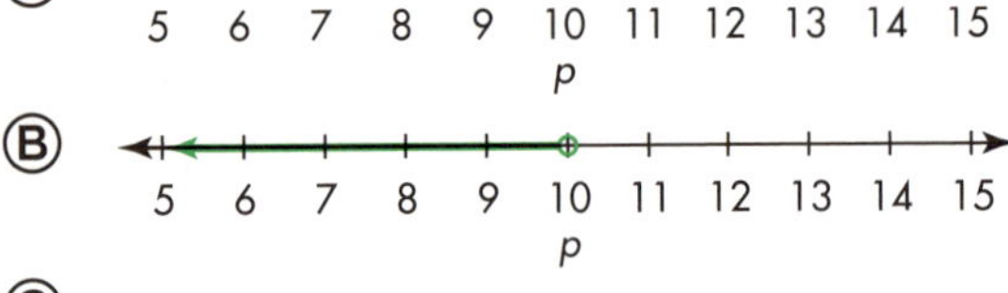

Ⓐ
```
   5  6  7  8  9  10 11 12 13 14 15
                   p
```
Ⓑ
```
   5  6  7  8  9  10 11 12 13 14 15
                   p
```
Ⓒ
```
   5  6  7  8  9  10 11 12 13 14 15
                   p
```
Ⓓ
```
   5  6  7  8  9  10 11 12 13 14 15
                   p
```

---

8. Lee las siguientes situaciones o problemas. Traza líneas para unir las ecuaciones con la situación que representan.

$8 + r = 24$

> Lee trabajará 8 horas hoy. Habrá trabajado 24 horas al final de la semana. ¿Cuántas horas trabajó Lee el resto de la semana?

$8x = 24$

> Un polígono tiene un perímetro de 24 centímetros. Cada lado mide 8 centímetros de largo. ¿Cuántos lados tiene el polígono?

9. El coro tiene 50 miembros luego del ingreso de 3 estudiantes nuevos. La ecuación $x + 3 = 50$ se puede usar para hallar la cantidad de miembros, x, antes que ingresaran los estudiantes nuevos. ¿Qué paso se debe tomar para separar x de un lado de la ecuación?

Ⓐ Multiplicar cada lado de la ecuación por 3

Ⓑ Sumar 3 a cada lado de la ecuación

Ⓒ Restar 3 a cada lado de la ecuación

Ⓓ Dividir cada lado de la ecuación por 3

---

10. Noah escribió que $6 + 6 = 12$ y, luego, escribió que $6 + 6 - n = 12 - n$. ¿Están equilibradas estas ecuaciones? Explícalo.

---

11. El Sr. Daniels organiza un viaje de clase con un presupuesto de $900. El alquiler del autobús cuesta $600. El Sr. Daniels comprará también boletos que cuestan $9.50 por estudiante.

Escribe una desigualdad que represente la cantidad de estudiantes, y, que el Sr. Daniels podrá llevar al viaje.

Artefactodo

Artefactodo fabrica todo tipo de artefactos electrónicos. En la tabla de abajo, el gerente de ventas en Artefactodo lleva un registro de los productos y sus precios.

Producto	Cantidad de productos por caja	Cantidad de cajas por paquete	Cantidad de productos por paquete	Costo por producto	Costo por caja	Costo por paquete
Llavero	4	8	32	$0.32	$1.28	$10.24
Pilas	6	10	60	$0.53	$3.18	$31.80
Mini despertador	10	14	140	$3.73	$37.30	$522.20

Productos en Artefactodo

1. Janie compra algunos paquetes de llaveros. Gasta $51.20.

Parte A

Escribe una ecuación algebraica que represente la cantidad total de paquetes de llaveros, x, que compró Janie.

Parte B

Halla el valor de x. ¿Cuántos paquetes compró Janie?

2. Sam tiene una tienda de relojes y quiere comprar algunas cajas de mini despertadores en Artefactodo. Tiene un presupuesto de $200. Escribe una desigualdad que represente la cantidad de cajas de despertadores, d, que puede comprar Sam. ¿Cuál es la mayor cantidad de cajas de despertadores que puede comprar Sam?

3. Artefactodo recibió un cargamento.

Parte A

Completa la tabla.

Producto	Cantidad de productos por caja	Cantidad de cajas por paquete	Cantidad de productos por paquete	Costo por producto	Costo por caja	Costo por paquete
Iman	25		300		$66.25	$795.00
Binoculares	16	19	304	$17.68		$5,374.72
Unidad de memoria portátil		18	540	$14.99	$449.70	

Parte B

Escribe y resuelve la ecuación que usaste para hallar la cantidad de unidades de memoria portátiles que falta en cada caja. Sea $n =$ la cantidad de unidades de memoria portátiles.

4. Mo escribió y resolvió la ecuación de abajo para hallar el costo por imán.

$$66.25w = 795$$
$$w = 12$$

¿Tiene razón Mo? Explícalo.

Números racionales

Preguntas esenciales: ¿Qué son los enteros y los números racionales? ¿Cómo se pueden comparar y ordenar los números racionales?

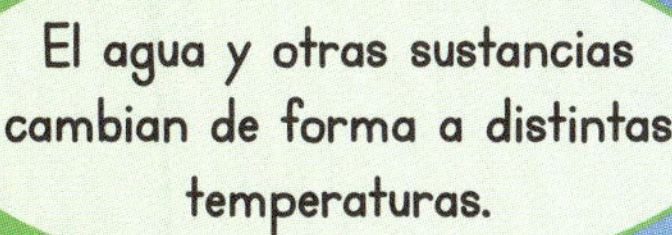

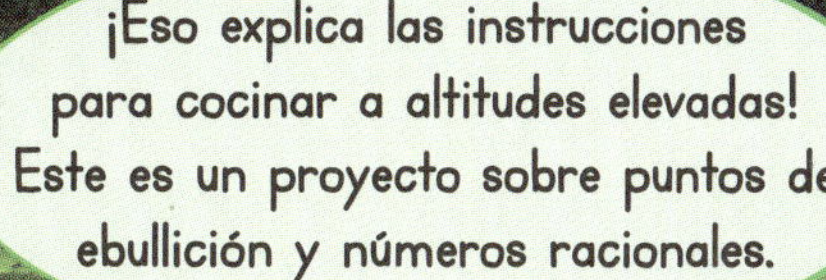

Proyecto de Matemáticas y Ciencias: Altitud y punto de ebullición

Investigar Usa la Internet u otros recursos para aprender sobre las altitudes más altas y más bajas de los Estados Unidos y de la Tierra. Luego, busca información sobre el punto de ebullición del agua al nivel del mar y a las distintas altitudes que hallaste.

Diario: Escribir un informe Incluye lo que averiguaste. En tu informe, también:

- identifica las altitudes con números positivos y negativos.

- presenta los puntos de ebullición del agua en grados Fahrenheit y Celsius.

- compara los puntos de ebullición según la altitud.

- di qué generalización puedes hacer sobre la altitud y el punto de ebullición del agua.

Repasa lo que sabes

A-Z Vocabulario

Escoge el mejor término del recuadro
y escríbelo en el espacio en blanco.

> • número decimal   • fracción
>
> • denominador   • numerador

1. Una ____________ indica una parte de un entero, una parte de un conjunto
   o una ubicación en una recta numérica.

2. El número que está sobre la barra de fracción y que representa la parte
   del entero es el ______________.

3. El número que está debajo de la barra de fracción y que representa el número
   total de partes iguales de un entero es el ________________.

Fracciones y números decimales

Escribe las fracciones en forma decimal.

4. $\dfrac{2}{5}$

5. $\dfrac{3}{4}$

6. $\dfrac{10}{4}$

7. $\dfrac{12}{5}$

8. $\dfrac{3}{5}$

9. $\dfrac{15}{3}$

División

Divide.

10. $1.25 \div 0.5$

11. $13 \div 0.65$

12. $12.2 \div 0.4$

13. $21.6 \div 5.4$

14. $26.35 \div 4.25$

15. $28.71 \div 8.7$

Explicar

16. Laura dijo que el cociente de $3.9 \div 0.75$ es 0.52.
    Explica cómo sabes que Laura no tiene razón sin
    hacer la división.

Mis tarjetas de palabras

Usa los ejemplos de las palabras en el frente de las tarjetas para ayudarte a completar las definiciones en el reverso.

enteros

$$\ldots, -3, -2, -1, 0, 1, 2, 3, \ldots$$

opuestos

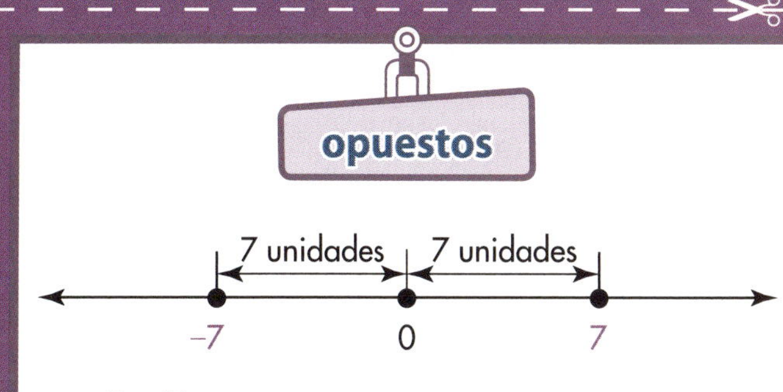

-7 y 7 son enteros opuestos.

número racional

$$-\frac{1}{4} \quad 3.25 \quad 9 \quad -0.7 \quad \frac{2}{3} \quad -52$$

valor absoluto

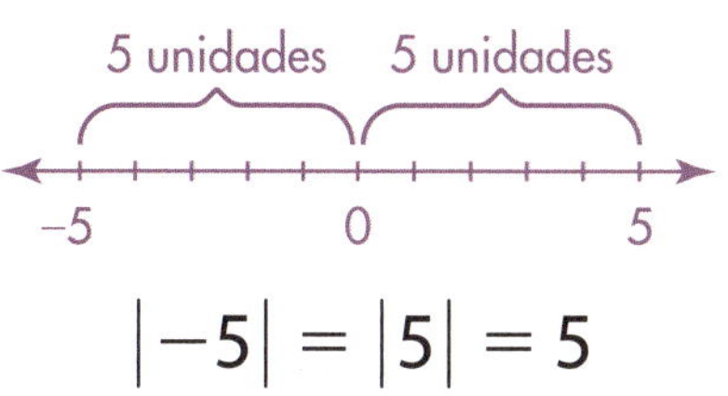

$$\left|-5\right| = \left|5\right| = 5$$

Los números ubicados en lados opuestos respecto de cero y a la misma distancia de cero en una recta numérica son

_______________________.

Los números que se usan para contar, sus opuestos y el cero son los

_______________________.

La distancia a la que un número está de cero en una recta numérica es su

_______________________.

Cualquier número que se puede escribir como un cociente $\frac{a}{b}$ donde a y b son enteros y b no es igual a cero es un

_______________________.

Resuélvelo y coméntalo

Haz una marca azul en el termómetro en 10 °C y 4 °C, una marca negra en 0 °C y una marca roja en −4 °C y −10 °C. Indica cómo decidiste dónde harías cada marca.

Lección 3-1
Enteros

Puedo...
usar enteros positivos y negativos.

© **Estándares de contenido** 6.SN.C.5, 6.SN.C.6a, 6.SN.C.6c
Prácticas matemáticas PM.2, PM.5, PM.8

¡Vuelve atrás! © **PM.2 Razonar** El agua se congela a 0 °C. ¿Qué temperatura es más fría, 10 °C o −10 °C?

A

Los números para contar, sus opuestos y el cero son **enteros**. Dos números que se hallan uno a cada lado de 0 y que están a la misma distancia respecto de 0 en una recta numérica son **opuestos**. ¿Qué entero es el opuesto de 6?

Puedes ampliar una recta numérica para incluir números negativos.

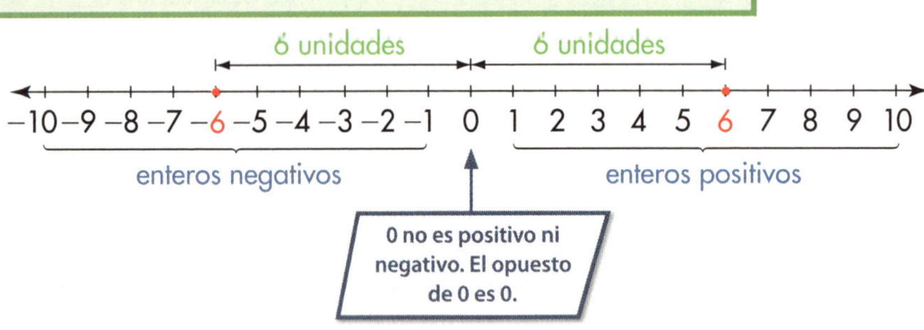

B **Una manera**

Un termómetro es como una recta numérica vertical con enteros que muestran las temperaturas medidas en grados.

0 representa 0 °C.
6 °C es 6 °C más cálida que 0 °C.
−6 °C es 6 °C más fría que 0 °C.
El entero −6 es el opuesto de 6.

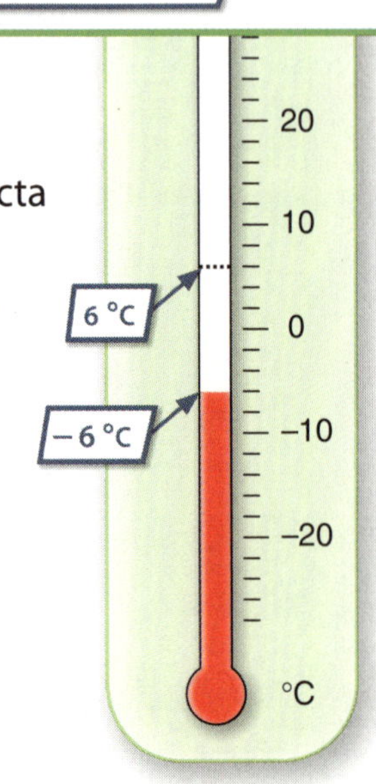

C **Otra manera**

El opuesto del opuesto de un número es ese mismo número.

Por ejemplo, el opuesto del número 6 es −6, y el opuesto de −6 es 6.

¡Convénceme! © **PM.2 Razonar** ¿Cuál es el valor de −(−9)? Explícalo.

Nombre _______________

☆ Práctica guiada *

¿Lo entiendes?

1. ¿Qué sabes sobre dos enteros diferentes que son opuestos?

2. ¿Cómo se lee −17?

3. © PM.8 Generalizar ¿Qué enteros **NO** se usan para contar?

¿Cómo hacerlo?

Escribe el opuesto de cada entero en los Ejercicios **4** a **9**.

4. 1   5. −1   6. −11

7. 30   8. 0   9. −16

☆ Práctica independiente

Usa la recta numérica para los Ejercicios **10** a **15**. Escribe el valor del entero que representa cada punto y luego escribe su opuesto.

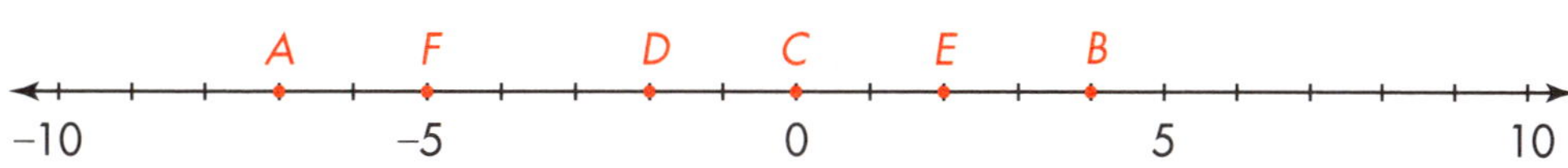

10. A   11. B   12. C   13. D   14. E   15. F

Marca los puntos de los Ejercicios **16** a **21** en la siguiente recta numérica.

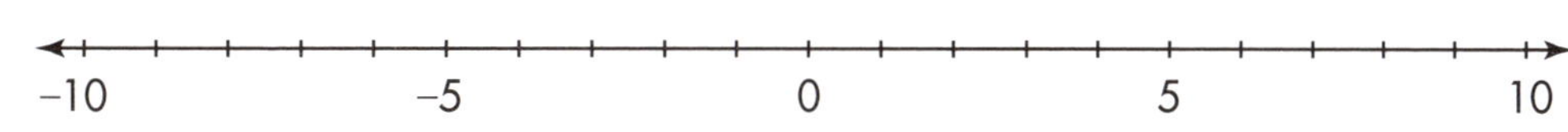

16. G (−10)   17. H (8)   18. I (−1)   19. J (9)   20. K (6)   21. L (−3)

Escribe el opuesto de cada entero en los Ejercicios **22** a **27**.

22. 5   23. −13   24. −(−22)   25. −31   26. −50   27. −(−66)

Prácticas matemáticas y resolución de problemas

Usa las imágenes de la derecha en los Ejercicios **28** a **31**.

28. **PM.8 Generalizar** ¿Qué entero representa el nivel del mar? Explícalo.

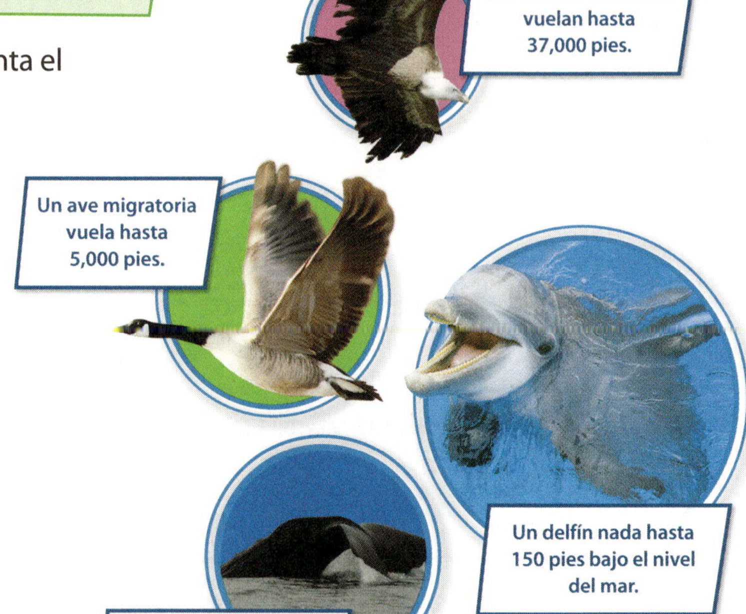

29. Usa un entero negativo para representar la profundidad a la que nada un delfín.

30. ¿Cuál de estos animales llega a la mayor altura sobre el nivel del mar?

31. **Sentido numérico** ¿En cuántas veces supera la profundidad que nada un cachalote a la que nada un delfín?

32. **Razonamiento de orden superior** En una cuenta bancaria, un gasto pagado se llama *débito* y un depósito se llama *crédito*. ¿Usarías enteros positivos o negativos para representar los créditos? ¿Y los débitos? Explícalo.

33. **Matemáticas y Ciencias** Los átomos tienen partículas con carga negativa, llamadas *electrones*, y partículas con carga positiva, llamadas *protones*. Si un átomo pierde un electrón, tiene una carga eléctrica positiva. Si gana un electrón, tiene una carga eléctrica negativa. ¿Qué entero representaría la carga eléctrica de un átomo que tiene la misma cantidad de electrones y protones?

Evaluación de *Common Core*

34. Traza una línea de los enteros de la izquierda a sus opuestos de la derecha.

−24	8
19	−19
24	−24
−8	−(−24)

35. Traza una línea de los enteros de la izquierda a sus opuestos de la derecha.

−5	−13
−(−13)	−2
2	−4
4	5

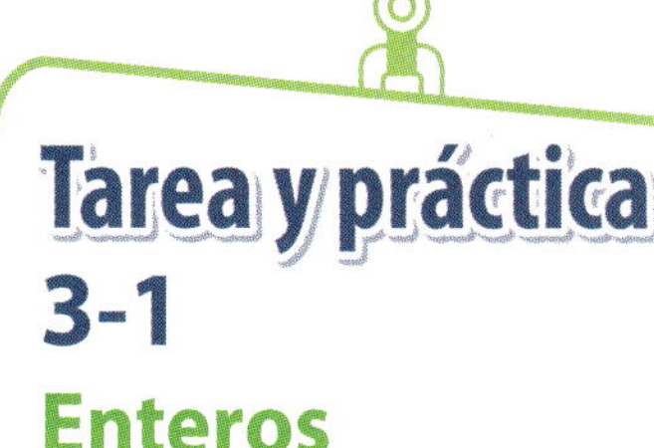

¡Revisemos!

¿Cuál es el opuesto de -7?

Los **enteros** son todos los números para contar, sus opuestos y el 0. Los **opuestos** son enteros que están a la misma distancia de 0 y en lados opuestos respecto de 0 en una recta numérica.

Los enteros -7 y 7 son opuestos.

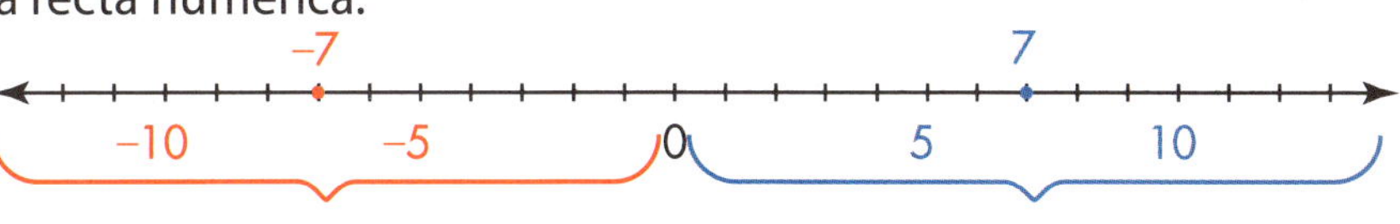

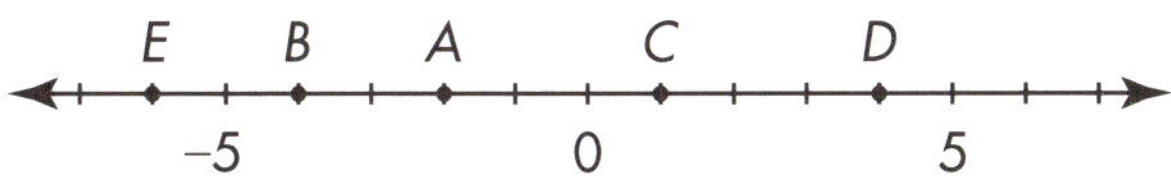

Usa la siguiente recta numérica para los Ejercicios **1** a **5**. Escribe el valor de los enteros que representa cada punto y, luego, escribe su opuesto.

1. A

2. B

3. C

4. D

5. E

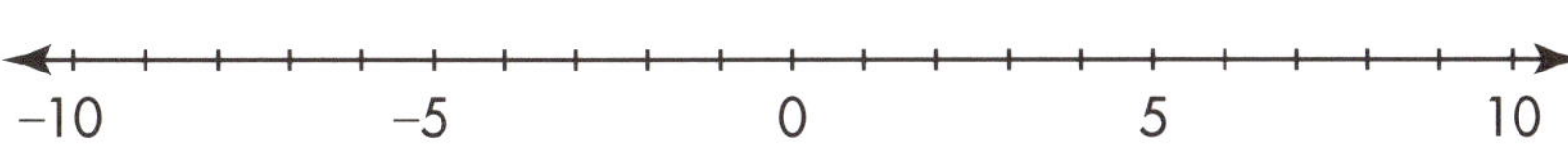

Marca los puntos de los Ejercicios **6** a **10** en la siguiente recta numérica.

6. $L\ (-8)$

7. $M\ (3)$

8. $N\ (-4)$

9. $O\ (2)$

10. $P\ (-1)$

Escribe el opuesto de cada entero en los Ejercicios **11** a **15**.

11. -12

12. 63

13. $-(-10)$

14. 33

15. -101

El Mauna Loa, en Hawái, es el volcán más grande sobre el nivel del mar. Usa el diagrama de Mauna Loa en los Ejercicios **16** y **17**.

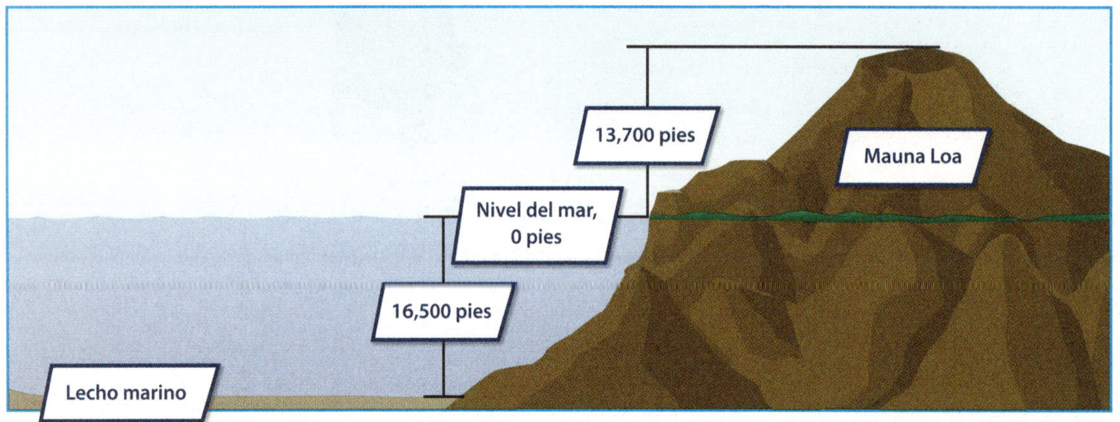

16. © **PM.2 Razonar** Usa un entero negativo para representar la profundidad, en pies, del lecho marino.

17. El Mauna Loa se halla sumergido en el lecho marino, con lo cual se agregan 26,400 pies más a su altura. ¿Cuál es la altura total del Mauna Loa?

18. **Razonamiento de orden superior** En matemáticas se puede asignar una letra, como p, como variable para representar un valor desconocido. Da un ejemplo de un valor para p que dé como resultado que $-p$ sea un entero positivo. Explica tu razonamiento.

19. Evalúa la expresión $2\ell + 2a$ para hallar el perímetro del rectángulo.

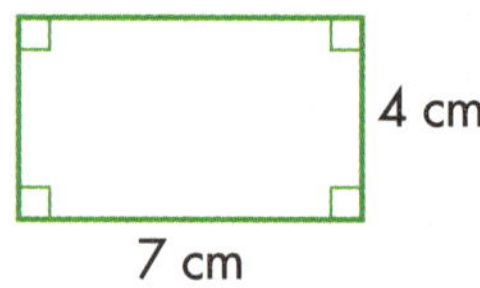

© **Evaluación de *Common Core***

20. Traza una línea de los enteros de la izquierda a sus opuestos de la derecha.

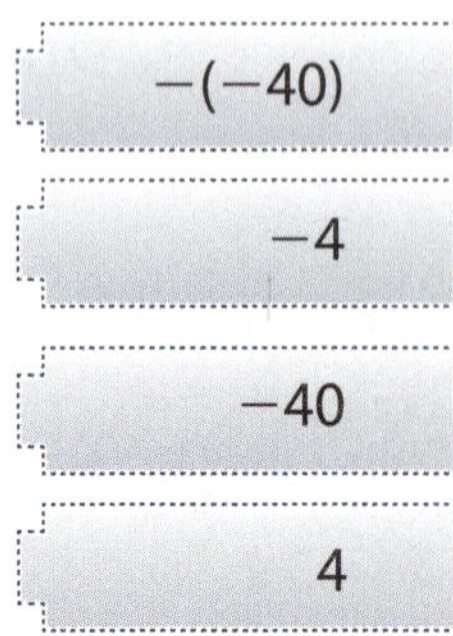

21. Traza una línea de los enteros de la izquierda a sus opuestos de la derecha.

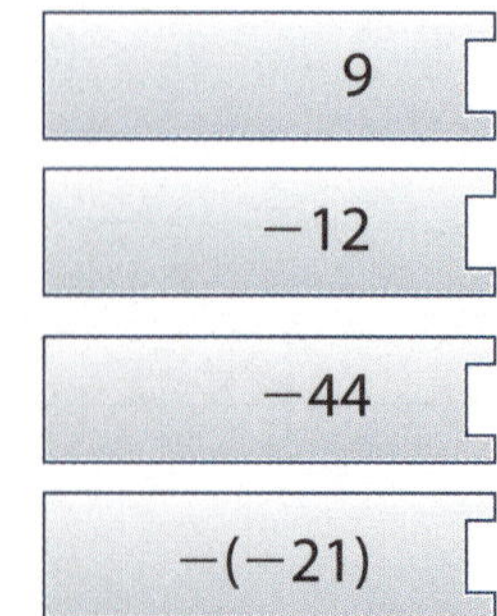

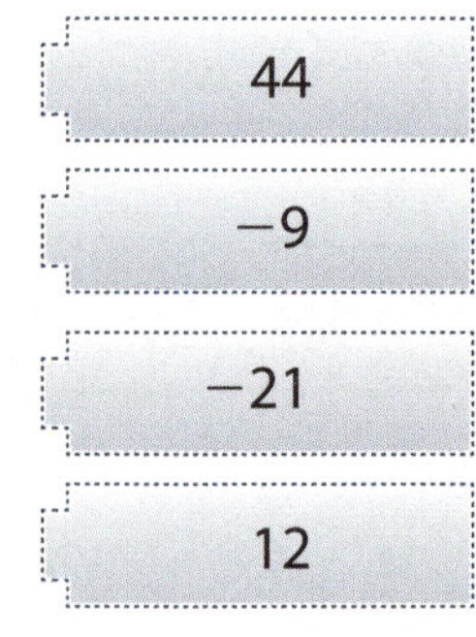

Resuélvelo y coméntalo

Marca $-\frac{3}{4}$ en una recta numérica vertical y explica cómo lo hiciste. **Resuelve este problema de la manera que prefieras.**

Razona. ¿Cómo puedes usar lo que sabes sobre marcar enteros y fracciones positivas como ayuda?

Puedo...

hallar y ubicar números racionales en una recta numérica.

© **Estándar de contenido** 6.SN.C.6c
Prácticas matemáticas PM.2, PM.3, PM.6, PM.8

¡Vuelve atrás! © **PM.8 Generalizar** Marca $-\frac{3}{4}$ en una recta numérica horizontal. ¿En qué se parecen y en qué se diferencian marcar fracciones negativas y marcar fracciones positivas?

−1   0   1

¿Cómo se pueden marcar números racionales en una recta numérica?

A

Todo número que puede escribirse como el cociente de dos enteros se llama número racional. Un número racional puede escribirse como $\frac{a}{b}$ o $-\frac{a}{b}$, donde a y b son enteros y $b \neq 0$.

Un número racional puede ser un número entero, una fracción o un número decimal.

Halla y ubica $-\frac{4}{3}$ y -1.5 en las rectas numéricas.

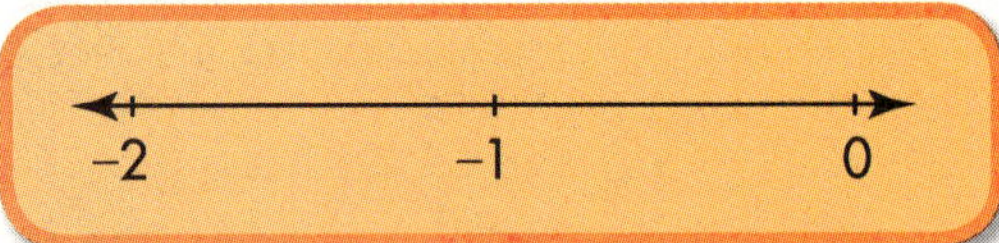

B **Una manera**

Usa una recta numérica horizontal para marcar $-\frac{4}{3}$.

Puedes pensar en $-\frac{4}{3}$ como un número mixto.

$$-\frac{4}{3} = -1\frac{1}{3}$$

Divide las unidades de la recta numérica en tercios y halla uno y un tercio a la izquierda de 0.

Marca el punto $-\frac{4}{3}$.

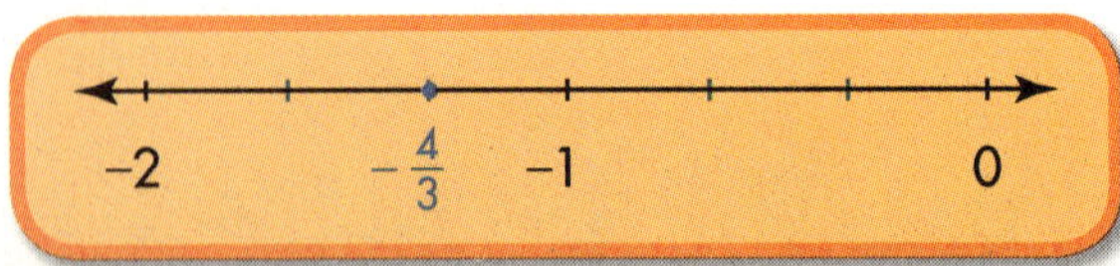

C **Otra manera**

Usa una recta numérica vertical para marcar -1.5. Puedes pensar en -1.5 como un número mixto.

$$-1.5 = -1\frac{5}{10}$$
$$= -1\frac{1}{2}$$

Divide las unidades de la recta numérica en mitades y halla uno y una mitad por debajo de 0. Marca el punto -1.5.

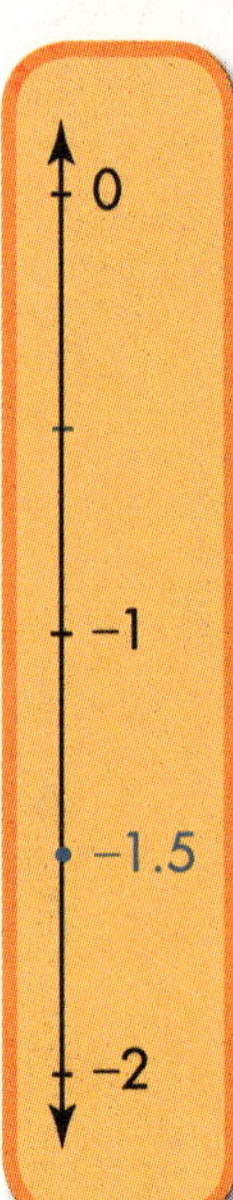

¡Convénceme! © **PM.2 Razonar** ¿Por qué es útil pensar en $-\frac{4}{3}$ y -1.5 como números mixtos al marcar esos puntos en las rectas numéricas?

Amigo de práctica   Herramientas   Evaluación

⭐ Práctica guiada *

¿Lo entiendes?

1. © **PM.8 Generalizar** ¿Por qué los números decimales son números racionales? Usa -1.5 como ejemplo.

2. **A-Z Vocabulario** ¿Por qué los enteros son números racionales? Da un ejemplo.

3. © **PM.6 Hacerlo con precisión** En la sección Otra manera, en la página anterior, ¿por qué el punto marcado representa -1.5 y no -2.5?

¿Cómo hacerlo?

Escribe el número ubicado en cada punto en los Ejercicios **4** a **6**.

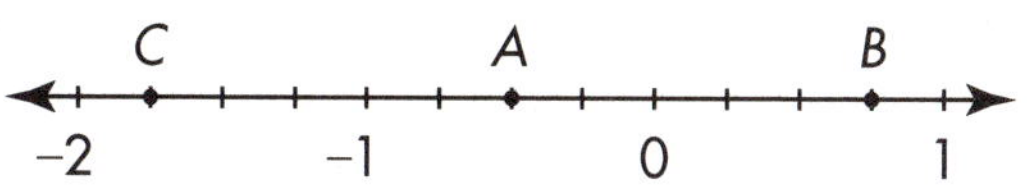

4. A   **5.** B   **6.** C

7. Marca un punto P en $-1\frac{1}{4}$ en la recta numérica anterior.

⭐ Práctica independiente

Escribe el número ubicado en cada punto en los Ejercicios **8** a **13**.

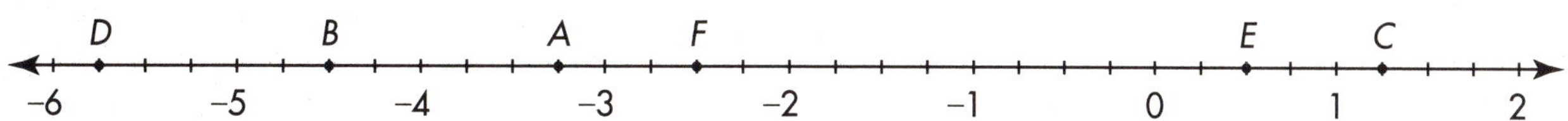

8. A   **9.** B   **10.** C

11. D   **12.** E   **13.** F

14. Marca -6.3 en la siguiente recta numérica.

15. Dibuja una recta numérica y marca $-\frac{7}{5}$.

16. © **PM.2 Razonar** Supón que marcas las ubicaciones de animales marinos en una recta numérica. ¿Qué animal representaría el punto más alejado de cero en la recta numérica? Explícalo.

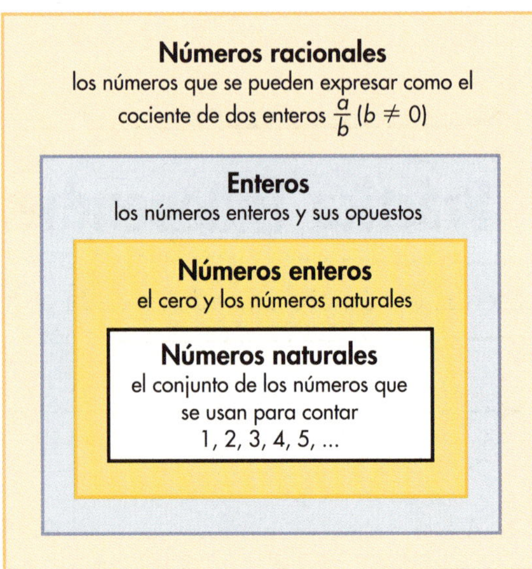

DATOS	Animal	Ubicaciones posibles en relación con la superficie del mar
	Ctenóforo de barriga color sangre	-0.8 km
	Pez sapo abisal	$-\frac{2}{3}$ km
	Demonio del mar	$-2\frac{1}{4}$ km
	Pez pelícano	-1.1 km
	Dragón hocicudo	$-\frac{3}{10}$ km
	Tijera esbelta	-0.6 km

17. ¿Qué animal se aproxima más a una profundidad de -0.7 km?

18. Evalúa la expresión si $x = 3$.

$$3x^2 + (2x - 1) - 4$$

19. El número racional -5.90 representa el cambio en el valor de una acción. Describe qué significa eso en palabras.

20. **Razonamiento de orden superior** ¿Cuál es la menor cantidad de puntos que debes marcar para tener ejemplos de los cuatro conjuntos de números, incluyendo por lo menos un entero positivo y uno negativo? Explícalo.

Números racionales
los números que se pueden expresar como el cociente de dos enteros $\frac{a}{b}$ ($b \neq 0$)

Enteros
los números enteros y sus opuestos

Números enteros
el cero y los números naturales

Números naturales
el conjunto de los números que se usan para contar
1, 2, 3, 4, 5, ...

© **Evaluación de *Common Core***

21. Marca y rotula los puntos $A\left(-5\frac{1}{2}\right)$, $B\,(0.25)$ y $C\,(-3.5)$ en la siguiente recta numérica.

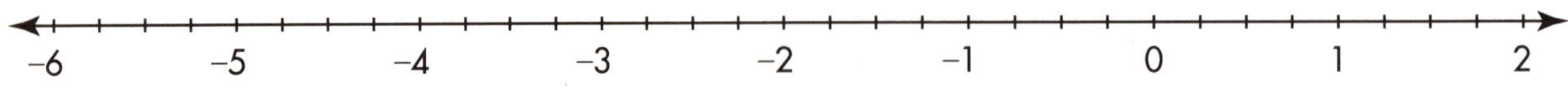

Tarea y práctica 3-2
Números racionales en una recta numérica

¡Revisemos!

Un **número racional** puede expresarse como una fracción que tiene la forma $\frac{a}{b}$ o $-\frac{a}{b}$, donde a y b son enteros y b no es 0. Los enteros y los números decimales son números racionales. En una recta numérica horizontal, los números racionales negativos están a la izquierda de 0. En una recta numérica vertical, los números racionales negativos están debajo de 0.

Halla y ubica $-\frac{1}{2}$ en la recta numérica.

En los Ejercicios **1** a **8**, escribe los números que están ubicados en cada punto de la recta numérica de la derecha.

1. A   **2.** B   **3.** C   **4.** D

5. E   **6.** F   **7.** G   **8.** H

En los Ejercicios **9** a **16**, marca los puntos en la recta numérica de la derecha.

9. $S\,(2.75)$ **10.** $T\left(\frac{1}{4}\right)$ **11.** $U\left(-2\frac{1}{2}\right)$ **12.** $V\,(2.25)$

13. $W\left(1\frac{3}{4}\right)$ **14.** $X\,(-0.75)$ **15.** $Y\,-1.75$ **16.** $Z\left(-\frac{3}{1}\right)$

17. Marca -8.7 en la siguiente recta numérica.

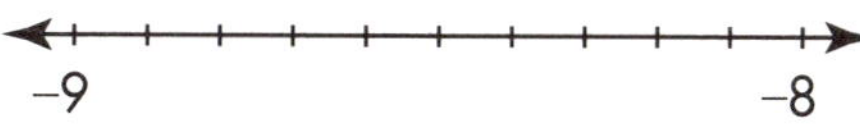

18. Dibuja una recta numérica y marca $-\frac{5}{3}$.

19. © **PM.2 Razonar** Supón que marcas las distancias de la tabla en una recta numérica. ¿Cuál sería la atleta cuya distancia de salto largo representarías en la recta numérica como el punto más próximo a cero pero que no es igual a cero? Explícalo.

Atletas	Distancia de salto largo en relación con la distancia para la clasificación estatal
Theresa	−5.625 pulgs.
Ann	2 pulgs.
Shirley	−3 pulgs.
Delia	0 pulgs.

20. La distancia relativa del salto largo de Delia se anotó como 0. ¿Qué significa eso?

21. © **PM.3 Construir argumentos** ¿Qué atletas **NO** clasificaron para el campeonato estatal? Construye un argumento para explicar cómo lo sabes.

22. © **PM.2 Razonar** Halla un número con exactamente 7 factores primos y explica cómo lo hallaste.

23. **Razonamiento de orden superior** Tom está pensando en un número. Dice que el opuesto del opuesto del número es −12.4. Escribe el número en el que está pensando Tom como un número mixto. Explícalo.

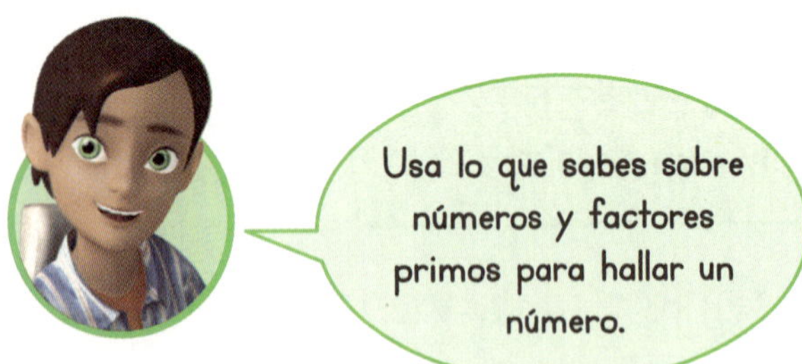

© **Evaluación de _Common Core_**

24. Marca y rotula los puntos $X\left(-4\frac{1}{4}\right)$, $Y\left(-2.75\right)$ y $Z\left(1\frac{1}{2}\right)$ en la siguiente recta numérica.

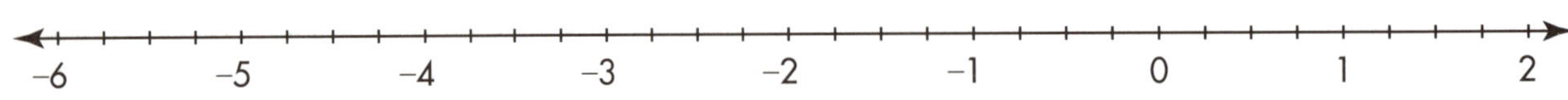

© Pearson Education, Inc. 6

A continuación se muestran cuatro fichas de un juego numérico. Ordena las fichas de mayor a menor. *Resuelve este problema de la manera que prefieras.*

$-\dfrac{2}{3}$ -1 $\dfrac{1}{4}$ -0.5

Lección 3-3
Comparar y ordenar números racionales

Puedo...
comparar y ordenar números racionales.

© **Estándares de contenido** 6.SN.C.7a, 6.SN.C.7b
Prácticas matemáticas PM.1, PM.2, PM.3, PM.4, PM.5

¡Vuelve atrás! © **PM.4 Representar con modelos matemáticos**
Escribe una desigualdad para comparar los dos valores del medio de las fichas que ordenaste en el ejercicio anterior y explica cómo se relaciona la desigualdad con la posición de los dos números en una recta numérica.

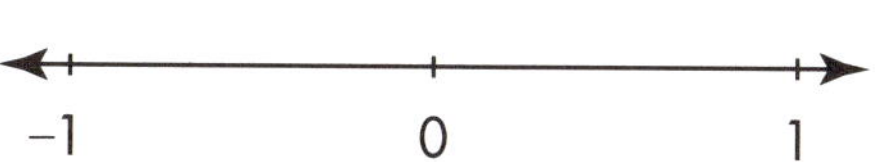

Pregunta esencial **¿Cómo se pueden comparar y ordenar los números racionales?**

A

Usa rectas numéricas como ayuda para comparar y ordenar números racionales. Usa $<$, $>$ o $=$ para comparar $\frac{2}{3}$, 1.75 y -0.75 y, luego, ordena esos números de menor a mayor.

B **Una manera**

¡Piensa!

- -0.75 es un número negativo; por tanto, será el más alejado hacia la izquierda en la recta numérica.
- $\frac{2}{3}$ está entre 0 y 1.
- 1.75 está entre 1 y 2.

Ubica los números en una recta numérica.

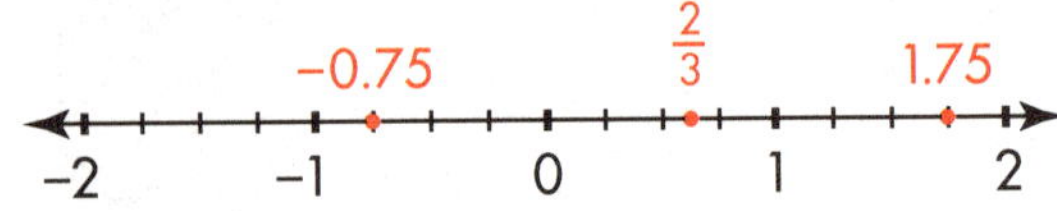

Por tanto, $-0.75 < \frac{2}{3} < 1.75$, y su orden de menor a mayor es -0.75, $\frac{2}{3}$, 1.75.

C **Otra manera**

Escribe los números de la misma forma para ordenar números racionales.

Escribe $\frac{2}{3}$ en forma decimal.

$\frac{2}{3} = 0.\overline{6}$

Usa una recta numérica para comparar y ordenar los números decimales $0.\overline{6}$, 1.75, -0.75.

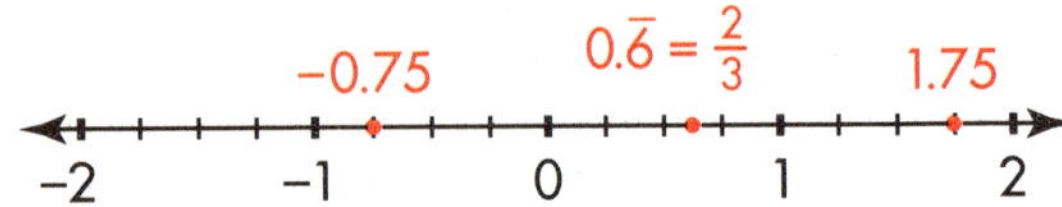

Por tanto, $-0.75 < \frac{2}{3} < 1.75$, y su orden de menor a mayor es -0.75, $\frac{2}{3}$, 1.75.

¡Convénceme! © **PM.8 Generalizar** Si el número $\frac{1}{4}$ se ordenara en la lista de números del ejemplo anterior, ¿entre qué dos números estaría ubicado?

Otro ejemplo

Una noche de invierno, a las 10:00 *p.m.*, la temperatura era −3 °C. A la medianoche, la temperatura era −7 °C. Usa <, > o = para comparar las dos temperaturas y explicar su relación.

En un termómetro, −7 °C se encuentra debajo de −3 °C; por tanto, −7 °C < −3 °C.

Eso significa que −7 °C es más frío que −3 °C.

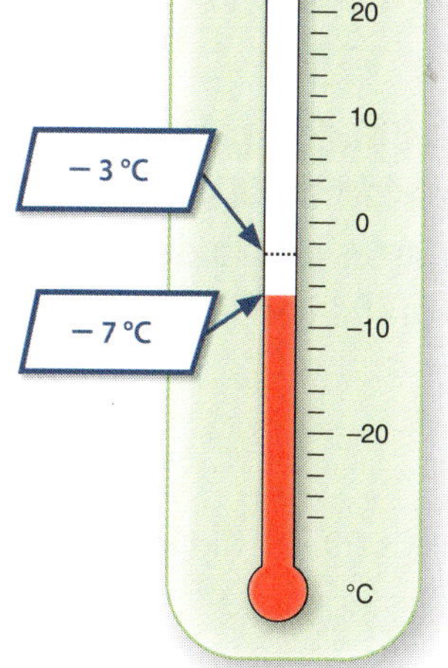

Puedes explicar enunciados de orden en contextos de la vida diaria.

☆ Práctica guiada *

¿Lo entiendes?

1. ¿Cómo te ayuda una recta numérica para comparar y ordenar números racionales?

2. © **PM.2 Razonar** Explica de qué manera la desigualdad −3 °C > −7 °C describe la relación entre las temperaturas.

¿Cómo hacerlo?

3. Usa la recta numérica para ordenar los números de menor a mayor.

$$1.3, \ -\frac{3}{2}, \ -1.2, \ 1\frac{1}{2}$$

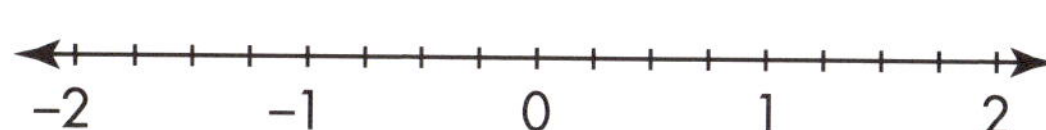

☆ Práctica independiente

Usa <, > o = para comparar en los Ejercicios **4** a **6**.

Dibuja rectas numéricas y úsalas como ayuda.

4. $\frac{1}{10}$ ◯ 0.09

5. −1.44 ◯ −1$\frac{1}{4}$

6. −$\frac{2}{3}$ ◯ −0.8

Ordena los números de menor a mayor en los Ejercicios **7** a **9**.

7. −6, 8, −9, 13

8. −$\frac{4}{5}$, −$\frac{1}{2}$, 0.25, −0.2

9. 4.75, −2$\frac{1}{2}$, −$\frac{8}{3}$, $\frac{9}{2}$

☆ Prácticas matemáticas y resolución de problemas

Usa la tabla de las temperaturas mínimas diarias para los Ejercicios **10** y **11**.

10. © **PM.4 Representar con modelos matemáticos** Compara la temperatura mínima del martes con la del viernes y explica en palabras qué significa en la vida diaria.

11. Ordena los días del más cálido al más frío.

Día	Temperatura
Lunes	3 °C
Martes	−6 °C
Miércoles	5 °C
Jueves	1 °C
Viernes	−5 °C

12. © **PM.3 Construir argumentos** Un compañero ordenó los números siguientes de mayor a menor. ¿Tiene razón? Construye un argumento para justificar tu respuesta.

$$4.4, 4.2, -4.42, -4.24$$

13. © **PM.1 Entender y perseverar** Ordena $-3.25, -3\frac{1}{8}, -3\frac{3}{4}$ y -3.1 de menor a mayor y explica cómo decidiste el orden.

14. El puente San Francisco-Oakland Bay, que se inauguró en 2013, tiene cinco carriles de tránsito con un ancho total de 57.5 pies. Escribe ese ancho como una fracción.

15. **Razonamiento de orden superior** Supón que $\frac{a}{b}, \frac{c}{d}$ y $\frac{e}{f}$ representan tres números racionales. Si $\frac{a}{b}$ es menor que $\frac{c}{d}$ y $\frac{c}{d}$ es menor que $\frac{e}{f}$, compara $\frac{a}{b}$ y $\frac{e}{f}$. Explica tu razonamiento.

© **Evaluación de _Common Core_**

16. ¿Qué desigualdad **NO** es verdadera?

Ⓐ $4\frac{1}{2} > \frac{25}{4}$

Ⓑ $-4\frac{1}{2} > -\frac{25}{4}$

Ⓒ $-6 < -5$

Ⓓ $-\frac{1}{2} < \frac{1}{2}$

17. Los siguientes números están ordenados de mayor a menor. ¿Qué opción podría ser un valor para n?

$$1.2, 0, n, -\frac{1}{5}$$

Ⓐ $-\frac{1}{2}$

Ⓑ $-\frac{1}{3}$

Ⓒ $-\frac{1}{4}$

Ⓓ $-\frac{1}{6}$

Tarea y práctica 3-3

Comparar y ordenar números racionales

¡Revisemos!

Ordena $\frac{3}{5}$, 1.25 y -1.75 de menor a mayor. Al ordenar números racionales en una recta numérica, el número que está más hacia la derecha es el mayor. El número que está más hacia la izquierda es el menor.

- -1.75 es negativo; por tanto, es el que está más hacia la izquierda.

- $\frac{3}{5}$ está entre 0 y 1.

- 1.25 es mayor que 1.

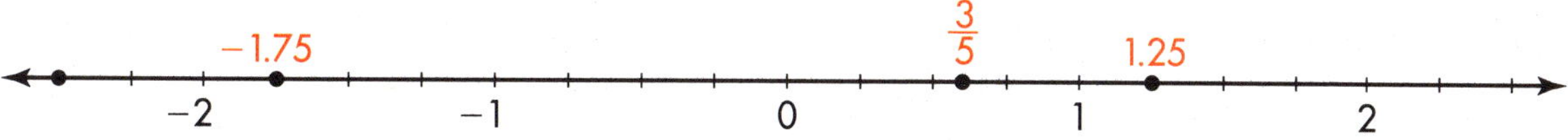

Los números ordenados de menor a mayor son: -1.75, $\frac{3}{5}$, 1.25.

Usa $<$, $>$ o $=$ para comparar en los Ejercicios **1** a **8**.

1. $-12 \bigcirc -15$ **2.** $-\frac{1}{3} \bigcirc -1$ **3.** $-2 \bigcirc -2.1$ **4.** $\frac{1}{5} \bigcirc \frac{1}{4}$

5. $\frac{7}{10} \bigcirc -0.85$ **6.** $-0.66 \bigcirc -\frac{3}{4}$ **7.** $-4\frac{1}{2} \bigcirc -3.9$ **8.** $7\frac{1}{2} \bigcirc 7.75$

Ordena los números de menor a mayor en los Ejercicios **9** a **11**.

9. $7, -8, -4, 5$ **10.** $-\frac{3}{8}, 1\frac{1}{2}, -0.5, -0.9$ **11.** $-3.05, -3\frac{1}{2}, -\frac{10}{3}, 3$

Ordena los números de mayor a menor en los Ejercicios **12** a **14**.

12. $-14, -25, 7, -1$ **13.** $-0.33, -\frac{1}{4}, 0.35, \frac{3}{5}$ **14.** $-\frac{8}{5}, -2, 1.5, \frac{4}{3}$

15. En el mapa se muestra la profundidad de las excavaciones de un grupo de arqueólogos en varios sitios. Ordena los sitios de excavación arqueológica del menos profundo al más profundo.

16. **Sentido numérico** Los arqueólogos excavan en un nuevo sitio, el Sitio E. En una recta numérica, la profundidad del Sitio E está entre las profundidades del Sitio A y del Sitio B. Menciona una profundidad posible para el Sitio E.

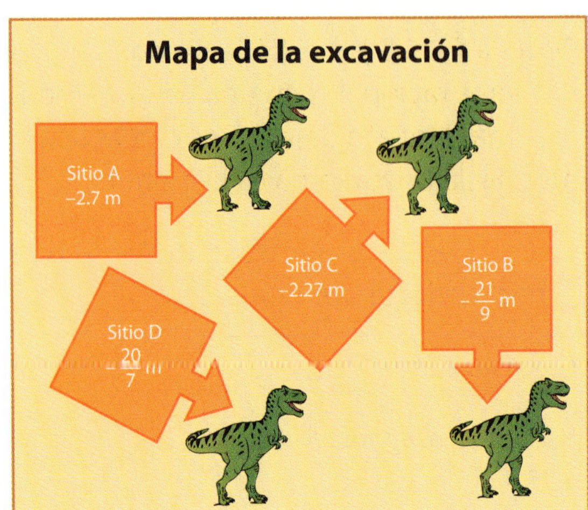

17. © **PM.3 Evaluar el razonamiento** Alex dice que el orden de los sitios debería ser Sitio C, Sitio B, Sitio A y Sitio D porque $-2.27 > -\frac{21}{9} > -2.7 > -\frac{20}{7}$.

Explica el error en su razonamiento.

18. © **PM.1 Entender y perseverar** Ordena $-6\frac{1}{4}$, -6.35, $-6\frac{1}{5}$ y -6.1 de mayor a menor y explica cómo decidiste el orden.

19. **Matemáticas y Ciencias** Los olinguitos son animales pequeños parecidos a los mapaches que viven en los bosques nubosos de los Andes en altitudes que están entre los 1,500 metros y los 2,750 metros, aproximadamente. Escribe dos desigualdades que describan la altitud, *A*, a la que se hallan los olinguitos.

20. **Razonamiento de orden superior** Tyler dice que entre 0 y 1 hay un número infinito de números racionales. ¿Estás de acuerdo? Explícalo.

© **Evaluación de *Common Core***

21. ¿Qué desigualdad es verdadera?

Ⓐ $6.5 > \frac{25}{4}$

Ⓑ $-6.5 > -\frac{25}{4}$

Ⓒ $-6 > -5$

Ⓓ $5 > \frac{25}{4}$

22. Los siguientes números están ordenados de menor a mayor. ¿Qué opción podría ser un valor para *m*?

$$-0.75, m, -\frac{1}{2}, 0$$

Ⓐ $\frac{2}{3}$

Ⓑ $\frac{1}{3}$

Ⓒ $-\frac{2}{3}$

Ⓓ $-\frac{1}{3}$

Resuélvelo y coméntalo

Las tarjetas de crédito sirven para comprar a crédito y pagar más adelante. A continuación se muestra parte del resumen de una tarjeta de crédito. ¿Cómo interpretarías el valor del saldo final? Explica tu razonamiento. *Resuelve este problema de la manera que prefieras.*

Resumen de tarjeta de crédito	
Saldo final	− $ 30.00

Lección 3-4
Valor absoluto

Puedo...
interpretar el valor absoluto en matemáticas y en situaciones de la vida diaria.

© **Estándares de contenido** 6.SN.C.7c, 6.SN.C.7d
Prácticas matemáticas PM.1, PM.2, PM.3, PM.8

¡Vuelve atrás! © **PM.2 Razonar** Da un ejemplo del saldo de una tarjeta de crédito que represente una cantidad adeudada mayor que $40.

Pregunta esencial **¿Cómo se pueden representar e interpretar los valores absolutos?**

A

Los precios de las acciones suben y bajan durante el año.

En la tabla se muestra el cambio total en el precio de las acciones de una compañía año tras año.

¿Cuáles son los dos años en los que se registró el mayor cambio total en el precio de las acciones?

Año	Cambio en el precio ($)
2015	11
2014	19
2013	-34
2012	6

B El valor absoluto de un número es su distancia respecto de cero en la recta numérica. La distancia siempre es positiva.

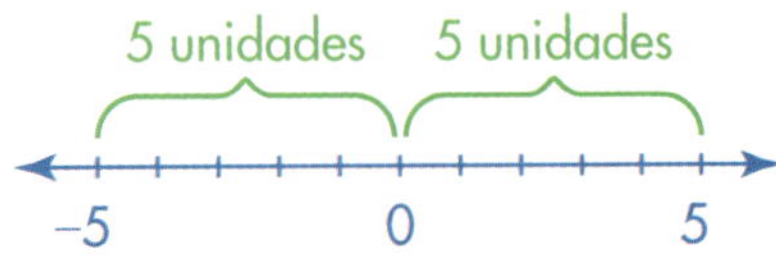

El valor absoluto de 5 se escribe $|5|$.
El valor absoluto de -5 se escribe $|-5|$.

$$|-5| = 5 \qquad |5| = 5$$

C Para hallar los dos años con el mayor cambio, usa valores absolutos.

A continuación se muestran los valores absolutos de los cambios en el precio de las acciones de la compañía cada año.

2015: $|11|$ $= 11$
2014: $|19|$ $= 19$ ← 2.° mayor cambio
2013: $|-34|$ $= 34$ ← Mayor cambio
2012: $|6|$ $= 6$

Por tanto, los dos años en los que se registró el mayor cambio en el precio de las acciones fueron 2013 y 2014.

¡Convénceme! © **PM.8 Generalizar** Escribe los valores absolutos de $-7\frac{1}{4}$, 2.2 y -4.38.

Otro ejemplo

A veces, los números negativos representan deudas. En la tabla se muestran los saldos de tres cuentas que representan deudas. Indica qué saldo es el menor número y luego usa el valor absoluto para hallar qué cuenta representa la mayor deuda.

Cuenta	Saldo ($)
A	-35
B	-50
C	-12

En una recta numérica, -50 está más alejado de 0 que -35 o -12. Por tanto, -50 es el menor número.

El dinero que se adeuda es el valor absoluto de cada saldo.

Cuenta A   **Cuenta B**   **Cuenta C**
$|-35| = \$35$ $|-50| = \$50$ $|-12| = \$12$

$50 es la mayor cantidad de dinero adeudado. Por tanto, la Cuenta B representa la mayor deuda.

Práctica guiada

¿Lo entiendes?

1. **PM.3 Construir argumentos** Explica por qué -7 tiene un mayor valor absoluto que el valor absoluto de 6.

2. **PM.2 Razonar** Da un ejemplo de un saldo que tenga un mayor valor entero que el saldo de la Cuenta C del ejercicio anterior pero que represente una deuda de menos de $5.

¿Cómo hacerlo?

Halla los valores absolutos en los Ejercicios **3** a **5**.

3. $|-9|$ 4. $\left|5\frac{3}{4}\right|$ 5. $|-5.5|$

Usa $<$, $>$ o $=$ para comparar en los Ejercicios **6** y **7**.

6. $|-19| \bigcirc |-11|$ 7. $\left|-2\frac{1}{2}\right| \bigcirc |2.5|$

Práctica independiente

Práctica al nivel Halla los valores absolutos en los Ejercicios **8** a **12**.

8. $|-46|$ 9. $|0.7|$ 10. $\left|-\frac{2}{3}\right|$ 11. $|-7.35|$ 12. $\left|-4\frac{3}{4}\right|$

Usa $<$, $>$ o $=$ para comparar en los Ejercicios **13** a **16**.

13. $|14| \bigcirc |-21|$ 14. $|-11.5| \bigcirc \left|11\frac{3}{4}\right|$ 15. $|-6.3| \bigcirc |5.2|$ 16. $|3.75| \bigcirc \left|-3\frac{3}{4}\right|$

17. Ordena $|-6|, |-4|, |11|, |0|$ de mayor a menor.

18. Ordena $|4|, |-3|, |-18|, |-3.18|$ de menor a mayor.

Prácticas matemáticas y resolución de problemas

Alberto y Rebecca lanzan herraduras a una estaca que se encuentra a 12 pies de distancia. El que se acerca más a la estaca suma un punto. Usa el dibujo de la derecha como ayuda para resolver los Ejercicios **19** y **20**.

19. © **PM.2 Razonar** La herradura de Alberto cae a 3 pies de distancia de la estaca y la de Rebecca cae 2 pies pasada la estaca. ¿Qué entero describe mejor la posición de la herradura de Alberto en relación con la estaca y qué entero describe mejor la posición de la herradura de Rebecca?

20. © **PM.3 Evaluar el razonamiento** Alberto dice que −3 es menor que 2 y que, por tanto, él suma un punto. ¿Tiene razón Alberto? Explícalo.

21. Razonamiento de orden superior Sea $a = $ cualquier número racional. ¿Cambia el valor absoluto de a si a es un número positivo o un número negativo? Explícalo.

22. Álgebra Halla el valor de x en la ecuación.

$$x + 9.5 = 18.48$$

© Evaluación de *Common Core*

23. La siguiente tabla muestra los puntajes al final de la primera ronda de un torneo de golf. Los puntajes se definen y anotan en relación con la cantidad de golpes por encima o por debajo del *par* necesarios para terminar el hoyo.

Golfista	Puntaje
Kate	−6
Sam	5
Lisa	2
Carlos	−3

DATOS

Parte A

Ordena los puntajes de menor a mayor cantidad de golpes en la primera ronda.

Parte B

Ordena los valores absolutos de los puntajes de menor a mayor.

Tarea y práctica 3-4
Valor absoluto

¡Revisemos!

El **valor absoluto** de un número es su distancia respecto de 0 en una recta numérica. La distancia siempre es positiva. El valor absoluto de 0 es 0.

El valor absoluto de cualquier número, n, se escribe $|n|$.

Ordena los valores absolutos de menor a mayor.
$|-4|, |-1|, |3|$

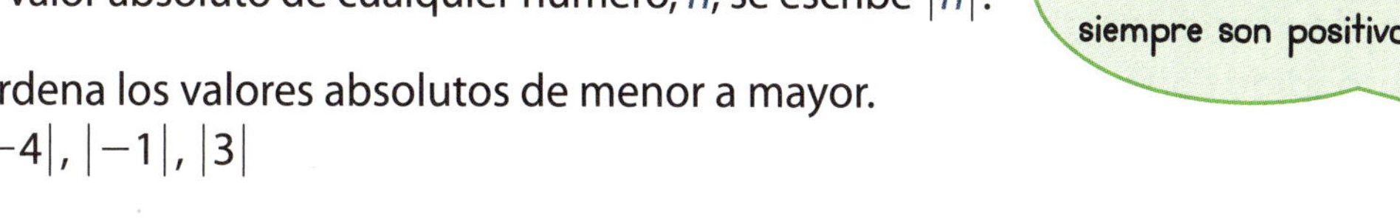

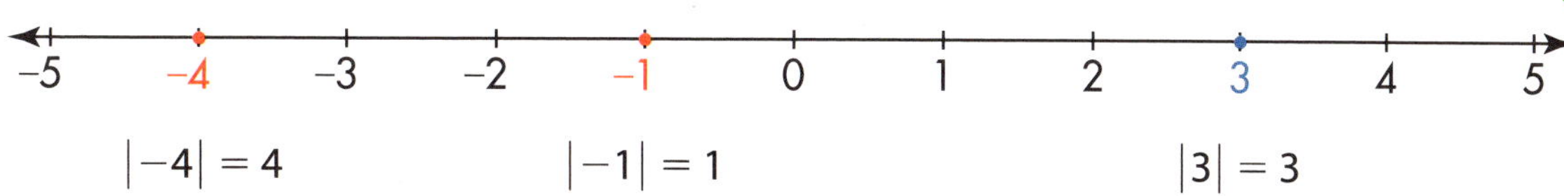

$|-4| = 4$ $|-1| = 1$ $|3| = 3$

El orden de los valores absolutos de menor a mayor es $|-1|, |3|, |-4|$.

Halla los valores absolutos en los Ejercicios **1** a **5**.

1. $|-21|$ **2.** $|7|$ **3.** $\left|-\frac{3}{5}\right|$ **4.** $|-5.5|$ **5.** $\left|8\frac{3}{4}\right|$

Usa $<, >$ o $=$ para comparar en los Ejercicios **6** a **11**.

6. $|-22| \bigcirc |-12|$ **7.** $|45| \bigcirc |-46|$ **8.** $|13| \bigcirc |-2|$

9. $|48| \bigcirc |-39|$ **10.** $|-55.5| \bigcirc |55|$ **11.** $\left|21\frac{1}{3}\right| \bigcirc \left|-21\frac{1}{2}\right|$

12. Ordena $|-20|, |16|, |-2|, |37|$ de mayor a menor.

13. Ordena $\left|\frac{1}{4}\right|, \left|-\frac{1}{3}\right|, \left|-\frac{1}{8}\right|, |0|$ de menor a mayor.

14. ¿El saldo de qué cuenta representa una deuda de más de $50?

Cuenta	Saldo ($)
A	−60
B	−25
C	−35

15. En la tabla de la derecha se muestran los cambios de cinco estudiantes en la cantidad de ejercicios respondidos correctamente del primer examen de matemáticas al segundo examen de matemáticas. Ordena a los estudiantes según la cantidad de cambios, de menor a mayor.

Estudiante	Cambio en la cantidad de respuestas correctas
Antoine	4
Lauren	−6
Micah	3
Beth	0
Pat	−5

16. Razonamiento de orden superior ¿Es posible que Lauren haya respondido correctamente más preguntas que Antoine en el segundo examen? Explica tu razonamiento.

17. **A-Z** **Vocabulario** Escribe una desigualdad con los *valores absolutos* de $-.3$ y $\frac{1}{4}$. Explica cómo sabes que la desigualdad es correcta.

18. Álgebra Evalúa la expresión $\frac{1}{5}(3x + 4)$ si $x = 2$.

© Evaluación de *Common Core*

19. En la siguiente tabla se muestran las temperaturas mínimas diarias de cuatro días.

Día	Temperatura mínima
Lunes	3°F
Martes	−4°F
Miércoles	−1°F
Jueves	2°F

Parte A

Ordena las temperaturas de la más fría a la más cálida.

Parte B

Ordena los valores absolutos de las temperaturas de menor a mayor.

Resuélvelo y coméntalo

Un equipo de futbol americano tiene cuatro oportunidades, llamadas *downs*, de mover la pelota 10 yardas hacia la meta. Un equipo pierde 6 yardas en el primer *down*, gana 2 yardas en el segundo *down*, pierde 2 yardas en el tercer *down* y gana 14 yardas en el cuarto *down*. ¿Llegó el equipo a mover la pelota 10 yardas hacia la meta?

Puedo...
entender las cantidades y relaciones en problemas en contexto.

© **Prácticas matemáticas** PM.2, PM.1, PM.4, PM.6
Estándares de contenido 6.SN.C.5, 6.SN.C.6

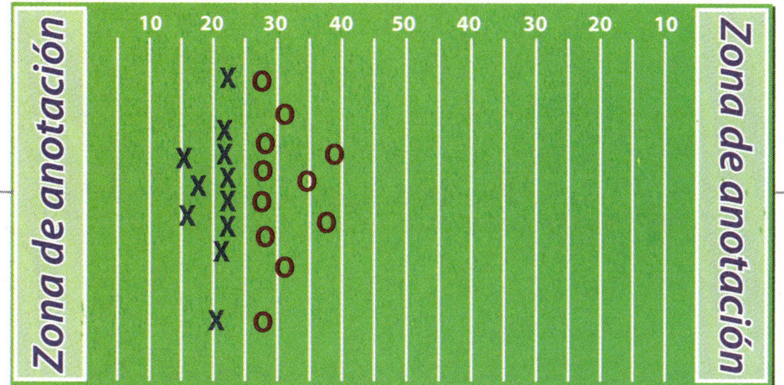

Hábitos de razonamiento

¡Razona correctamente! Estas preguntas te pueden ayudar.

- ¿Qué significan los números y los signos o símbolos del problema?

- ¿Cómo están relacionados los números o las cantidades?

- ¿Cómo puedo representar un problema verbal usando dibujos, números o ecuaciones?

¡Vuelve atrás! © **PM.2 Razonar** La línea de *scrimmage* es la línea vertical que separa los dos equipos en el diagrama. El equipo representado por los círculos rojos tiene la pelota. El equipo gana 8 yardas, pierde 3 yardas y gana 0 yardas en sus tres *downs*. ¿Cuántas yardas debe ganar en el siguiente *down* para anotar un *touchdown*? Explica cómo lo sabes.

¿Cómo se puede usar el razonamiento para resolver problemas?

A

Una noche de verano, entre las 8 p. m. y las 10 p. m., la temperatura bajó 17 °F. Al día siguiente, la temperatura había aumentado 6 °F para las 10 a. m. y otros 12 °F entre las 10 a. m. y el mediodía. La temperatura era 92 °F al mediodía. ¿Cuál era la temperatura a las 8 p. m. de la noche anterior?

¿Qué debo hacer para resolver este problema?

Debo usar lo que sé sobre los enteros y razonar para hallar la temperatura de las 8 *p. m.* del día anterior.

B **¿Cómo puedo razonar para resolver este problema?**

Puedo

- identificar las cantidades que conozco.

- hacer un diagrama para mostrar relaciones.

- aplicar lo que sé sobre los enteros.

C Dibujaré un termómetro y lo usaré como recta numérica. Sé que la temperatura al mediodía es 92 °F; por tanto, empezaré en 92 °F y usaré enteros opuestos para comenzar desde el final y hallar cuál era la temperatura a las 8 *p. m.* de la noche anterior.

$$92 - 12 = 80$$
$$80 - 6 = 74$$
$$74 + 17 = 91$$

La temperatura era 91 °F a las 8 *p. m.* de la noche anterior.

¡Convénceme! © **PM.2 Razonar** El entero −40 representa el cambio en la temperatura entre el mediodía y las 8 *a. m.* de la mañana siguiente. ¿Cuál era la temperatura a las 8 *a. m.* de la mañana siguiente?

☆ Práctica guiada *

© PM.2 Razonar

Un buzo salta de una plataforma que está 2 pies sobre el nivel del mar y desciende 12.5 pies bajo el nivel del mar. El buzo desciende otros 11.75 pies antes de ascender 10 pies. ¿Cuál es la altitud del buzo en ese punto?

1. ¿Qué enteros usarías para representar las profundidades descritas en la situación?

2. Dibuja una recta numérica para representar la situación y resolver el problema.

☆ Práctica independiente

© PM.2 Razonar

A Enrique le pidieron que ordenara este conjunto de números de menor a mayor.

$$-5,\ 2,\ -5\tfrac{1}{2},\ -6,\ 2\tfrac{1}{4},\ 1,\ 3$$

¿Cómo podría ordenar esos números usando una recta numérica?

3. El conjunto de números incluye fracciones. ¿Qué escala debería usar Enrique en la recta numérica? Explica tu razonamiento.

4. ¿Cuáles son el mayor y el menor número que Enrique debe mostrar en la recta numérica? ¿De qué manera saber eso lo ayuda a dibujar la recta numérica?

5. Marca y rotula los puntos de los números del conjunto en una recta numérica.

Ⓒ Evaluación de rendimiento de *Common Core*

El mercado de valores

El valor de las acciones de una compañía puede subir y bajar todos los días. En la siguiente tabla se muestran los incrementos y las disminuciones del precio de las acciones de cinco compañías en comparación con el valor de cierre del día anterior.

DATOS	Acciones	Compañía A	Compañía B	Compañía C	Compañía D	Compañía E
	Aumento o disminución del precio ($)	−1.25	2.5	0.75	−1.25	−2.5

6. **PM.2 Razonar** ¿Cómo puedes representar el precio de las acciones de las cinco compañías en una recta numérica horizontal?

7. **PM.4 Representar con modelos matemáticos** Dibuja una recta numérica y marca cada cambio de precio. Explica cómo determinaste qué unidades e intervalos usarías en la recta numérica.

8. **PM.2 Razonar** El precio de las acciones de las 5 compañías fue el mismo al final del día. ¿Qué compañía tenía el mayor precio de las acciones al comienzo del día? Explica tu razonamiento.

Tarea y práctica 3-5

Razonar

¡Revisemos!

Dos senderistas suben una montaña cuya base está al nivel del mar y se eleva a una altitud de 4,010 pies. Hacen un descanso a 2,540 pies y luego siguen subiendo hasta que llegan a la cima. Descienden 3,085 pies antes de hacer otro descanso. ¿Cuál es su altitud cuando se detienen para hacer el segundo descanso?

Razona para describir las ubicaciones de los senderistas y marcarlas en una recta numérica.

- La base de la montaña se halla en el nivel del mar. Por tanto, 0 representa la base de la montaña.

- Hacen un descanso a una altitud de 2,540 pies; por tanto, el entero 2,540 representa su ubicación en el primer descanso.

- La cima está a 4,010 pies de altura; por tanto, el entero 4,010 representa su ubicación cuando llegan a la cima.

- Hacen otro descanso después de descender 3,085 pies; por tanto, el entero −3,085 representa la disminución de la altitud antes del segundo descanso.

La altitud de los senderistas en el segundo descanso es 925 pies sobre el nivel del mar.

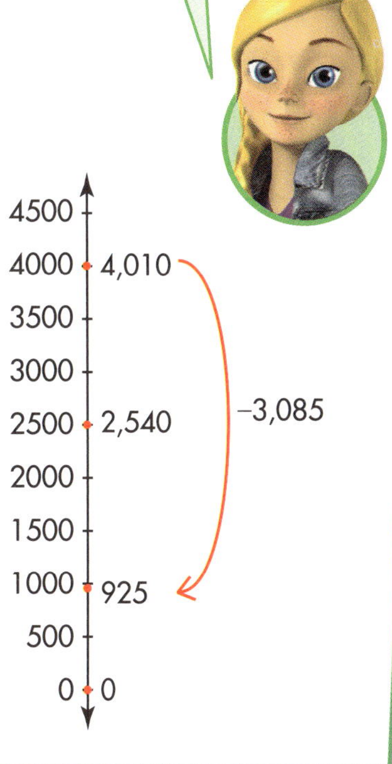

© PM.2 Razonar

La familia López viaja a un parque de diversiones. Entraron a la autopista en el marcador de la milla 27. El parque está en el marcador de la milla 216. En el marcador de la milla 146, se detienen a cargar combustible. ¿Cómo usarías una recta numérica para representar el viaje?

1. ¿Qué información del problema puedes usar para describir las ubicaciones de los López?

2. Dibuja una recta numérica y marca los puntos de las ubicaciones de los López.

Animales acuáticos

Los peces y otros animales acuáticos a veces saltan del agua o se sumergen para escapar de los depredadores o capturar presas. En la siguiente tabla se registra la altitud, o altura, de cinco animales marinos en relación con el nivel del mar.

DATOS	Animal	Delfín (D)	Albatros (A)	Tiburón (T)	Bonito (B)	Pez espada (P)
	Altitud (yd)	1.5	-1.25	$-1\frac{1}{2}$	-1	$1\frac{3}{4}$

3. **PM.4 Representar con modelos matemáticos** Usa la recta numérica de la derecha para representar la altitud de cada animal. Explica cómo determinaste las unidades y los intervalos que usaste en la recta numérica.

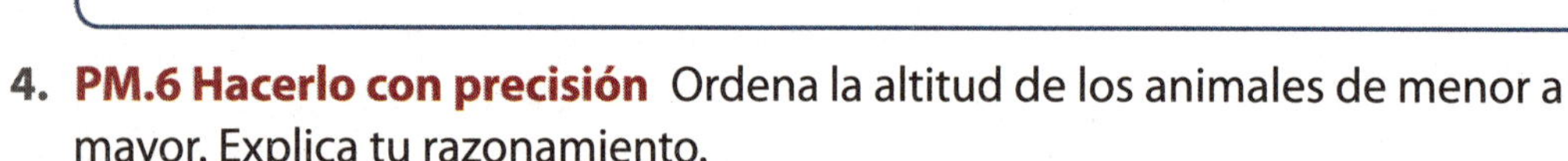

4. **PM.6 Hacerlo con precisión** Ordena la altitud de los animales de menor a mayor. Explica tu razonamiento.

5. **PM.2 Razonar** ¿Qué animal está más alejado de la superficie del mar? ¿Qué animal está más próximo a la superficie del mar? Explícalo.

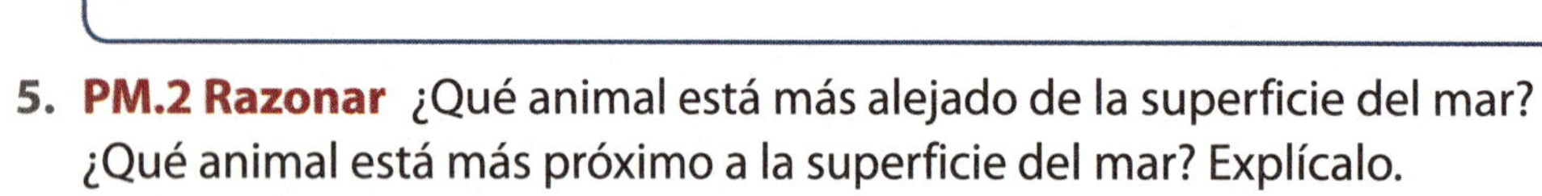

6. **PM.1 Entender y perseverar** Dalton vio un colimbo sumergirse 1.5 yardas bajo el nivel del mar para atrapar un pez. ¿Cuál es la diferencia entre la profundidad a la que se sumergió el colimbo y la del albatros? ¿Cómo lo sabes?

Actividad de práctica de fluidez

Trabaja con un compañero. Necesitan papel y lápiz. Cada uno escoge un color diferente: celeste o azul.

El Compañero 1 y el Compañero 2 apuntan a uno de los números negros al mismo tiempo. Ambos multiplican esos números.

Si la respuesta está en el color que escogiste, puedes anotar una marca de conteo. Sigan la actividad hasta que uno de los compañeros tenga doce marcas de conteo.

Puedo...

multiplicar números enteros de varios dígitos.

 **Estándar de contenido**
5.NBD.B.5

Compañero 1

18
27
24
15
21

Compañero 2

21
12
18
27
24

504	315	432
729	180	252
576	648	567
324	288	270
216	486	378
360	405	441

Marcas de conteo del Compañero 1

Marcas de conteo del Compañero 2

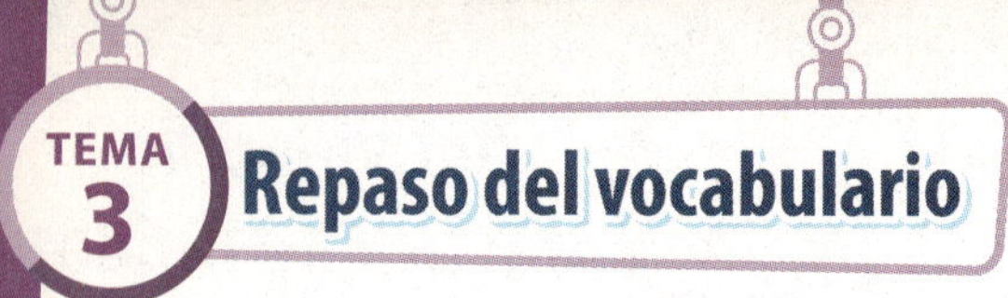

Repaso del vocabulario

Glosario

Lista de palabras

- enteros
- mayor que ($>$)
- menor que ($<$)
- número racional
- opuestos
- valor absoluto

Comprender el vocabulario

Escoge el mejor término de la Lista de palabras. Escríbelo en el espacio en blanco.

1. El _________________ de un entero positivo es un entero negativo.

2. El valor absoluto de -5 es _________________ 0.

3. Un _________________ es cualquier número que puede escribirse como un cociente de dos enteros.

4. Tacha los números que NO son *enteros*.

   -3 61 -1.5 0   98.6 -102 75

5. Escribe el *opuesto* de los números.

   -13 ____ $|52|$ ____   26 ____ $|-1|$ ____

Escribe *siempre, a veces* o *nunca* en los enunciados.

6. El *valor absoluto* puede ser negativo. _________________

7. Un *número racional* es __?__ un *entero*. _________________

8. Un *entero* es __?__ un *número racional*. _________________

9. El *opuesto* de un número __?__ es negativo. _________________

Usar el vocabulario al escribir

10. Explica cómo completaste el enunciado del Problema 9. Da ejemplos y contraejemplos. Usa por lo menos 2 términos de la Lista de palabras en la explicación.

Grupo A páginas 143 a 148

Los enteros son todos los números para contar, sus opuestos y 0. Los opuestos son enteros ubicados en lados opuestos de 0 y están a la misma distancia de 0 en una recta numérica.

Para cada punto de la recta numérica, escribe el entero y su opuesto.

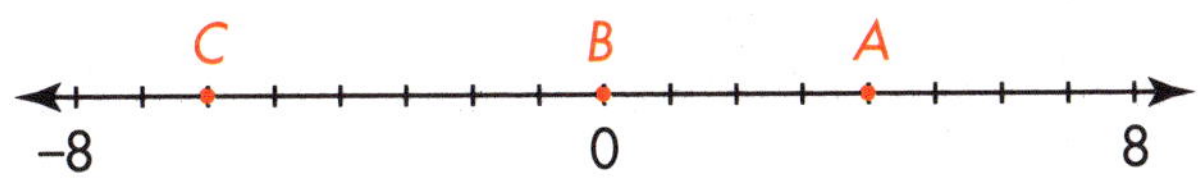

A: 4, −4

B: 0, 0

C: −6, 6

Recuerda que el opuesto del opuesto de un número es el número mismo.

En cada punto de la recta numérica, escribe el entero y su opuesto.

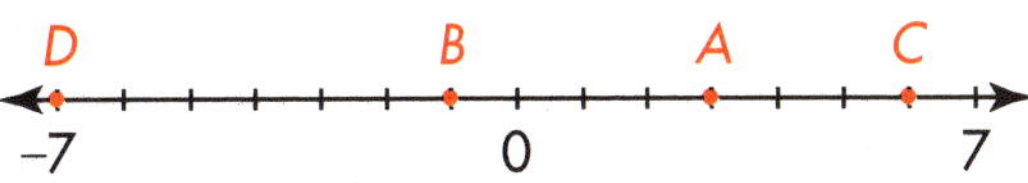

1. *A*   **2.** *B*   **3.** *C*   **4.** *D*

Grupo B páginas 149 a 154, 155 a 160

Los números racionales son números que pueden escribirse como un cociente $\frac{a}{b}$, donde *a* y *b* son enteros y *b* no es igual a 0.

Compara y ordena los números -0.1, 0.75 y $-\frac{1}{4}$ de menor a mayor.

Ubica los números en una recta numérica.

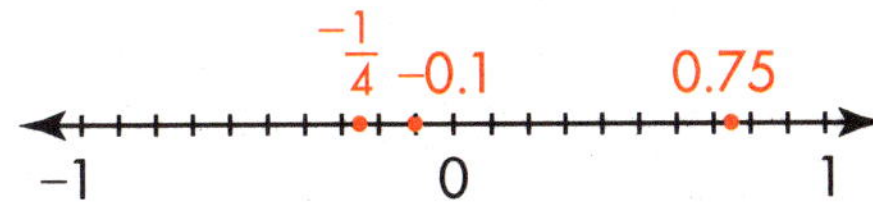

Por tanto, $-\frac{1}{4} < -0.1 < 0.75$, y su orden de menor a mayor es $-\frac{1}{4}$, -0.1, 0.75.

Recuerda que todos los números decimales, números mixtos y fracciones que sean positivos tienen opuestos ubicados a la izquierda de cero en la recta numérica.

Grafica los números racionales en la misma recta numérica en los Ejercicios **1** a **3**.

1. $\frac{3}{4}$ **2.** $-\frac{2}{5}$ **3.** 0.5

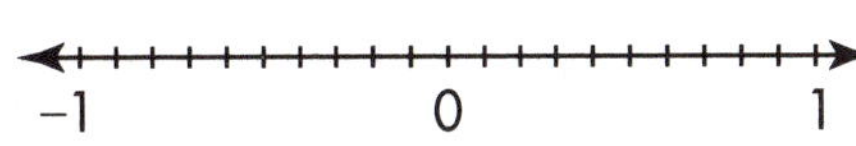

Usa $<$, $>$ o $=$ para comparar en los Ejercicios **4** a **7**.

4. $0.25 \bigcirc \frac{1}{4}$

5. $1\frac{5}{8} \bigcirc 1.6$

6. $3.65 \bigcirc 3\frac{3}{4}$

7. $-\frac{2}{3} \bigcirc -\frac{3}{4}$

El valor absoluto de un número es su distancia con respecto a cero en la recta numérica. La distancia siempre es positiva.

Halla los valores absolutos de $|3|$, $|4|$, $|-2|$, $|-5|$ y ordénalos de *menor* a *mayor*.

$|-5| = 5$

$|-2| = 2$

$|3| = 3$

$|4| = 4$

Ordenados de menor a mayor:

$|-2|, |3|, |4|, |-5|$

Recuerda que los valores absolutos siempre son positivos.

Halla los valores en los Ejercicios **1** a **4**.

1. $|-9|$ **2.** $|-2|$

3. $|4|$ **4.** $-|-10|$

Ordena los valores de menor a mayor en los Ejercicios **5** y **6**.

5. $|-3|, |-2|, |10|$ **6.** $|-7|, |0|, |-5|$

Piensa en estas preguntas para **razonar de manera abstracta y cuantitativa**.

Hábitos de razonamiento

- ¿Qué significan los números y los signos o símbolos del problema?

- ¿Cómo están relacionados los números o las cantidades?

- ¿Cómo puedo representar un problema verbal usando dibujos, números o ecuaciones?

Recuerda que debes razonar y usar lo que sabes sobre números racionales para resolver problemas.

Sarah gastó $15.75 en el cine entre un boleto y una merienda. Luego ganó $40 cuidando niños y compró un libro de $9.50. A Sarah le quedan $34.75. ¿Cuánto dinero tenía al principio?

1. ¿Qué enteros usarías para representar las cantidades en dólares descritas en la situación?

2. Dibuja una recta numérica para representar la situación y resolver el problema.

1. Tres amigos compitieron en un torneo de golf. En la tabla se muestran sus puntajes en relación con una puntuación *par* 0. ¿Cuál es el valor opuesto del puntaje de Emma?

DATOS	Nombre	Puntaje
	Cassie	−4
	Emma	−12
	Juanita	6

Ⓐ −12

Ⓑ −4

Ⓒ 4

Ⓓ 12

2. Escoge Sí o No para indicar si las comparaciones son verdaderas en los Ejercicios **2a** a **2d**.

2a. $-12.5 > 11\frac{3}{4}$ ○ Sí   ○ No

2b. $0 > -12.5$ ○ Sí   ○ No

2c. $20.8 < 20\frac{5}{6}$ ○ Sí   ○ No

2d. $1.1 = -(-1.1)$ ○ Sí   ○ No

3. Ordena estos valores absolutos de menor a mayor.

$|-7|, |5|, |-4|, |6|, |-15|$

4. Jeremy hizo una lista de cinco números racionales y luego dibujó una recta numérica para mostrarlos y compararlos.

Parte A

Completa los espacios en blanco para marcar los números en la recta numérica.

$\frac{6}{3}, -\frac{3}{4}, 1.5, 0.25, -\frac{5}{4}$

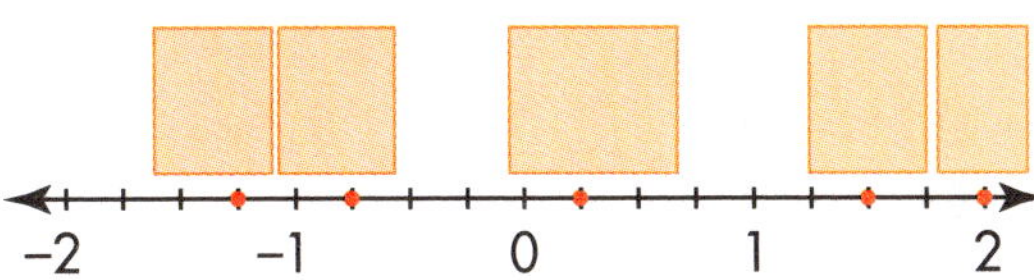

Parte B

Escribe una desigualdad que compare una de las fracciones con uno de los números decimales y luego explica cómo usas la recta numérica como ayuda para decidir qué número es mayor.

5. ¿Qué opción tiene un valor igual a $|37|$?

☐ −37

☐ 0

☐ 37

☐ $|-37|$

☐ $-(-37)$

6. Un nadador se sumerge a 65 pies bajo la superficie del mar. Escribe el entero que represente la profundidad de la inmersión.

7. En la tabla se muestra la altitud de algunos lugares de los Estados Unidos. Los enteros representan la distancia en pies por encima o por debajo del nivel del mar.

Lugar	Altitud
Río Potomac	1
Nueva Orleans	−8
Lago Champlain	95
Valle de la Muerte	−282

¿El lugar que tiene la mayor altitud también está ubicado a la mayor distancia del nivel del mar? Explica tu razonamiento con una desigualdad.

8. Ordena los siguientes números de mayor a menor.

$-11,\ 1\frac{1}{2},\ -1\frac{1}{5},\ -(-8),\ 7.5$

9. Encierra en un círculo el punto que representa −1.4 en la recta numérica; luego identifica un punto que represente un valor menor y explica cómo lo sabes.

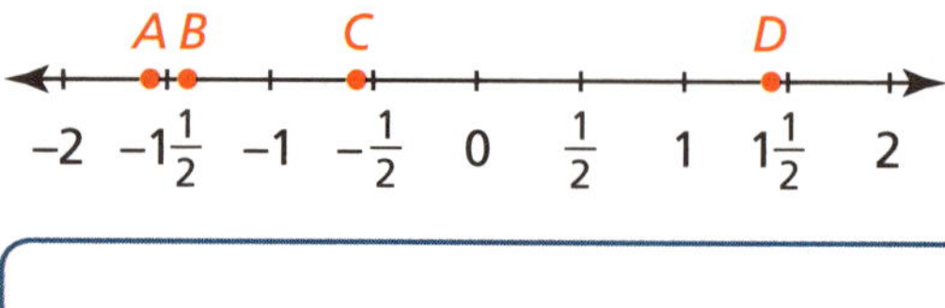

10. Traza una línea de los números de la derecha a su valor opuesto de la izquierda.

11. Nathan vive en el piso n de su edificio. Entró al ascensor en su piso y subió 10 pisos, bajó 16 pisos, luego subió 25 pisos y llegó al piso 36 del edificio. ¿En qué piso vive Nathan?

Seguimiento de acciones

Los grupos de estudiantes de la clase de 6.º grado de la Sra. Kim escogieron
5 acciones para hacer un seguimiento en un proyecto de la clase. El precio
de las acciones puede subir o bajar en el día por la compra y venta en
el Mercado de valores. Un estudiante de cada grupo hizo un seguimiento
del cambio del precio de las acciones de una compañía durante una semana.

1. Brenda está siguiendo las acciones que
presentaron menos cambios en 1 día.
¿Qué acciones está siguiendo y
qué entero representa su cambio
de precio?

DATOS

Precios de cierre de las acciones (día 1)		
Acciones	**Precio de cierre en $**	**Cambio en $**
Hilo & Lana (H&L)	45.34	+3
Juguetes Sol (JS)	52.27	−2
Pasteles & Más (P&M)	44.17	+5
Bolsos Ling (BL)	48.87	−3
Mundo Tecno (MT)	177.26	−7

2. Parte A

Sidney hizo una recta numérica para comparar
el cambio en el precio de las acciones después
del Día 1. Usa la siguiente lista de acrónimos para
nombrar y marcar las acciones en la recta numérica.

H&L   JS   P&M   BL   MT

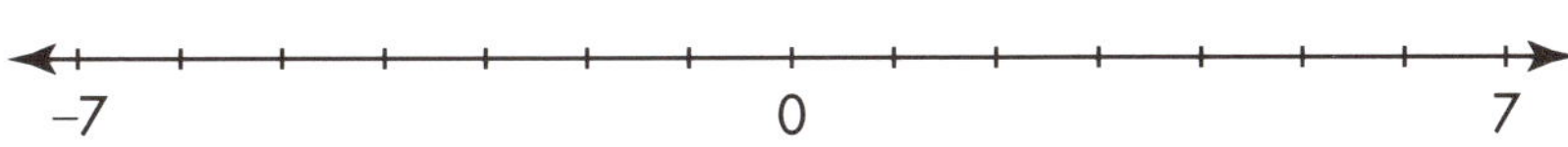

Parte B

Juan y Kyra están siguiendo acciones cuyos cambios de
precio después del Día 1 son opuestos. ¿Qué acciones
están siguiendo y cuáles son los enteros que representan
el cambio de precio de las acciones de cada compañía?

3. Monroe está siguiendo las acciones cuyo precio tuvo el menor cambio después de 1 semana. Yu está siguiendo las acciones cuyo precio tuvo el mayor cambio después de 1 semana.

Parte A

¿Qué acciones está siguiendo Monroe? Escribe el número decimal y el número mixto que representan el cambio total del precio de las acciones después de 1 semana.

Precios de cierre de las acciones (Semana)		
Acciones	**Precio de cierre en $**	**Cambio en $**
Hilo & Lana (H&L)	44.84	+2.5
Juguetes Sol (JS)	55.77	+1.5
Pasteles & Más (P&M)	37.92	−1.25
Bolsos Ling (BL)	48.62	−3.25
Mundo Tecno (MT)	188.51	+4.25

Parte B

¿Qué acciones está siguiendo Yu? Marca en la recta numérica los números mixtos que representan el cambio de las acciones de Yu y el de las de Monroe.

Luego, explica cómo puedes usar la recta numérica como ayuda para ordenar de menor a mayor el cambio del precio de las acciones de las 5 compañías al cabo de 1 semana.

Álgebra: Geometría de coordenadas

Pregunta esencial: ¿Cómo se pueden graficar los puntos en un plano de coordenadas?

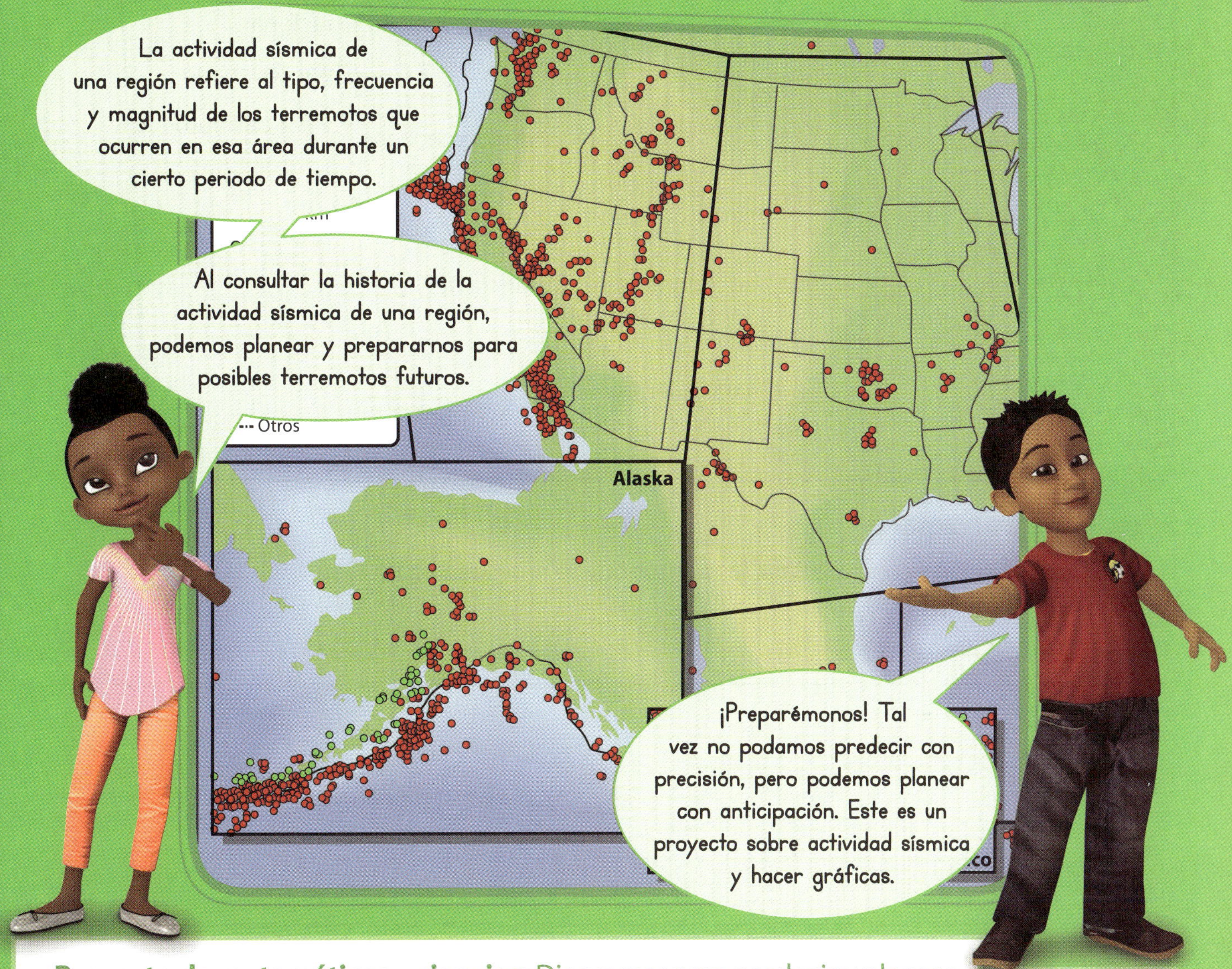

Proyecto de matemáticas y ciencias: Diagramar para predecir y planear.

Investigar Usa la Internet u otras fuentes para aprender más sobre la actividad sísmica en los Estados Unidos. Escoge un estado que haya tenido 10 o más terremotos.

Diario: Escribir un informe Incluye lo que averiguaste. En tu informe, también:

- dibuja en un plano de coordenadas un diagrama de la actividad sísmica reciente en el estado que escogiste. Marca la capital del estado en el origen (0, 0).

- marca hasta 10 terremotos recientes en función de su ubicación con respecto a la capital del estado.

Nombre_______________________________

Repasa lo que sabes

 Vocabulario

Escoge el mejor término del recuadro y escríbelo en el espacio en blanco.

- coordenada *x*
- coordenada *y*
- enteros
- gráfica de coordenadas
- número racional
- par ordenado
- valor absoluto

1. Los números para contar, sus opuestos y el cero son ____________.

2. En el par ordenado (6, 2), el número 2 es la ____________________.

3. El ____________________ de un número es su distancia del cero en la recta numérica.

4. Un ____________________ es cualquier número que se puede escribir como el cociente de dos enteros.

Fracciones y decimales

Escribe como fracción y como decimal los puntos que se muestran en la recta numérica.

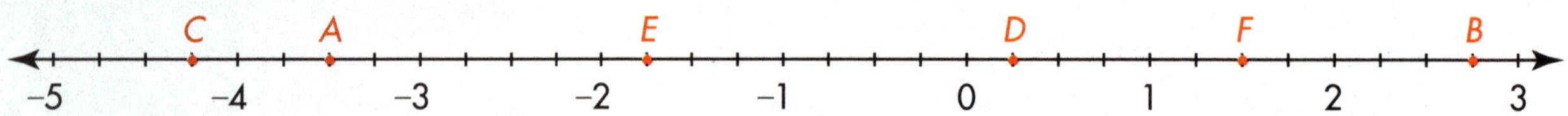

5. *A*

6. *B*

7. *C*

8. *D*

9. *E*

10. *F*

Pares ordenados

Escribe el par ordenado de los puntos que muestra la gráfica.

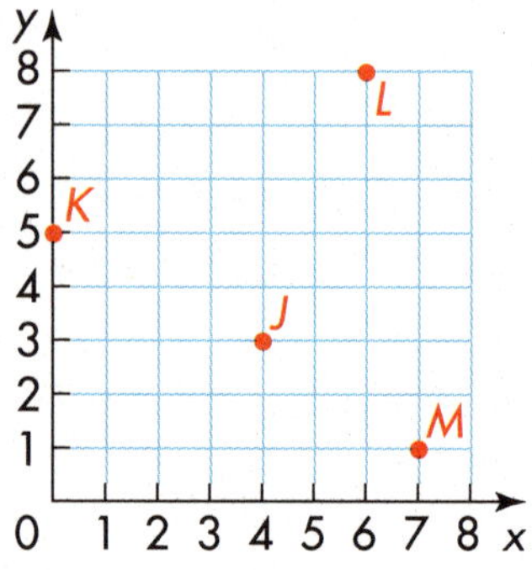

11. *J*

12. *K*

13. *L*

14. *M*

Marca los puntos en la gráfica de coordenadas.

15. *A* (6, 2)

16. *B* (1, 3)

17. *C* (5, 7)

18. *D* (3, 4)

Mis tarjetas de palabras

Usa los ejemplos de las palabras de las tarjetas para ayudarte a completar las definiciones que están al reverso.

plano de coordenadas

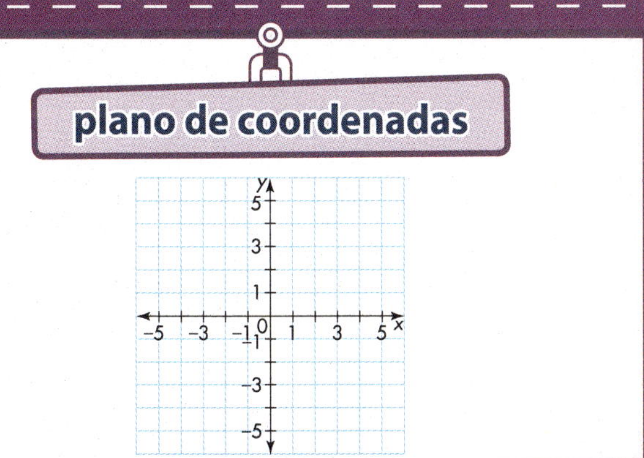

eje de las x

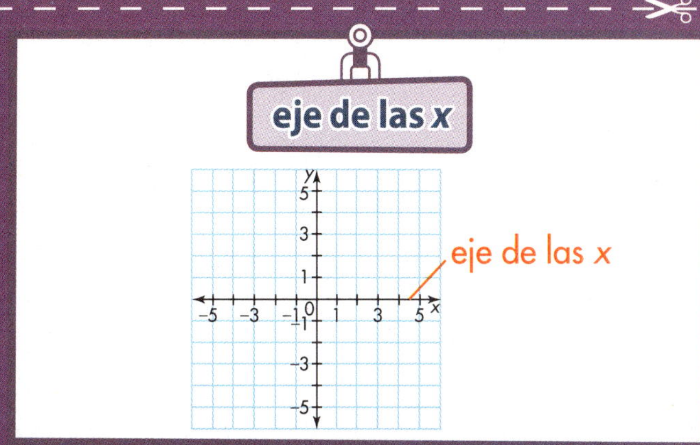

eje de las y

cuadrantes

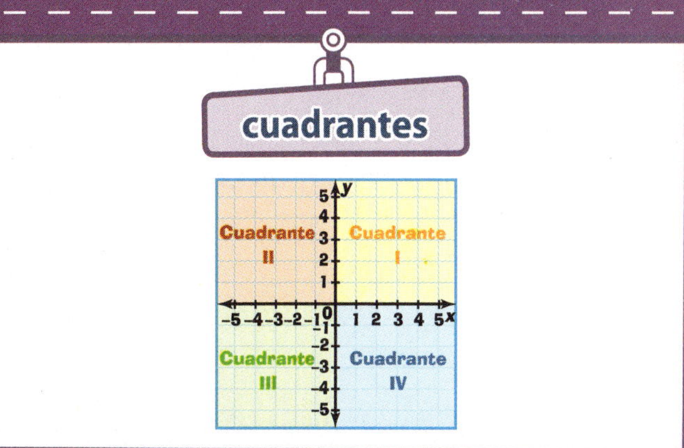

par ordenado

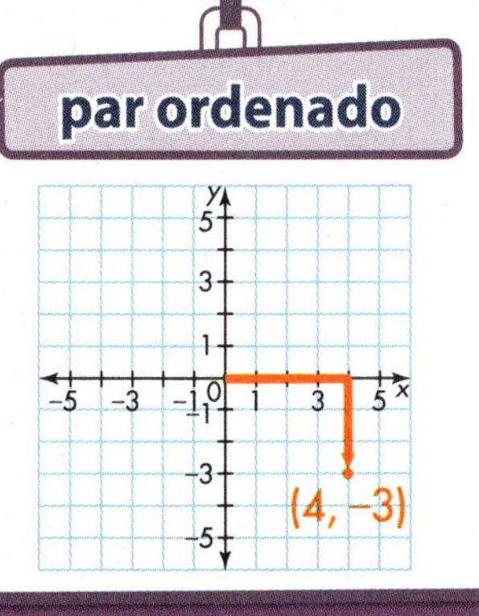

origen

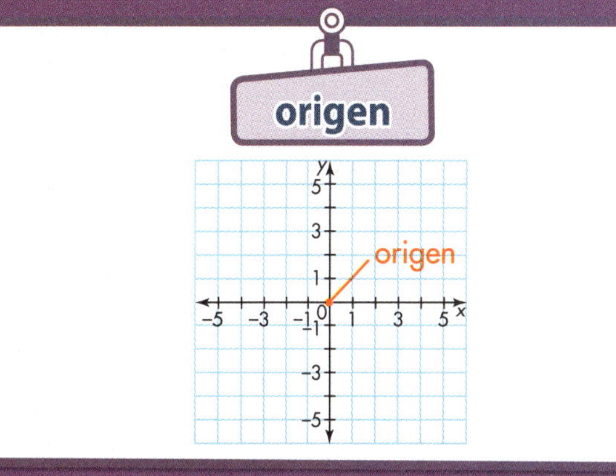

Completa cada definición. Para ampliar lo que aprendiste, escribe tus propias definiciones.

La recta numérica horizontal del plano de coordenadas se llama

__________________.

Una gráfica que tiene dos rectas numéricas que se intersecan en ángulo recto se llama

__________________.

Una de las cuatro regiones en las que los ejes de las x y de las y dividen el plano de coordenadas se llama

__________________.

La recta numérica vertical del plano de coordenadas se llama

__________________.

El punto (0, 0) donde se intersecan el eje de las x y el eje de las y de un plano

de coordenadas se llama __________________.

Un par de números (x, y) que se usa para localizar un punto en un plano de coordenadas se llama

__________________.

El punto *B* tiene la misma coordenada *x* que el punto *A* en el siguiente plano, pero su coordenada *y* es la opuesta a la coordenada *y* del punto *A*. Marca el punto *B* y escribe el par ordenado de coordenadas del punto *B*. **Resuelve este problema de la manera que prefieras.**

Lección 4-1
Enteros en el plano de coordenadas

Puedo...
marcar puntos en el plano de coordenadas.

Estándares de contenido 6.SN.C.6b, 6.SN.C.6c
Prácticas matemáticas PM.1, PM.7, PM.8

Puedes entender y perseverar usando lo que sabes sobre enteros y cómo marcar puntos en el plano de coordenadas para marcar el punto *B*.

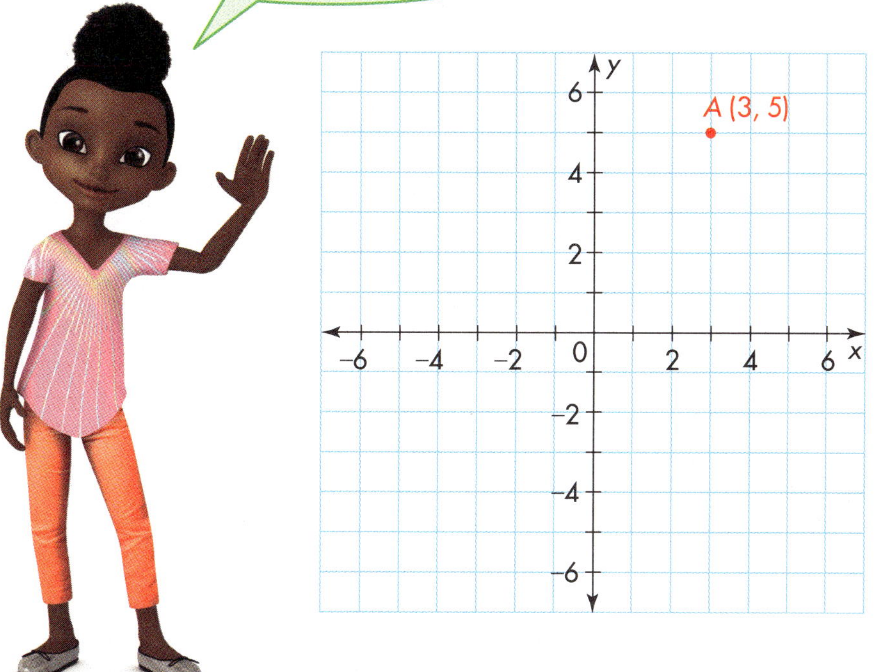

¡Vuelve atrás! **PM.8 Generalizar** Dos puntos tienen la misma coordenada *x*, pero coordenadas *y* opuestas. ¿A través de qué eje forman una imagen reflejada?

Pregunta esencial

¿Cómo se puede marcar un punto en un plano de coordenadas?

A

Un **plano de coordenadas** es una cuadrícula que contiene dos rectas numéricas que se intersecan en ángulo recto, en cero. Las rectas numéricas, llamadas **eje de las x y eje de las y**, dividen el plano en cuatro **cuadrantes**. ¿Cómo puedes marcar y rotular puntos en un plano de coordenadas?

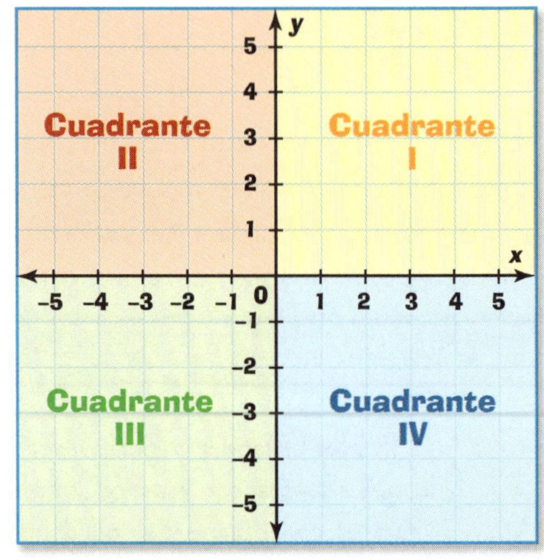

B Un **par ordenado** (x, y) de números da las coordenadas que ubican un punto en relación a cada eje. Marca los puntos $Q\,(2, -3)$, $R\,(-1, 1)$ y $S\,(0, 2)$ en el plano de coordenadas.

Para marcar cualquier punto P con coordenadas (x, y):

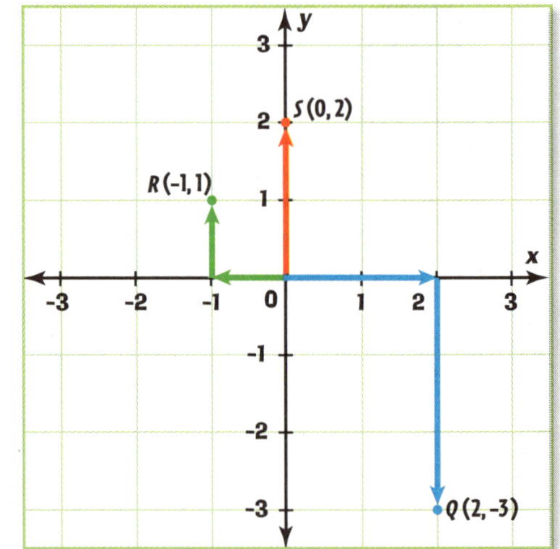

- Comienza en el **origen** (0, 0).

- Usa la coordenada x para moverte a la derecha (si es positivo) o a la izquierda (si es negativo) sobre el eje de las x.

- Luego, usa la coordenada y del punto para moverte hacia arriba (si es positivo) o hacia abajo (si es negativo) sobre el eje de las y.

- Marca un punto en el plano de coordenadas y rotúlalo.

¡Convénceme! © **PM.7 Buscar relaciones** Ambas coordenadas de un par ordenado son números negativos. ¿En qué cuadrante se encuentra siempre ese punto?

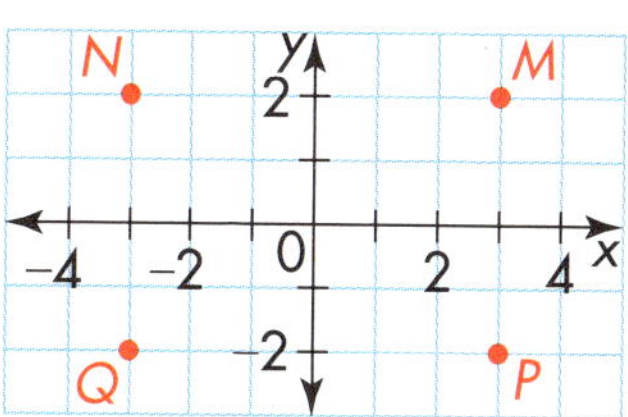

Amigo de práctica Herramientas Evaluación

Otro ejemplo

¿Cómo se relacionan los puntos N (−3, 2), P (3, −2) y Q (−3, −2) con el punto M (3, 2)?

El punto N (−3, 2) y el punto M (3, 2) se diferencian solo por el signo de la coordenada x. Son imágenes reflejadas a través del eje de las y.

El punto P (3, −2) y el punto M (3, 2) se diferencian solo por el signo de la coordenada y. Son imágenes reflejadas a través del eje de las x.

El punto Q (−3, −2) y el punto M (3, 2) difieren en los signos de las coordenadas x e y. Son imágenes reflejadas a través de ambos ejes.

Práctica guiada *

¿Lo entiendes?

1. ¿Cuál es la coordenada y de cualquier punto situado sobre el eje de las x?

2. © PM.7 Buscar relaciones ¿Cómo se relacionan los puntos (4, 5) y (4, −5)?

¿Cómo hacerlo?

Marca y rotula en el plano de coordenadas los puntos de los Ejercicios **3** a **5**.

3. A (−4, 1)

4. B (4, 3)

5. C (0, −2)

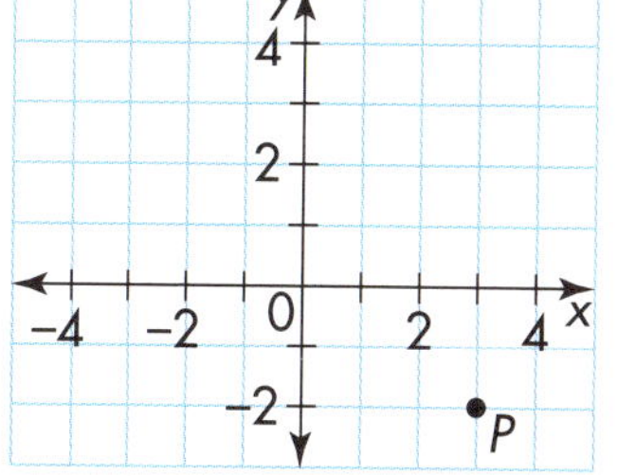

6. ¿Qué par ordenado da las coordenadas del punto P de arriba?

Práctica independiente

Marca y rotula los puntos de los Ejercicios **7** a **10**. Escribe el par ordenado de los puntos de los Ejercicios **11** a **14**.

7. A (1, −1)

8. B (4, 3)

9. C (−4, 5)

10. D (5, −2)

11. P

12. Q

13. R

14. S

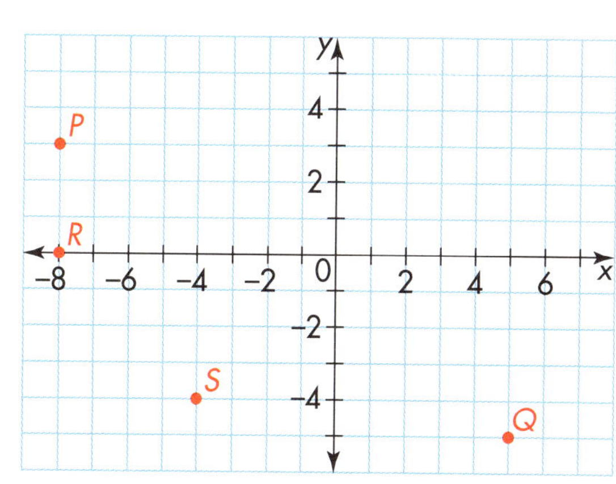

*Puedes encontrar otro ejemplo en el Grupo A, página 217.

Usa el mapa de la derecha en los Ejercicios **15** a **19**.
La plaza del mercado está en el origen.

15. ¿Cuáles son las coordenadas de la biblioteca?

16. ¿Qué edificio está en el Cuadrante III?

17. ¿Qué dos lugares tienen la misma coordenada x?

18. © **PM.7 Usar la estructura** El concejo municipal quiere que la ubicación de la entrada del nuevo parque de la ciudad sea la reflexión de la entrada de la escuela a través del eje de las y. ¿Cuáles son las coordenadas de la entrada al nuevo parque de la ciudad en este mapa?

19. **Razonamiento de orden superior** Te encuentras en la plaza del mercado y quieres ir al consultorio médico. Siguiendo las rectas de la cuadrícula, ¿cuál es la ruta más corta?

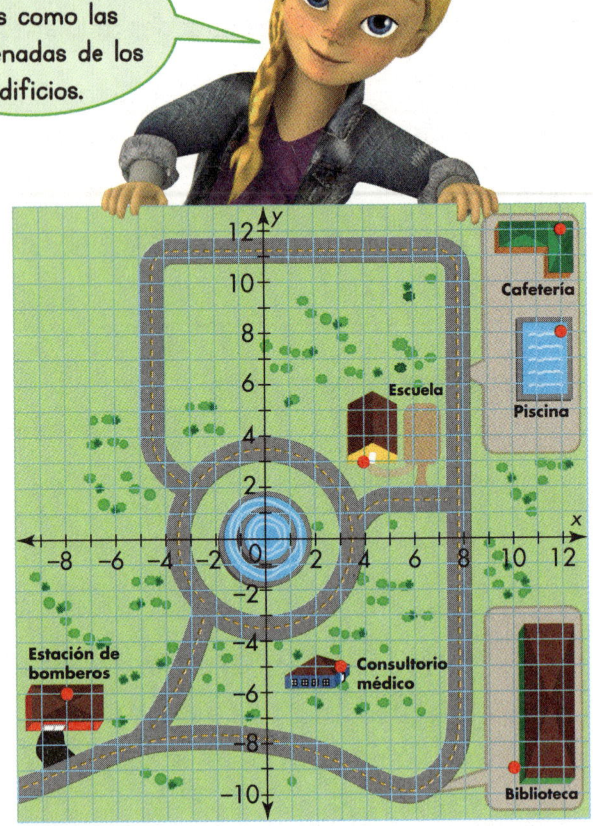

20. Ordena los siguientes números de menor a mayor.

$\frac{1}{2}$, $-\frac{2}{3}$, $|-2|$, $-\frac{3}{4}$, -0.5

21. **Sentido numérico** La cantidad de puntos que obtuvo un equipo de básquetbol tiene 3, 4 y 5 como factores. ¿Cuál es la menor cantidad de puntos que pudo haber obtenido el equipo?

© **Evaluación de *Common Core***

22. ¿Qué par ordenado ubica el punto P en el plano de coordenadas?

Ⓐ $(-4, -4)$

Ⓑ $(-4, 4)$

Ⓒ $(4, 3)$

Ⓓ $(-3, 4)$

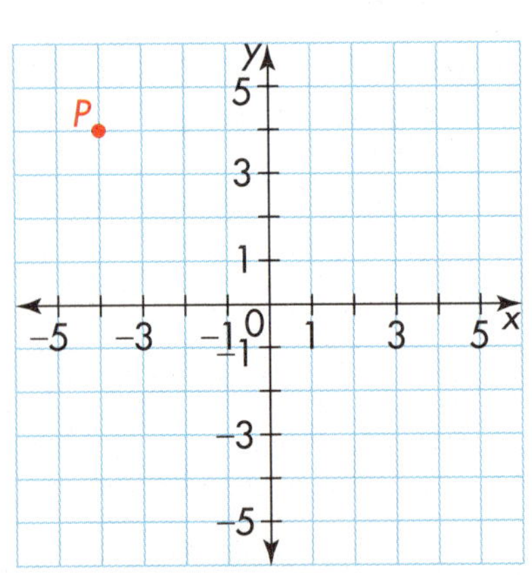

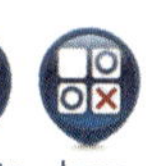

Tarea y práctica 4-1

Enteros en el plano de coordenadas

¡Revisemos!

Un **plano de coordenadas** es una cuadrícula que contiene rectas numéricas que se intersecan en ángulo recto y dividen el plano en cuatro **cuadrantes**. La recta numérica horizontal se llama **eje de las x** y la recta numérica vertical se llama **eje de las y**.

La ubicación de un punto en un plano de coordenadas se escribe como un **par ordenado** (x, y).

Marca y rotula el punto $K\,(4, -3)$ en el plano de coordenadas de la derecha.

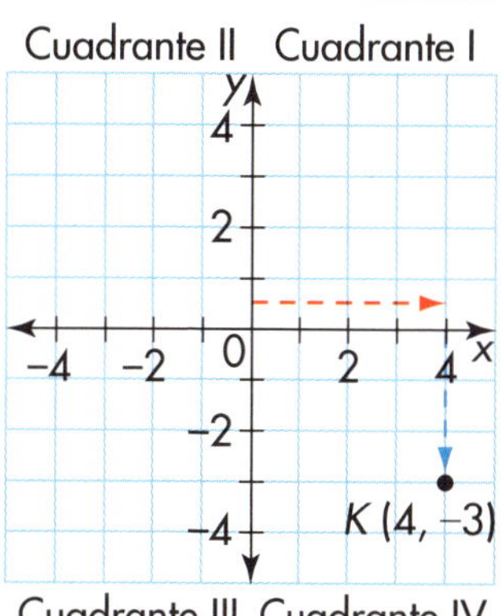

Escribe el par ordenado de los puntos de los Ejercicios **1** a **10**. Marca y rotula los puntos de los Ejercicios **11** a **16**.

1. A

2. B

3. C

4. D

5. E

6. F

7. G

8. H

9. I

10. J

11. $U\,(-5, -3)$

12. $V\,(-9, 3)$

13. $W\,(3, 8)$

14. $X\,(8, 3)$

15. $Y\,(6, -6)$

16. $Z\,(-5, 0)$

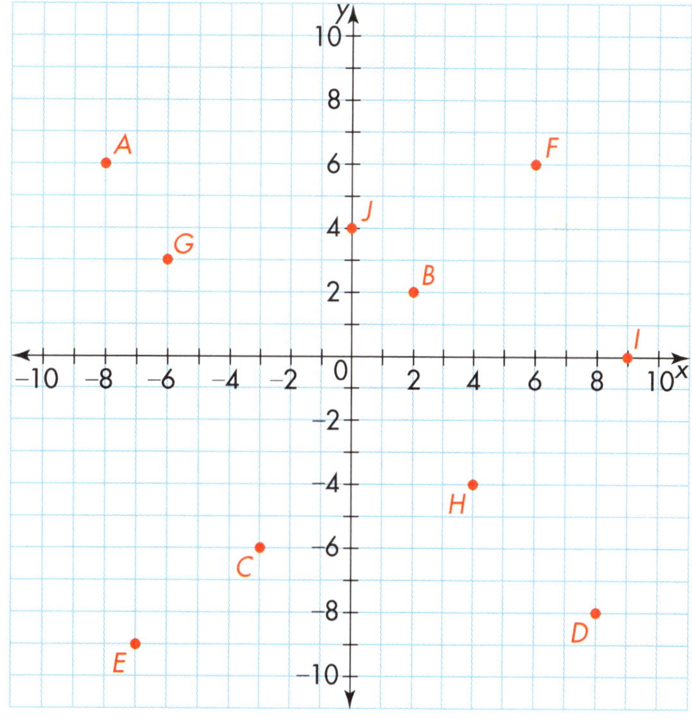

Usa el mapa de la derecha en los Ejercicios **17** a **20**.

17. ¿Cuáles son las coordenadas de la montaña rusa?

18. ¿En qué cuadrante está el bebedero de agua?

19. ¿Qué ubicación es una imagen reflejada a través del eje de las y de $(-7, 3)$?

20. **Razonamiento de orden superior** Sigue las rectas de la cuadrícula. ¿Qué está más cerca del puesto de *hot dog*, el tiro al blanco o los carros chocones? Explícalo.

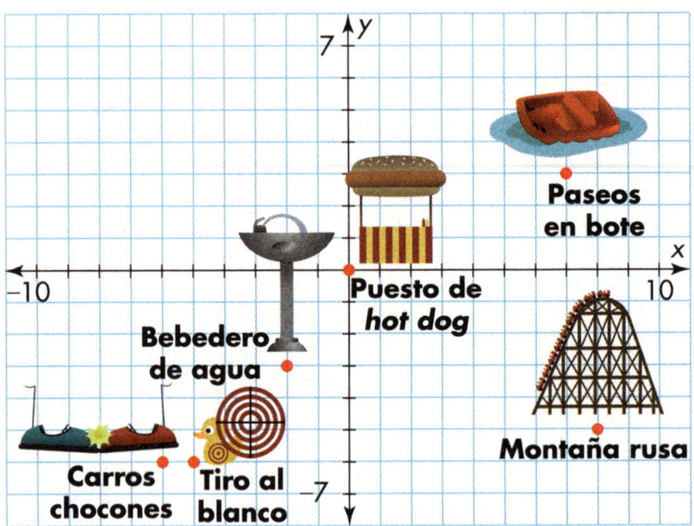

21. **Matemáticas y ciencias** La magnitud de un terremoto se expresa generalmente usando la escala de Richter. Cada incremento de un número entero en la escala de Richter representa una magnitud 10 veces mayor. Usa la expresión 10^a, donde a es la diferencia en la magnitud de dos terremotos, para hallar cuánto mayor es un terremoto de magnitud 5.6 que uno de magnitud 2.6.

22. **A-Z Vocabulario** Escribe cuatro ejemplos de pares ordenados, cada uno ubicado en un cuadrante diferente del plano de coordenadas.

© **Evaluación de *Common Core***

23. ¿Qué par ordenado **NO** es una imagen reflejada del punto P a través del eje de las x, del eje de las y o de ambos ejes?

   Ⓐ $(2, 4)$

   Ⓑ $(2, -4)$

   Ⓒ $(-2, 4)$

   Ⓓ $(-2, -4)$

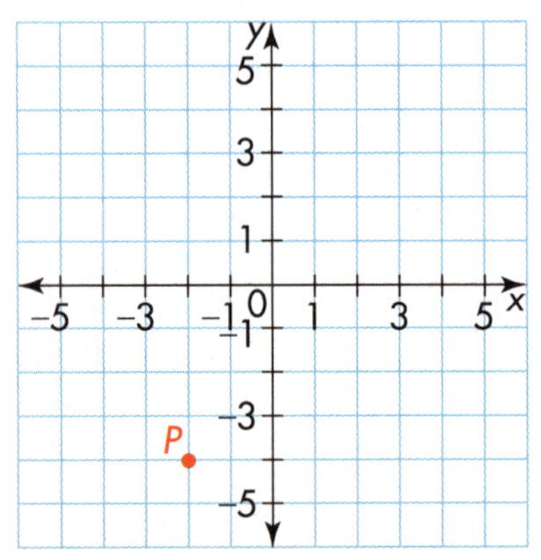

Nombre _______________________

La coordenada x del punto B es $-1\frac{3}{4}$. La coordenada y es $2\frac{1}{2}$. Marca y rotula el punto B en el plano de coordenadas.

Lección 4-2
Números racionales en el plano de coordenadas

Puedo...
marcar números racionales en un plano de coordenadas.

 **Estándares de contenido** 6.SN.C.6b, 6.SN.C.6c
Prácticas matemáticas PM.3, PM.5, PM.6, PM.7

¡Vuelve atrás! © **PM.6 Hacerlo con precisión** El punto R es una reflexión, o imagen reflejada, del punto B a través del eje de las x. Marca y rotula el punto R.

Pregunta esencial

¿Cómo se pueden describir los puntos que tienen números racionales como coordenadas?

A

A la derecha se muestra un mapa cuadriculado de Washington, D. C. ¿Cuáles son las coordenadas de la ubicación del Monumento a Jefferson?

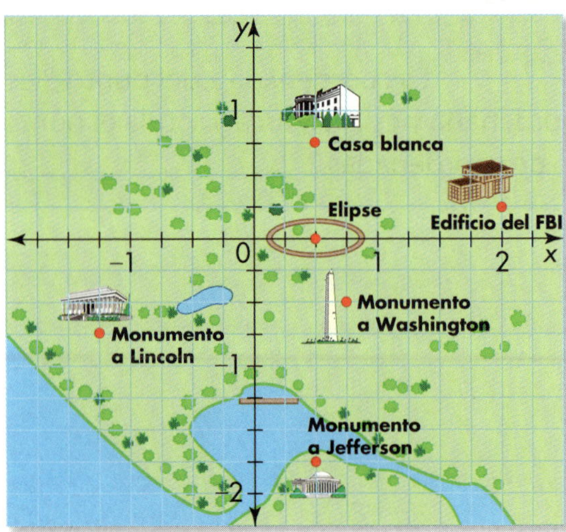

B **Usa decimales.**

Halla el Monumento a Jefferson en el mapa.

- Sigue las rectas de la cuadrícula por el eje de las x para hallar la coordenada x, 0.5.

- Sigue las rectas de la cuadrícula por el eje de las y para hallar la coordenada y, -1.75.

Las coordenadas de la ubicación del Monumento a Jefferson son $(0.5, -1.75)$.

C **Usa fracciones.**

Cambia los valores de las coordenadas de decimales a fracciones.

- $0.5 = \frac{1}{2}$; por tanto, la coordenada x es $\frac{1}{2}$.

- $-1.75 = -1\frac{3}{4}$; por tanto, la coordenada y es $-1\frac{3}{4}$.

Las coordenadas de la ubicación del Monumento a Jefferson también se pueden escribir como $\left(\frac{1}{2}, -1\frac{3}{4}\right)$.

¡Convénceme! **© PM.6 Hacerlo con precisión** Escribe las coordenadas de la ubicación del edificio del FBI usando números decimales y usando fracciones.

Amigo de práctica Herramientas Evaluación

☆ Práctica guiada *

¿Lo entiendes?

1. © **PM.3 Construir argumentos** En un mapa más grande, las coordenadas de la ubicación de otro monumento de D. C. son $(8, -10)$. ¿En qué cuadrante del mapa se encuentra este monumento? Explica cómo puedes saberlo a partir de las coordenadas.

2. ¿Cuáles son las coordenadas del punto que es una reflexión del punto del Monumento a Jefferson a través del eje de las y?

¿Cómo hacerlo?

Usa el mapa de la página anterior y escribe los pares ordenados de cada ubicación en los Ejercicios **3** y **4**.

3. Casa Blanca

4. Monumento a Lincoln

Usa el mapa de la página anterior y anota el monumento ubicado en cada par ordenado en los Ejercicios **5** y **6**.

5. $(0.5, 0)$

6. $\left(\dfrac{3}{4}, -\dfrac{1}{2}\right)$

☆ Práctica independiente

Marca y rotula los pares ordenados de los Ejercicios **7** a **14**.
Escribe el par ordenado para los puntos de los Ejercicios **15** a **18**.

7. $A\,(-2.5, 1.5)$

8. $B\,(2, 1.5)$

9. $C\left(-2, -1\dfrac{1}{2}\right)$

10. $D\left(1\dfrac{1}{2}, -1\right)$

11. $E\,(-0.5, 1.5)$

12. $F\,(2.5, -2)$

13. $G\left(0, -1\dfrac{1}{2}\right)$

14. $H\left(-1, -2\dfrac{1}{2}\right)$

15. R

16. S

17. T

18. U

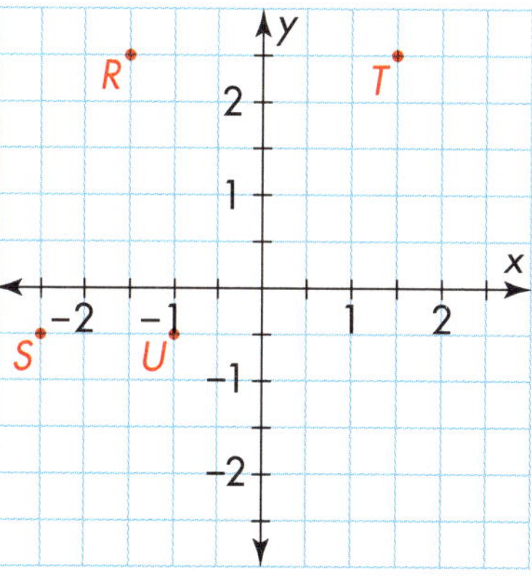

19. ¿Qué está ubicado en $(-0.7, -0.2)$?

20. ¿Qué está ubicado en $\left(\frac{3}{10}, -\frac{1}{5}\right)$?

21. Escribe de dos maneras diferentes el par ordenado para ubicar el Fin del sendero.

22. **Razonamiento de orden superior** ¿Cuáles son las coordenadas del Centro de información? Explica cómo hallaste la coordenada y.

23. © **PM.7 Usar la estructura** ¿Qué áreas de picnic se ubican en los puntos que son imágenes reflejadas a través de uno de los ejes del plano de coordenadas?

24. **Sentido numérico** Avi escribió la siguiente ecuación. Si es necesario, inserta paréntesis para hacer que la ecuación sea verdadera. Si los paréntesis no son necesarios, escribe "no se necesitan paréntesis".

$$6 + 2 \times 2^3 = 64$$

© **Evaluación de _Common Core_**

25. Marca y rotula los puntos en el plano de coordenadas de la derecha.

$A\left(\frac{3}{4}, -1\frac{1}{2}\right)$

$B\,(-2.75, -2.25)$

$C\left(0, 2\frac{1}{4}\right)$

$D\,(-1.75, 2)$

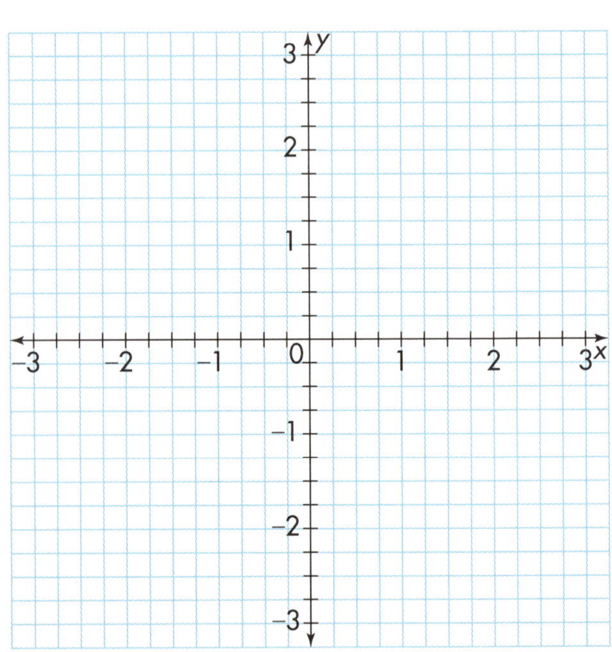

Tarea y práctica
4-2

Números racionales en el plano de coordenadas

¡Revisemos!

El plano de coordenadas tiene dos unidades entre cada valor entero. Por tanto, la longitud de cada unidad es $\frac{1}{2}$. Marca y rotula el punto $\left(-2, -1\frac{1}{2}\right)$.

Para ubicar el punto $\left(-2, -1\frac{1}{2}\right)$, comienza en el origen. Muévete 2 unidades a la izquierda sobre el eje de las x, y luego muévete hacia abajo $1\frac{1}{2}$ unidades sobre el eje de las y.

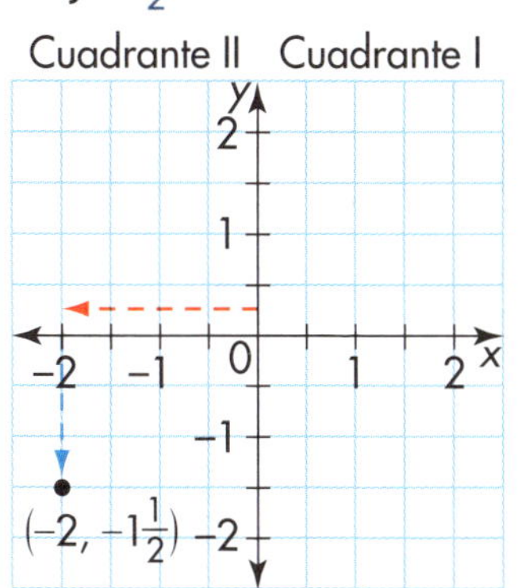

Cuadrante II   Cuadrante I

$\left(-2, -1\frac{1}{2}\right)$

Cuadrante III Cuadrante IV

Escribe los pares ordenados de los puntos de los Ejercicios **1** a **10**. Marca y rotula los puntos de los Ejercicios **11** a **16**.

1. A

2. B

3. C

4. D

5. E

6. F

7. G

8. H

9. I

10. J

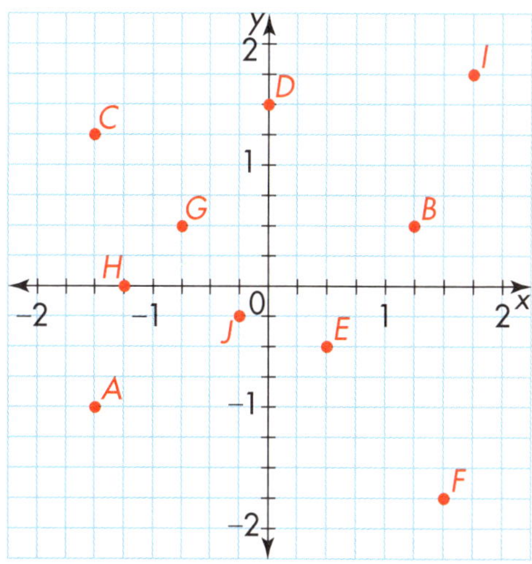

11. $U\,(1, -1.5)$

12. $V\left(-\frac{1}{2}, 1\right)$

13. $W\left(-1\frac{3}{4}, -1\frac{3}{4}\right)$

14. $X\,(1.75, -0.75)$

15. $Y\left(0, -1\frac{3}{4}\right)$

16. $Z\left(\frac{3}{4}, 1\right)$

17. ¿Qué está ubicado en (0.5, −0.5)?

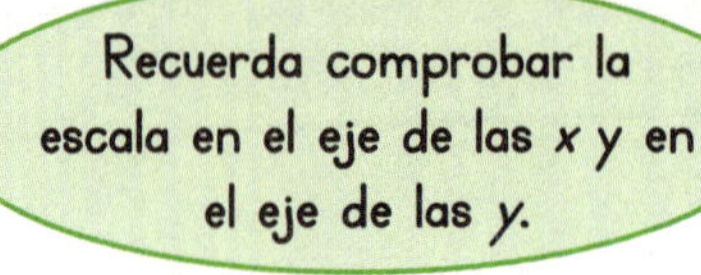

18. ¿Qué está ubicado en $\left(-\frac{1}{2}, \frac{2}{5}\right)$?

19. Escribe el par ordenado para ubicar la Cueva de murciélagos.

20. **Razonamiento de orden superior** Supón que ✚ señalara el punto donde se enterró el tesoro. Explica la ruta más corta, desde el Barco pirata hasta el tesoro usando las rectas de la cuadrícula como unidades.

21. ¿Qué dos ubicaciones son reflexiones a través de uno o ambos ejes del plano de coordenadas?

22. **Sentido numérico** María escribió la siguiente ecuación. Si es necesario, inserta paréntesis para hacer que la ecuación sea verdadera. Si los paréntesis no son necesarios, escribe "no se necesitan paréntesis".

$$3^3 - 2^2 \times 5 = 7$$

ⓒ **Evaluación de *Common Core***

23. Marca y rotula los puntos en el plano de coordenadas de la derecha.

$E\left(-2\frac{1}{4}, -1\frac{3}{4}\right)$

$F\,(1.5, -2.75)$

$G\,(-0.75, 0)$

$H\,(3, 1.5)$

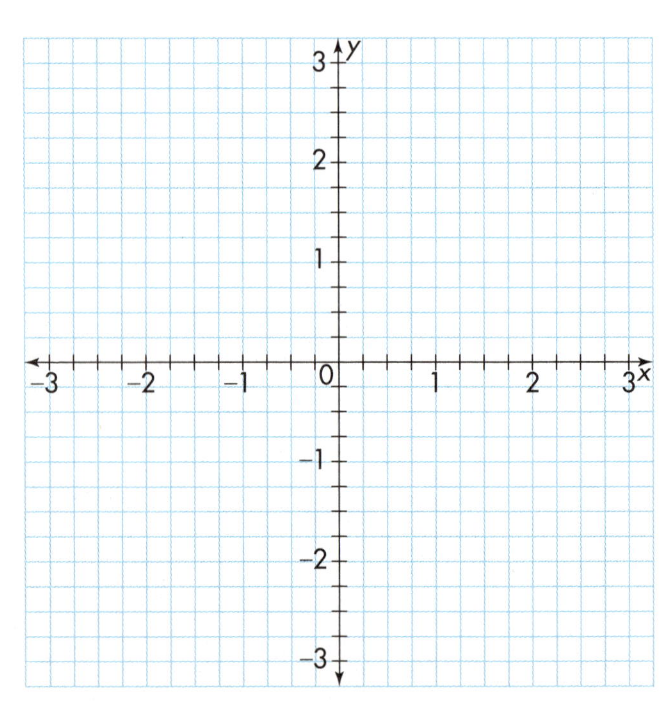

© Pearson Education, Inc. 6

Resuélvelo y coméntalo

¿Cuál es la distancia entre el punto *A* y el punto *B*? ¿Cuál es la distancia entre el punto *A* y el punto *C*? *Resuelve este problema de la manera que prefieras.*

Lección 4-3
La distancia en el plano de coordenadas

Puedo...
usar el valor absoluto para hallar la distancia en un plano de coordenadas.

© **Estándar de contenido** 6.SN.C.8
Prácticas matemáticas PM.1, PM.2, PM.3, PM.7

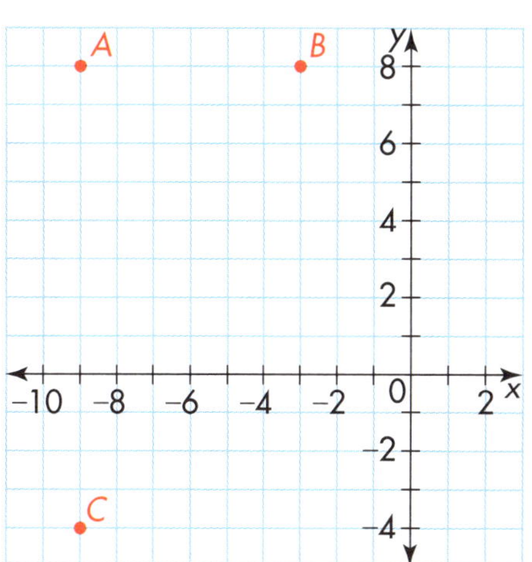

¡Vuelve atrás! © **PM.3 Construir argumentos** Explica cómo puedes usar los valores absolutos de las coordenadas de los puntos *A*, *B* y *C* para hallar las distancias entre los puntos *A* y *B* y entre los puntos *A* y *C*.

Pregunta esencial ¿Cómo se puede hallar la distancia entre dos puntos en un plano de coordenadas?

A

Tammy dibujó un mapa de su barrio. ¿Cuál es la distancia desde la casa de Li hasta la escuela?

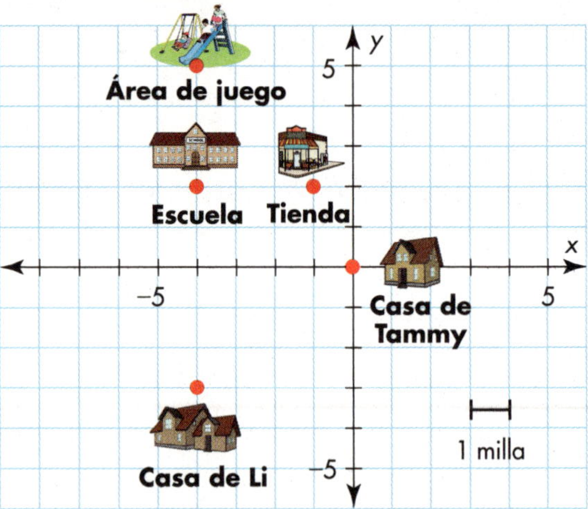

B Halla las coordenadas de la casa de Li y de la escuela.

- Las coordenadas de la casa de Li son $(-4, -3)$.

- Las coordenadas de la escuela son $(-4, 2)$.

C Los valores absolutos de las coordenadas *y* te indican la distancia entre cada punto y el eje de las *x*.

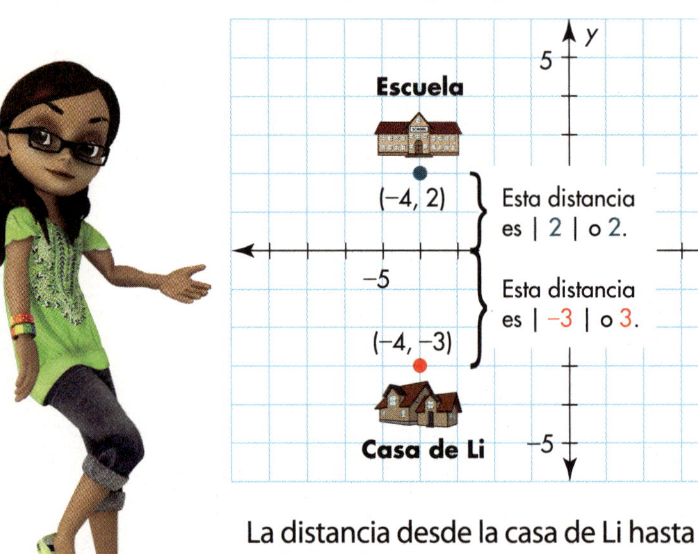

La distancia desde la casa de Li hasta la escuela es $|2| + |-3| = 2 + 3 = 5$ millas.

¡Convénceme! © **PM.7 Usar la estructura** Para hallar la distancia entre la escuela y el área de juego, ¿se suman o se restan los valores absolutos de las coordenadas *y*? Explícalo.

☆ Práctica guiada *

¿Lo entiendes?

1. ⓒ **PM.7 Usar la estructura** ¿Cómo usarías los valores absolutos para hallar la distancia entre la escuela y la tienda?

2. ⓒ **PM.7 Buscar relaciones** Para hallar la distancia entre dos puntos a partir de sus coordenadas, ¿cuándo sumas sus valores absolutos y cuándo los restas?

¿Cómo hacerlo?

Halla la distancia entre los pares de puntos de los Ejercicios **3** a **8**.

3. $(-5, 2)$ y $(-5, 6)$

4. $(-3, -1)$ y $(2, -1)$

5. $(4.5, -3.3)$ y $(4.5, 5.5)$

6. $(-1.6, -1)$ y $(0.6, -1)$

7. $\left(5\frac{1}{2}, -7\frac{1}{2}\right)$ y $\left(5\frac{1}{2}, -1\frac{1}{2}\right)$

8. $\left(-2\frac{1}{4}, -8\right)$ y $\left(7\frac{3}{4}, -8\right)$

☆ Práctica independiente

Práctica al nivel Halla la distancia entre los pares de puntos en los Ejercicios **9** a **14**.

9. $(-2, 8)$ y $(7, 8)$

$|\boxed{}| + |\boxed{}|$

$= \underline{} + \underline{}$

$= \underline{}$ unidades

10. $(-6.1, -8.4)$ y $(-6.1, -4.2)$

$|\boxed{}| - |\boxed{}|$

$= \underline{} - \underline{}$

$= \underline{}$ unidades

11. $\left(12\frac{1}{2}, 3\frac{3}{4}\right)$ y $\left(-4\frac{1}{2}, 3\frac{3}{4}\right)$

$|\boxed{}| + |\boxed{}|$

$= \underline{} + \underline{}$

$= \underline{}$ unidades

12. $(-5, -3)$ y $(-5, -6)$

13. $(-5.4, 4.7)$ y $(0.6, 4.7)$

14. $\left(7\frac{1}{2}, -5\frac{3}{4}\right)$ y $\left(7\frac{1}{2}, -1\frac{1}{4}\right)$

Usa el mapa de la derecha en los Ejercicios **15** a **18**.

15. Halla la distancia desde la Montaña rusa 1 hasta los Columpios.

16. Halla la distancia entre la Rueda de Chicago y la Montaña rusa 3.

17. Halla la distancia total desde la Montaña rusa 2 hasta la Montaña rusa 3, y luego hasta el Tobogán acuático.

18. **Razonamiento de orden superior** ¿La distancia desde el Carrusel hasta el Tobogán acuático es la misma que desde el Tobogán acuático hasta el Carrusel? Explícalo.

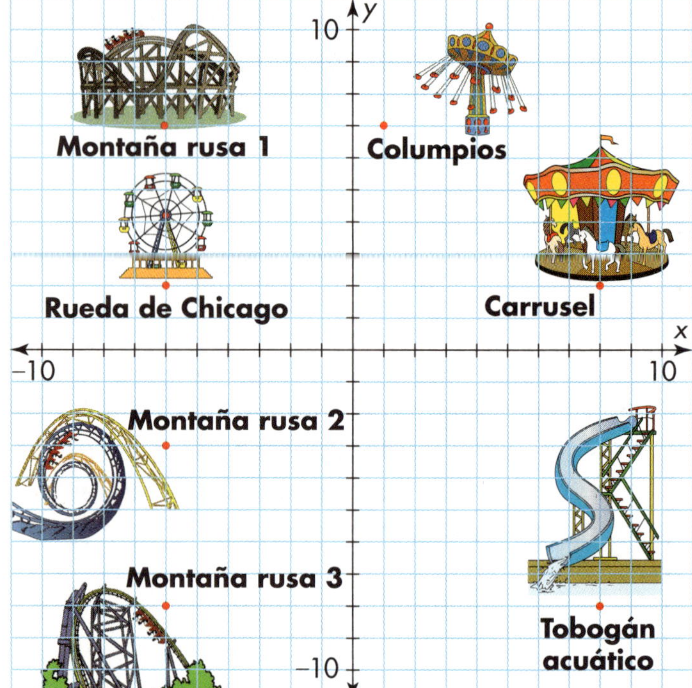

19. © **PM.7 Usar la estructura** Supón que a, b y c son números negativos. ¿Cómo puedes hallar la distancia entre los puntos (a, b) y (a, c)?

20. **Matemáticas y ciencias** Una científica marcó la ubicación del epicentro de un terremoto y todos los lugares en donde la población informó haberlo sentido. Ubicó el epicentro en $(-1, 8)$, y el lugar más lejano que informó haber sentido el terremoto se ubicaba en $(85, 8)$. Si cada unidad de la gráfica representa 1 milla, ¿hasta qué distancia del epicentro se sintió el terremoto?

© Evaluación de *Common Core*

21. Halla los dos pares ordenados que están separados por 4.5 unidades. Luego, escribe esos pares ordenados en la segunda fila de la tabla.

Distancia = 4.5 unidades

$(5.5, -1)$ $(-1.5, 3)$ $(-3, 3)$ $(5.5, 2.5)$ $(-1.5, -1.5)$

¡Revisemos!

¿Cuál es la distancia entre el dentista y el museo?
¿Y entre el parque y el gimnasio?

Del dentista al museo: $(-3, 5)$ a $(4, 5)$
Las coordenadas y son las mismas; por tanto, usa las coordenadas x. Como los puntos están en cuadrantes diferentes, suma los valores absolutos: $|-3| + |4| = 3 + 4 = 7$ unidades.

Del parque al gimnasio: $(-4, -5)$ a $(-4, -1)$
Las coordenadas x son las mismas; por tanto, usa las coordenadas y. $|-5| - |-1| = 5 - 1 = 4$ unidades.

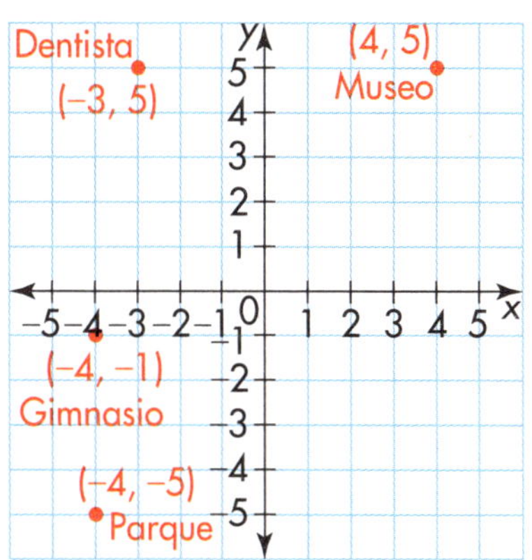

Halla la distancia entre los pares de puntos en los Ejercicios **1** a **9**.

1. $(5, -6)$ y $(2, -6)$

$|\ \square\ | + |\ \square\ |$

$= \underline{\ \ } - \underline{\ \ }$

$= \underline{\ \ \ }$ unidades

2. $(-6, -4.7)$ y $(-6, 4.1)$

$|\ \underline{\quad\quad}\ | + |\ \underline{\quad}\ |$

$= \underline{\ \ \ } + \underline{\ \ \ }$

$= \underline{\ \ \ }$ unidades

3. $\left(-2\frac{1}{2}, 1\frac{3}{4}\right)$ y $\left(-1\frac{1}{4}, 1\frac{3}{4}\right)$

$|\ \square\ | - |\ \square\ |$

$= \underline{\ \ \ } - \underline{\ \ \ }$

$= \underline{\ \ \ }$ unidades

4. $(-7, -4)$ y $(-7, 9)$

5. $(2.4, 1.8)$ y $(-0.6, 1.8)$

6. $\left(7\frac{1}{2}, -6\right)$ y $\left(7\frac{1}{2}, -2\frac{1}{2}\right)$

7. $(0, -6)$ y $(-10, -6)$

8. $(-3, 8.5)$ y $(-3, 7.7)$

9. $\left(\frac{1}{2}, 3\frac{3}{4}\right)$ y $\left(\frac{1}{2}, -1\frac{1}{4}\right)$

10. En un mapa, el museo se ubica en $(15, -2)$. La biblioteca se ubica en $(15, -17)$. Si cada unidad del mapa es una cuadra, ¿cuántas cuadras hay desde el museo hasta la biblioteca?

11. Halla la distancia desde la zona de pesca hasta las canoas.

12. ¿Qué distancia hay desde la zona de natación hasta el tobogán acuático?

13. Halla la distancia total desde las cascadas hasta las canoas, y luego hasta la zona de pesca.

14. **Razonamiento de orden superior** ¿Cuáles son las coordenadas de la reflexión del tobogán acuático a través de los dos ejes?

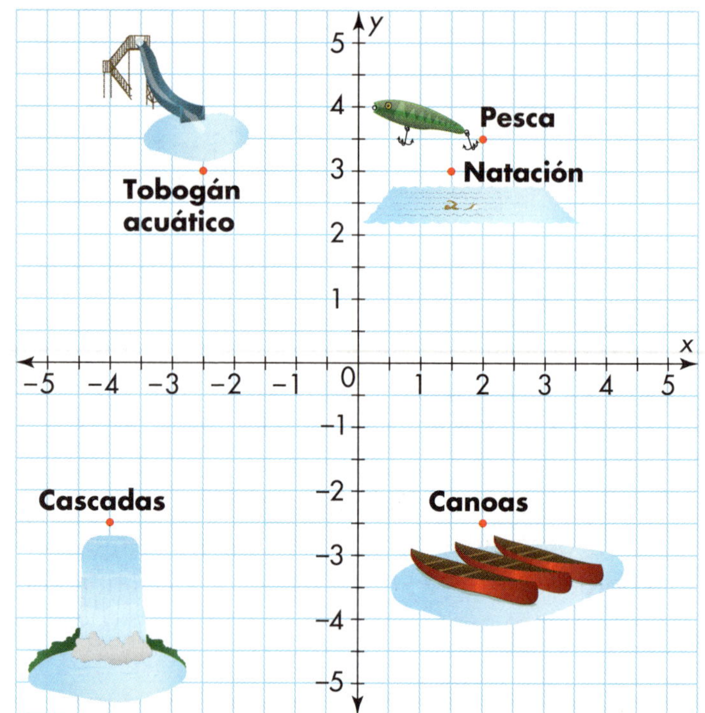

---

15. **⊙ PM.2 Razonar** En un mapa, Jorge está parado en $(11, -11)$. Su amiga Leslie está parada en $(1, -11)$. Si Jorge camina 10 unidades a la derecha, ¿estará parado en el mismo lugar que Leslie? Explícalo.

16. **⊙ PM.1 Entender y perseverar** Helena piensa un número. Ese número elevado a la tercera potencia es 100 veces mayor que cuando se eleva a la segunda potencia. ¿Qué número está pensando Helena?

⊙ Evaluación de *Common Core*

17. Halla los dos pares ordenados que están separados por $3\frac{1}{2}$ unidades. Luego, escríbelos en la segunda fila de la tabla.

Distancia = 3.5 unidades

$$\left(4\frac{1}{2}, -1\right) \quad \left(-1\frac{1}{4}, 2\frac{1}{2}\right) \quad \left(2\frac{1}{4}, 2\frac{1}{2}\right) \quad \left(5\frac{1}{2}, 1\frac{1}{2}\right) \quad \left(5\frac{1}{2}, -2\frac{1}{2}\right)$$

Dibuja un polígono con vértices en $A(-1, 6)$, $B(-7, 6)$, $C(-7, -3)$ y $D(-1, -3)$. Luego, halla su perímetro. *Resuelve este problema de la manera que prefieras.*

Puedo...

hallar las longitudes de los lados de los polígonos en un plano de coordenadas.

Estándares de contenido 6.SN.C.8, 6.G.A.3
Prácticas matemáticas PM.2, PM.3, PM.7, PM.8

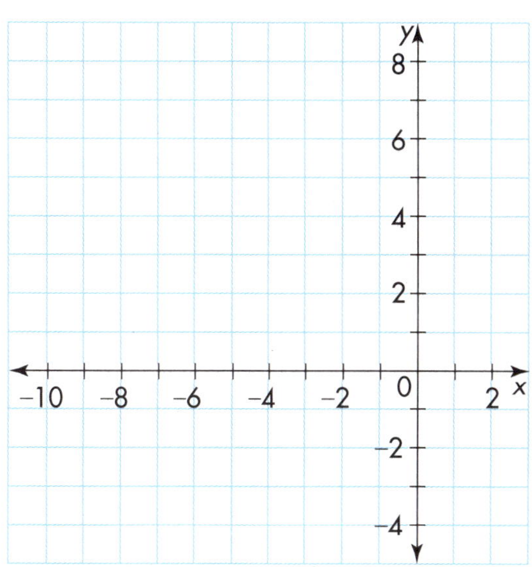

¡Vuelve atrás! **PM.3 Construir argumentos** ¿Qué tipo de polígono dibujaste? Usa una definición para justificar tu respuesta.

Pregunta esencial · **¿Cómo se puede hallar el perímetro de un polígono en el plano de coordenadas?**

A

Una arqueóloga usó un plano de coordenadas para diagramar un sitio de excavación. Marcó las esquinas de un edificio con banderas como se muestra en la imagen. ¿Cuánta cuerda necesita para rodear el edificio?

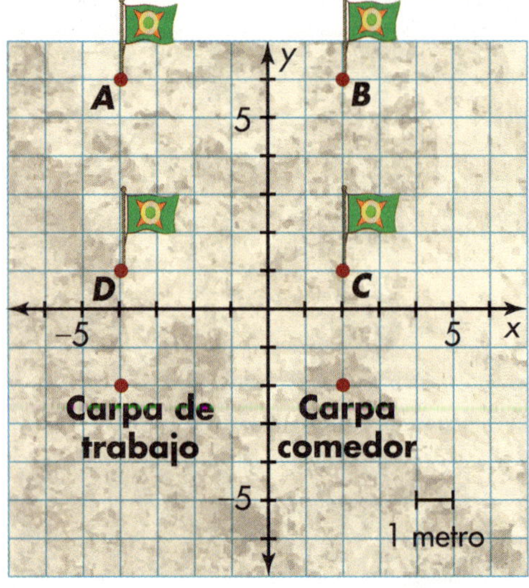

B Halla la longitud de los lados del rectángulo *ABCD*. Usa las coordenadas de los vértices del rectángulo; $A(-4, 6)$, $B(2, 6)$, $C(2, 1)$ y $D(-4, 1)$.

- La distancia de A a $B = |-4| + |2|$
  $= 4 + 2 = 6$ m

- La distancia de B a $C = |6| - |1|$
  $= 6 - 1 = 5$ m

- La distancia de C a $D = |2| + |-4|$
  $= 2 + 4 = 6$ m

- La distancia de A a $D = |6| - |1|$
  $= 6 - 1 = 5$ m

C Suma las longitudes de los lados para hallar el perímetro del rectángulo *ABCD*.

Perímetro $= 6$ m $+ 5$ m $+ 6$ m $+ 5$ m
$= 22$ metros

¡Convénceme! © **PM.8 Generalizar** ¿Cómo puedes usar lo que sabes sobre la fórmula del perímetro de un rectángulo para hallar el perímetro usando dos de las distancias?

⭐ Práctica guiada *

¿Lo entiendes?	¿Cómo hacerlo?

¿Lo entiendes?

1. © **PM.2 Razonar** En el problema de la página anterior, ¿por qué sumas valores absolutos para hallar la distancia de *A* a *B*, pero restas valores absolutos para hallar la distancia de *B* a *C*?

2. © **PM.3 Construir argumentos** ¿Podrías usar el método de sumar o restar los valores absolutos de las coordenadas para hallar la longitud de la diagonal *AC* del rectángulo *ABCD*? Explícalo.

¿Cómo hacerlo?

3. Usa el mapa del sitio de excavación arqueológico de la página anterior. ¿Cuál es el perímetro del rectángulo con vértices en los puntos *D*, *C*, la carpa comedor y la carpa de trabajo?

4. Halla el perímetro del rectángulo *MNOP* con vértices en *M* (−2, 5), *N* (−2, −4), *O* (3, −4) y *P* (3, 5).

⭐ Práctica independiente

Práctica al nivel Halla el perímetro de los rectángulos en los Ejercicios **5** y **6**.

5. Rectángulo *JKLM*: *J* (−3, 8), *K* (−3, −1), *L* (4, −1), *M* (4, 8)

$JK = |\boxed{}| + |\boxed{}|$

$= \underline{} + \underline{} = \underline{}$

$KL = |\boxed{}| + |\boxed{}|$

$= \underline{} + \underline{} = \underline{}$

Perímetro = *JK* + *KL* + *LM* + *MJ*

$= \underline{} + \underline{} + \underline{} + \underline{} = \underline{}$ unidades

6. Rectángulo *WXYZ*: *W* (−3, −2), *X* (4, −2), *Y* (4, −5), *Z* (−3, −5)

$WX = |\boxed{}| + |\boxed{}|$

$= \underline{} + \underline{} = \underline{}$

$XY = |\boxed{}| - |\boxed{}|$

$= \underline{} - \underline{} = \underline{}$

Perímetro = *WX* + *XY* + *YZ* + *ZW*

$= \underline{} + \underline{} + \underline{} + \underline{} = \underline{}$ unidades

7. El rectángulo *EFGH* tiene vértices *E* (−9, 10), *F* (−9, 2), *G* (6, 2) y *H* (6, 10). ¿Cuál es el perímetro del rectángulo *EFGH*?

8. Mike usó un plano de coordenadas para diseñar el patio que se muestra a la derecha. Cada unidad de la cuadrícula representa 1 yarda. Para comprar materiales para construir el patio, Mike necesita saber su perímetro. ¿Cuál es el perímetro del patio?

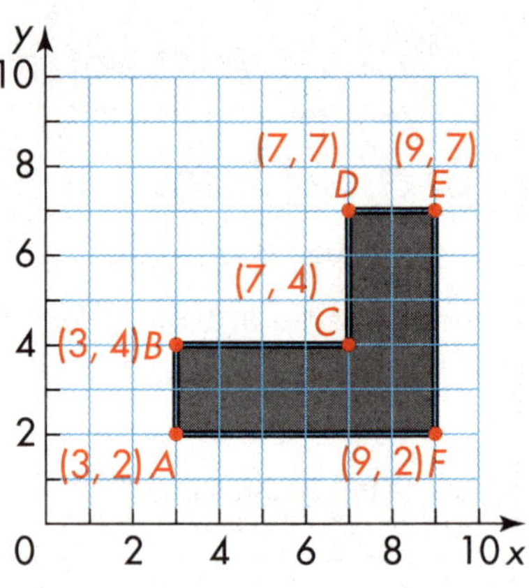

9. Razonamiento de orden superior Un cuadrado en un plano de coordenadas tiene un vértice en $(-0.5, -2)$ y un perímetro de 10 unidades. Si todos sus vértices se ubican en el Cuadrante III, ¿cuáles son las coordenadas de los otros 3 vértices?

10. © PM.7 Usar la estructura Ana dibujó un plano para un pedazo de tela que usará para una colcha. Tres de los vértices son $(-1.2, -3.5)$, $(-1.2, 4.4)$ y $(5.5, 4.4)$. ¿Cuáles son las coordenadas del cuarto vértice?

11. A-Z Vocabulario ¿Por qué se usa el valor absoluto para hallar distancias en el plano de coordenadas?

12. Sentido numérico Suzanne divide 439 premios entre 14 puestos de una feria. Quiere repartir los premios en partes iguales. ¿Aproximadamente cuántos premios habrá por puesto?

© Evaluación de *Common Core*

13. Las coordenadas del triángulo ABC son $A\left(-1\frac{1}{2}, -\frac{1}{2}\right)$, $B\left(-1\frac{1}{2}, -3\right)$ y $C(4, -3)$.

Parte A

¿Cuál es la distancia entre los puntos A y B?

Parte B

Indica las coordenadas de dos puntos que estén a 8 unidades del punto C.

Ayuda Amigo de práctica Herramientas Juegos

¡Revisemos!

Halla el perímetro del rectángulo *ABCD*. Suma o resta los valores absolutos para hallar la longitud de los lados.

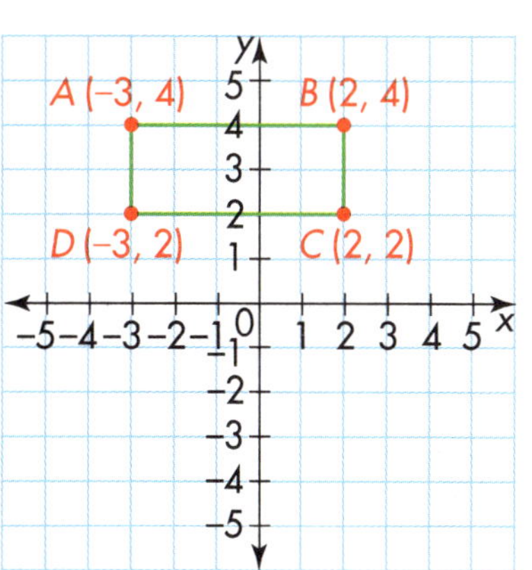

AB: $|-3| + |2| = 3 + 2 = 5$ unidades

BC: $|4| - |2| = 4 - 2 = 2$ unidades

CD: $|-3| + |2| = 3 + 2 = 5$ unidades

DA: $|4| - |2| = 4 - 2 = 2$ unidades

El perímetro es $5 + 2 + 5 + 2 = 14$ unidades.

Usa el plano de coordenadas para resolver los Ejercicios **1** y **2**.

1. ¿Cuál es el perímetro del rectángulo *ABCD*?

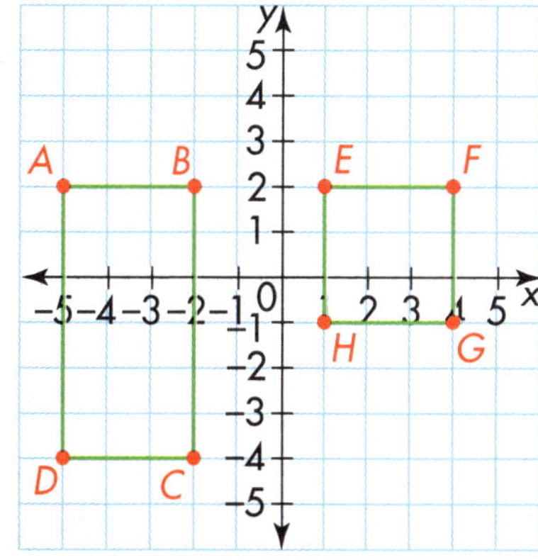

2. ¿Cuál es el perímetro del cuadrado *EFGH*?

3. El rectángulo QRST tiene vértices $Q\left(4\frac{1}{2}, 2\right)$, $R\left(8\frac{1}{2}, 2\right)$, $S\left(8\frac{1}{2}, -3\frac{1}{2}\right)$, $T\left(4\frac{1}{2}, -3\frac{1}{2}\right)$. ¿Cuál es el perímetro del rectángulo *QRST*?

4. Madison usó un plano de coordenadas para diagramar la huerta que se muestra a la derecha. Para comprar vallado para la huerta, Madison necesita saber su perímetro. ¿Cuál es el perímetro de la huerta?

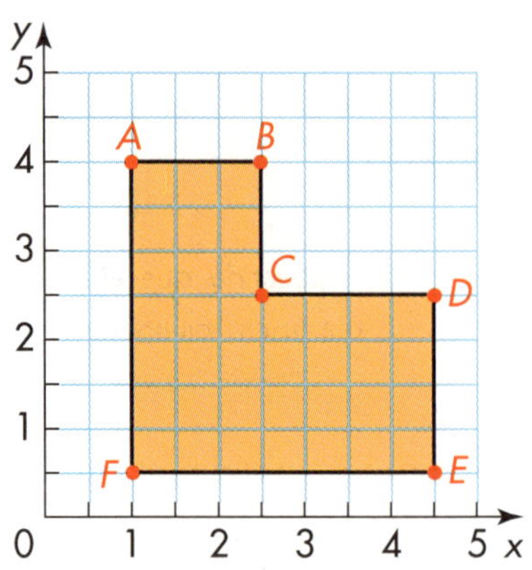

5. **Razonamiento de orden superior** Un rectángulo en un plano de coordenadas tiene un vértice en $(-5, -6)$ y un perímetro de 30 unidades. ¿Cuáles pueden ser las coordenadas de los otros 3 vértices?

6. © **PM.7 Usar la estructura** El Sr. Wells dibujó un plano para una caseta rectangular de perro. Tres de los vértices son $\left(2\frac{1}{3}, 7\frac{1}{2}\right)$, $\left(12, 7\frac{1}{2}\right)$ y $(12, 1)$. ¿Cuáles son las coordenadas del cuarto vértice?

7. **Álgebra** Mai dio la mitad de las monedas de su colección a su hermano menor. Luego, vendió 18 monedas a un amigo. Ahora le quedan 35 monedas en su colección. Sea $m =$ la cantidad de monedas que tenía Mai en su colección al principio. Resuelve la ecuación $\frac{1}{2}m - 18 = 35$ para hallar la cantidad de monedas que tenía en su colección.

8. Joaquín tiene 513 estampillas en su colección. Las organiza en un álbum de 26 páginas. Aproximadamente ¿cuántas estampillas habrá en cada página?

© **Evaluación de _Common Core_**

9. Las coordenadas del triángulo XYZ son $X(-3, 3.3)$, $Y(-3, -5.2)$ y $Z(4.5, -5.2)$.

Parte A

¿Cuál es la distancia entre los puntos X e Y?

Parte B

Indica las coordenadas de dos puntos que estén a 5 unidades del punto Z.

Resuélvelo y coméntalo

Nathan usa un plano de coordenadas para dibujar un plano de su nuevo jardín. Para una sección, dibuja un cuadrado con un vértice en (−4, 3). Muestra una manera en la que Nathan puede dibujar el cuadrado.

Construye un argumento que explique cómo sabes que la figura es un cuadrado.

Lección 4-5
Construir argumentos

Puedo...
construir argumentos usando lo que sé sobre hallar distancias en el plano de coordenadas.

© **Prácticas matemáticas** PM.3, PM.1, PM.4, PM.6
Estándares de contenido 6.SN.C.8, 6.G.A.3

Hábitos de razonamiento

¡Razona correctamente! Estas preguntas te pueden ayudar.

- ¿Cómo puedo usar números, objetos, dibujos o acciones para justificar mi argumento?

- ¿Estoy usando los números y los signos o símbolos correctamente?

- ¿Es mi explicación clara y completa?

- ¿Puedo usar contraejemplos en mi argumento?

¡Vuelve atrás! © **PM.3 Construir argumentos** Supón que Nathan marcara otro vértice del área del jardín en (0, 3). ¿Podría este representar una esquina de la sección cuadrada del jardín? Construye un argumento para justificar tu respuesta.

¿Cómo se pueden construir argumentos para justificar tu respuesta?

A

Un polígono en un plano de coordenadas tiene los vértices A (−3, 2), B (9, 2), C (9, −10) y D (−3, −10). ¿Es el polígono ABCD un cuadrado? Construye un argumento para justificar tu respuesta.

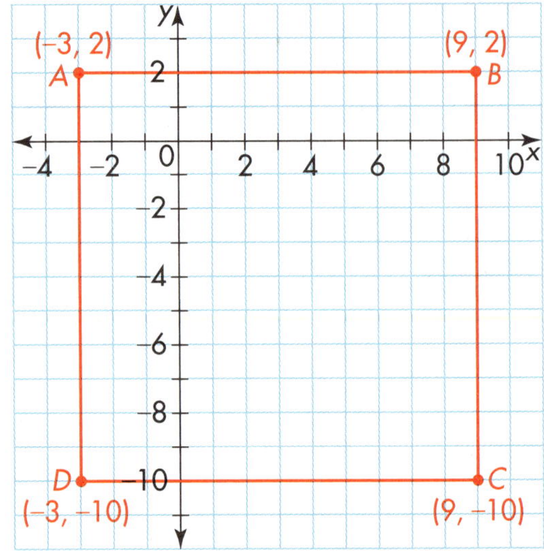

¿Qué necesito para resolver el problema?

Necesito usar lo que sé sobre polígonos y hallar distancias en el plano de coordenadas. Luego, necesito enunciar mi conclusión escribiendo un argumento bueno que la justifique.

B ### ¿Cómo puedo construir un argumento?

Puedo

- usar las matemáticas para explicar mi razonamiento.

- usar las palabras y los símbolos correctos.

- dar una explicación completa.

C Los cuatro ángulos son rectos porque los lados siguen las rectas de la cuadrícula.

Halla las longitudes de los lados.

$AB = |-3| + |9| = 3 + 9 = 12$ unidades
$BC = |2| + |-10| = 2 + 10 = 12$ unidades
$CD = |9| + |-3| = 9 + 3 = 12$ unidades
$DA = |-10| + |2| = 10 + 2 = 12$ unidades

El polígono *ABCD* tiene cuatro ángulos rectos y cuatro lados de igual longitud. El polígono *ABCD* es un cuadrado.

¡Convénceme! © **PM.3 Construir argumentos** Construye un argumento para justificar que el perímetro del cuadrado *ABCD* de arriba mide 48 unidades.

© Pearson Education, Inc. 6

☆ Práctica guiada *

© **PM.3 Construir argumentos**

Charlie usó un plano de coordenadas para dibujar un mapa de su campamento. Ubicó las esquinas del piso de su cabaña en $J(-9, 8)$, $K(-1, 8)$, $L(-1, 1)$ y $M(-9, 1)$. Charlie afirma que el polígono $JKLM$ es un rectángulo. Construye un argumento que justifique su afirmación.

1. Describe cómo puedes usar la definición del rectángulo para justificar la afirmación de Charlie.

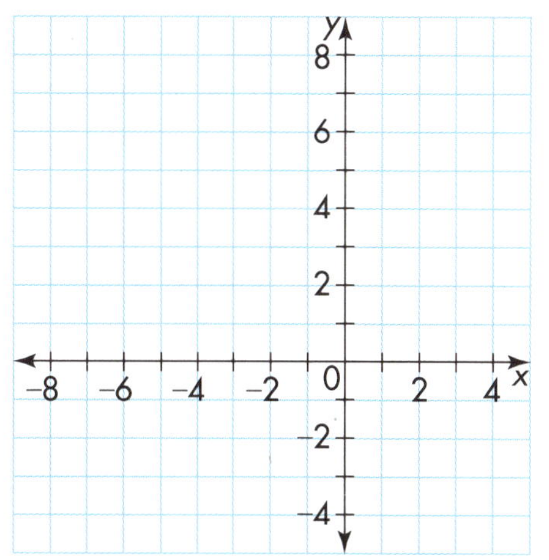

2. Dibuja el polígono $JKLM$ en el plano de coordenadas. ¿Cómo te ayuda la gráfica a construir un argumento?

☆ Práctica independiente

© **PM.3 Construir argumentos**

Vic dibujó un polígono con vértices $P(2, -4)$, $Q(2, 1)$, $R(7, 1)$ y $S(7, -4)$. ¿Es el polígono de Vic cuadrado? Construye un argumento que justifique tu respuesta.

3. ¿Cómo puedes usar la definición del cuadrado para construir un argumento acerca del polígono de Vic?

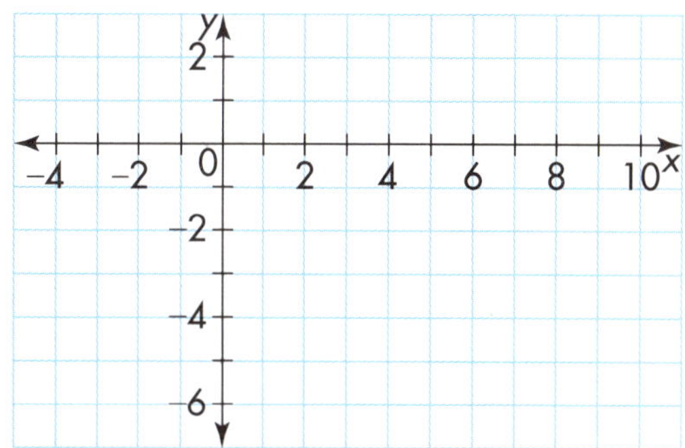

4. Grafica el polígono en el plano de coordenadas y halla las longitudes de sus lados.

5. Construye un argumento que justifique si el polígono de Vic es un cuadrado.

Prácticas matemáticas y resolución de problemas

Plano de planta

Sophia dibujó un plano de su aula en el plano de coordenadas. Ubicó las esquinas del piso del armario en A $(-4, 4)$, B $(2, 4)$, C $(2, 1)$ y D $(-4, 1)$. Dice que el piso del armario es un rectángulo con un área de 18 pies cuadrados. Cada unidad de la cuadrícula representa 1 pie. ¿Estás de acuerdo con la afirmación de Sophia? Construye un argumento que justifique tu respuesta.

6. **PM.1 Entender y perseverar** ¿Qué necesitas saber sobre las definiciones del rectángulo y el área para comprobar la afirmación de Sophia?

7. **PM.4 Representar con modelos matemáticos** Marca y rotula el polígono que representa el piso del armario en el plano de coordenadas. ¿Qué sabes sobre los ángulos del polígono *ABCD*?

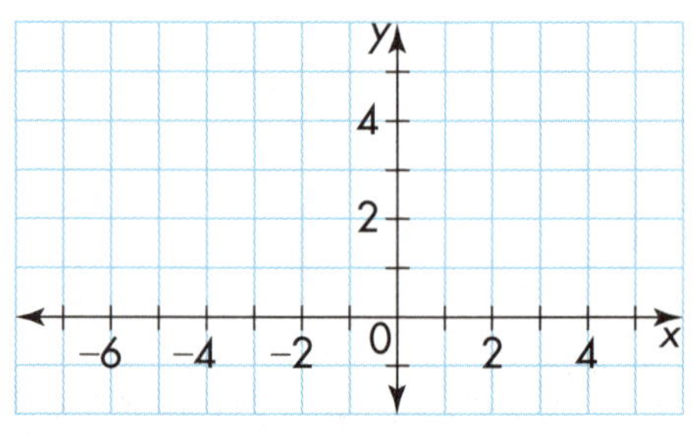

8. **PM.6 Hacerlo con precisión** Halla las longitudes de los lados y el área del polígono *ABCD*.

9. **PM.3 Construir argumentos** ¿Estás de acuerdo con la afirmación de Sophia? Construye un argumento que justifique tu respuesta.

Tarea y práctica 4-5
Construir argumentos

¡Revisemos!

Los vértices del triángulo *RST* son *R* (−6, 8), *S* (−6, 1) y *T* (1, 1). ¿Es el triángulo *RST* un triángulo isósceles?

¿Cómo puedes construir un argumento para justificar tu respuesta?

- Puedo graficar el triángulo *RST* en el plano de coordenadas.

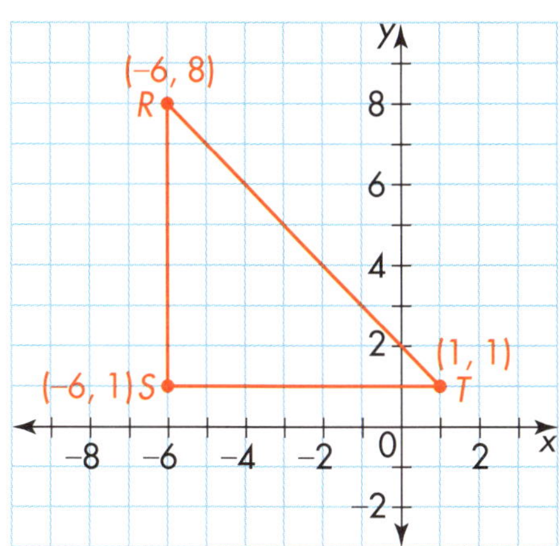

El ángulo *S* es recto porque los lados siguen las rectas de la cuadrícula.

Halla las longitudes de los dos lados más cortos.

$$RS = |8| - |1| = 8 - 1 = 7 \text{ unidades}$$
$$ST = |-6| + |1| = 6 + 1 = 7 \text{ unidades}$$

El triángulo *RST* tiene un ángulo recto y dos lados de igual longitud; por tanto, es un triángulo rectángulo isósceles.

© **PM.3 Construir argumentos**

Cynthia dibujó un plano de un banderín triangular en el plano de coordenadas usando los vértices *U* (2, −4), *V* (8, −4) y *W* (2, 2). Afirma que el banderín tiene forma de triángulo rectángulo isósceles. ¿Tiene razón? Construye un argumento que justifique tu respuesta.

1. Grafica el triángulo *UVW* en el plano de coordenadas. ¿Alguno de los ángulos es un ángulo recto? Explícalo.

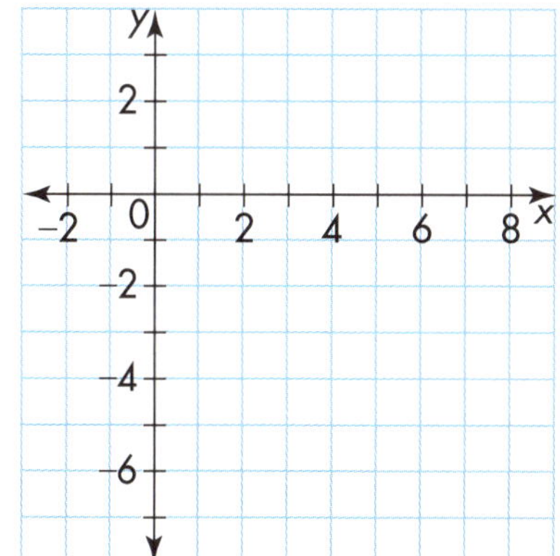

2. ¿El triángulo *UVW* tiene dos lados con longitudes iguales? Explícalo.

3. ¿Es correcta la afirmación de Cynthia? Construye un argumento que justifique tu respuesta.

Mapa del centro

Rolando dibujó un mapa del centro en un plano de coordenadas. Ubicó el banco en *B* (0, −7), la alcaldía en *C* (0, 0), la biblioteca en *L* (5, 0) y la oficina de correos en *P* (5, −7). Cada unidad de la cuadrícula representa 5 yardas. Rolando afirma que el recorrido que une los edificios es un rectángulo con un perímetro de 120 yardas.

¿Es correcta la afirmación de Rolando? Construye un argumento que justifique tu respuesta.

4. **PM.1 Entender y perseverar** ¿Qué necesitas saber acerca de las definiciones del rectángulo y el perímetro para comprobar la afirmación de Rolando?

5. **PM.4 Representar con matemáticas** Grafica y rotula el polígono en el plano de coordenadas. ¿Qué sabes sobre los ángulos del polígono?

6. **PM.6 Hacerlo con precisión** Halla las longitudes de los lados y el perímetro del polígono.

7. **PM.3 Construir argumentos** ¿Es correcta la afirmación de Rolando? Construye un argumento que justifique tu respuesta.

Emparéjalo

Trabaja con un compañero.

Señala una pista y léela.

Mira la tabla de la parte de abajo de la página y busca la pareja de esa pista.

Escribe la letra de la pista en la casilla al lado de su pareja. Halla una pareja para cada pista.

Puedo...
multiplicar números enteros no negativos de varios dígitos.

© **Estándar de contenido**
5.NBD.B.5

Pistas

I El producto está entre 6,000 y 7,000.

P El producto es exactamente 10,488.

L El producto está entre 15,000 y 16,000.

O El producto está entre 4,000 y 5,000.

G El producto es exactamente 8,712.

O El producto está entre 18,000 y 19,000.

N El producto está entre 4,500 y 5,500.

O El producto es exactamente 16,608.

456 × 23	97 × 46	903 × 17	88 × 75
242 × 36	377 × 49	65 × 84	519 × 32

Repaso del vocabulario

A-Z Glosario

Lista de palabras

- coordenada *x*
- coordenada *y*
- cuadrante
- eje de las *x*
- eje de las *y*
- origen
- par ordenado
- plano de coordenadas

Comprender el vocabulario

Escoge el mejor término de la Lista de palabras y escríbelo en el espacio en blanco.

1. Un punto en el plano de coordenadas se representa con un

__________________.

2. El __________________ es una recta numérica horizontal en el plano de coordenadas.

3. Una de las cuatro regiones en las que los ejes de las *x* y de las *y* dividen el plano de coordenadas se llama __________________.

4. Encierra en un círculo el *par ordenado* que representa el *origen* en un plano de coordenadas.

$(0, 3)$ $(0, 0)$ $(3, 0)$ $(3, 3)$

5. Encierra en un círculo el *par ordenado* que yace sobre el eje de las *y*.

$(0, 6)$ $(6, 0)$ $(-6, 6)$ $(6, -6)$

Traza una línea desde cada par ordenado de la Columna A hasta el *cuadrante* en el que se ubica de la Columna B.

Columna A	Columna B
6. $(-3, 7)$	Cuadrante I
7. $(4, -6)$	Cuadrante II
8. $(2, 9)$	Cuadrante III
9. $(-7, -1)$	Cuadrante IV

Usar el vocabulario al escribir

10. Explica cómo se relacionan los puntos *A* $(9, -2)$ y *B* $(9, 2)$. Usa por lo menos 4 palabras de la Lista de palabras en tu explicación.

Grupo A páginas 185 a 190, 191 a 196 _______________________________

Un par ordenado (x, y) de números da las coordenadas que ubican un punto en un plano de coordenadas.

Para marcar cualquier punto P con coordenadas (x, y):

- Comienza en el origen, (0, 0).
- Usa la coordenada x para moverte a la derecha (si es positiva) o a la izquierda (si es negativa) sobre el eje de las x.
- Luego, usa la coordenada y del punto para moverte hacia arriba (si es positiva) o hacia abajo (si es negativa) siguiendo el eje de las y.
- Marca y rotula el punto en el plano de coordenadas.

Para dar la ubicación de un punto en el plano de coordenadas, sigue la recta de la cuadrícula desde el punto hasta el eje de las x para nombrar la coordenada x y sigue la recta de la cuadrícula desde el punto hasta el eje de las y para nombrar la coordenada y.

Refuerzo

Recuerda que las coordenadas pueden ser números enteros no negativos, fracciones, números mixtos o decimales.

Indica el par ordenado de los puntos en los Ejercicios **1** a **6**.

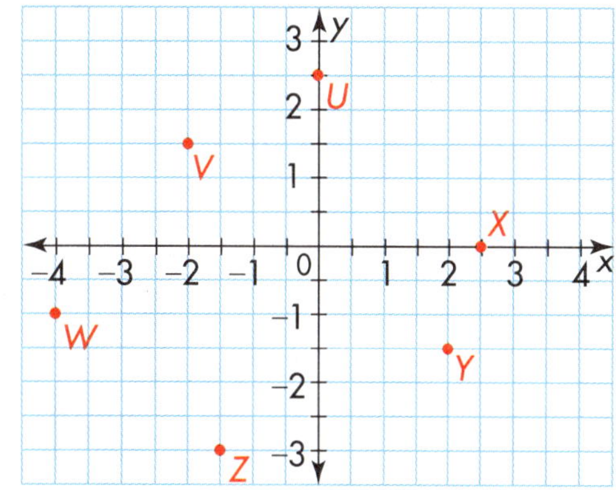

1. U **2.** V

3. W **4.** X

5. Y **6.** Z

Grupo B páginas 197 a 202, 203 a 208 _______________________________

Halla la longitud del lado AB.

Puedes usar lo que sabes sobre hallar la distancia entre dos puntos para hallar las longitudes de los lados de un polígono en el plano de coordenadas.

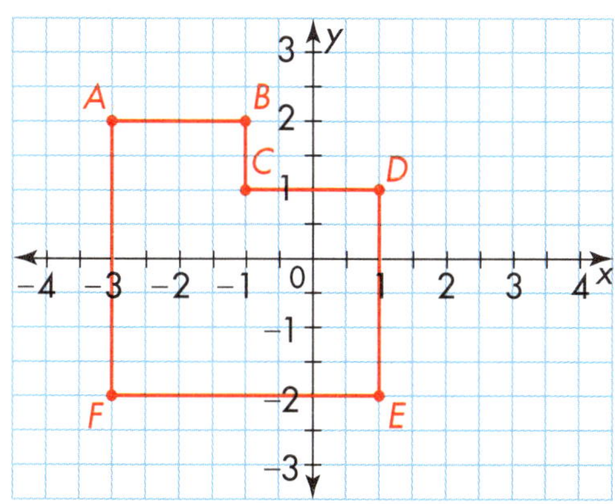

Halla la distancia de A (−3, 2) a B (−1, 2).

$$|-3| - |-1| = 3 - 1 = 2 \text{ unidades.}$$

Recuerda que debes usar el valor absoluto para hallar la distancia entre dos puntos que comparten la misma coordenada x o y.

En los Ejercicios **1** a **6**, halla las longitudes de los lados que faltan del polígono ABCDEF. Luego, halla su perímetro.

1. Longitud de BC **2.** Longitud de CD

3. Longitud de DE **4.** Longitud de EF

5. Longitud de FA **6.** Perímetro de ABCDEF

7. Halla el perímetro del rectángulo WXYZ con vértices W (−2, 8), X (2.5, 8), Y (2.5, −2) y Z (−2, −2).

Piensa en estas preguntas como ayuda para **construir argumentos**.

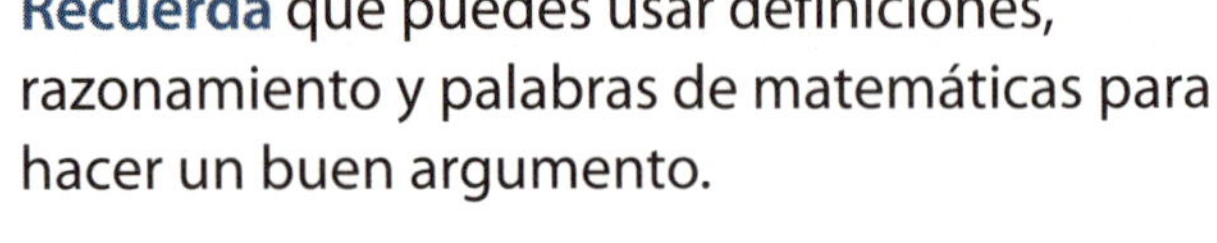

Hábitos de razonamiento

- ¿Cómo puedo usar números, objetos, dibujos o acciones para justificar mi argumento?

- ¿Estoy usando los números y los signos o símbolos correctamente?

- ¿Es mi explicación clara y completa?

- ¿Puedo usar contraejemplos en mi argumento?

Recuerda que puedes usar definiciones, razonamiento y palabras de matemáticas para hacer un buen argumento.

Elise dibuja un polígono en el plano de coordenadas. Tiene vértices $Q(-4, -1)$, $R(-4, 5)$, $S(2, 5)$ y $T(2, -1)$. ¿Es el polígono $QRST$ un cuadrado? Construye un argumento matemático que justifique tu respuesta.

1. ¿Cómo puedes usar la definición del cuadrado para hallar si el polígono $QRST$ es un cuadrado?

2. Grafica y rotula el polígono $QRST$ en el plano de coordenadas.

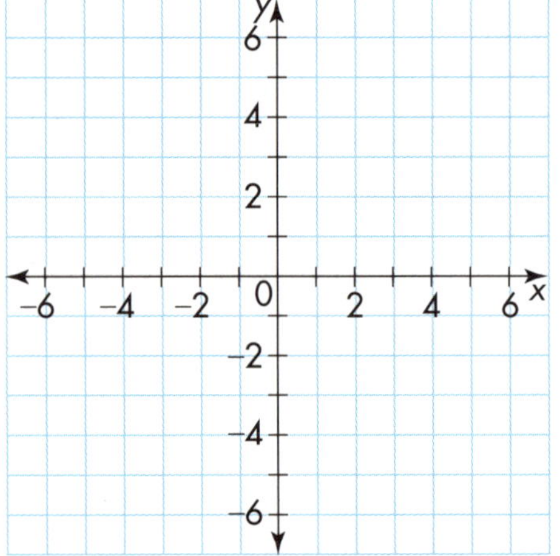

3. Construye un argumento que justifique si el polígono $QRST$ es un cuadrado.

1. ¿Qué par ordenado ubica al punto *P* en el plano de coordenadas?

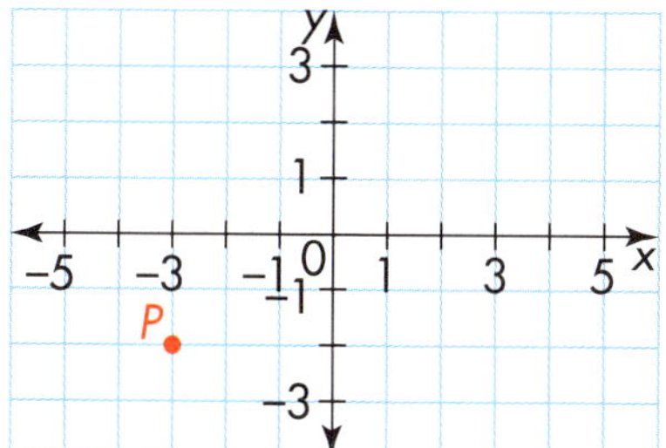

Ⓐ $(-3, -2)$ Ⓑ $(-3, 2)$

Ⓒ $(-2, -3)$ Ⓓ $(-3, -3)$

2. Escribe el par ordenado que ubica al punto *Q* en el plano de coordenadas.

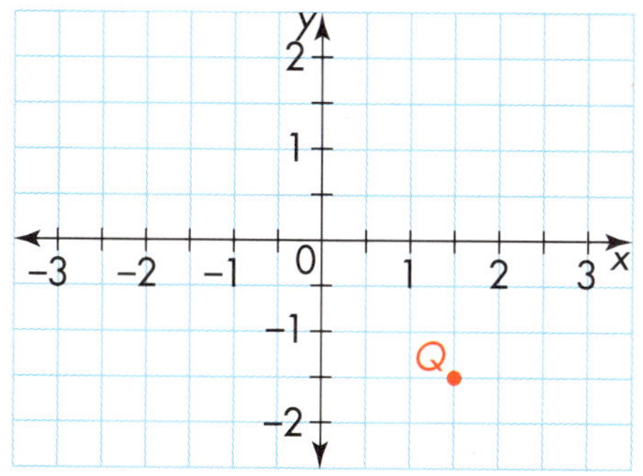

3. En los Ejercicios **3a** a **3d**, escoge Sí o No para indicar si los enunciados son correctos.

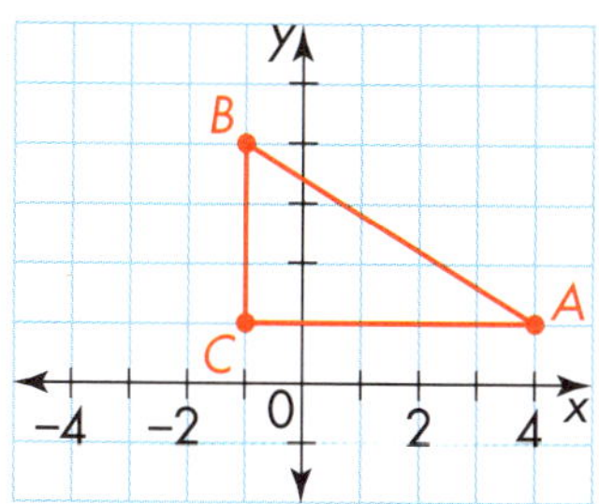

3a. *BC* mide 2 unidades de largo.   ○ Sí ○ No

3b. *CA* mide 5 unidades de largo.   ○ Sí ○ No

3c. *BC* es más corto que *BA*.   ○ Sí ○ No

3d. *AC* es 2 unidades más largo que *BC*.   ○ Sí ○ No

4. ¿Cuál es la distancia del punto $P(-4, 4)$ al punto $R(-4, -3)$?

5. Carlos dibujó un plano de su jardín en un plano de coordenadas. Los rosales se ubican en $A(-5, 4)$, $B(3, 4)$ y $C(3, -5)$.

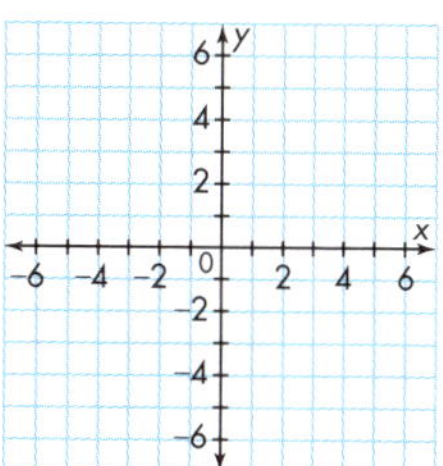

Parte A

Marca y rotula los puntos para mostrar la ubicación de los rosales.

Parte B

¿Dónde debe Carlos ubicar el cuarto rosal si quiere que los rosales formen un rectángulo? Explícalo.

6. Marca todos los pares ordenados que estén a 3 unidades de distancia.

- ☐ $(2, 2)$ y $(-2, 1)$
- ☐ $(2, -1)$ y $(2, -4)$
- ☐ $(2, 2)$ y $(2, 5)$
- ☐ $(-1, 2)$ y $(2, 2)$

7. Liana marca el punto *B* en el Cuadrante II en el plano de coordenadas de abajo para que el punto *B* esté a $2\frac{1}{2}$ unidades del punto *A*.

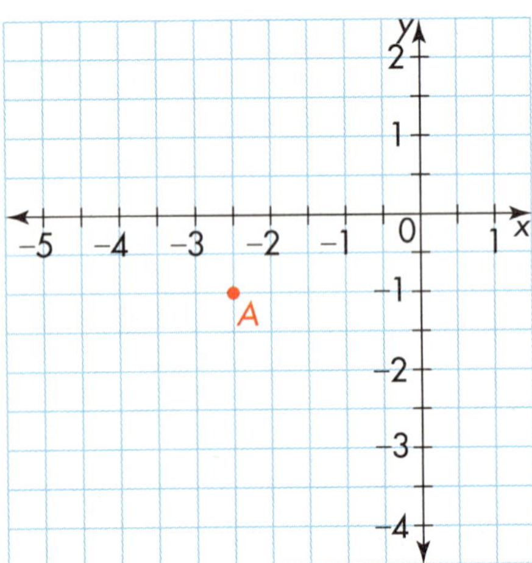

Parte A

¿Cuáles son las coordenadas del punto *B*? Marca y rotula el punto en el plano de coordenadas.

Parte B

¿Hay otros puntos en el plano de coordenadas que estén a $2\frac{1}{2}$ unidades del punto *A*? Si es así, márcalos en el plano de coordenadas y escribe sus coordenadas.

8. Une con una línea las coordenadas de los puntos con las coordenadas de la reflexión de esos puntos a través del eje de las *y*.

9. Escoge todos los puntos que sean reflexiones a través de ambos ejes.

- ☐ $\left(-4\frac{1}{2}, 1\right)$ y $\left(-1, 4\frac{1}{2}\right)$
- ☐ $(2.5, -1)$ y $\left(-2\frac{1}{2}, 1\right)$
- ☐ $(4.2, -1)$ y $(2.4, -1)$
- ☐ $(1, -2.25)$ y $\left(-1, 2\frac{1}{4}\right)$

10. ¿Cuál es el perímetro, en unidades, del polígono *PQRSTU*?

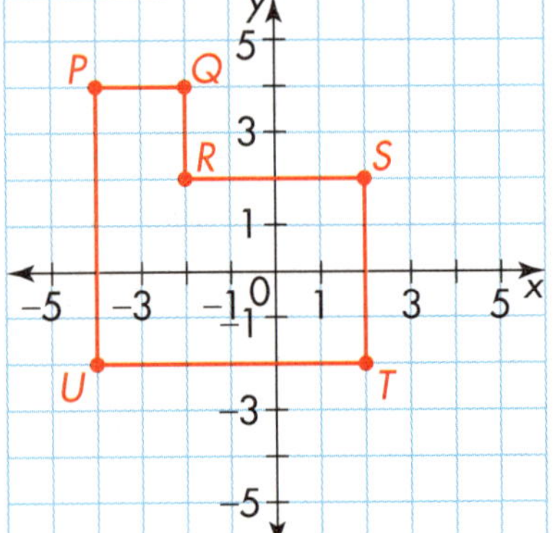

Hallar el tesoro

Michael y Melita hacen un mapa del tesoro en un plano de coordenadas.
Responde las preguntas para ayudarlos a completar el mapa del tesoro.

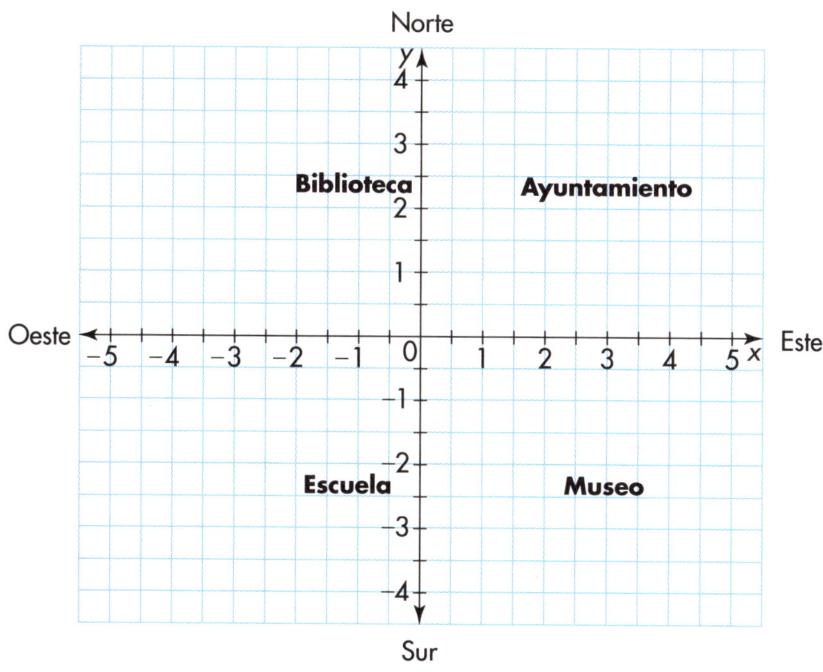

1. Una palmera se ubica en $\left(-2\frac{1}{2}, 2\right)$. Marca y rotula el punto de la palmera P en el mapa.

2. Parque Oeste tiene forma de L. Sus 6 esquinas se ubican en $\left(-4\frac{1}{2}, 1\frac{1}{2}\right)$, $\left(-4\frac{1}{2}, -1\frac{1}{2}\right)$, $\left(-2, -1\frac{1}{2}\right)$, $\left(-2, -\frac{1}{2}\right)$, $\left(-3\frac{1}{2}, -\frac{1}{2}\right)$ y $\left(-3\frac{1}{2}, 1\frac{1}{2}\right)$.

Parte A

Marca las 6 esquinas y conecta los puntos para mostrar los bordes.

Parte B

¿Cuál es el perímetro del Parque Oeste?

3. Michael y Melita buscaron más información sobre el mapa del tesoro y visitaron los sitios que muestra la tabla.

Sitio	Ubicación
Biblioteca	$(-1, 2)$
Museo	$(3, -2)$
Escuela	$(-1, -2)$
Ayuntamiento	$(3, 2)$

Parte A

Marca y rotula los puntos en el mapa. Conecta los puntos para formar un cuadrilátero.

Parte B

Melita dice que las ubicaciones que visitaron forman un cuadrado en el mapa. ¿Tiene razón? Explícalo.

4. El tesoro se ubica 6 unidades al este de la esquina más alejada al sudeste del Parque Oeste. Marca y rotula el punto del tesoro *X*.

5. El perímetro del Parque Oeste es 44 kilómetros. Muestra cómo puede usar Michael el perímetro del parque para hallar la distancia que representa una unidad en el mapa.

Álgebra: Patrones y ecuaciones

Preguntas esenciales: ¿Cómo se escriben las ecuaciones? ¿Qué patrones se pueden hallar en las tablas de valores? ¿Cómo se representan en una gráfica las ecuaciones relacionadas con cantidades de la vida diaria?

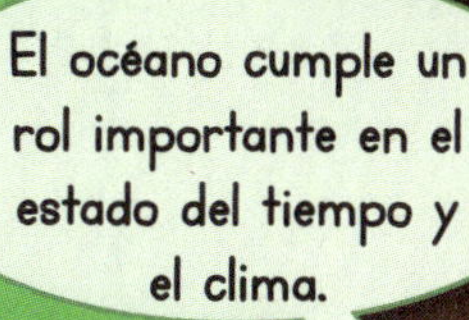

Proyecto de Matemáticas y Ciencias: Las corrientes oceánicas y los patrones climáticos.

Investigar Usa la Internet u otras fuentes para aprender más sobre cómo las corrientes oceánicas afectan los patrones climáticos. ¿Cómo una corriente oceánica enfría o calienta una ciudad? Compara los datos del estado del tiempo de dos ciudades que estén en la misma latitud, una costera y otra tierra adentro.

Diario: Escribir un informe Incluye lo que averiguaste. En tu informe, también:

- halla y anota el promedio mensual de la temperatura diaria de las ciudades para los doce meses del año en la tabla de datos.

- para cada mes, escribe una ecuación que muestre la diferencia entre el promedio mensual de las temperaturas de las dos ciudades.

Repasa lo que sabes

A-Z Vocabulario

Escoge el mejor término del recuadro.
Escríbelo en el espacio en blanco.

> • ecuación • par ordenado
> • eje de las x • solución
> • eje de las y • variable

1. La recta numérica horizontal en el plano de coordenadas se llama ____________.

2. El valor de la variable que hace verdadera una ecuación es la ________.

3. Un ______________ contiene las coordenadas de un punto ubicado en el plano de coordenadas.

4. Las expresiones a cada lado de un signo igual en una __________ son iguales.

Usar variables

Halla el valor de la variable para resolver las ecuaciones.

5. $52 - x = 17$ $x = \square$

6. $61 = g + 13$ $g = \square$

7. $8 = t \div 9$ $t = \square$

8. $m - 3.7 = 8.6$ $m = \square$

9. $12n = 84$ $n = \square$

10. $54 \div c = 9$ $c = \square$

Ecuaciones

Resuelve las ecuaciones.

11. $y \div 20 = 3$

12. $52 = 4a$

13. $z - 67 = 141$

14. $489 = b + 313$

15. $s \div 8 = 11$

16. $15d = 45$

Marcar en el plano de coordenadas

17. Describe cómo marcar el punto $A\ (-6, 2)$ en el plano de coordenadas.

Mis tarjetas de palabras

Usa los ejemplos de las palabras de las tarjetas para ayudarte a completar las definiciones que están al reverso.

variable dependiente

Pía pagó *m* dólares por 6 videojuegos. Cada videojuego cuesta *v* dólares.

La cantidad total, *m,* que pagó Pía **depende** del precio de un videojuego, *v*. Por tanto, *m* es la **variable dependiente.**

variable independiente

Alek lee una página en 2 minutos. Tiene que leer *p* páginas de tarea y quiere calcular el tiempo total, *t*.

La cantidad de tiempo total, *t*, que Alek necesita para leer cambia de acuerdo con la cantidad de páginas, *p,* que tiene que leer. Por tanto, *p* es la **variable independiente.**

ecuación lineal

$$y = x - 4$$

Mis tarjetas de palabras

Completa cada definición. Para ampliar lo que aprendiste, escribe tus propias definiciones.

Una variable que hace que otra variable cambie se llama

______________________.

Una variable que cambia en respuesta a otra variable se llama

______________________.

Una ecuación cuya gráfica es una línea recta es una

______________________.

Resuélvelo y coméntalo

Piensa preguntas originales acerca de la caja. Escribe tres cosas que determinen el peso de la caja. Luego escribe tres cosas acerca de la caja que no se relacionen con su peso. **Resuelve este problema de la manera que prefieras.**

Lección 5-1
Variables dependientes e independientes

Puedo...
identificar variables dependientes e independientes.

© **Estándar de contenido** 6.EE.C.9
Prácticas matemáticas PM.2, PM.3, PM.6, PM.7

¡Vuelve atrás! © **PM.7 Buscar relaciones** Explica cómo el tamaño de la caja y su contenido pueden afectar al peso.

¿Qué significa que una cantidad es dependiente de otra?

A

En un huerto de frutas venden manzanas por libra. Cada día venden l libras de manzanas y anotan la cantidad de dinero, d, que recaudan. ¿Qué variable, l o d, depende de la otra?

B Una **variable dependiente** cambia en respuesta a otra variable.

Para el huerto de frutas, la cantidad de dinero, *d,* ganado depende de la cantidad de libras, *l,* de manzanas vendidas.

A mayor cantidad de libras que se venden, más dinero se gana. Puedes llamar variable dependiente a *d,* la cantidad de dinero ganado.

C Una **variable independiente** hace que la variable dependiente cambie.

La cantidad de libras de manzanas vendidas, *l,* es la variable independiente.

Cuando en el huerto venden 50 libras de manzanas a un precio determinado, ganan menos que cuando venden 65 libras de las mismas manzanas. Esto se debe a que la variable dependiente, *d,* cambia en respuesta a la variable independiente, *l.*

¡Convénceme! **PM.2 Razonar** Un panadero usa una cierta cantidad de tazas de mezcla, *m,* para cocinar *p* panqueques medianos. ¿Qué variable, *p* o *m,* es la variable dependiente? Explícalo.

Amigo de práctica · Herramientas · Evaluación

☆ Práctica guiada *

¿Lo entiendes?

1. © **PM.3 Evaluar el razonamiento** Jake y Violeta llevan un registro de la cantidad de millas, m, que montan en bicicleta para medir la cantidad de calorías, c, que queman en una hora. Violeta dice que la cantidad de calorías, c, que queman es la variable dependiente. ¿Estás de acuerdo?

2. © **PM.2 Razonar** En el problema de arriba, identifica al menos otra variable independiente que podría afectar a la variable dependiente.

¿Cómo hacerlo?

Identifica la variable independiente y la variable dependiente en los Ejercicios **3** a **5**.

3. La cantidad de dinero, d, que se gana si se venden b boletos de una rifa

4. La cantidad de horas, h, trabajadas y la cantidad de dinero, d, que se gana

5. La cantidad de estantes, e, en una biblioteca y la cantidad de libros, l, que caben en ella

☆ Práctica independiente

Identifica la variable independiente y la variable dependiente en los Ejercicios **6** a **9**.

6. Las páginas, l, de un libro y el peso, p, del libro

7. La cantidad de hamburguesas, h, que se venden y la cantidad de dólares que se ganan, g

8. Las libras, l, de harina que compras y la cantidad de panes, p, que quieres hacer

9. La temperatura, t, del agua y la cantidad de minutos, m, que el agua está en el congelador

10. Escribe tu propia situación. Identifica la variable independiente y la variable dependiente.

11. La tabla muestra las distancias que la familia Williams viajó en carro cada día de sus vacaciones. ¿Cuál es una variable independiente que puede afectar la distancia total que recorrieron cada día?

Vacaciones familiares	
Día	**Distancia**
1	480 mi
2	260 mi
3	40 mi
4	150 mi
5	100 mi
6	320 mi

12. Ⓒ **PM.7 Buscar relaciones** La familia Williams viajó en carro 50 millas cada hora del Día 6. ¿Cuántas horas viajaron para igualar la distancia que muestra la tabla?

13. Ⓒ **PM.6 Hacerlo con precisión** El lunes, Jill compró $3\frac{2}{3}$ pies de cinta para su proyecto de arte. El jueves, compró otros $1\frac{1}{6}$ pies de cinta. ¿Cuántas pulgadas de cinta compró en total?

14. Ⓒ **PM.2 Razonar** Nombra algo que pueda provocar un cambio en el ritmo cardíaco de una persona. ¿Es una variable dependiente o independiente?

15. Ⓒ **PM.7 Usar la estructura** Darryl pone 8 cajas de manzanas en una carreta. Cada caja contiene 6 filas de 5 manzanas. Usa la propiedad asociativa de la multiplicación para mostrar dos maneras diferentes de hallar la cantidad de manzanas en total.

16. **Razonamiento de orden superior** Lidia dijo que el tiempo, t, puede ser tanto una variable independiente como dependiente. Escribe una situación en la que el tiempo, t, sea una variable independiente. Luego, escribe otra en la que el tiempo, t, sea una variable dependiente.

Ⓒ Evaluación de *Common Core*

17. La variable dependiente g representa el crecimiento de una planta. ¿Qué variables de las descritas abajo pueden representar una variable independiente en esta situación?

- ☐ La altura de la planta, h, cuando se la plantó
- ☐ La cantidad de luz solar, s
- ☐ La cantidad de hojas, c, que tiene la planta
- ☐ La cantidad de agua, a, que recibe

Ayuda   Amigo de   Herramientas   Juegos
práctica

Tarea y práctica 5-1

Variables dependientes e independientes

¡Revisemos!

Una tienda de bicicletas las alquila por hora. Cada día, se alquilan b bicicletas. La tienda recibe d dólares por día en total por las tarifas de alquiler. Identifica qué variable es la variable independiente y cuál es la variable dependiente.

Una **variable dependiente** cambia en respuesta a otra variable, llamada variable independiente.

Una **variable independiente** causa el cambio de una variable dependiente. Es *independiente* porque su valor no es afectado por otras variables y puede usarse para hallar el valor de la variable dependiente.

La cantidad de bicicletas, b, que se alquilan por día afecta el total de tarifas de alquiler que reciben por día, d.

Por tanto, la cantidad de bicicletas que se alquilan, b, es la variable independiente que causa que la variable dependiente, d, la cantidad de dólares por tarifas de alquiler, cambie.

Subraya la variable independiente y encierra en un círculo la variable dependiente de las situaciones de los Ejercicios **1** a **8.**

1. La cantidad de horas, h, de estudio y la calificación, c, en un examen

2. La longitud, l, de un lápiz y la cantidad de veces, v, que fue afilado

3. La longitud de una novela en páginas, l, y la cantidad de palabras, p, que tiene

4. La cantidad de estudiantes, e, delante de ti en la fila para el almuerzo y el tiempo, t, que te lleva obtener tu almuerzo

5. La cantidad de tiempo, t, para terminar una carrera y la cantidad de vueltas, v, alrededor de la pista

6. La cantidad de boletos, b, que se venden para una carrera y la cantidad de dinero, d, que se reúne

7. La longitud, l, de una valla y la cantidad de madera, m, para hacer la valla

8. La altura, h, de una valla y el tiempo, t, que lleva escalar la valla

9. Escribe tu propia situación en la que la velocidad, v, sea una variable independiente.

10. © **PM.2 Razonar** Dos amigos caminaron por el Camino de los Apalaches desde Georgia hasta Maine. Enumera al menos dos variables independientes que pueden afectar la cantidad de días que tardaron en recorrer el camino.

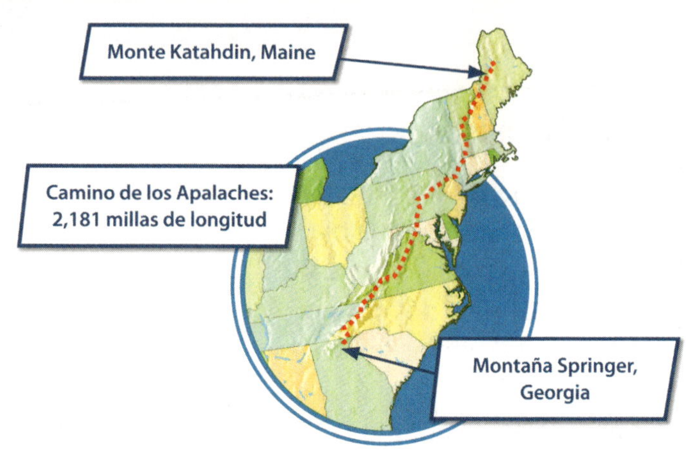

11. **Álgebra** Steve tenía 21 canciones en su reproductor MP3. Compró algunas canciones nuevas. Ahora tiene 30 canciones. Escribe una ecuación que muestre cuántas canciones nuevas puso en su reproductor. Sea *c* la letra que representa la cantidad de canciones nuevas; halla *c* y muestra tu trabajo.

12. © **PM.3 Construir argumentos** Un equipo de beisbol obtiene 3 *outs* por cada entrada al bate. Esta temporada, el equipo de Silvio bateó 45 entradas, *e*, e hizo 135 *outs, o*. ¿Cuál es la variable dependiente? Explica tu razonamiento.

13. **A-Z Vocabulario** Subraya la *variable independiente* y encierra en un círculo la *variable dependiente* en la situación de abajo.

La cantidad de vueltas que nadas, *n*, y el tiempo, *t*, que pasas nadando.

14. **Razonamiento de orden superior** Iván dice que la longitud, *l*, puede usarse como variable independiente y como variable dependiente. Da un ejemplo de un caso en el que la longitud, *l*, sea una variable dependiente. Luego, describe otra situación en la que sea una variable independiente.

© **Evaluación de *Common Core***

15. El costo, *c*, de una hamburguesa en un restaurante depende de otros factores en el restaurante. ¿Qué variables de las descritas abajo pueden representar una variable independiente en esta situación?

☐ La cantidad de hamburguesas, *h*, que se venden habitualmente en el restaurante

☐ La distancia, *d*, desde la casa del dueño al restaurante

☐ El costo, *c*, de mantenimiento del restaurante

☐ El color de los manteles, *m*

Lección 5-2
Patrones y ecuaciones

La tabla de abajo muestra cuántas velas hay en diferentes cantidades de cajas. Halla un patrón que explique la relación entre los valores de *v* y *c*. Usa palabras y números para describir el patrón. ¿Cuántas velas habrá en 10 cajas? *Resuelve este problema de la manera que prefieras.*

Puedo...
usar patrones para escribir ecuaciones con variables.

Estándar de contenido 6.EE.C.9
Prácticas matemáticas PM.1, PM.2, PM.7

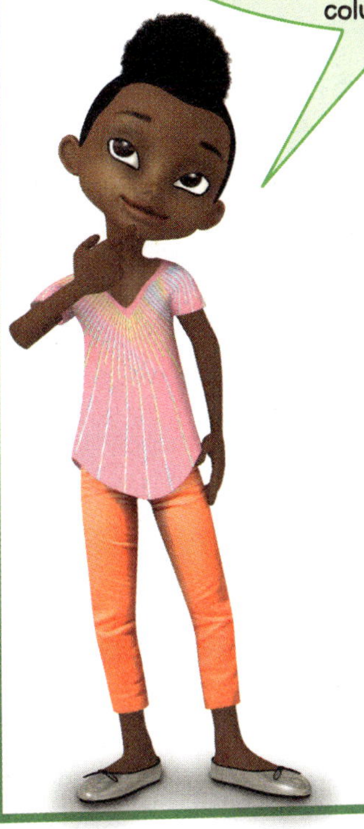

Cantidad de velas, v	Cantidad de cajas, c
8	2
12	3
16	4

¡Vuelve atrás! **PM.7 Usar la estructura** Escribe una regla que explique cómo hallas los valores de la columna izquierda partiendo de los valores de la columna de la derecha en la tabla de arriba.

¿Cómo se puede hallar un patrón para escribir y resolver una ecuación?

A

La tabla muestra el costo de los boletos de fin de semana en el parque acuático Chapuzón. Halla un patrón entre la cantidad de boletos, *b*, y su costo, *c*. Escribe una regla y una ecuación que represente el patrón. ¿Cuánto cuestan 6 boletos?

Cantidad, *b*	Costo, *c*
3	$16.50
4	$22.00
5	$27.50
6	

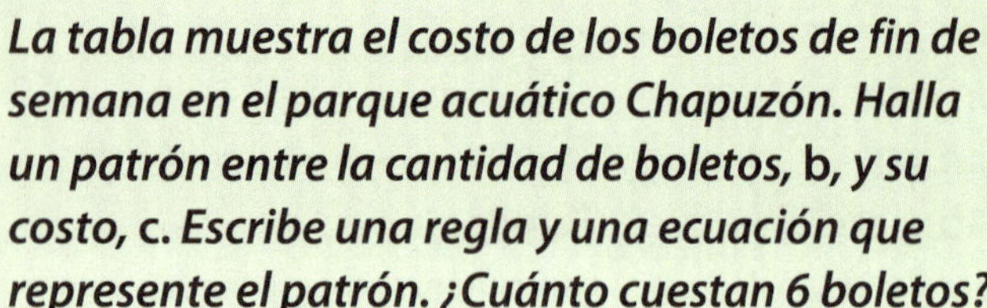

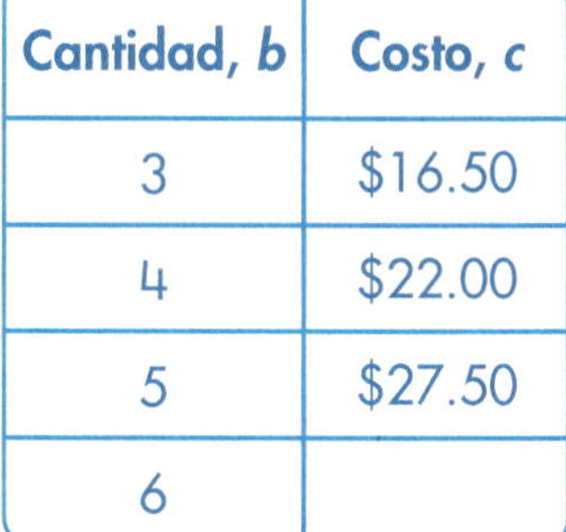

B Halla el precio de un boleto, *p*, si 3 boletos cuestan $16.50.

$$3p = \$16.50$$
$$p = \frac{\$16.50}{3}$$
$$p = \$5.50$$

C Un boleto cuesta $5.50. Comprueba el costo de 4 y 5 boletos.

$$4 \times \$5.50 = \$22.00$$
$$5 \times \$5.50 = \$27.50$$

$5.50 se comprueba para 4 y 5 boletos.

D Establece la regla: El costo total, *c*, es $5.50 por la cantidad de boletos, *b*.

Escribe una ecuación
$$c = 5.50 \times b, \text{ o } c = 5.5b$$

Halla el costo de 6 boletos.
$$c = 5.5(6)$$
$$c = 33$$

El costo de 6 boletos es $33.00.

¡Convénceme! © **PM.2 Razonar** Haz una tabla de valores para la ecuación $12.2s = y$, donde *s* es la cantidad de segundos e *y* es la cantidad de yardas que alguien monta en bicicleta. Completa la tabla con diferentes valores de *s* y sus valores *y* correspondientes.

☆Práctica guiada *

¿Lo entiendes?

1. © **PM.7 Usar la estructura** ¿Cómo puedes hallar el patrón de una tabla? ¿Cómo puedes usar el patrón para escribir una regla y una ecuación?

2. En el ejemplo de la página anterior, ¿cuánto cuestan 12 boletos?

3. © **PM.1 Entender y perseverar** ¿Qué se debe hacer si el patrón no se comprueba para otros valores de la tabla?

¿Cómo hacerlo?

4. La tabla muestra la edad de Brenda, *b*, cuando la edad de Talía, *t*, es 7, 9 y 10. Escribe una regla y una ecuación que represente el patrón. Luego, halla la edad de Brenda cuando Talía tiene 12.

Edad de Talía, *t*	Edad de Brenda, *b*
7	2
9	4
10	5
12	*b*

☆Práctica independiente

Escribe una regla y una ecuación que se ajusten al patrón de las tablas en los Ejercicios **5** y **6.**

5.

x	1	2	3	4	5
y	33	34	35	36	37

6.

m	0	1	2	3	4
n	0	3	6	9	12

Escribe una regla y una ecuación que se ajusten al patrón de las tablas en los Ejercicios **7** y **8.** Luego usa la regla para completar la tabla.

7.

g	32	37	42	47	52
k	17	22	27		

8.

x	0	9	18	27	36
y	0	1	2		

9. Álgebra Para celebrar su 125.° aniversario, una compañía produjo 125 ositos de peluche muy costosos. Los ositos, conocidos como los "Ositos de 125 quilates" están hechos de angora, seda e hilo de oro. Los ojos están hechos de diamantes y zafiros. La tabla de la derecha muestra el costo aproximado de diferentes cantidades de ositos de peluche. Escribe una ecuación que pueda usarse para hallar c, el costo de n ositos.

Costo de "Ositos de 125 quilates"	
Cantidad, n	Costo, c
4	$188,000
7	$329,000
11	$517,000
15	$705,000

Escribe la ecuación que mejor describa el patrón de las tablas en los Ejercicios **10** y **11**.

10.

w	2	4	6	8	10
z	0	2	4	6	8

11.

x	0	$\frac{1}{2}$	1	$1\frac{1}{2}$	2	$2\frac{1}{2}$
y	0	2	4	6	8	10

12. Razonamiento de orden superior Maya escribió la ecuación $h = d + 22$ para representar la relación que muestra la tabla. ¿Es correcta la ecuación? Explícalo.

h	3	5	7	9
d	33	55	77	99

© Evaluación de *Common Core*

13. La tabla de abajo muestra el costo total, c, de la cantidad de boletos que se compraron para una película, b. Escribe una ecuación que pueda usarse para hallar el costo, c, de 5 boletos. Usa la ecuación y completa la tabla para hallar el costo de 5 boletos.

Cantidad de boletos, b	3	5	7	9
Costo, c	$26.25		$61.25	$78.75

Ayuda Amigo de práctica Herramientas Juegos

¡Revisemos!

Escribe una regla y una ecuación para el patrón de la tabla.

j	1	4	7	8	9
m	3	12	21	24	27

Piénsalo: 3 es 1×3 12 es 4×3

Establece una teoría: Parece que $3j = m$.

Comprueba los otros pares: $7 \times 3 = 21$ ✔ $8 \times 3 = 24$ ✔ $9 \times 3 = 27$ ✔

Escribe una regla: El valor de m es el valor de j por 3.

Escribe una ecuación: $m = j \cdot 3$, o $m = 3j$

Escribe una regla y una ecuación para los patrones de las tablas en los Ejercicios **1** a **4**.

1.

x	3	6	11	13	15
y	5	8	13	15	17

2.

x	2	5	6	8	9
y	6	15	18	24	27

3.

x	4	12	20	36	40
y	1	3	5	9	10

4.

x	5	7	9	10	12
y	0	2	4	5	7

5. Completa la tabla para mostrar un patrón. Luego escribe una regla y una ecuación para el patrón.

x					
y					

6. Explica cómo hallar el patrón de esta tabla y cómo escribir una regla y una ecuación para el patrón.

x	4	5	7	10	12
y	0	1	3	6	8

7. © **PM.2 Razonar** Hora Digital vende relojes. La tabla muestra el costo, c, de r relojes. Si todos cuestan lo mismo, ¿cuál es el precio de cada reloj?

Cantidad de relojes, r	7	12	26	31
Costo, c	$24.50	$42.00	$91.00	$108.50

8. Escribe una ecuación que pueda usarse para hallar c, el costo de r relojes.

Escribe la ecuación que mejor describa el patrón de las tablas en los Ejercicios **9** y **10.**

9.

n	4	6	8	10	12
v	11	13	15	17	19

10.

x	5	6	7	10	11	12
y	2.5	3	3.5	5	5.5	6

---

11. Escribe un problema de la vida diaria que pueda representarse con la tabla de abajo.

x	1	2	3	4
y	2.5	5	7.5	10

12. **Razonamiento de orden superior** Todos los valores de x en la tabla son mayores que sus valores correspondientes de y. Escribe una regla que se ajuste a esta situación. Luego escribe una ecuación de acuerdo con la regla.

© **Evaluación de *Common Core***

13. La tabla de abajo muestra el costo total, c, de la cantidad de boletos de una rifa que se compran, b. Escribe una ecuación que pueda usarse para hallar el costo, c, de 10 boletos de rifa. Usa la ecuación y completa la tabla para hallar el costo de 10 boletos.

Cantidad de boletos, b	5	8	10	11
Costo, c	$417.50	$668		$918.50

La ecuación $c = 3 + 2j$ representa el costo de jugar a los bolos cuando el alquiler de los zapatos cuesta $3 y cada juego cuesta $2. Haz una tabla para mostrar el costo de 1, 2, 3 y 4 juegos. Sea c el costo de jugar a los bolos y j la cantidad de juegos que se jugaron. Describe todos los patrones que veas en la tabla.

Lección 5-3
Más sobre patrones y ecuaciones

Puedo...

usar tablas, gráficas y ecuaciones para mostrar la relación entre las variables independientes y dependientes.

© **Estándar de contenido** 6.EE.C.9
Prácticas matemáticas PM.2, PM.4, PM.7, PM.8

$c = 3 + 2j$	
j	c

¡Vuelve atrás! © **PM.7 Usar la estructura** Explica cómo puedes usar la ecuación para hallar el costo de 8 juegos de bolos y ampliar la tabla.

¿Cómo se pueden usar patrones para resolver una ecuación que tiene más de una operación?

A

Ethan le debe a su mamá $75. Le está devolviendo $5 por semana. Escribe y resuelve una ecuación para hallar cuánto le deberá Ethan luego de 12 semanas.

B Haz una tabla que muestre la cantidad que Ethan deberá luego de 0, 1, 2, 3 y 4 semanas.

Semana, s	Cantidad que aún debe, d
0	$75
1	$70
2	$65
3	$60

Continúa la tabla.

C Usa el patrón que ves en la tabla para escribir una ecuación.

Cantidad que debe todavía	Cantidad del préstamo	Cantidad pagada luego de s semanas
d =	$75 −	$5s$

D Sustituye s por 12 para hallar cuánto debe todavía Ethan luego de 12 semanas.

$d = 75 - 5s$

$d = 75 - 5(12)$

$d = 75 - 60$

$d = 15$

Ethan aún debe $15 luego de 12 semanas.

¡Convénceme! © **PM.8 Generalizar** Si Ethan continúa pagando $5 por semana, ¿cuánto tardará en pagar los $75? Explica tu respuesta.

Amigo de práctica   Herramientas   Evaluación

¿Lo entiendes?

1. © **PM.2 Razonar** En el problema de la página anterior, ¿qué le ocurre al valor de la variable dependiente, *d,* cuando el valor de la variable independiente, *s,* se incrementa en 1?

2. © **PM.7 Buscar relaciones** Usa el patrón de la tabla de abajo para escribir una ecuación.

x	y
1	7
2	12
3	17
4	22

¿Cómo hacerlo?

Usa la tabla de abajo para responder a las preguntas de los Ejercicios **3** y **4**.

3. Usa la ecuación $y = 2x - 7$ para completar la tabla.

x	4	5	6	7	8
y	1	3	5		

4. Establece la regla para el patrón, en palabras.

Práctica independiente

Usa la ecuación para completar las tablas en los Ejercicios **5** a **8**.

5. $t = 5d + 5$

d	0	1	2	3	4
t	5	10	15		

6. $y = \frac{1}{2}x - 1$

x	2	4	6	8	10
y	0	1	2		

7. $y = 2x + 1$

x	0	1	2	3
y	1	3		

8. $b = \frac{a}{2} - 2$

a	17	14	11	8	5
b					

9. Completa la ecuación que representan los datos de la tabla.

x	1	2	3	4
y	2	5	8	11

$$y = \square\, x - \square$$

Prácticas matemáticas y resolución de problemas

10. © **PM.7 Buscar relaciones** Una feria del condado cobra $8 por el ingreso general y $2.50 por cada juego mecánico. Usa el patrón de la tabla para hallar el costo de subir a 5 y 8 juegos mecánicos. Luego escribe una ecuación para el patrón.

Juegos mecánicos, j	Costo, c
3	$15.50
4	$18.00
5	
6	$23.00
8	

11. © **PM.8 Generalizar** Halla el costo, c, para 12 juegos mecánicos.

---

12. Elizabeth usa azulejos cuadrados de 1 pulgada de lado para decorar una pared. Usa la ecuación $p = 2a + 2$ para hacer una tabla para anotar el perímetro, p, de a azulejos en una sola fila cuando a es 1, 2, 3 y 6.

13. **Sentido numérico** De los 60 estudiantes que cursan la clase de arte, 12 mostrarán su trabajo en el museo de arte local. ¿Qué fracción de estudiantes **NO** va a exponer su arte?

Usa el patrón en los Ejercicios **14** a **16.**

14. © **PM.7 Buscar relaciones** Completa la tabla y describe todos los patrones que veas.

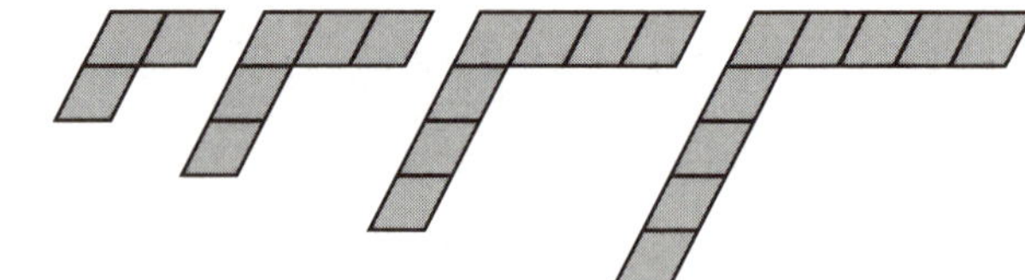

15. **Razonamiento de orden superior** Escribe una ecuación para el patrón.

16. ¿Cuántos bloques se necesitan para hacer la 10.ª figura del patrón?

Patrón número, p	1	2	3	4	5
Cantidad de bloques, b	3				

© **Evaluación de *Common Core***

17. Completa las tablas de abajo con los valores de y en la columna derecha. Usa las opciones del recuadro de la derecha.

$y = 4x - 3$

x	y
2	
4	
5	
7	

$y = 3x + 2$

x	y
2	
3	
6	
9	

Valores posibles de y					
3	5	8	11	13	15
17	20	23	25	29	30

Tarea y práctica 5-3

Más sobre patrones y ecuaciones

¡Revisemos!

La tarifa de entrada a una feria es $3. Cada boleto para un juego mecánico cuesta $2. El costo, *c*, de ir a la feria es igual a la tarifa de entrada más dos veces la cantidad de boletos, *b*, comprados. Halla el costo de subir a 10 juegos mecánicos.

Boletos, *b*	3 + 2*b*	Costo, *c*
0	3 + 2(0)	$3
2	3 + 2(2)	$7
4	3 + 2(4)	$11
6	3 + 2(6)	$15

La tabla muestra el costo de subir a 0, 2, 4 y 6 juegos mecánicos.

Usa la regla de la tabla para escribir una ecuación: $c = 3 + 2b$.

Puedes sustituir los números en la ecuación para hallar el costo total cuando se compran diez boletos para juegos mecánicos.

$c = 3 + 2(10)$
$c = 23$

Cuando compras 10 boletos el costo total es $23.

Usa la ecuación para completar las tablas en los Ejercicios **1** a **4.**

1. $y = 3x + 7$

x	0	1	2	3
y				

2. $y = 4x - 4$

x	2	4	6	8
y				

3. $y = 2x + 7$

x	1	3	5	7
y				

4. $y = \frac{1}{4}x + 5$

x	0	4	8	12
y				

5. Grace tiene $100. Compra dijes para su pulsera que cuestan $5 cada uno. Escribe una ecuación que muestre la relación entre la cantidad de dijes, *d*, que compra y la cantidad de dinero que le queda, *q*.

6. Usa la ecuación que escribiste en el Ejercicio 5 para hallar la cantidad de dijes que Grace puede comprar antes de quedarse sin dinero.

7. © **PM.7 Buscar relaciones** El primer paseo en un trencito para niños cuesta $2.50. Cada paseo adicional cuesta $1.50. Usa la ecuación $c = 2.50 + 1.50(p - 1)$ para completar la tabla y hallar el costo de 2, 3 y 6 paseos.

Paseos, p	Costo, c
1	$2.50
2	
3	
4	$7.00
6	

8. © **PM.8 Generalizar** Halla el costo, c, de 9 paseos.

En los Ejercicios **9** y **10**, la ecuación $\ell = 3a$ representa que la longitud, ℓ, de un rectángulo es 3 veces su ancho, a.

9. © **PM.4 Representar con modelos matemáticos** Crea una tabla que muestre la longitud del rectángulo cuando su ancho es 1, 2, 3, 5 y 8 unidades.

10. **Razonamiento de orden superior** ¿Cómo puedes usar la ecuación $p = 2\ell + 2a$ para hallar el perímetro, p, de un rectángulo cuando su ancho, a, es 15?

---

11. © **PM.7 Usar la estructura** Un patrón triangular tiene 21 puntos en el 6.° patrón. Usa la ecuación $\frac{p(p + 1)}{2}$, donde p es el número de patrón, para hallar la cantidad de puntos en el 7.° patrón.

12. Usa la ecuación del Ejercicio 11. ¿Cuántos puntos habrá en el 10.° patrón?

© **Evaluación de *Common Core***

13. Completa las tablas de abajo con los valores de y en la columna derecha. Usa las opciones del recuadro de la derecha.

$y = \frac{1}{2}x + 5$

x	y
4	
6	
9	
16	

$y = 3(x - 2)$

x	y
3	
6	
8	
11	

Valores posibles de y					
3	4	7	8	9.5	12
13	16	18	22.5	27	32

Nombre _______________

Resuélvelo y coméntalo

Nancy camina 4 cuadras hasta la casa de María. Juntas, continúan caminando. Haz una gráfica de la ecuación $n = m + 4$ en un plano de coordenadas, donde n es la cantidad de cuadras que camina Nancy y m las que camina María.

Puedo...

hacer gráficas de expresiones algebraicas.

Ⓒ **Estándar de contenido** 6.EE.C.9
Prácticas matemáticas PM.2, PM.3, PM.4

$n = m + 4$	
m	n
1	
2	
3	

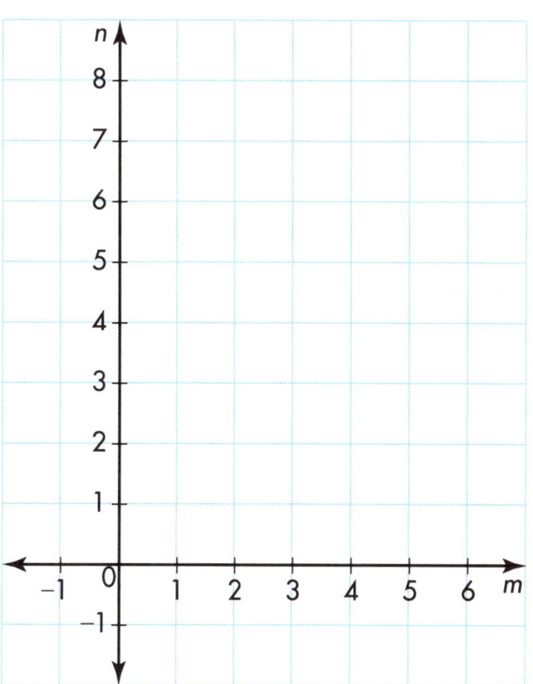

¡Vuelve atrás! Ⓒ **PM.4 Representar con modelos matemáticos** Traza una recta entre los puntos que marcaste. ¿Qué par ordenado en la recta incluye $m = 5$? Explica lo que representa ese par ordenado.

Pregunta esencial ¿Cómo se puede hacer una gráfica de una ecuación lineal?

A

Los miembros del club hacen pompones para la escuela. Los materiales cuestan $4 y planean vender los pompones por $1 cada uno.

Sea n = la cantidad de pompones que venden.

Sea p = la ganancia.

Haz una gráfica de la ecuación p = n − 4 para mostrar la relación entre n y p.

B **Paso 1**

Haz una tabla para $p = n - 4$.

$p = n - 4$	
n	**p**
4	0
5	1
6	2

C **Paso 2**

Marca los pares ordenados de la tabla en el plano de coordenadas.

Usa una regla para trazar la recta entre los puntos.

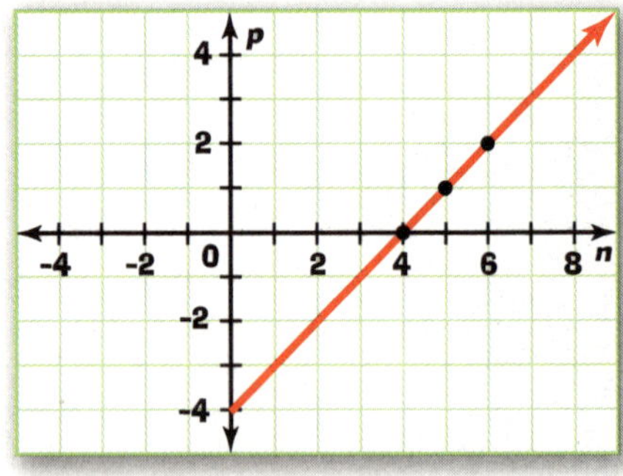

Dado que la gráfica de $p = n - 4$ es una línea recta, la ecuación es una ecuación lineal.

¡Convénceme! © **PM.4 Representar con modelos matemáticos** ¿Cuántos pompones deben vender para ganar $4? Explica cómo hacer una gráfica de la ecuación te ayuda a hallar la respuesta.

Amigo de práctica Herramientas Evaluación

☆ Práctica guiada *

¿Lo entiendes?

1. © **PM.2 Razonar** En el problema de la página anterior, ¿por qué la recta de la gráfica no muestra valores negativos para n?

2. © **PM.3 Construir argumentos** ¿Cómo puedes usar la ecuación $y = x - 4$ para comprobar que el punto (9, 5) está en la recta de la gráfica de esta ecuación?

¿Cómo hacerlo?

Usa la ecuación $d = 4t$, en los Ejercicios **3 y 4.**

3. Completa la tabla.

   d = distancia
   t = tiempo

$d = 4t$	
t	d
1	
2	
3	

4. Nombra cuatro pares ordenados que se hallen en la recta de esta ecuación.

☆ Práctica independiente

Completa las tablas y haz la gráfica en los Ejercicios **5 y 6.**

5. Un rectángulo es $\frac{1}{2}$ pulgada más largo que su ancho.

   Sea a = ancho.
   Sea ℓ = longitud.
   Haz la gráfica de $\ell = a + \frac{1}{2}$.

$\ell = a + \frac{1}{2}$	
a	ℓ
1	
2	

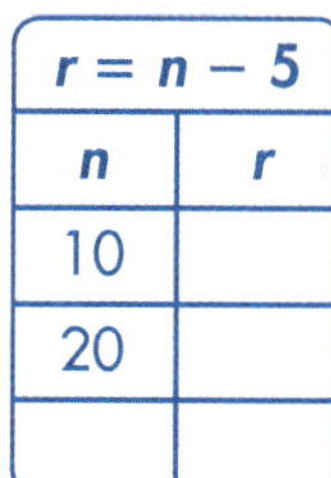

6. El precio rebajado es $5 menos que el precio normal.

   Sea r = precio rebajado.
   Sea n = precio normal.
   Haz la gráfica de $r = n - 5$.

$r = n - 5$	
n	r
10	
20	

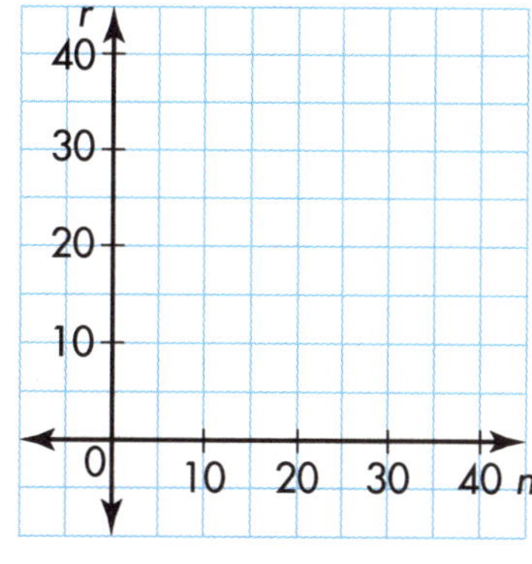

*Puedes encontrar otro ejemplo en el Grupo C, página 266.

Prácticas matemáticas y resolución de problemas

7. © **PM.4 Representar con modelos matemáticos** Durante la proyección de una película en la matiné, se rompió el proyector. El encargado del cine devolvió el precio del boleto a todos los presentes. Sea *n* la letra que representa la cantidad de personas que miraban la película. Sea *r* la letra que representa la cantidad total de dinero que se devolvió. Escribe una ecuación que represente la cantidad total de dinero que se devolvió.

Cartelera de precios	
Adultos	$8.50
Niños y personas de la tercera edad	$7.00
Matiné (todas las edades)	$5.00

8. © **PM.2 Razonar** Completa la tabla usando la ecuación $r = 7n + 3$.

n	r

9. **A-Z Vocabulario** El *origen* de una gráfica de coordenadas, ¿en qué punto se ubica?

10. Jerry y Tim hicieron un mapa de su pueblo en papel cuadriculado. La casa de Jerry está ubicada en $(-3, 2)$. La casa de Tim está ubicada 4 unidades al este y 8 unidades al sur de la casa de Jerry en el mapa. Indica el par ordenado que representa la ubicación de la casa de Tim en el plano de coordenadas.

11. © **PM.2 Razonar** Ángela escribió la expresión $3(12k \div 4) - 10$. Dice que el valor de *k* es 5. Evalúa la expresión.

12. **Razonamiento de orden superior** Los puntos $(2, 4)$ y $(-2, -4)$ se marcan en el plano de coordenadas usando la ecuación $y = a \cdot x$. ¿Cuál es el valor de *a*? Sin usar tablas ni gráficas, identifica otros 3 puntos por los que pasará la gráfica de esta ecuación.

© **Evaluación de *Common Core***

13. ¿Qué ecuación representa la gráfica de la derecha?

Ⓐ $y = 4x$

Ⓑ $y = \dfrac{x}{2}$

Ⓒ $y = 2x$

Ⓓ $y = x + 2$

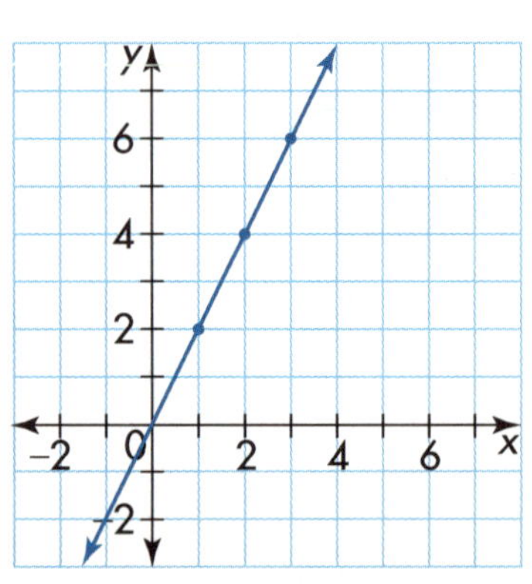

Tarea y práctica 5-4

Hacer gráficas de ecuaciones

¡Revisemos!

Haz una gráfica de la ecuación $y = x - 3$.

Primero haz una tabla. Usa al menos 3 valores para la variable independiente, x, de este problema. Halla los valores correspondientes a la variable dependiente.

$y = x - 3$	
x	y
3	0
4	1
5	2

Marca los pares ordenados en el plano de coordenadas. Luego, traza una recta que una los puntos.

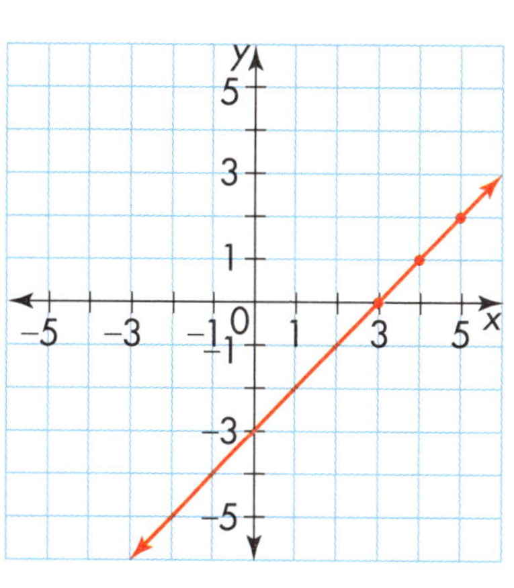

Completa las tablas y gráficas en los Ejercicios **1** y **2**.

1. Bodie dibujó un triángulo. La base es $\frac{1}{2}$ de su altura.

Sea h = altura.
Sea b = base.
Haz la gráfica de $b = \frac{h}{2}$.

$b = \dfrac{h}{2}$	
h	b
1	
2	

2. La mamá de Eva sumará $5 a todas las otras donaciones que reúna en la campaña para recaudar fondos para la escuela.

Sea o = todas las otras donaciones.
Sea t = el total de donaciones.
Haz la gráfica de $t = o + 5$.

$t = o + 5$	
o	t
10	
20	

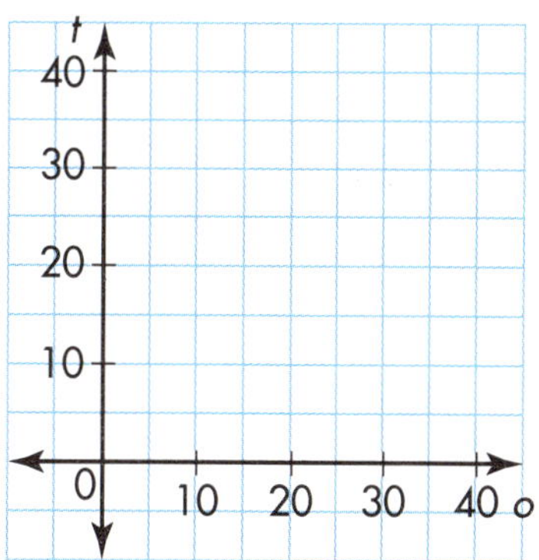

3. **Matemáticas y Ciencias** La gente obtiene energía de lo que come. Esta energía se mide en calorías. Cuando haces ejercicio, usas, o quemas, calorías. La imagen de la derecha muestra aproximadamente cuántas calorías quema una persona de 125 libras cada minuto que juega bolos. ¿Cuántas calorías quema una persona de 125 libras durante dos horas jugando a los bolos?

4. © **PM.4 Representar con modelos matemáticos** Usa la información del Ejercicio 3 para escribir una ecuación que represente la cantidad de calorías que se queman por minuto jugando a los bolos. Sea m la letra que representa la cantidad de minutos que una persona de 125 libras juega a los bolos. Sea c la cantidad de calorías que quema.

5. Haz una tabla para la ecuación que escribiste en el Ejercicio 4.

m	c

6. Haz una gráfica usando la información que anotaste en la tabla en el Ejercicio 5.

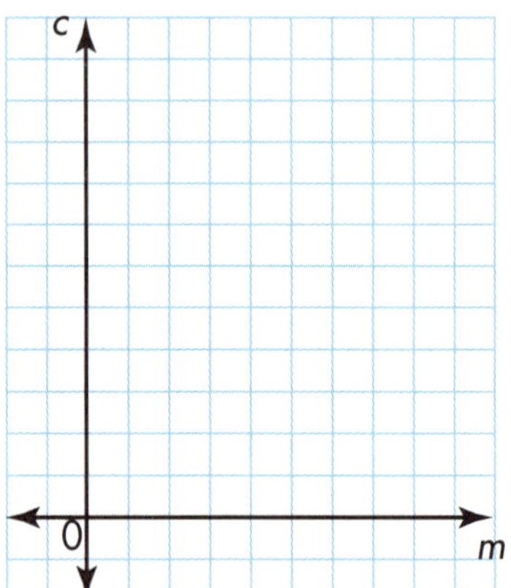

7. **Razonamiento de orden superior** Una persona de 185 libras quema aproximadamente 64.5 calorías cada 15 minutos que juega bolos. Escribe una ecuación que represente cuántas calorías quema una persona de 185 libras por minuto. ¿Quién quemará más calorías durante 1 hora jugando bolos, una persona de 185 libras o una de 125? Explícalo.

© **Evaluación de *Common Core***

8. ¿Qué ecuación representa la tabla de la derecha?

x	y
0	0
2	5
4	10

Ⓐ $y = 2x$

Ⓑ $y = 2.5x$

Ⓒ $y = x + 3$

Ⓓ $y = x + 6$

Nombre _______________

Greg se anotó para participar en una caminata de beneficencia que organiza su abuela. Ella le dijo que donará $1 por su participación y $2 por cada milla que camine. Haz una gráfica de la ecuación $d = 2m + 1$ en el plano de coordenadas, donde d es la donación que hará su abuela y m la cantidad de millas que camina Greg.

Puedo...

hacer gráficas de ecuaciones algebraicas con más de una operación.

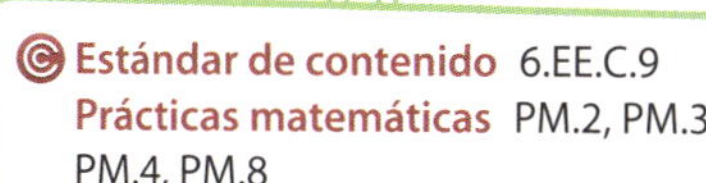

Estándar de contenido 6.EE.C.9
Prácticas matemáticas PM.2, PM.3, PM.4, PM.8

$d = 2m + 1$

m	d
1	
2	
3	

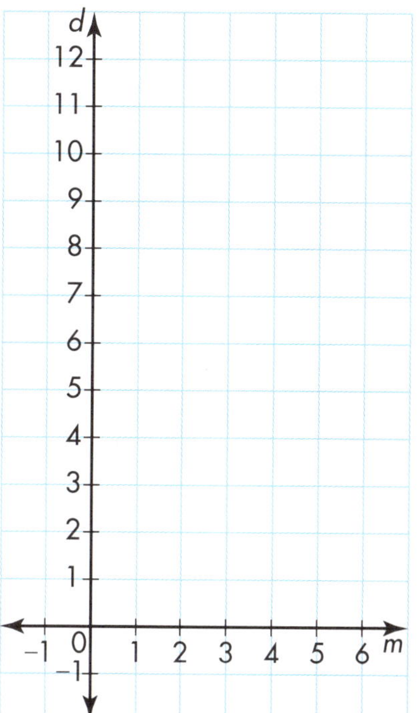

¡Vuelve atrás! © **PM.4 Representar con modelos matemáticos** Usa tu gráfica. ¿Cuántas millas debe caminar Greg si quiere reunir $11 para la beneficencia?

Pregunta esencial

¿Cómo se puede hacer una gráfica de una ecuación lineal que incluye dos operaciones?

A

La temperatura era 6 °C y aumentó 2 °C por hora durante 6 horas.

Sea x = la cantidad de horas.

Sea y = la temperatura en °C.

La ecuación y = 6 + 2x muestra la relación entre la cantidad de horas y el aumento de la temperatura. ¿Después de cuántas horas la temperatura fue 12 °C?

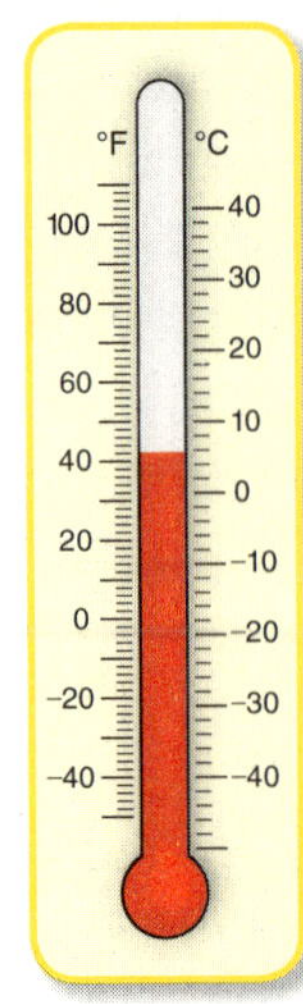

B ## Paso 1

Haz una tabla para $y = 6 + 2x$.

x	y
0	6
2	10
4	14

C ## Paso 2

Marca los pares ordenados en el plano de coordenadas. Traza una recta a través de los puntos.

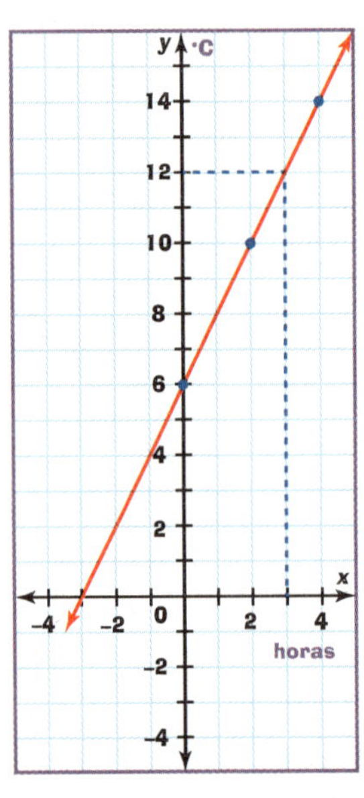

D ## Paso 3

Usa la gráfica para hallar el punto en el que y vale 12.

Los segmentos azules punteados muestran que (3, 12) es un punto de la recta.

La temperatura fue 12 °C después de 3 horas.

¡Convénceme! © **PM.2 Razonar** Supón que la temperatura llegó a 6 °C al mediodía. ¿A qué hora habrá llegado a 12 °C?

Amigo de práctica · Herramientas · Evaluación

☆ Práctica guiada *

¿Lo entiendes?

1. © **PM.3 Construir argumentos** El punto (10, 26) ¿está sobre la recta de la ecuación $y = 6 + 2x$? Explícalo.

2. © **PM.4 Representar con modelos matemáticos** Supón que la temperatura es 6 °C y disminuye 0.5 °C por hora. ¿Qué ecuación se puede usar para hacer la gráfica de esta relación si h es la cantidad de horas y t es la temperatura?

¿Cómo hacerlo?

Completa la tabla y la gráfica en el Ejercicio **3.** $d = 5 + 5t$.

3. d = distancia
   t = tiempo

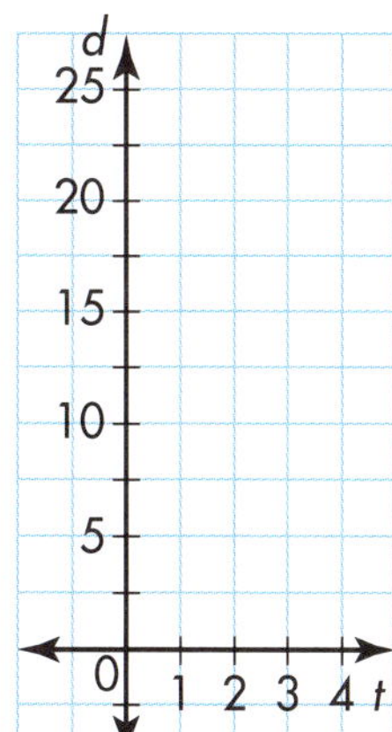

$d = 5 + 5t$	
t	d
0	
2	

☆ Práctica independiente

Escribe una ecuación, completa la tabla y luego haz la gráfica para resolver el problema en el Ejercicio **4.**

4. Un cachorro pesa 1 libra y sube $\frac{1}{2}$ libra cada semana. ¿Cuánto pesa luego de 4 semanas?

   Sea x = la cantidad de semanas.
   Sea y = el peso del cachorro en libras.

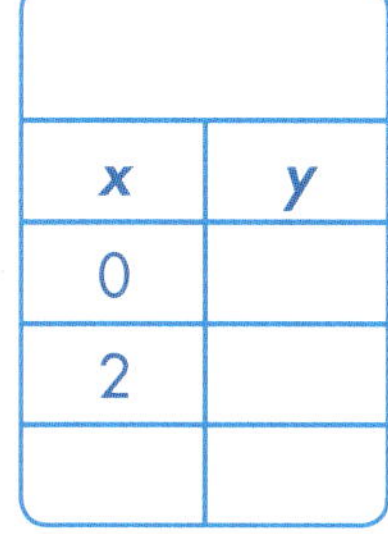

x	y
0	
2	

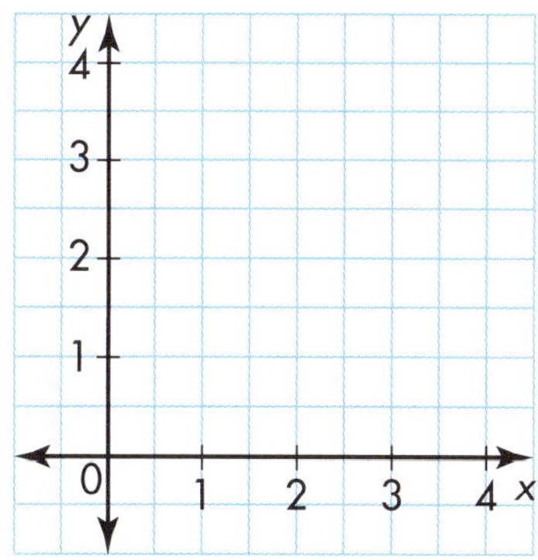

5. © **PM.2 Razonar** La familia Jackson planea un viaje de fin de semana. Piensan alquilar un carro a la compañía ABC. Sea *m* la letra que representa la cantidad de millas que la familia viajará en carro. Sea *c* la letra que representa el costo de alquiler del carro. Escribe una ecuación que muestre cuál será el costo de alquiler del carro.

6. © **PM.4 Representar con modelos matemáticos** Haz una tabla y una gráfica para la ecuación que escribiste en el Ejercicio 5.

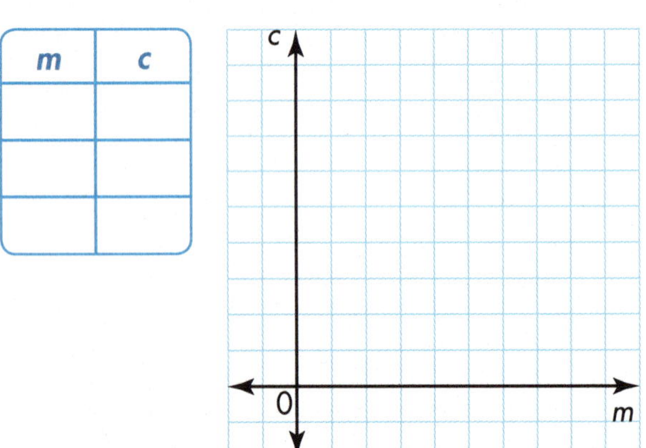

m	c

7. ⒶＺ **Vocabulario** ¿En qué *cuadrante* del plano de coordenadas se ubica el punto $(-40, -100)$?

8. **Razonamiento de orden superior** Escribe una ecuación algebraica que corresponda a los valores que muestra la tabla de la derecha. Explica cómo resolviste el problema.

x	y
1	8
2	11
3	14
4	17

© **Evaluación de *Common Core***

9. Carl escribió las ecuaciones $y = 2x$ e $y = x + 2$.

Parte A

¿Qué ecuación representa la gráfica de la derecha?

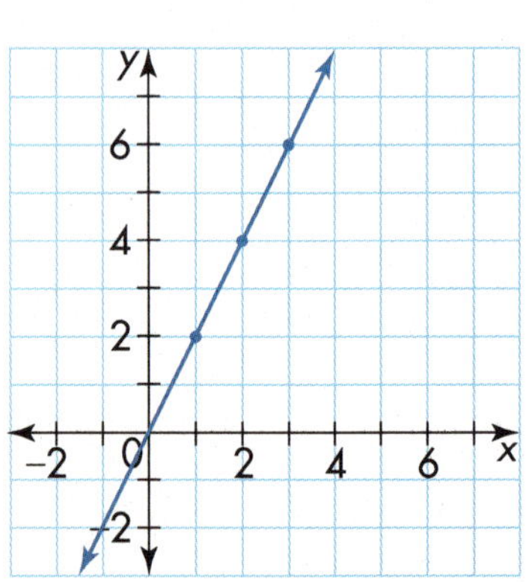

Parte B

Identifica un punto sobre la recta que no se muestre en esta gráfica.

Ayuda   Amigo de   Herramientas   Juegos
práctica

Tarea y práctica
5-5
Más sobre hacer gráficas de ecuaciones

¡Revisemos!

Haz una gráfica de la ecuación $y = 2x - 4$.

Primero haz una tabla. Escoge al menos
3 valores para la variable independiente, x.
Halla los valores correspondientes a la variable
dependiente, y.

$y = 2x - 4$	
x	y
2	0
3	2
4	4

Marca cada par ordenado en el plano
de coordenadas. Luego, traza una recta
que una los puntos.

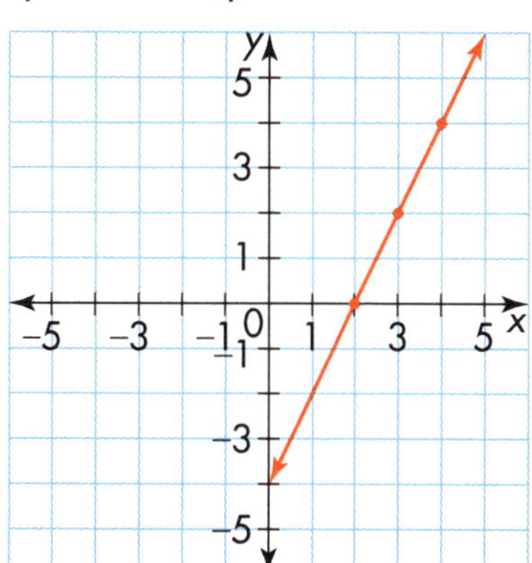

Escribe una ecuación, haz una tabla y luego haz la gráfica para
resolver el problema en el Ejercicio **1**.

1. Un artista dibuja un *collage* con
rectángulos. La longitud de cada
rectángulo es 2 unidades más que la
mitad de su ancho. Si el artista pinta
un rectángulo que mide 6 unidades
de ancho, ¿cuál es su longitud?

Sea $\ell =$ la longitud del rectángulo.
Sea $a =$ el ancho del rectángulo.

a	ℓ
2	
4	

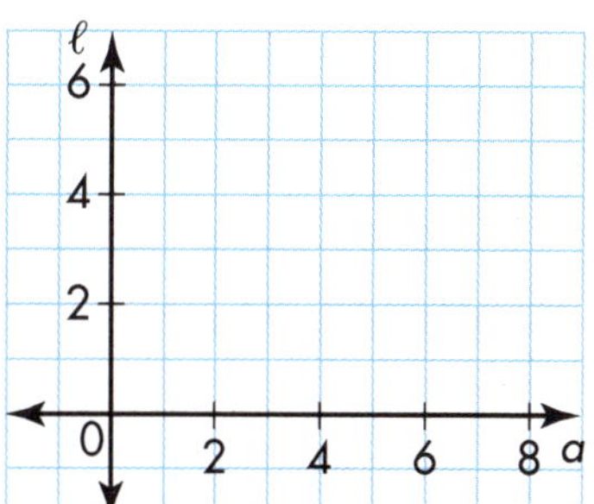

2. **Matemáticas y Ciencias** Los antropólogos forenses analizan esqueletos para ayudar a resolver crímenes. Pueden usar la longitud del fémur para estimar la altura de un esqueleto. Su altura es aproximadamente 30 pulgadas más que dos veces la longitud del fémur. Sea h la letra que representa la altura de un esqueleto. Sea f la letra que representa la longitud del fémur. Escribe una ecuación que represente la altura del esqueleto.

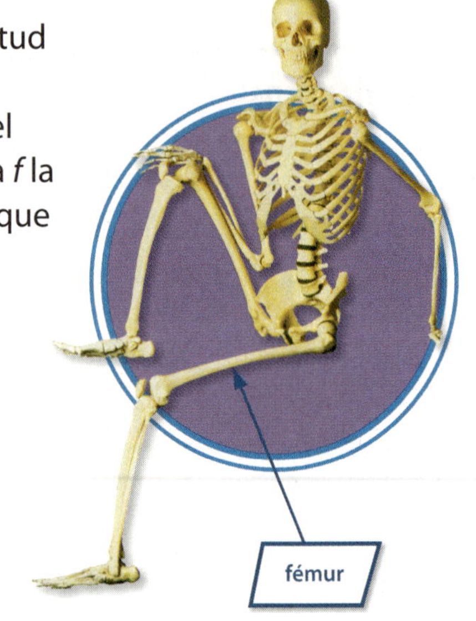

3. **© PM.4 Representar con modelos matemáticos** Haz una tabla y una gráfica para la ecuación que escribiste en el Ejercicio 2.

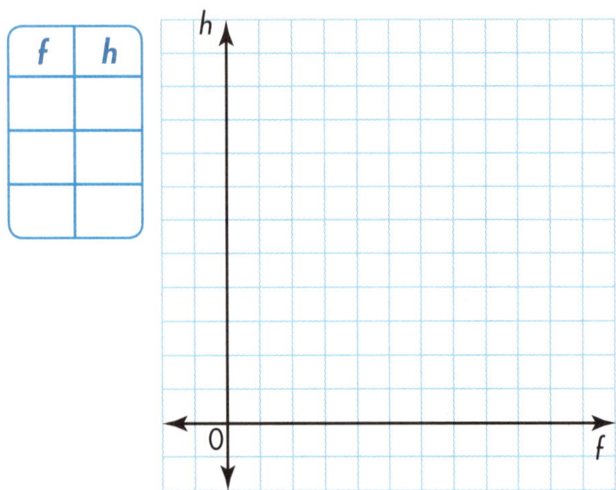

4. **Razonamiento de orden superior** Wanda mide 5 pies de altura. Aproximadamente, ¿cuál es la longitud de su fémur? Explica cómo lo sabes.

© Evaluación de *Common Core*

5. Ellen escribió las ecuaciones $y = 2\frac{1}{2} \cdot x + 1$ e $y = 2\frac{1}{2} \cdot x - 1$.

x	y
2	4
4	9
6	14

Parte A

¿Qué ecuación representa la tabla de la derecha?

Parte B

Si $x = 10$, ¿cuál es el valor de y que debe anotarse en la tabla?

Nombre _______________________

Resuélvelo y coméntalo

La clase de sexto grado organiza una fiesta de patinaje. ¿Cuál es el costo total si 20 estudiantes van a la fiesta? ¿Y 60 estudiantes? ¿Y 100? ¿Y *n*?

Lección 5-6

Representar con modelos matemáticos

Puedo...
usar modelos matemáticos para representar y resolver problemas.

© Prácticas matemáticas PM.4. También, PM.1, PM.5, PM.6, PM.7.
Estándares de contenido 6.EE.C.9, 6.EE.B.5

Hábitos de razonamiento

¡Razona correctamente! Estas preguntas te pueden ayudar.

- ¿Cómo puedo usar lo que sé de matemáticas para resolver este problema?

- ¿Cómo puedo usar dibujos, objetos y ecuaciones para representar el problema?

- ¿Cómo puedo usar números, palabras y símbolos para resolver este problema?

¡Vuelve atrás! **© PM.4 Representar con modelos matemáticos** ¿Cómo puedes usar ecuaciones para representar y resolver este problema? ¿En qué se parecen las ecuaciones? ¿En qué se diferencian?

Pregunta esencial — **¿Cómo se puede representar con modelos matemáticos?**

A

Hal tiene $45 ahorrados. Gana $25 por semana por cortar el césped del vecino. Quiere comprar un teléfono celular que cuesta $320. Si ahorra todo el dinero que gana, ¿en cuántas semanas tendrá dinero suficiente para comprar el teléfono?

Ingresos de Hal	
Semana	Ingresos totales ($)
1	$25
2	$50
3	$75
4	$100
5	$125
6	
7	

¿Qué debo hacer para resolver este problema?

Debo hallar cuánto tiempo le llevará a Hal ganar dinero suficiente para poder comprarse el teléfono.

B **¿Cómo puedo representar este problema?**

Puedo

- usar una tabla, palabras, números y símbolos para representar el total de ahorros de Hal por semana.

- escribir y resolver ecuaciones.

- decidir si mis resultados tienen sentido y mejorar mi modelo matemático, si es necesario.

C

Este es mi razonamiento...

Hal tiene $45. Debe ganar $320 − $45 = $275.

Puedo escribir una ecuación para hallar la cantidad de semanas que le llevará ganar $275.

Si s = la cantidad de semanas que Hal gana $25, entonces $25s = 275$.

$$\frac{25s}{25} = \frac{275}{25}$$
$$s = 11$$

Resuelvo la ecuación dividiendo ambos lados por 25.

Le llevará 11 semanas ganar dinero suficiente para comprar el teléfono celular.

Mi respuesta tiene sentido porque $25(11) + 45 = 275 + 45 = 320$.

¡Convénceme! © **PM.4 Representar con modelos matemáticos** ¿Puedes resolver el problema de otra manera? Explícalo.

☆ Práctica guiada *

© PM.4 Representar con modelos matemáticos

Joanne quiere comprar un suéter que cuesta $72. Gana $12 por semana y ahorra la mitad. Empezó la tabla de abajo para anotar sus ahorros de cada semana. ¿Cuántas semanas pasarán hasta que tenga dinero suficiente para comprar el suéter?

1. ¿Qué ecuación puedes usar para representar los ahorros semanales de Joanne? Completa la tabla para las primeras 4 semanas.

Ahorros de Joanne		
Semana	Ganancia total	Ahorro total
1	12	6
2	24	
3		
4		

2. ¿Cómo puedes usar lo que sabes de matemáticas para resolver el problema? Explícalo.

☆ Práctica independiente

© PM.4 Representar con modelos matemáticos

Joe tiene $372 y gasta $12 cada semana. Hizo una tabla para anotar cuánto dinero tiene. ¿Cuánto tiempo pasará hasta que gaste todo su dinero?

3. ¿Qué ecuación puedes usar para representar el problema? Muestra cómo puedes usar números, palabras y símbolos para representar la información dada.

Gastos de Joe	
Semana	Dólares que le quedan
0	372
1	360
2	348
3	336

4. ¿Cómo puedes usar lo que sabes de matemáticas para resolver el problema? Explícalo.

Prácticas matemáticas y resolución de problemas

Ⓒ Evaluación de rendimiento de *Common Core*

Venta de galletas

El equipo de futbol vende galletas para reunir dinero para viajar al campeonato estatal. Esperan reunir $200. Cada caja de galletas se vende a $3.50 y le cuesta al equipo $1.50. Hay 12 cajas de galletas por envase. ¿Cuántos envases deben vender para alcanzar su meta?

5. **PM.1 Entender y perseverar** ¿Qué sabes y qué debes hallar?

6. **PM.7 Usar la estructura** ¿Qué relación ves entre la ganancia de 1 caja de galletas y la cantidad de cajas por envase? ¿Este patrón te ayuda a resolver el problema? Explícalo.

Cantidad de envases vendidos	Ganancias
1	
2	
3	
4	
5	
6	

7. **PM.4 Representar con modelos matemáticos** Explica cómo puedes usar una tabla, una gráfica o una ecuación para representar el problema.

8. **PM.5 Usar herramientas apropiadas** Completa la tabla y la gráfica. Explica cómo te ayudan a resolver el problema.

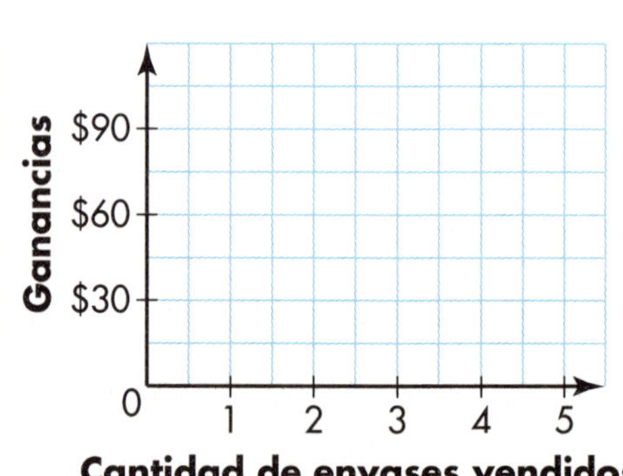

Tarea y práctica
5-6

Representar con modelos matemáticos

¡Revisemos!

Dave entrena para una carrera de 10 kilómetros. En las próximas dos semanas, planea correr 100 millas. Corre 8.4 millas por día. ¿Cuánto le llevará correr al menos 100 millas?

Explica cómo puedes representar y resolver este problema.

- Puedo usar una tabla o una gráfica para anotar las millas diarias que corre Dave.

- Puedo escribir y resolver ecuaciones.

- Puedo representar el problema de diferentes maneras para comprobar si mis cálculos son correctos.

Representa y resuelve el problema

Haz una tabla y escribe una ecuación.

Cantidad de días	Total de millas corridas
1	8.4
2	16.8
4	33.6
8	67.2
12	100.8

Sea d = la cantidad de días y m = la cantidad total de millas que corre: $m = 8.4d$.

Resuelve la ecuación:

$$100 = 8.4d$$
$$\frac{100}{8.4} = d$$
$$11.9 = d$$

Dave correrá al menos 100 millas al final del 12.° día.

© **PM.4 Representar con modelos matemáticos**

La receta de galletas de Helen lleva 1.5 paquetes de chispas de chocolate por tanda de galletas. Helen tiene 1 paquete de chispas. ¿Cuántos paquetes más necesita comprar para poder hacer 16 tandas?

1. ¿Cómo representa la tabla al problema? Completa la tabla.

	Galletas de Helen	
Tandas	Cantidad de paquetes	Cantidad de paquetes que necesita Helen
1	1.5	
2		
3		
4		

2. ¿Qué ecuación puedes escribir para representar el problema? Usa la ecuación para resolverlo.

Mesas con forma de trapecio

Una cafetería tiene mesas con forma de trapecio. En cada mesa hay espacio suficiente para que se sienten 5 estudiantes. Las mesas también pueden ordenarse en fila, como se muestra abajo. Por cada mesa que se suma a la fila, pueden sentarse 3 estudiantes más. ¿Cuántas mesas deben juntarse en una fila para que se sienten 53 estudiantes?

3. PM.1 Entender y perseverar ¿Cómo puedes usar una tabla para representar lo que sabes? Completa la tabla de abajo.

Cantidad de mesas	1	2	3	4	5
Cantidad de estudiantes	5				

4. PM.4 Representar con modelos matemáticos
¿Qué ecuación puedes escribir para representar la cantidad de estudiantes, E, que pueden sentarse en m mesas?

5. PM.7 Usar la estructura ¿Cómo te ayudan los patrones a resolver el problema?

6. PM.6 Hacerlo con precisión Usa la ecuación que escribiste para resolver el problema. ¿Cómo puedes comprobar para asegurarte de que tus cálculos sean correctos?

Trabaja con un compañero. Necesitan papel y lápiz. Cada uno escoge un color diferente: celeste o azul.

El Compañero 1 y el Compañero 2 apuntan a uno de los números negros al mismo tiempo. Ambos multiplican esos números. Calcula mentalmente si puedes.

Si la respuesta está en el color que escogiste, puedes anotar una marca de conteo. Sigan la actividad hasta que uno de los compañeros tenga doce marcas de conteo.

Puedo...
multiplicar números enteros de varios dígitos.

 **Estándar de contenido**
5.NBD.B.5

Compañero 1				Compañero 2
30	1,400	875	1,200	35
45	2,025	500	700	20
40	1,600	1,800	1,575	30
25	900	800	750	45
35	600	1,350	1,050	40
	1,000	1,125	1,225	

Marcas de conteo para el Compañero 1

Marcas de conteo para el Compañero 2

Repaso del vocabulario

A-Z
Glosario

Comprender el vocabulario

Escoge el mejor término del recuadro. Escríbelo en el espacio en blanco.

1. Una cantidad que puede cambiar o variar es una

   _______________________ .

2. Un _______________ muestra pares de valores (c, h) que son soluciones de la ecuación $c = 2h$.

3. La gráfica de una _______________ es una línea recta.

4. En la ecuación $y = x + 9$, la variable x es la _______________ .

Identifica la *variable independiente* y la *variable dependiente* en las situaciones. Escribe **I** si la variable es independiente y **D** si es dependiente.

5. La cantidad de horas que se alquila una canoa, h, y el costo en dólares del alquiler, c

   h _______ c _______

6. El peso de una caja en libras, p, y la cantidad de naranjas que hay en la caja, c

   p _______ c _______

7. La longitud de una piscina, l, y el tiempo que lleva nadar esa longitud, t

   l _______ t _______

8. Observa los *pares ordenados*. Escribe **S** si el par ordenado (h, c) representa un punto de la recta $c = h - 2$ y **N** si no.

   $(3, 5)$ _______ $(7, 5)$ _______ $(4, 5)$ _______

Usar el vocabulario al escribir

9. Explica cómo hacer la gráfica de la ecuación $d = 5t$ en un plano de coordenadas. Usa en tu explicación al menos 5 palabras de la Lista de palabras.

Grupo A · páginas 227 a 232

El equipo de lucha lava carros para reunir dinero. La ecuación $d = 2c$ representa el dinero que ganan, *d*, por lavar *c* carros. Identifica la variable dependiente y la variable independiente y explícalo.

Paso 1 Identifica la variable dependiente.

Pregúntate: ¿qué variable depende de la otra?

La cantidad de dinero que el equipo de lucha gana **depende** de la cantidad de carros que lavan. La variable dependiente es *d*.

Paso 2 Identifica la variable independiente.

Pregúntate: ¿qué variable causa el cambio?

La cantidad de carros que lavan cambia la cantidad de dinero que ganan. La variable independiente es *c*.

Recuerda que debes pensar sobre cómo los valores de las variables se afectan el uno al otro.

> Identifica la variable dependiente y la variable independiente en las situaciones.

1. La distancia recorrida, *d*, y la velocidad, *v*

2. Las calorías, *c*, de un bocadito y la cantidad de bocaditos, *b*

3. La cantidad de dinero que gastaste, *g*, y cuánto dinero te queda, *q*

Grupo B · páginas 233 a 238, 239 a 244

Halla la regla que muestra el patrón. Luego usa la regla para completar la tabla.

x	3	4	6	7	8
y	12	16	24	28	32

Paso 1 Halla la regla y escribe una ecuación.

Piénsalo: 12 es 3 × 4
16 es 4 × 4
24 es 6 × 4

Regla: El valor de *y* es 4 veces el valor de *x*.

Ecuación: $y = 4x$

Paso 2 Evalúa la ecuación para $x = 7$ y $x = 8$.

$y = 4(7) = 28$

$y = 4(8) = 32$

Recuerda que debes buscar patrones entre dos variables relacionadas para hallar reglas y escribir ecuaciones.

1. Escribe una regla y una ecuación que se ajusten al patrón de la tabla. Luego usa la regla para completar la tabla.

x	0	2	10	16	20
y	0	1	5		

2. Usa la ecuación para completar la tabla.

$y = 6x + 1$

x	1	2	3	4	5
y					

Haz una gráfica de la ecuación $y = x + 1$.

Paso 1   Haz una tabla. Incluye al menos 3 valores de x.

x	y
0	1
2	3
3	4

Paso 2   Marca los pares ordenados en el plano de coordenadas. Luego traza una recta a través de los puntos. Amplía la recta para mostrar más valores que hacen verdadera la ecuación.

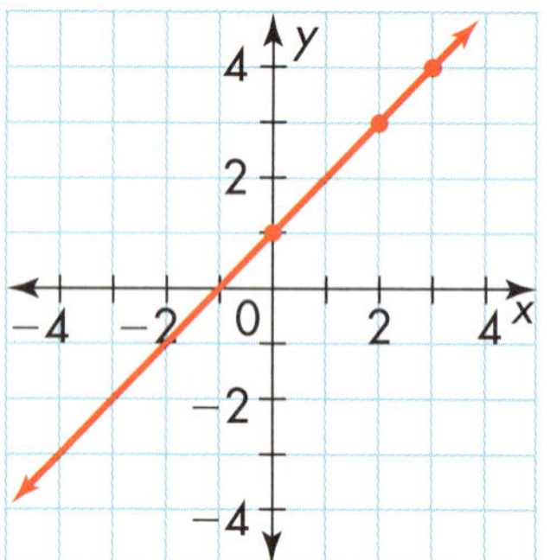

Recuerda que los pares ordenados que hacen verdadera una ecuación pueden usarse para hacer la gráfica de la ecuación.

Haz la gráfica de las ecuaciones en el plano de coordenadas.

1. $y = x + 3$ **2.** $y = 3x - 1$

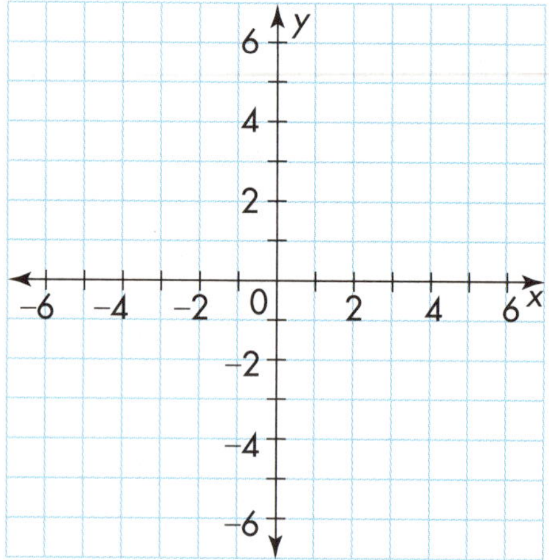

Piensa en estas preguntas como ayuda para **representar con modelos matemáticos.**

Hábitos de razonamiento

- ¿Cómo puedo usar lo que sé de matemáticas para resolver este problema?
- ¿Cómo puedo usar dibujos, objetos y ecuaciones para representar el problema?
- ¿Cómo puedo usar números, palabras y símbolos para resolver este problema?

Recuerda que una tabla, ecuación o gráfica pueden usarse para mostrar la relación entre las cantidades de un problema.

Alex hace marionetas para una función. Compró hilo por $125. El resto de los materiales necesarios para hacer cada marioneta cuesta $18. ¿Cuál es el costo total de hacer 50 marionetas?

1. ¿Qué ecuación puedes escribir para representar el problema?

2. Explica cómo se usa la ecuación para resolver el problema y luego resuélvelo.

© **Evaluación**

1. El gerente de un parque acuático lleva un registro de la cantidad de dinero que reúnen, *d,* y la cantidad de boletos que venden, *b,* por día. ¿Qué opción describe mejor las variables *d* y *b*?

Ⓐ   La variable *d* es la variable independiente porque depende de la cantidad de boletos que se venden, *b.*

Ⓑ   La variable *b* es la variable dependiente porque depende de la cantidad de dinero que se reúne, *d,* por día.

Ⓒ   La variable *b* es la variable independiente porque afecta a la cantidad de dinero que se reúne, *d,* por día.

Ⓓ   La variable *d* es independiente de la variable *b* y la variable *b* es independiente de la variable *d.*

2. Escoge Sí o No para indicar qué ecuaciones pueden usarse para describir el patrón de la tabla en las opciones 2a a 2e.

a	5	6	7	8	9
b	0	1	2	3	4

2a. $b + a = 5$ ○ Sí   ○ No

2b. $b = a + 5$ ○ Sí   ○ No

2c. $b = a - 5$ ○ Sí   ○ No

2d. $a = b - 5$ ○ Sí   ○ No

2e. $a - b = 5$ ○ Sí   ○ No

3. ¿Qué ecuación puede usarse para describir el patrón de la tabla?

x	8	10	12	14	16
y	3	4	5	6	7

Ⓐ $y = 2x - 13$

Ⓑ $y = x \div 2$

Ⓒ $y = x \div 2 + 1$

Ⓓ $y = x \div 2 - 1$

4. April paga a un paseador de perros $30 todas las semanas para que pasee a su perro. Completa la tabla para mostrar cuántos dólares, *d,* paga al paseador en *s* semanas.

s	1	2			5
d	30		90	120	

5. Wanda hizo la gráfica de las ecuaciones que se enumeran abajo. Escoge Sí o No para indicar qué ecuaciones incluyen el punto (1.25, 2.5) en las opciones 5a a 5d.

5a. $y = 2x$ ○ Sí   ○ No

5b. $y = x + 1$ ○ Sí   ○ No

5c. $y = x + 1.25$ ○ Sí   ○ No

5d. $y = 1\frac{1}{4} + x$ ○ Sí   ○ No

6. **Parte A**

¿Cuál de las siguientes ecuaciones se usó para hacer la gráfica de la recta que se muestra?

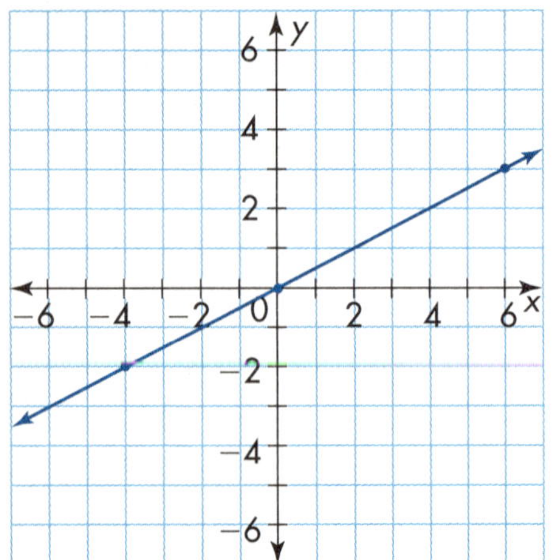

Ⓐ $y = 2x$

Ⓑ $y = x \div 2$

Ⓒ $y = x + 2$

Ⓓ $y = x - 2$

Parte B

Escribe 2 pares ordenados de puntos que estén en la recta de la gráfica.

7. Un parque de diversiones cobra $2 por ingreso y $1.50 por cada juego mecánico.

Parte A

Escribe una ecuación que represente el costo total, C, de acuerdo con la cantidad de juegos mecánicos, J, a los que subes.

Parte B

Completa la tabla para tu ecuación.

J	4	7	10
C			

8. Un equipo de softbol planea comprar gorras para los jugadores. Todas las gorras cuestan lo mismo. Compran *g* gorras por *d* dólares. ¿Qué variable es la variable independiente y cuál la dependiente? Explica cómo identificaste cada variable.

9. Los científicos forenses pueden usar la longitud del fémur para estimar la altura de un esqueleto. Una ecuación que pueden usar es $h = 2.6f + 65$, donde *f* es la longitud del fémur en centímetros y *h* es la altura del esqueleto. Completa la tabla para hallar la altura de un esqueleto con un fémur que mide 37 cm de longitud.

f	34	35	36	37
h	153.4	156	158.6	

La vida en el establo

El Sr. Hart es dueño de un pequeño establo de caballos. También cría perros ahí.

© Evaluación del rendimiento

1. El Sr. Hart quiere aumentar la cantidad de caballos y perros del establo.

Parte A

Quiere mantener la relación entre caballos y perros que se muestra en la tabla cuando aumente la cantidad.

Completa la tabla para mostrar la relación entre la cantidad de caballos, *c*, y la cantidad de perros, *p*, en el establo.

p	c
1	5
2	8
3	
4	
5	

Parte B

Describe la relación entre la cantidad de perros y la cantidad de caballos en el establo. Luego, escribe una ecuación que represente esta relación.

Ecuación: ___________________

2. Parte A

Completa y rotula la gráfica para mostrar la relación entre perros y caballos.

Parte B

El Sr. Hart quiere aumentar la cantidad de perros a 6. Amplía la gráfica. ¿Qué par ordenado representa la cantidad de caballos, *c*, cuando hay 6 perros? ¿Cuántos caballos habrá?

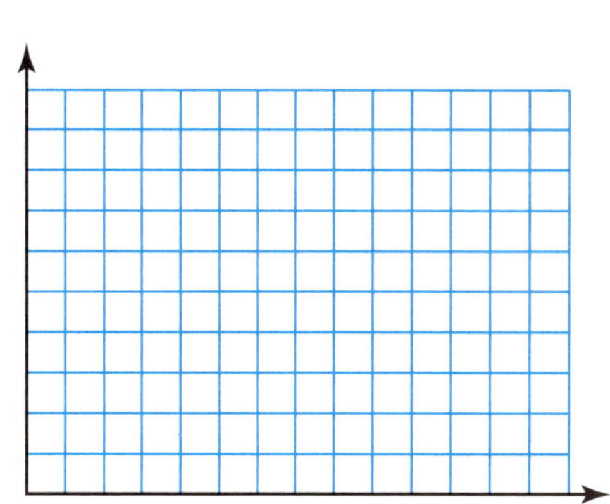

3. El Sr. Hart estimó el costo de comprar los perros y los caballos.

- costo por cada caballo: $1,500
- costo por cada perro: $500
- tarifa única por el transporte de los caballos: $2,000
- tarifa única por el transporte de los perros: $500

Escribe una ecuación que represente el costo de comprar un caballo.
Escribe otra ecuación que muestre el costo de comprar un perro.
Identifica las variables de las ecuaciones.

4. El Sr. Hart tiene un presupuesto total de $30,000 para comprar perros y caballos para el establo. ¿Cuántos caballos y perros podrá comprar si la relación permanece igual? Explica tu razonamiento. Muestra tu trabajo.

Dividir números enteros con facilidad

Pregunta esencial: ¿Cómo se hallan los cocientes de números de varios dígitos?

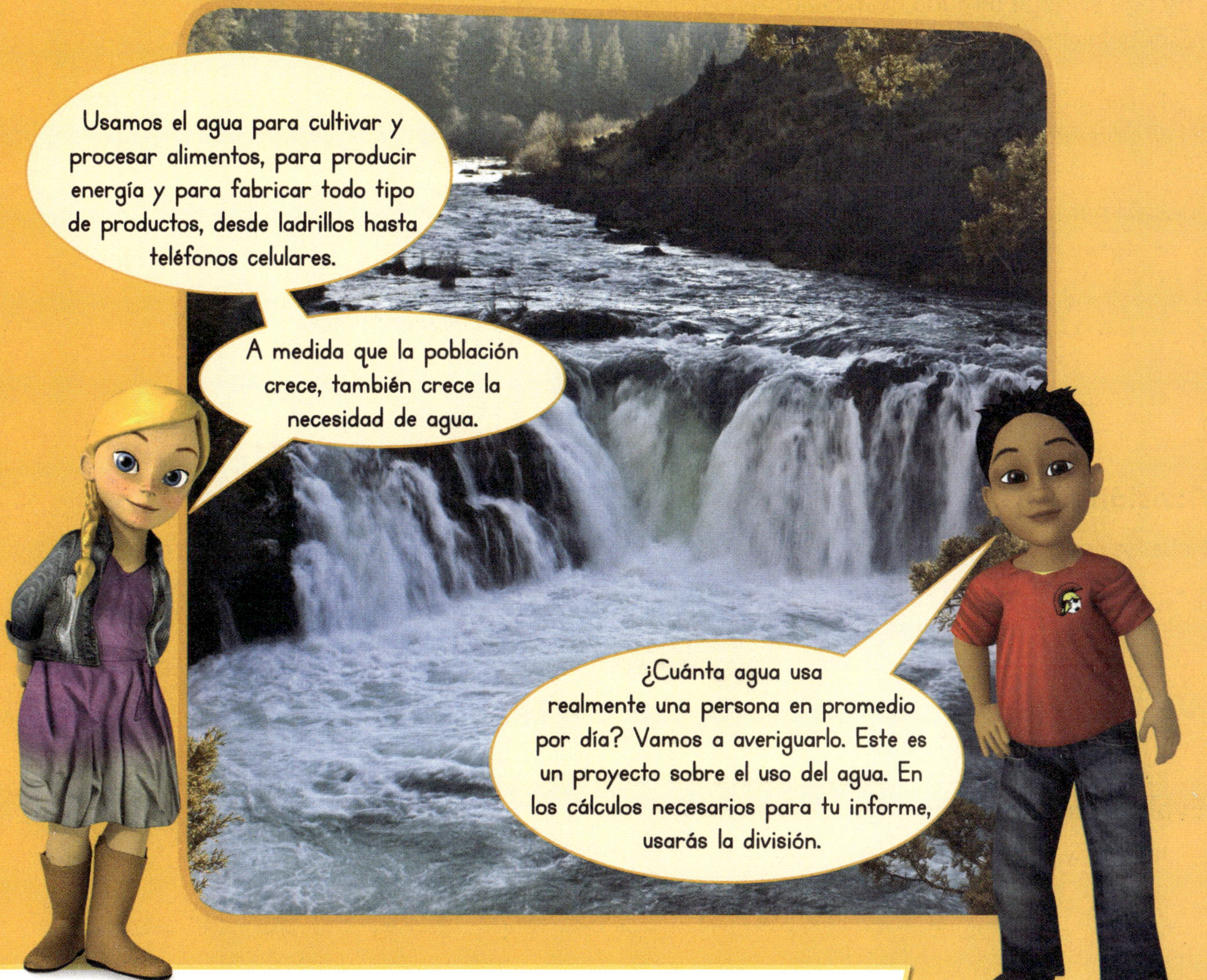

Proyecto de Matemáticas y Ciencias: Consumo de agua

Investigar Usa la Internet u otras fuentes para aprender más sobre el consumo de agua. Esto incluye las acciones diarias, la comida, los objetos y la tecnología que requieren de agua.

Diario: Escribir un informe Incluye lo que averiguaste. En tu informe, también:

- indica cuánta agua usa una persona por día. ¿Puede una persona usar más de 1 galón por hora?

- di cuánta agua usa una familia por día. ¿Y por hora? ¿Y por minuto?

- di cómo afecta a la población el consumo de agua.

Repasa lo que sabes

Vocabulario

Escoge el mejor término del recuadro.
Escríbelo en el espacio en blanco.

- cociente
- estimar
- dividendo
- números compatibles
- divisor

1. Hallar una respuesta o solución
aproximada es _______________.

2. El número que se divide por otro número
es el _______________.

3. Los _______________________ son números fáciles de calcular mentalmente.

4. En la ecuación $20 \div 4 = 5$, el número 5 es el _______________.

División

Halla los cocientes.

5. $4\overline{)432}$

6. $691 \div 7$

7. $2\overline{)374}$

8. $872 \div 8$

9. $3\overline{)2{,}184}$

10. $1{,}135 \div 6$

Evaluar expresiones

Evalúa las expresiones si $x = 5$ y $x = 9$.

11. $7x$

12. $50 - 5x$

13. $12x \div 3$

14. $135 \div x$

15. $6x + 15 \div 3$

16. $5 + 4x \div 2$

Usar la estimación

17. Un pequeño teatro tiene 154 asientos y 11 filas.
¿Cómo puede estimar Sam la cantidad de asientos en cada fila?

Nombre ______________________

Tu escuela necesita comprar sillas para la cafetería. El presupuesto para las sillas es $1,489. Aproximadamente, ¿cuántas sillas puede comprar tu escuela para la cafetería? *Resuelve este problema de la manera que prefieras.*

Resuelve

Puedo...
estimar cocientes.

© **Estándar de contenido** 6.SN.B.2
Prácticas matemáticas PM.2, PM.3, PM.8

¡Vuelve atrás! © **PM.8 Generalizar** ¿Cómo puedes comprobar si tu estimación es razonable?

¿Cómo se pueden usar números compatibles para estimar cocientes?

A

Un teatro vendió 3,084 boletos para una obra. Los asientos están divididos en secciones. Aproximadamente, ¿cuántas secciones van a usarse para sentar a quienes compraron los boletos?

B ## Paso 1

Sabes la cantidad de asientos que hay en cada sección y la cantidad total de boletos vendidos.

Divide para hallar la cantidad de secciones que se necesitan para sentar a quienes compraron los boletos.

Halla números compatibles para 3,084 y 64.

3,000 y 60 están cerca de 3,084 y 64.

3,000 y 60 son números compatibles.

C ## Paso 2

Divide.

$3,000 \div 60 = 50.$

Se van a usar *aproximadamente* 50 secciones para sentar a quienes compraron los boletos.

Comprueba si es razonable.

$50 \times 60 = 3,000$

¡Convénceme! **© PM.2 Razonar** Supón que cada sección del teatro tiene 96 asientos. Aproximadamente, ¿cuántas secciones se usarían para sentar a quienes compraron los boletos? Usa la estimación para explicar.

Nombre ______________________

☆ Práctica guiada *

¿Lo entiendes?

1. PM.2 Razonar Para estimar 2,265 ÷ 74, ¿la división con los números compatibles 2,400 y 80 permitiría una estimación razonable? ¿Hay otro par de números compatibles que puedes usar para una buena estimación? Explica las dos respuestas.

2. © PM.3 Evaluar el razonamiento César y su grupo tienen 765 botellas de agua para poner en estuches. Ponen 24 botellas en cada estuche. César piensa que van a necesitar aproximadamente 40 estuches. ¿Esta es la mejor estimación? ¿Por qué?

¿Cómo hacerlo?

Haz una estimación con números compatibles en los Ejercicios **3** a **8**.

3. 2,863 ÷ 43   **4.** 3,277 ÷ 12

5. 468 ÷ 61   **6.** 146 ÷ 9

7. 6,927 ÷ 73   **8.** 1,218 ÷ 38

☆ Práctica independiente ☆

Haz una estimación con números compatibles en los Ejercicios **9** a **20**.

9. 4,112 ÷ 83   **10.** 2,924 ÷ 53   **11.** 48,958 ÷ 74

12. 2,243 ÷ 18   **13.** 91,002 ÷ 61   **14.** 7,618 ÷ 52

15. 5,410 ÷ 59   **16.** 3,551 ÷ 6   **17.** 2,728 ÷ 66

18. 29,089 ÷ 8   **19.** 276 ÷ 38   **20.** 4,605 ÷ 9

Puedes encontrar otro ejemplo en el Grupo A, página 311.   **Tema 6** | Lección 6-1   **275**

21. El equipo de voleibol de una escuela va a participar en el partido por el campeonato estatal. Hay 965 estudiantes que quieren ir y entran 53 estudiantes en cada autobús. Aproximadamente, ¿cuántos autobuses se necesitan?

22. El auditorio de la escuela tiene 642 asientos. Veintitrés están reservados para invitados especiales. Adam usó la ecuación $23 + b = 642$ para hallar la cantidad de boletos, b, que pueden venderse para la obra teatral de la escuela. ¿Cuántos boletos se pueden vender?

23. León compró 6 DVD en oferta por $78. Si hubiera pagado el precio completo, habría gastado $108. ¿Cuánto ahorró León por DVD en oferta?

24. © **PM.8 Generalizar** Summer necesita estimar el cociente de $8{,}173 \div 92$. Explica cómo puede usar números compatibles para hacer una estimación razonable.

25. © **PM.2 Razonar** Aproximadamente, ¿cuántas veces el valor del dinero que Bethany ahorró es el valor del dinero que Percy ahorró?

26. © **PM.2 Razonar** Aproximadamente, ¿cuántas veces el valor del dinero que Percy ahorró es el valor del dinero que Emily ahorró?

Viaje de quinto grado a Washington, D.C.	
Estudiante	**Dinero ahorrado**
Percy	$1,256
Emily	$2,345
Bethany	$401

27. En una tienda, una caja de 12 filtros de agua cuesta $55.50. Estima cuánto cuesta cada filtro de agua.

28. **Razonamiento de orden superior** En el zoológico, hay x jaulas para 2,878 aves. Cada jaula puede contener entre 140 y 160 aves. ¿Cuál sería un valor razonable para x? Justifica tu razonamiento.

© Evaluación de *Common Core*

29. ¿Cuáles de las siguientes opciones son estimaciones razonables para $4{,}325 \div 56$?

☐ $5{,}000 \div 50 = 100$

☐ $4{,}200 \div 60 = 70$

☐ $4{,}000 \div 50 = 80$

☐ $3{,}600 \div 60 = 60$

30. ¿Cuáles de las siguientes opciones **NO** son estimaciones razonables para $2{,}432 \div 47$?

☐ $50 = 2{,}500 \div 50$

☐ $30 = 1{,}500 \div 50$

☐ $3{,}000 \div 50 = 60$

☐ $2{,}400 \div 50 = 48$

Nombre _______________________________

¡Revisemos!

Hay 32 autobuses en los que va a viajar la misma cantidad de personas para asistir a un congreso de tecnología. Hay 1,759 personas anotadas para ir. Aproximadamente, ¿cuántas personas van a viajar en cada autobús?

Paso 1

Halla números compatibles para 1,759 y 32.

32 está cerca de 30.

1,759 está cerca de 1,800.

1,800 y 30 son números compatibles.

Paso 2

Vuelve a escribir la división con los números compatibles y luego divide.

$1,800 \div 30 = 60$

Paso 3

Usa los mismos números compatibles para comprobar si la respuesta es razonable.

$60 \times \mathbf{30} = \mathbf{1,800}$

Por tanto, una buena estimación de $1,759 \div 32$ es 60.

Van a viajar aproximadamente 60 personas en cada autobús.

Haz una estimación con números compatibles en los Ejercicios **1** a **15**.

1. $1,832 \div 22$
$1,800 \div \square$
$\square$

2. $552 \div 36$
$600 \div \square$
$\square$

3. $9,002 \div 28$
$\square \div \square$
$\square$

4. $2,983 \div 25$

5. $5,491 \div 77$

6. $29,589 \div 15$

7. $4,622 \div 9$

8. $1,447 \div 48$

9. $5,564 \div 91$

10. $488 \div 12$

11. $5,879 \div 46$

12. $89,078 \div 93$

13. $3,579 \div 89$

14. $63,204 \div 8$

15. $875 \div 9$

16. Una escuela tiene 1,030 estudiantes. Hay 42 maestros. Aproximadamente, ¿cuántas veces la cantidad de maestros es la cantidad de estudiantes?

17. En los 16 años que una universidad ha tenido equipo de básquetbol femenino, el departamento de atletismo vendió 3,140 boletos de temporada. ¿Cuál es una estimación razonable de cuántos boletos de temporada vendieron por año? Escribe los números compatibles que usaste para hacer la estimación.

18. © **PM.2 Razonar** Aproximadamente, ¿cuántas veces la cantidad de bicicletas alquiladas en la Tienda D es la cantidad de bicicletas alquiladas en la Tienda B?

19. © **PM.2 Razonar** Aproximadamente, ¿cuántas veces la cantidad de bicicletas alquiladas en la Tienda A es la cantidad de bicicletas alquiladas en la Tienda C?

Bicicletas alquiladas (Mayo)	
Tienda de alquiler	**Bicicletas alquiladas**
Tienda A	68
Tienda B	785
Tienda C	1,410
Tienda D	191

20. © **PM.3 Evaluar el razonamiento** Kyle tiene 3,104 estampillas en su colección. Está colocando las estampillas en un álbum. En cada página entran 42 estampillas. Kyle estima que va a necesitar aproximadamente 80 páginas. ¿Es razonable su estimación? ¿Por qué?

21. **Álgebra** Delilah está preparando tandas de pastelitos para una venta de pasteles. Cada tanda tiene 12 pastelitos. Escribe una desigualdad para representar la cantidad de tandas, t, que tiene que preparar para tener por lo menos 130 pastelitos para la venta de pasteles.

22. **A-Z** **Vocabulario** Halla el valor de x que hace verdadera la ecuación: $x \div 50 = 300$. Luego, indica si la variable, x, es divisor, dividendo o cociente de la ecuación.

© Evaluación de *Common Core*

23. ¿Cuáles de las siguientes estimaciones son razonables para $4,739 \div 92$?

☐ $4,800 \div 100 = 48$

☐ $4,500 \div 90 = 50$

☐ $4,800 \div 80 = 60$

☐ $4,400 \div 110 = 40$

24. ¿Cuáles de las siguientes estimaciones **NO** son razonables para $4,108 \div 63$?

☐ $3,800 \div 50 = 76$

☐ $4,500 \div 50 = 90$

☐ $41 = 4,100 \div 100$

☐ $70 = 4,200 \div 60$

Resuélvelo y coméntalo

Un depósito de suministros de oficina va a enviar 1,715 engrapadoras. ¿Cuántas cajas se necesitan? ¿Cuántas cajas se llenan? **Resuelve este problema de la manera que prefieras.**

Lección 6-2
Dividir números enteros

Puedo...
hallar el cociente de dos números enteros y resolver problemas de división.

© **Estándar de contenido** 6.SN.B.2
Prácticas matemáticas PM.2, PM.3, PM.6, PM.7, PM.8

¡Vuelve atrás! © **PM.6 Hacerlo con precisión** ¿Cuántas engrapadoras más podrían ponerse en la caja parcialmente llena para que cada caja tenga 16 engrapadoras? Explica tu respuesta.

Pregunta esencial ¿Cómo se pueden dividir números más grandes?

A

Una panadería prepara 863 paquetes de tortillas para vender a restaurantes. Cada restaurante recibe la misma cantidad de paquetes por pedido. ¿Cuántos restaurantes pueden recibir un pedido?

B Usa números compatibles para estimar $863 \div 18$.

$900 \div 20 = 45$

El cociente es aproximadamente 45; por tanto, el primer dígito del cociente va a estar en el lugar de las decenas.

Comienza dividiendo las decenas.

$$\begin{array}{r} 4 \\ 18\overline{)863} \\ -72 \\ \hline 14 \end{array}$$

Paso 1 Divide.
Paso 2 Multiplica.
Paso 3 Resta.
Paso 4 Compara.

C Luego, baja las unidades. Si es necesario, repite los pasos para completar la división.

$$\begin{array}{r} 47 \text{ R17} \\ 18\overline{)863} \\ -72 \\ \hline 143 \\ -126 \\ \hline 17 \end{array}$$

La panadería puede vender pedidos a 47 restaurantes.

¡Convénceme! © **PM.3 Construir argumentos** ¿Cómo puedes comprobar si el cociente de arriba es correcto? Explica tu respuesta.

☆ Práctica guiada *

¿Lo entiendes?

1. © **PM.2 Razonar** Theo necesita poner 2,405 carros de juguete en recipientes de 45 carros cada uno. Hizo una división y obtuvo 53 R20. ¿Cuántos recipientes va a llenar?

2. © **PM.7 Usar la estructura** Explica cómo puedes decidir en qué lugar debes ubicar el primer dígito del cociente para $6{,}139 \div 153$.

¿Cómo hacerlo?

Divide en los Ejercicios **3** y **4**. Escribe los números que faltan.

3. 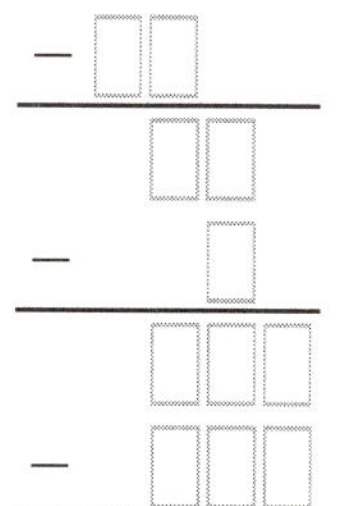

4. 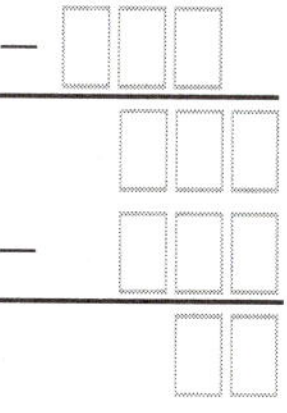

☆ Práctica independiente

Divide en los Ejercicios **5** a **7**. Escribe los números que faltan.

5. 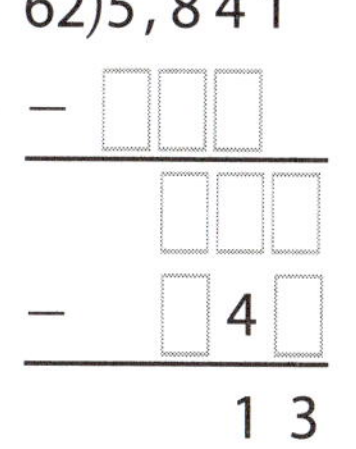

6. 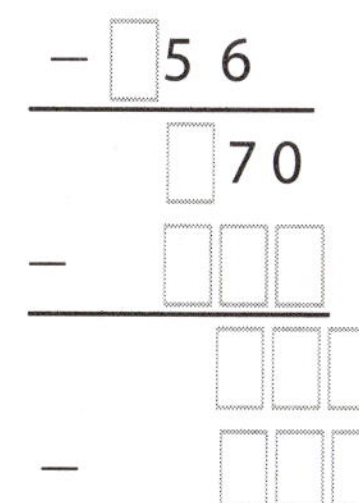

7. 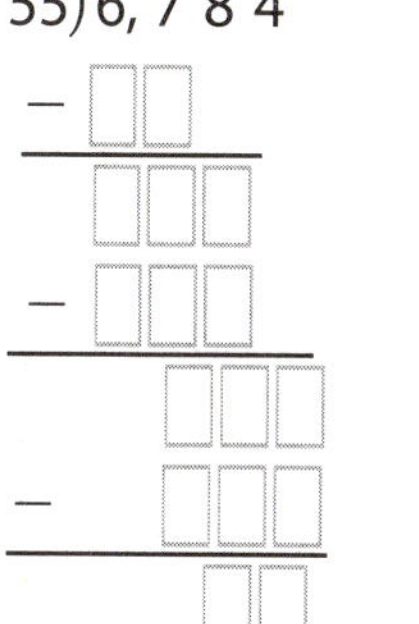

Divide en los Ejercicios **8** a **13**. Multiplica para comprobar las respuestas.

8. $21\overline{)2{,}593}$

9. $19\overline{)6{,}927}$

10. $8\overline{)15{,}284}$

11. $9\overline{)2{,}483}$

12. $12\overline{)9{,}519}$

13. $38\overline{)968}$

Prácticas matemáticas y resolución de problemas

14. © **PM.6 Hacerlo con precisión** Julita compró el almuerzo para ella y una amiga. Compró dos sándwiches que costaron $3.50 cada uno, dos botellas de jugo que costaron $1.75 cada una y una ensalada de fruta de $4.95. El impuesto fue $1.35. Julita pagó con un billete de $20. ¿Cuánto cambio le dieron?

15. Henri necesita hallar el cociente de 6,273 ÷ 82. Explica cómo puede usar números compatibles para hacer una estimación razonable.

16. **Sentido numérico** Las hormigas son uno de los alimentos favoritos del diablillo espinoso. Puede comer hasta 45 hormigas por minuto. Aproximadamente, ¿cuánto tiempo le llevaría al diablillo espinoso comer 1,080 hormigas? Expresa tu respuesta en minutos.

17. ¿Qué números compatibles puedes usar para estimar 4,134 ÷ 67?

18. **Razonamiento de orden superior** El área de un parque es 1,176 millas cuadradas. Si el parque se divide en 58 partes iguales, cada una con el mismo número entero de millas cuadradas, ¿cuánto mediría cada parte? ¿Cuánto mediría el área sobrante?

© Evaluación de *Common Core*

19. Una compañía de cereales tiene que empacar 1,364 cajas de cereal para un envío. Los trabajadores pueden empacar 24 cajas de cereal en cada caja para envíos.

Parte A

¿Cuántas cajas para envíos se pueden llenar por completo? Muestra cómo lo sabes.

Parte B

Luego de hacer el envío, sobran cajas de cereal. Explica cuántas cajas de cereal más se necesitan para que los trabajadores puedan llenar otra caja para envíos.

Tarea y práctica 6-2

Dividir números enteros

¡Revisemos!

El Naranjal de Maggie vende cajas de naranjas para regalo. Tienen 3,987 naranjas para empacar en las cajas para regalo. Si en cada caja entran 22 naranjas, ¿cuántas cajas pueden llenar?

Usa una estimación para ubicar el primer dígito del cociente.

$$\begin{array}{r} 2 \\ 22\overline{)3,987} \\ -44 \end{array}$$

La estimación es demasiado alta porque 44 > 39.

Intenta con 1.

$$\begin{array}{r} 1 \\ 22\overline{)3,987} \\ -22 \end{array}$$

Completa la división.

$$\begin{array}{r} 181 \text{ R5} \\ 22\overline{)3,987} \\ -22 \\ \hline 178 \\ -176 \\ \hline 27 \\ -22 \\ \hline 5 \end{array}$$

Pueden llenar 181 cajas y sobran 5 naranjas.

181 está cerca de la estimación.

Sé qué la estimación es demasiado alta; por tanto, la respuesta es razonable.

Divide en los Ejercicios **1** a **3**. Escribe los números que faltan.

1. $39\overline{)4,372}$ → 112 R☐

2. $24\overline{)6,3\,1\,5}$ → ☐☐☐ R3

3. $26\overline{)23,9\,0\,1}$ → ☐☐☐ R☐

Divide en los Ejercicios **4** a **15**. Multiplica para comprobar las respuestas.

4. $13\overline{)1,722}$

5. $44\overline{)6,668}$

6. $48\overline{)4,896}$

7. $65\overline{)99,521}$

8. $99\overline{)8,624}$

9. $17\overline{)1,727}$

10. $51\overline{)6,001}$

11. $87\overline{)1,920}$

12. $8\overline{)64,218}$

13. $7\overline{)1,222}$

14. $34\overline{)968}$

15. $77\overline{)7,098}$

16. **© PM.8 Generalizar** Roberto necesita estimar el cociente de 59,563 ÷ 57. Explica cómo puede usar números compatibles para hacer una estimación razonable.

17. **© PM.3 Construir argumentos** April tiene 905 tarjetas de beisbol. Quiere organizarlas en páginas de 18 tarjetas cada una. Tiene 50 páginas. ¿Tiene suficientes páginas para organizar sus tarjetas? Explícalo.

18. **Razonamiento de orden superior** El consejo estudiantil de la escuela patrocinó una Semana de intercambio en la que los estudiantes podían intercambiar clases cada 20 minutos. Los estudiantes están en la escuela 7 horas diarias, de lunes a viernes. Si un estudiante intercambió clases la mayor cantidad de veces posible, ¿cuántas veces intercambió clases en total?

19. **© PM.6 Hacerlo con precisión** Usa el siguiente plano de coordenadas para hallar la distancia entre los puntos $(-6, 4)$ y $(3, 4)$.

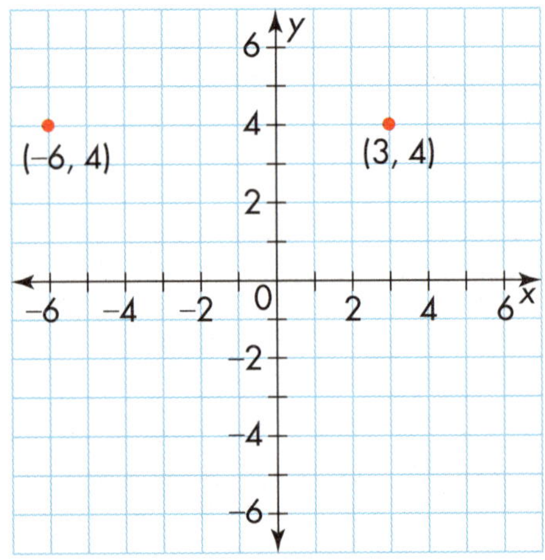

© Evaluación de *Common Core*

20. Un camión de carga puede trasladar 75 plantas por viaje desde un vivero hasta un centro de jardinería. Hay 1,440 plantas para trasladar.

Parte A

¿Cuántos viajes con una carga completa de plantas puede hacer el camión? Muestra cómo lo sabes.

Parte B

¿Cuántas plantas más necesita el vivero para llenar otro camión? Explica tu razonamiento.

Resuélvelo y coméntalo

El año pasado, 24 estudiantes se ofrecieron como voluntarios en el Museo de Ciencias de la ciudad. Cada estudiante trabajó la misma cantidad de horas. Si los estudiantes trabajaron un total de 1,164 horas, ¿cada estudiante trabajó por lo menos 48 horas? **Resuelve este problema de la manera que prefieras.**

Lección 6-3
Más sobre dividir números enteros

Puedo...
dividir con facilidad números enteros más grandes.

Estándar de contenido 6.SN.B.2
Prácticas matemáticas PM.1, PM.2, PM.3, PM.4, PM.6, PM.7, PM.8

¡Vuelve atrás! **PM.2 Razonar** ¿Cuántas horas completas necesitaría trabajar cada uno de los 24 estudiantes para que el grupo sume por lo menos 1,338 horas trabajadas? Explica tu respuesta.

¿Cómo se pueden resolver problemas con división de números más grandes?

A

Una banda de rock grabó 8,944 minutos de música en 16 días. Grabó la misma cantidad de minutos de música cada día. ¿Cuántos minutos de música grabó la banda en un día?

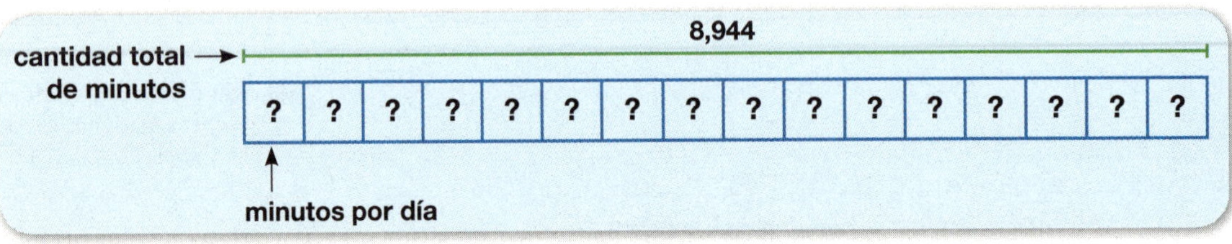

B

Paso 1

Usa números compatibles para hacer una estimación.

8,944 ÷ 16 está cerca de 9,000 ÷ 15.

9,000 ÷ 15 = 600; por tanto, el cociente debería estar cerca de 600.

C

Paso 2

Divide.

```
        559  ← 559 está cerca de
  16)8,944      la estimación; por
   -80          tanto, es razonable.
    94
   -80
    144
   -144
     0
```

La banda grabó 559 minutos de música por día.

¡Convénceme! © **PM.7 Usar la estructura** Un grupo de jazz grabó 8,232 minutos de música en 21 días. Grabó la misma cantidad de minutos de música cada día. Estima la cantidad de minutos de música grabada cada día. Luego halla la cantidad exacta de minutos que la banda grabó cada día.

☆ Práctica guiada *

¿Lo entiendes?

1. © **PM.8 Generalizar** Al hallar el cociente de 4,676 ÷ 64, ¿en qué lugar comenzarías a dividir? ¿Cómo lo sabes?

2. © **PM.2 Razonar** Otra banda de rock grabó 8,944 minutos de música en solo 12 días. En promedio, ¿cuántos minutos pasó la banda grabando cada día?

¿Cómo hacerlo?

Primero haz una estimación en los Ejercicios **3** a **8.** Luego, halla el cociente.

3. $22\overline{)3,192}$ **4.** $58\overline{)6,355}$ **5.** $17\overline{)62,345}$

6. $62\overline{)5,804}$ **7.** $8\overline{)9,137}$ **8.** $48\overline{)3,952}$

☆ Práctica independiente

Primero haz una estimación en los Ejercicios **9** a **23.** Luego, halla el cociente.

9. 4,392 ÷ 33   **10.** 9,257 ÷ 82   **11.** 54,308 ÷ 63

12. 7,687 ÷ 74   **13.** 7,376 ÷ 26   **14.** 15,845 ÷ 82

15. 3,754 ÷ 63   **16.** 8,741 ÷ 22   **17.** 1,225 ÷ 12

18. 3,826 ÷ 8   **19.** 9,512 ÷ 54   **20.** 18,411 ÷ 9

21. 3,001 ÷ 64   **22.** 8,900 ÷ 87   **23.** 97,658 ÷ 19

Usa la tabla de datos en los Ejercicios **24** y **25**.

24. © **PM.6 Hacerlo con precisión** La tarifa total de inscripción para estudiantes que se pagó para un torneo de ajedrez fue $3,312. ¿Cuántos estudiantes participaron?

25. En el torneo, la cantidad de estudiantes inscritos fue aproximadamente diez veces la cantidad de adultos inscritos. Aproximadamente ¿cuántos adultos se inscribieron?

DATOS	**Torneo de ajedrez**	
	Tarifa de inscripción para estudiantes	$16
	Tarifa de inscripción para adultos	$18
	Reserva de tablero de ajedrez	$12

26. © **PM.4 Representar con modelos matemáticos** La clase de Tabitha está haciendo una tarjeta relámpago para cada una de las 1,422 palabras de un concurso de ortografía. El trabajo de hacer las tarjetas relámpago se dividió en partes iguales entre 6 equipos. ¿Cuántas tarjetas relámpago tiene que hacer cada equipo?

1,422 tarjetas relámpago

?	?	?	?	?	?

tarjetas relámpago que hace cada equipo

27. **Razonamiento de orden superior** Darci quiere comprar una computadora que cuesta $1,308. Ya ahorró $350 y trabaja en una tienda de abarrotes donde gana $11 por hora. ¿Cuántas horas tiene que trabajar para ganar suficiente dinero para comprar la computadora?

© **Evaluación de *Common Core***

28. Carly y su familia viajaron en carro desde Colby, Kansas, hasta Boston, Massachusetts. La distancia total fue 1,808 millas, que completaron en 16 segmentos iguales.

Parte A

¿Cuál fue el promedio de la distancia que manejaron en cada segmento? Muestra cómo lo sabes.

Parte B

Explica cómo sabes que tu respuesta es razonable.

Tarea y práctica 6-3

Más sobre dividir números enteros

¡Revisemos!

Halla $8{,}037 \div 77$.

Paso 1

Usa números compatibles para hacer una estimación.

$8{,}037 \div 77$

$8{,}000 \div 80 = 100$

El cociente debería estar cerca de 100.

Paso 2

Ahora, halla el cociente.

```
        104 R29
   77)8,037
      -7 7
        33
       - 0
        337
       -308
         29
```

Paso 3

104 R29 está cerca de la estimación, 100; por tanto, la respuesta es razonable.

Primero haz una estimación en los Ejercicios **1** a **15**. Luego, halla el cociente.

1. $78\overline{)3{,}796}$

2. $51\overline{)2{,}588}$

3. $38\overline{)22{,}952}$

4. $37\overline{)7{,}492}$

5. $46\overline{)6{,}725}$

6. $62\overline{)9{,}911}$

7. $869 \div 3$

8. $7{,}727 \div 41$

9. $8{,}905 \div 33$

10. $6{,}025 \div 18$

11. $4{,}900 \div 88$

12. $90{,}503 \div 9$

13. $608 \div 30$

14. $8{,}855 \div 6$

15. $49{,}790 \div 54$

16. © **PM.6 Hacerlo con precisión** A la familia Riger, le tomó 6 horas viajar desde San Francisco hasta Nueva York. ¿Cuántos kilómetros viajaron por hora?

17. © **PM.3 Evaluar el razonamiento** Chris dice que para viajar desde Nueva Delhi hasta Tokio en 8 horas, el avión tendría que viajar a 650 kilómetros por hora. ¿Estás de acuerdo? ¿Por qué?

DATOS	Distancias en avión	
	De San Francisco a Nueva York	4,140 km
	De Nueva York a Roma	6,907 km
	De Roma a Nueva Delhi	5,929 km
	De Nueva Delhi a Tokio	5,857 km

18. Un equipo de beisbol hizo un total de 10,009 jonrones durante las últimas 72 temporadas. ¿Cuántos jonrones hizo el equipo en promedio por temporada?

19. **Razonamiento de orden superior** Zak quiere comprar un carro usado que cuesta $2,625. Trabaja en un banco donde gana $15 por hora. Ya ahorró $880 para el carro. ¿Cuántas horas tendrá que trabajar para ahorrar suficiente dinero para comprar el carro?

20. **Álgebra** Evalúa la siguiente expresión si $m = 2$. $5m + 2(m + 8) + 3$

21. En 1 pie, hay 12 pulgadas. ¿Cuántas pulgadas hay en 120 pies?

© Evaluación de *Common Core*

22. Percy y su familia viajaron en carro desde Durham, Carolina del Norte, hasta Omaha, Nebraska. La distancia total fue 1,235 millas, que completaron en 13 segmentos iguales.

Parte A

¿Cuál es el promedio de la cantidad de millas que viajaron en cada segmento del viaje? Muestra cómo lo sabes.

Parte B

Explica cómo sabes que tu respuesta es razonable.

Lección 6-4
Evaluar expresiones

Resuélvelo y coméntalo

El Sr. Brown quiere usar la fórmula $v = \frac{d}{t}$ para hallar el promedio de velocidad, v, en un viaje de negocios. Sabe que d es la distancia que manejó y t es la cantidad de horas que manejó. Si manejó 504 millas en 8 horas, ¿cuál fue su promedio de velocidad? *Resuelve este problema de la manera que prefieras.*

Puedo...

sustituir los números dados en una fórmula para hallar el valor que falta.

Estándares de contenido 6.EE.A.2c, 6.SN.B.2
Prácticas matemáticas PM.3, PM.4, PM.7

¡Vuelve atrás! **PM.7 Usar la estructura** Si conoces la distancia manejada y la cantidad de horas que se necesitan para manejar esa distancia, ¿cómo puedes usar la fórmula $v = \frac{d}{t}$ como ayuda para hallar el promedio de velocidad?

¿Cómo se pueden evaluar fórmulas con división?

A

La familia de Julie hizo un viaje de 4 días. Anotaron en una tabla las millas que manejaron y los galones de gasolina que compraron cada día.

La mamá de Julie anotó una ecuación para calcular su rendimiento de gasolina, r, en millas por galón. Sea m = la cantidad total de millas que manejaron en 4 días de viaje. Sea g = la cantidad total de galones que usaron en el viaje.

$$r = \frac{m}{g}$$

¿Cuál fue el rendimiento de gasolina en el viaje de 4 días?

Día del viaje	Millas manejadas cada día	Galones de gasolina comprados
Día 1	476	15
Día 2	439	13.5
Día 3	382	15.4
Día 4	263	16.1

B ## Paso 1

Identifica el valor de las variables m y g.

Halla el valor de m.

$$m = 476 + 439 + 382 + 263 = 1{,}560$$

Halla el valor de g.

$$g = 15 + 13.5 + 15.4 + 16.1 = 60$$

C ## Paso 2

Sustituye el valor de las variables en la fórmula y evalúa.

$$r = \frac{1{,}560}{60}$$
$$= 26$$

El rendimiento de gasolina en el viaje fue 26 millas por galón.

¡Convénceme! © **PM.7 Usar la estructura** Evalúa la expresión $3 + 12a \div 4$ si $a = 10$.

Amigo de práctica Herramientas Evaluación

☆ Práctica guiada *

¿Lo entiendes?

1. © **PM.3 Construir argumentos** ¿Por qué es importante usar el orden de las operaciones para evaluar expresiones algebraicas?

2. En el problema de la página anterior, supón que te daban el rendimiento de la gasolina y el total de galones de gasolina usados. ¿Cómo podrías hallar la cantidad total de millas manejadas?

¿Cómo hacerlo?

Usa la sustitución para evaluar las expresiones con el valor dado en los Ejercicios **3** a **6.**

3. $z \div 4$; $z = 824$

4. $6t \div 9 - 22$; $t = 60$

5. $44 + 2{,}640 \div x$; $x = 12$

6. $62{,}450 \div 50 - 3w$; $w = 5$

☆ Práctica independiente

Práctica al nivel Evalúa las expresiones si $x = 8$, $x = 12$ y $x = 23$ en los Ejercicios **7** a **12.**

7. $450x \div 25$

8. $623 \div 89 + x^2$

9. $34 + \dfrac{350}{2 + x}$

10. $371 - 224x \div 14 - 3$

11. $\dfrac{10{,}005 - 5x}{5} + 32{,}123$

12. $\dfrac{4x^3}{2}$

13. Evalúa la expresión con los distintos valores de t.

t	2	4	7	9	12
$4{,}984t \div 4$					

14. Evalúa la expresión con los distintos valores de z.

z	3	6	9	12	15
$\dfrac{z^4}{81}$					

Usa el diagrama del cubo en los Ejercicios **15** y **16**.

15. La fórmula $V = l^3$ se puede usar para hallar el volumen, V, de un cubo con longitudes de lado l. Usa la fórmula para hallar el volumen del cubo.

16. © **PM.7 Usar la estructura** La fórmula $A = 6l^2$ se puede usar para hallar el área de superficie total, A, de un cubo. Usa la fórmula para hallar el área de superficie total del cubo.

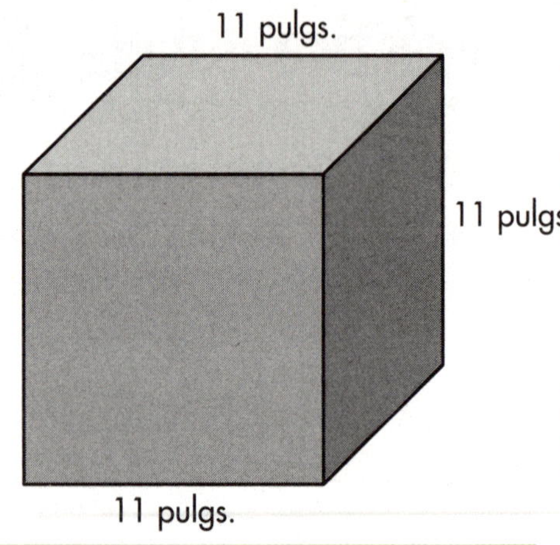

17. © **PM.3 Evaluar el razonamiento** Katrina dice que la expresión $5{,}432 + 4{,}564 + 13{,}908 \div n$ puede evaluarse sumando $5{,}432 + 4{,}564 + 13{,}908$ y luego dividiendo por el valor de n. ¿Estás de acuerdo? Explícalo.

18. **Matemáticas y Ciencias** La densidad, d, de un objeto se puede hallar usando la fórmula $d = \frac{m}{v}$, donde m es la masa del objeto y v es su volumen. ¿Cuál es la densidad de un objeto con una masa de 73,430 kilogramos y un volumen de 7 m^3?

19. **Razonamiento de orden superior** La escuela intermedia Patriot decidió que debe haber un representante en el consejo estudiantil cada 24 estudiantes de la escuela. Hay cuatro clases de sexto grado con a, b, c y d estudiantes cada una.

a. Escribe una ecuación para mostrar cuántos representantes, r, va a tener sexto grado.

b. Supón que las cuatro clases de sexto grado tienen 24, 22, 23 y 27 estudiantes. Usa la ecuación para hallar la cantidad de representantes de sexto grado en el consejo estudiantil. ¿Tu respuesta es razonable? Explícalo.

© **Evaluación de *Common Core***

20. ¿Cuáles de las siguientes expresiones tienen un valor de 240 cuando $w = 3$?

☐ $\frac{62{,}640}{87w}$

☐ $99 \div 3 + 207w \div 3$

☐ $42w \times 2 - 12$

☐ $13 + 7w + 180$

☐ $w^3 \times 32 - \frac{1{,}200}{25}$

21. ¿Cuáles de las siguientes expresiones tienen un valor de 26 cuando $t = 14$?

☐ $173t - 364 + 490 \div 98$

☐ $7 + 60t - 13{,}136 \div 16$

☐ $\frac{26t}{13}$

☐ $t^2 + 10$

☐ $5t - 44$

Ayuda Amigo de práctica Herramientas Juegos

¡Revisemos!

El costo, c, para asistir al viaje escolar anual se expresa con la ecuación

$$c = 2a + 3b + 3c + d \div 48$$

donde a es el costo de una habitación por noche, b es el costo de las comidas por día, c es el costo de los boletos por día y d es el costo de alquiler del autobús. Hay 48 estudiantes.

¿Cuánto va a costarle a cada estudiante hacer el viaje escolar?

6.º grado
COSTOS DEL VIAJE ESCOLAR

Habitación • $50 POR NOCHE

Comidas • $40 POR DÍA

Boletos • $20 POR DÍA

Autobús • $1,392

Paso 1

Identifica el valor de cada variable.

$a = 50$

$b = 40$

$c = 20$

$d = 1,392$

Paso 2

Sustituye el valor de cada variable en la ecuación y evalúa.

$c = 2 \cdot 50 + 3 \cdot 40 + 3 \cdot 20 + 1,392 \div 48$

$c = 100 + 120 + 60 + 29$

$c = 309$

Va a costarle $309 a cada estudiante hacer el viaje escolar.

Evalúa las expresiones si $z = 3$, $z = 7$ y $z = 12$ en los Ejercicios **1** a **7**.

1. $\dfrac{14,952 - 6z}{3}$

2. $378z \div 7$

3. $(7 \cdot 24) \div z$

4. $34 + 34z \div 17$

5. $45z + 4,565 + 9,078 \div 89$

6. $\dfrac{156 + 84z + 144}{12}$

7. $\dfrac{4z^4 + 26}{10}$

8. Evalúa la expresión con los distintos valores de x.

x	2	3	5	7	9
$\dfrac{48x + 16 + 35}{3}$					

9. Evalúa la expresión con los distintos valores de t.

t	2	4	8	9	21
$\dfrac{26,418}{5t - 3}$					

10. **Razonamiento de orden superior** Un distrito escolar puede enviar a un representante cada 50 estudiantes de las escuelas del distrito al concurso de ortografía. Hay 5 escuelas con a, b, c, d y e estudiantes cada una.

   a. Escribe una ecuación para mostrar cuántos representantes, r, va a tener el distrito.

   b. Supón que hay 1,587, 985, 2,052, 824 y 752 estudiantes, respectivamente, en cada una de las escuelas. Usa tu ecuación para hallar la cantidad de estudiantes que puede enviar el distrito al concurso estatal de ortografía. ¿Tu respuesta es razonable? Explícalo.

Usa el menú en los Ejercicios **11** y **12**.

11. © **PM.4 Representar con modelos matemáticos** Dos amigos pidieron 2 bistecs, 2 bebidas y unas ensaladas César. Escribe una expresión que muestre el costo por persona si el costo total se divide por igual entre los dos amigos.

12. Los 24 miembros del equipo de natación de la escuela intermedia pidieron 9 bistecs, 13 platos de espagueti, 16 bebidas y algunos tazones de sopa. Escribe una expresión que muestre el costo total de su pedido si este se divide por igual entre los 24 miembros.

© **Evaluación de *Common Core***

13. ¿Cuáles de las siguientes expresiones tienen un valor de 13 cuando $n = 5$?

   ☐ $3n - 2$

   ☐ $9n \div 3 - 6 \div 3$

   ☐ $13n \times 2 - 10$

   ☐ $13 + 7n - 2$

   ☐ $\dfrac{n^5 - 1{,}838}{99}$

14. ¿Cuáles de las siguientes expresiones tienen un valor de 112 cuando $z = 7$?

   ☐ $732 \div 12 + z^2$

   ☐ $7z + 3{,}136 \div 49 - 3$

   ☐ $103 + 27z \div 21$

   ☐ $67 + z^2 - 4$

   ☐ $\dfrac{707 - 5z}{6}$

Resuélvelo y coméntalo

Una clase está planeando un viaje a Nueva York. Son 29 personas que harán el viaje. Acordaron dividir por igual el costo total del viaje. Sea c el costo que le corresponde a cada persona. ¿Cuál es el costo que le corresponde a cada persona? *Resuelve este problema de la manera que prefieras.*

Lección 6-5
Resolver ecuaciones de división

Puedo...
escribir y resolver ecuaciones con división.

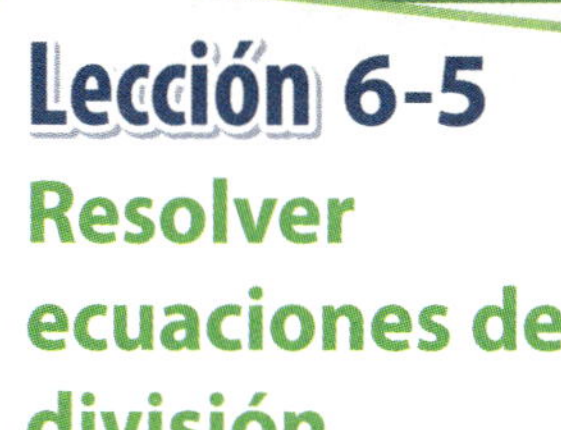

Estándares de contenido 6.EE.B.7, 6.SN.B.2
Prácticas matemáticas PM.2, PM.3, PM.4, PM.7, PM.8

Puedes **generalizar** usando lo que sabes sobre la división de números más pequeños para escribir ecuaciones y resolver problemas con números más grandes.

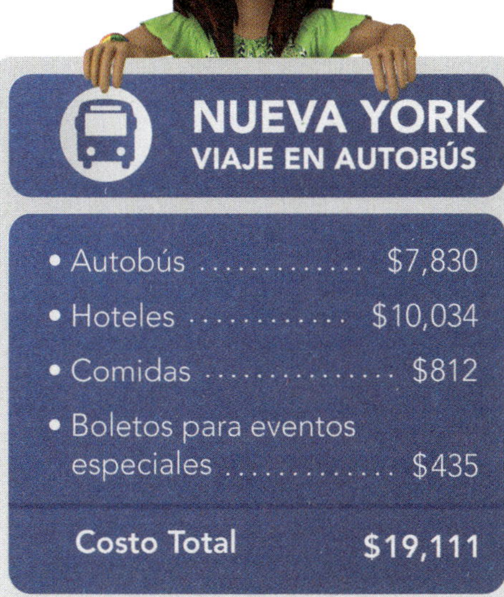

¡Vuelve atrás! **PM.3 Construir argumentos** ¿Puedes usar la misma estrategia que usaste arriba para hallar el costo que le corresponde a cada persona de la cuenta del hotel? Explica tu razonamiento.

Pregunta esencial

¿Cómo se pueden usar variables para escribir y resolver ecuaciones de división?

A

Helen tiene 2,375 calcomanías. Quiere ponerlas en un álbum. En cada página del álbum caben 25 calcomanías. ¿Cuántas páginas, p, puede llenar Helen?

2,375 calcomanías

25   p páginas llenas

calcomanías en cada página

B Escribe una ecuación para representar esta situación. Sea $p =$ la cantidad de páginas del álbum que Helen puede llenar con 25 calcomanías cada una.

$$\frac{2{,}375}{25} = p \quad \text{o} \quad \frac{2{,}375}{p} = 25$$

Divide para hallar el valor de p.

$$\begin{array}{r} 95 \\ 25\overline{)2375} \\ -225 \\ \hline 125 \\ -125 \\ \hline 0 \end{array}$$

$p = 95$

Helen puede llenar 95 páginas del álbum.

C Usa la multiplicación para comprobar la división.

Representa el problema como una ecuación de multiplicación y evalúa la ecuación si $p = 95$.

$$25p = 2{,}375$$
$$25 \times 95 = 2{,}375$$

El cálculo es correcto.

Helen puede llenar 95 páginas del álbum.

¡Convénceme! © **PM.7 Buscar relaciones** ¿Qué similitudes ves entre la ecuación de división $2{,}375 \div 25 = p$ y la ecuación de multiplicación $25p = 2{,}375$? Explica por qué ambas pueden usarse para hallar cuántas páginas del álbum puede llenar Helen.

☆ Práctica guiada *

¿Lo entiendes?

1. © **PM.2 Razonar** Darius usó la ecuación de multiplicación $14t = 3{,}010$ para resolver un problema. ¿Puede escribir una ecuación de división para resolver el mismo problema? Explícalo.

2. © **PM.4 Representar con modelos matemáticos** Emily voló 2,184 millas en 12 horas. Su avión voló la misma cantidad de millas cada hora. Sea m la cantidad de millas que voló cada hora. Escribe una ecuación para representar una manera de hallar cuántas millas voló el avión de Emily cada hora.

¿Cómo hacerlo?

Usa la ecuación de multiplicación para escribir una ecuación de división en los Ejercicios **3** a **5.** Luego, resuelve las ecuaciones.

3. $23d = 2{,}392$

4. $74f = 6{,}179$

5. $11y = 10{,}857$

☆ Práctica independiente

Escribe una ecuación de división y una ecuación de multiplicación para representar cada problema en los Ejercicios **6** y **7.**

6. Lolo escribió 1,125 palabras en 15 minutos. Sea p la cantidad de palabras escritas por minuto. Si Lolo escribió la misma cantidad de palabras cada minuto, ¿cuántas palabras escribió en 1 minuto?

7. En 12 semanas, Felipe gana $4,500 por trabajar arreglando patios. Gana la misma cantidad de dinero cada semana. Sea g la cantidad que gana por semana. ¿Cuánto gana Felipe en una semana?

Resuelve las ecuaciones de división y usa una ecuación de multiplicación para comprobar tu respuesta en los Ejercicios **8** a **10.** Muestra tu trabajo.

8. $36{,}762 \div 33 = c$

9. $4{,}868 \div n = 16$

10. $7{,}254 \div 62 = q$

Prácticas matemáticas y resolución de problemas

11. © **PM.4 Representar con modelos matemáticos**
Abel tiene 3,330 palillos de dientes. Quiere usarlos
todos para hacer una alfombra con 18 filas iguales. Usa
el diagrama de barras para escribir una ecuación de
división. Luego, resuelve la ecuación para hallar cuántos
palillos de dientes debería usar Abel en cada fila.

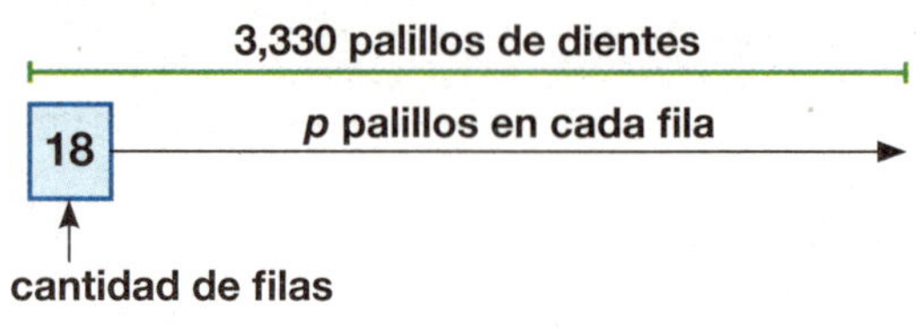

12. © **PM.8 Generalizar** Un cine vende 11,550
boletos para 50 funciones de la misma
película. Escribe una ecuación de división
que puedas usar para hallar la cantidad
de personas que compraron boletos para
cada función. Usa lo que sabes sobre dividir
con números más grandes para resolver la
ecuación.

13. © **PM.3 Evaluar el razonamiento** En el
auditorio de la escuela se pueden sentar
1,650 personas. Tiene 30 filas de asientos
con la misma cantidad de asientos en
cada fila. Valerie escribe la ecuación
$1,650 \div 30 = a$ para mostrar una manera
de hallar cuántos asientos hay en cada fila.
Lucas dice que puede escribir una ecuación
de multiplicación para representar el mismo
problema. ¿Tiene razón? Explícalo.

14. **Sentido numérico** Escribe el entero
opuesto al valor absoluto de -75.

15. **Razonamiento de orden superior** Un
grupo de jóvenes gasta $575 en 46 pizzas.
Usa la ecuación $575 \div 46 = x$ para hallar el
costo de cada pizza. Si el grupo de jóvenes
pidió 3 pizzas más con el mismo costo cada
una, ¿cuál es el costo total? Muestra tu trabajo.

© **Evaluación de _Common Core_**

16. En febrero, la escuela de Calvin usó 4,920 libras de sal para derretir hielo
en la acera. Una bolsa contiene 40 libras de sal.

Escoge **Sí** o **No** para indicar cuáles de las siguientes ecuaciones se
pueden usar para hallar cuántas bolsas de sal, b, usó la escuela de Calvin
en febrero.

16a. $4,920b = 40$ ○ Sí ○ No

16b. $40b = 4,920$ ○ Sí ○ No

16c. $4,920 \div 40 = b$ ○ Sí ○ No

16d. $4,920 \div b = 40$ ○ Sí ○ No

¡Revisemos!

Un club de lectores compró 27 libros del mismo título. Cada miembro recibe 1 libro. La cantidad total de páginas es 9,450. Si todos los miembros del club de lectores leen el libro completo, ¿cuántas páginas leerá cada persona?

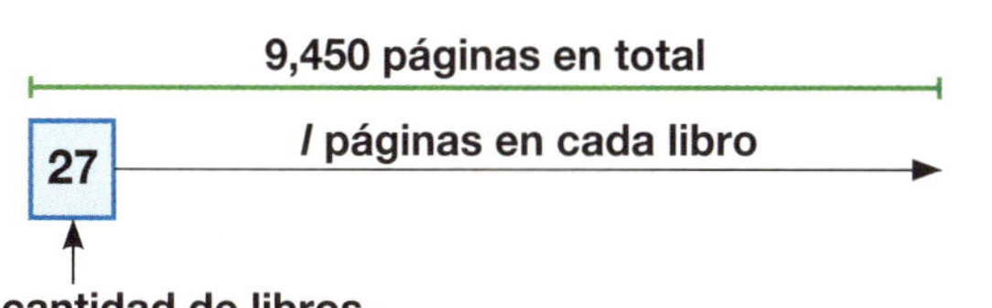

9,450 páginas en total

| 27 | l páginas en cada libro |

cantidad de libros

Escribe una ecuación para representar el problema. Sea l = la cantidad de páginas de cada libro.

Divide para hallar el valor de l.

$9,450 \div 27 = l$

$$
\begin{array}{r}
350 \\
27\overline{)9,450} \\
-81 \\
\hline
135 \\
-135 \\
\hline
0
\end{array}
$$

Divide las centenas.
Multiplica y resta.
Continúa el proceso.

$l = 350$

Multiplica para comprobar tu trabajo.

$27l = 9,450$. Sea $l = 350$.
Por tanto, 27×350 páginas = 9,450 páginas

El cálculo es correcto.

Cada persona leerá 350 páginas.

Escribe una ecuación de división y una ecuación de multiplicación para representar cada problema en los Ejercicios **1** y **2**.

1. Gillian leyó 3,135 palabras en 19 minutos. Sea p la cantidad de palabras que leyó por minuto. Si Gillian leyó la misma cantidad de palabras por minuto, ¿cuántas palabras leyó en un minuto?

2. Colin da clases particulares de matemáticas. Cobra el mismo monto, m, por cada clase. Luego de 21 clases, ganó $1,575. ¿Cuánto cobra Colin por cada clase particular?

Resuelve las ecuaciones de división y usa una ecuación de multiplicación para comprobar tu respuesta en los Ejercicios **3** a **5**. Muestra tu trabajo.

3. $9,522 \div 9 = k$

4. $7,848 \div w = 36$

5. $56,259 \div 57 = i$

6. © **PM.2 Razonar** En un día tranquilo, los 32 molinos de la granja eólica de la familia Bosley completan 120 revoluciones por minuto cada uno. ¿Qué operación usarías para hallar la cantidad total de revoluciones que los 32 molinos completan en un minuto? Explícalo.

7. **Razonamiento de orden superior** La liga de futbol para principiantes de Columbus está vendiendo boletos para recaudar dinero para nuevos uniformes y equipos deportivos. Hasta ahora, los miembros de la liga recaudaron $1,218 y vendieron 84 boletos. Usa la ecuación $1,218 \div 84 = b$ para hallar el costo de cada boleto. Luego, usa la respuesta para hallar la recaudación total después de vender 90 boletos. Muestra tu trabajo.

8. © **PM.4 Representar con modelos matemáticos** Las 46 pelotas de golf que hay en la bolsa de golf de Stavin tienen 15,180 hoyitos. Cada pelota de golf tiene la misma cantidad de hoyitos. Completa el diagrama de barras. Luego, escribe y resuelve una ecuación para hallar la cantidad de hoyitos de cada pelota de golf que hay en la bolsa de Stavin.

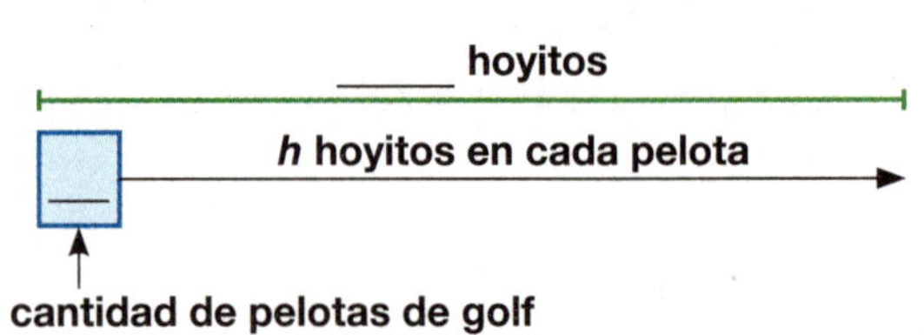

9. 🅰🅩 **Vocabulario** La expresión matemática $\$13.25 \times w$, ¿es un ejemplo de qué tipo de expresión?

10. **Matemáticas y Ciencias** Hay 45 casas en el barrio del lago Grey. Cada casa usa 400 galones de agua por día. Escribe una ecuación de división que represente la cantidad total de galones de agua que se usan por día en el barrio del Lago Grey.

© **Evaluación de *Common Core***

11. En mayo, un grupo de jardinería ornamental usó 8,500 libras de tierra de jardinería. Una bolsa contiene 50 libras de tierra de jardinería.

Escoge **Sí** o **No** para indicar cuáles de las siguientes ecuaciones se pueden usar para hallar cuántas bolsas de tierra de jardinería usó el grupo de jardinería ornamental en mayo.

11a. $8,500 \div 50 = j$ ○ Sí   ○ No

11b. $50j = 8,500$ ○ Sí   ○ No

11c. $8,500j = 50$ ○ Sí   ○ No

11d. $50 \div j = 8,500$ ○ Sí   ○ No

Nombre _______________

Resuelve

Lección 6-6
Precisión

Quieres hacer una cortina de 76 pulgadas de longitud. La tela se vende por yarda (36 pulgadas), pero el mínimo que puedes encargar es un cuarto de yarda. ¿Cuánto cuesta encargar la cantidad de tela necesaria?

Instrucciones: Encargar tela para una cortina

- Hallar la longitud total de la cortina.
- Duplicar esa longitud.
- Sumar 1 pie.

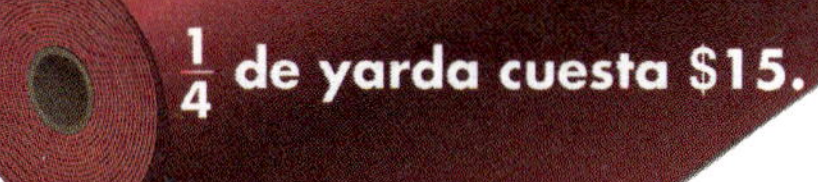

Puedo...
resolver problemas matemáticos con precisión.

Ⓒ **Prácticas matemáticas** PM.6, PM.1, PM.2, PM.3
Estándares de contenido 6.EE.A.2c, 6.SN.B.2

Hábitos de razonamiento

¡Razona correctamente! Estas preguntas te pueden ayudar.

- ¿Estoy usando los números, las unidades y los signos o símbolos correctamente?

- ¿Estoy usando las definiciones correctas?

- ¿Estoy haciendo los cálculos con precisión?

- ¿Es clara mi respuesta?

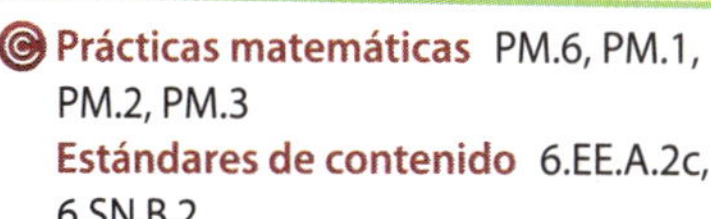

¡Vuelve atrás! Ⓒ **PM.6 Hacerlo con precisión** ¿Cómo decidiste cuánta tela encargar?

¿Cómo se pueden resolver problemas matemáticos con precisión?

A

Una clase hizo 474 manzanas acarameladas para una subasta.

Si deben usar al menos una caja de cada tamaño, ¿cuál es el menor costo para empacar todas las manzanas?

¿Qué necesito hacer para resolver este problema?

Necesito hacer mis cálculos e interpretar los residuos con precisión.

B **¿Cómo puedo resolver este problema con precisión?**

Puedo

- usar correctamente la información dada.

- calcular acertadamente.

- interpretar correctamente los residuos.

- usar unidades apropiadas.

- asegurarme de que mi respuesta sea clara y apropiada.

C Debo usar al menos 1 caja grande, 1 mediana y 1 chica.

$$25 + 15 + 5 = 45$$

Sobran 429 manzanas para empacar.

Uso una tabla para comparar costos. Cuesta menos usar la mayor cantidad posible de cajas grandes.

Cantidad de manzanas	Descripción de la caja	Costo
25	1 grande	$6.50
25	5 pequeñas	$10.00
30	2 medianas	$9.50
30	6 pequeñas	$12.00
75	3 grandes	$19.50
75	5 medianas	$23.75

$429 \div 25 = 17$ R4   Necesito 17 cajas grandes más y 1 caja chica más para las 4 manzanas restantes.

Uso una ecuación para hallar el costo total, t, de las cajas.

$$(18 \times \$6.50) + (1 \times \$4.75) + (2 \times \$2.00) = t$$
$$\$125.75 = t$$

Las cajas necesarias para empacar 474 manzanas acarameladas costarán $125.75.

¡Convénceme! © **PM.6 Hacerlo con precisión** ¿Cuántos lugares de la última caja quedaron vacíos?

☆ Práctica guiada *

© PM.6 Hacerlo con precisión

La clase de Kaley está donando latas de sopa a un banco de alimentos. Kaley puede comprar latas en paquetes, como se muestra. Quiere comprar al menos un paquete de cada tamaño. ¿Qué combinación de paquetes debería comprar para gastar la menor cantidad de dinero posible en 120 latas de sopa?

Cantidad de latas	Precio por paquete
paquete de 48	$58.00
paquete de 16	$32.50
paquete de 6	$13.50

1. ¿Cómo puedes usar con precisión números, unidades y símbolos para resolver el problema?

2. ¿Cuántos paquetes de cada tamaño debería comprar Kaley para tener 120 latas al menor costo posible? Completa la tabla y explica cómo hallaste tu respuesta.

Descripción del paquete	Cantidad de paquetes	Cantidad de latas	Costo
paquete de 48	1	48	$58.00
	2	96	
paquete de 16	1	16	$32.50
	2		
	3		
paquete de 6	1	6	$13.50
	2		
	8		

☆ Práctica independiente

© PM.6 Hacerlo con precisión

Dos clases de sexto grado con 22 estudiantes cada una irán de excursión a un museo. Con cada clase, van a ir una maestra y 5 chaperones. Los recorridos son para un máximo de 25 personas a la vez. ¿Cuál es la menor cantidad de dinero que se puede gastar para que cada uno haga el recorrido?

Tamaño del grupo	Precio por persona
1 a 6	$15
7 a 15	$12
16 a 25	$10

3. ¿Puedes usar la ecuación $p = 2 \cdot (22 + 6)$, donde $p =$ la cantidad total de personas, para representar y resolver este problema? Explícalo.

4. Tom dice que el costo total se representa con la ecuación $2 \times \$10 + \$15 = \$35$. ¿Usó de manera apropiada la información del problema? Explícalo.

© Evaluación de rendimiento de *Common Core*

Poner azulejos en un pasillo

La Sra. Wu quiere poner azulejos en su pasillo, que tiene dos veces el tamaño del patrón de azulejos que se muestra. Necesita comprar cajas de azulejos. No puede comprar una parte de una caja.

Para hallar la menor cantidad de dinero que podría gastar para comprar suficientes azulejos para su pasillo, la Sra. Wu hizo una tabla. Luego escribió la ecuación $t = (2 \times \$5) + (3 \times \$5.25) + (3 \times \$4)$. Determinó que va a gastar $37.75 en azulejos. ¿Estás de acuerdo con sus cálculos?

Tamaño del azulejo (pulgadas)	Cantidad de azulejos necesarios	Cantidad por caja	Precio por caja
9×9	10	6	$5.00
9×18	8	3	$5.25
18×18	6	2	$4.00

5. **PM.1 Entender y perseverar** ¿Cómo calculó la Sra. Wu la cantidad de azulejos de cada tamaño que necesita? Explícalo.

6. **PM.3 Evaluar el razonamiento** ¿Cómo decidió la Sra. Wu la cantidad de cajas de cada tamaño que necesita? ¿Es lógico su razonamiento? Explícalo.

7. **PM.6 Hacerlo con precisión** ¿Es acertada la ecuación que escribió la Sra. Wu? Explícalo.

¡Revisemos!

Ethan quiere preparar pasteles de manzana para un banquete. Necesita suficientes pasteles para 75 personas. ¿Qué tamaños de canastas de manzanas puede comprar con $25 o menos para preparar suficientes pasteles de manzana?

¿Cómo puedes resolver este problema con precisión?

- Puedo usar correctamente unidades, números y símbolos para hallar la cantidad de pasteles y libras de manzanas que se necesitan para 75 personas.

- Puedo comprobar mi trabajo con tablas y ecuaciones para hallar una manera de que Ethan pueda servir pastel a todos por $25 o menos.

Peso en libras de la canasta	Cantidad de canastas	Costo total
$2\frac{1}{2}$	12	$30.00
5	6	$24.60
12	3	$33.00

Presta atención a la precisión cuando resuelvas el problema.

Puedo dividir para hallar la cantidad de pasteles que se necesitan para 75 personas: $75 \div 8 = 9$ R3. El residuo quiere decir que Ethan va a necesitar 10 pasteles, o 30 libras de manzanas. Comprar seis canastas de manzanas de 5 lb es la opción más económica. Puedo multiplicar para hallar el costo total: $6 \times \$4.10 = \$24.60$. El costo total es $0.40 menos de $25.

© PM.6 Hacerlo con precisión

Una escuela tiene 218 estudiantes de sexto grado. En el pueblo se predice que en 10 años habrá $\frac{1}{4}$ más de estudiantes de sexto grado. Si en una clase entra un máximo de 25 estudiantes, ¿cuántas clases de sexto grado habrá en 10 años?

1. ¿Cómo puedes hallar la cantidad de estudiantes que se predijo que habrá en 10 años? Explícalo.

2. Steve dice que, en 10 años, habrá 10 clases de sexto grado. ¿Tiene razón? Explica tu respuesta.

Mezclar pintura

María pintó varios cuartos de su casa. Le sobró pintura y quiere usarla para el cuarto de juegos. El cuarto tiene 2 ventanas y 2 puertas. Si María mezcla toda la pintura que le sobró, ¿tiene suficiente para las paredes del cuarto?

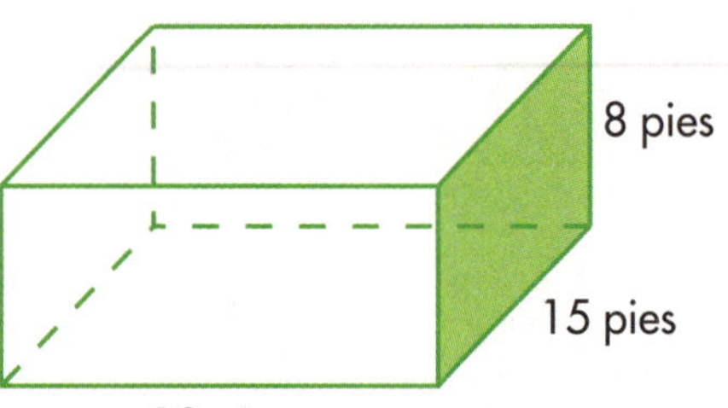

Instrucciones: Halla la cantidad de pies cuadrados que hay que pintar usando la fórmula $A = 2(\ell \cdot h) + 2(a \cdot h)$, donde A = área de las cuatro paredes, ℓ = longitud, a = ancho y h = altura.

Resta 20 pies cuadrados por cada puerta.

Resta 15 pies cuadrados por cada ventana.

Cada cuarto de pintura cubre $87\frac{1}{2}$ pies cuadrados.

3. **PM.6 Hacerlo con precisión** María sabe que hay 2 pintas en un cuarto y 4 cuartos en un galón. ¿Cómo puede calcular con precisión la cantidad de pintura que tiene?

4. **PM.3 Evaluar el razonamiento** María escribió la ecuación $8(15 + 15 + 18 + 18) = 528$ para hallar el área que tiene que pintar sin considerar las puertas y ventanas. ¿Es correcto? Explícalo.

5. **PM.3 Construir argumentos** María decidió que no tiene suficiente pintura. ¿Estás de acuerdo? Explícalo.

Emparéjalo

Trabaja con un compañero. Señala una pista y léela.

Mira la tabla de la parte de abajo de la página y busca la pareja de esa pista. Escribe la letra de la pista en la casilla al lado de su pareja.

Halla una pareja para cada pista.

Puedo...
dividir números enteros de varios dígitos

© **Estándar de contenido**
6.SN.B.2

Pistas

I — El cociente está entre 100 y 150.

E — El cociente exacto es 213 R23.

M — El cociente exacto es 408.

I — El cociente está entre 50 y 75.

D — El cociente tiene un residuo de 17.

V — El cociente exacto es 84.

E — El cociente está entre 25 y 50.

D — El cociente está entre 150 y 200.

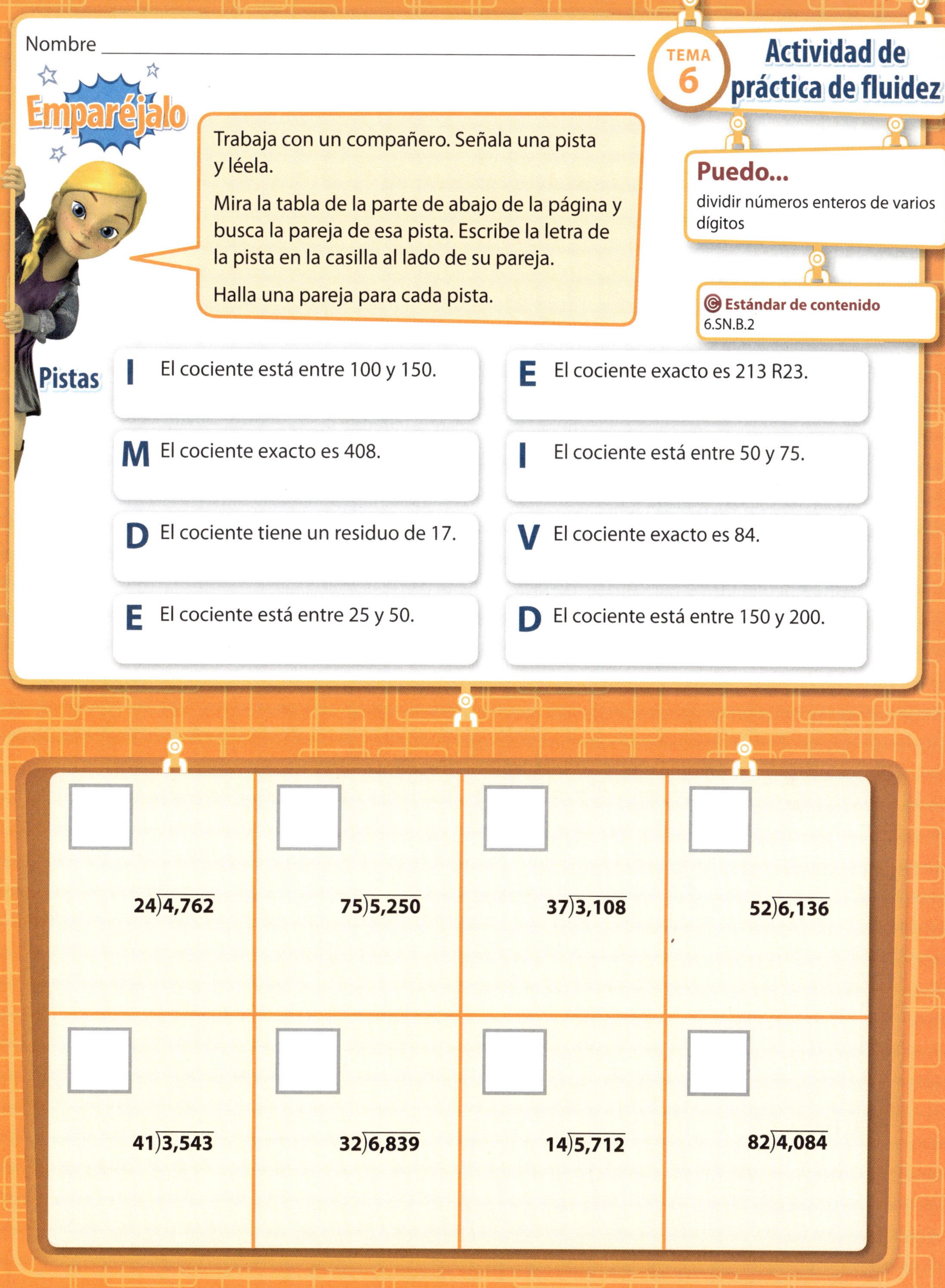

$24\overline{)4{,}762}$	$75\overline{)5{,}250}$	$37\overline{)3{,}108}$	$52\overline{)6{,}136}$
$41\overline{)3{,}543}$	$32\overline{)6{,}839}$	$14\overline{)5{,}712}$	$82\overline{)4{,}084}$

Repaso del vocabulario

Glosario

Lista de palabras

- cociente
- dividendo
- divisor
- ecuación
- estimar
- evaluar
- expresión algebraica
- números compatibles
- sustitución
- variable

Comprender el vocabulario

Escoge el mejor término de la Lista de palabras. Escríbelo en el espacio en blanco.

1. La letra p en $2{,}064 \div 2p = 24$ es la _______________.

2. Ambos lados de una _______________ siempre tienen igual valor.

3. El número 37 en $1{,}924 \div 37 = 52$ es el _______________.

4. Una _______________ tiene al menos una variable y una operación.

5. Para evaluar una expresión, se usa la _______________ para reemplazar una variable por un número.

6. Escribe **E** al lado de cada *ecuación*. Escribe **A** al lado de cada *expresión algebraica*.

$44p = 3{,}784$ _____ $225n \div 35$ _____ $\dfrac{26x^2}{14}$ _____ $5{,}712 \div 56 = q$ _____

7. Encierra en un círculo el *dividendo* en cada uno de los siguientes problemas de división.

$3{,}645 \div 45 = p$ $\dfrac{18{,}904}{34w}$ $36)\overline{3{,}312}$ (92) $2{,}518 \div 63 = 39 \text{ R}61$

Traza una línea de cada problema de división de la Columna A a la mejor *estimación* de su cociente de la Columna B.

Columna A	Columna B
8. $5{,}498 \div 87$	30
9. $2{,}605 \div 52$	40
10. $2{,}196 \div 74$	50
11. $3{,}284 \div 83$	60

Usar el vocabulario al escribir

12. Describe cómo estimar $2{,}448 \div 78$. Usa al menos 4 palabras de la Lista de palabras.

Nombre ______________________________

Grupo A · páginas 273 a 278

Refuerzo

Estima $3{,}614 \div 57$.

Usa números compatibles para hacer una estimación.

$3{,}614 \div 57$
$\downarrow \quad\quad \downarrow$
$3{,}600 \div 60 = 60$

Por tanto, $3{,}614 \div 57$ es aproximadamente 60.

Recuerda que los números compatibles son números fáciles de calcular mentalmente.

> Haz una estimación con números compatibles.

1. $1{,}683 \div 45$ · **2.** $5{,}249 \div 96$

3. $3{,}798 \div 63$ · **4.** $2{,}341 \div 72$

5. $\$6{,}134 \div 93$ · **6.** $\$7{,}421 \div 92$

Grupo B · páginas 279 a 284, 285 a 290

Halla $4{,}612 \div 50$.

Haz una estimación para decidir dónde poner el primer dígito en el cociente.

Usa números compatibles. $4{,}500 \div 50 = 90$

Comienza dividiendo las decenas. Multiplica y resta. Compara el residuo con el divisor.

```
      92 R12
50)4,612     Para comprobar,
 − 4 50      compara el cociente con
    112      tu estimación.
 −  100
     12
```

Recuerda que puedes comprobar tu respuesta multiplicando el cociente por el divisor y luego sumando el residuo a ese producto. La suma debe ser el dividendo.

> Primero haz una estimación. Luego halla el cociente.

1. $20\overline{)4{,}283}$ · **2.** $50\overline{)6{,}532}$

3. $83\overline{)6{,}983}$ · **4.** $93\overline{)8{,}496}$

5. $42\overline{)5{,}235}$ · **6.** $47\overline{)5{,}190}$

Grupo C · páginas 291 a 296

Evalúa $18 + 40k \div 8$ si $k = 6$.

Sustituye la variable por el número dado y evalúa la expresión.

Si $k = 6$, sustituye k por 6.

$18 + 40(6) \div 8$
$= 18 + 240 \div 8$
$= 18 + 30$
$= 48$

Recuerda que debes usar el orden de las operaciones para evaluar una expresión.

> Evalúa las expresiones si $t = 4$, $t = 9$ y $t = 12$.

1. $168t \div 6$ · **2.** $36 + 2{,}304 \div t$

3. $49t + 4{,}672 \div 73$ · **4.** $\dfrac{18t^2}{3}$

Una empresa empaca y transporta juegos a una tienda. En una caja, entran cuarenta y ocho juegos. ¿Cuántas cajas se necesitan para 2,448 juegos? Escribe una ecuación de división para representar el problema. Luego, resuelve la ecuación.

Sea c la cantidad de cajas.
$2,448 \div 48 = c$, o $2,448 \div c = 48$

Divide para hallar el valor de c.

$$\begin{array}{r} 51 \\ 48{\overline{)2{,}448}} \\ -\,2\,40 \\ \hline 48 \\ -\quad 48 \\ \hline 0 \end{array}$$

Divide las decenas.
Multiplica y resta.
Continúa el proceso.

$c = 51$
La empresa necesita 51 cajas para empacar los juegos.

Recuerda que puedes usar una ecuación de multiplicación para comprobar tu respuesta.

Escribe una ecuación de división para representar cada problema. Luego, resuelve la ecuación.

1. Una tienda de películas en línea ganó $1,494 por la venta de carteles la semana pasada. Cobró $18 por cada cartel. ¿Cuántos carteles vendió la tienda?

2. Un club de ciclistas registró que se recorrieron 9,860 millas. Si cada uno de los 29 miembros del club recorrió la misma cantidad de millas, ¿cuántas millas recorrió cada miembro?

Piensa en estas preguntas como ayuda para **prestar atención a la precisión.**

Hábitos de razonamiento

- ¿Estoy usando los números, las unidades y los signos o símbolos correctamente?
- ¿Estoy usando las definiciones correctas?
- ¿Estoy haciendo los cálculos con precisión?
- ¿Es clara mi respuesta?

Recuerda que, para hacerlo con precisión, tienes que interpretar el residuo.

Cuatro maestras, 7 asistentes y tres clases de 24 estudiantes cada una irán a un festival de cometas. Cada persona recibe una cometa. ¿Cuál es la menor cantidad de dinero que pueden gastar?

Paquetes de cometas	Costo por cometa
1 cometa	$18
20 cometas	$15
30 cometas	$12

1. ¿Cómo puedes hallar el menor costo total?

2. Escribe y resuelve una ecuación para hallar el menor costo total.

1. ¿Cuál de los siguientes resultados es la estimación más razonable para $4{,}875 \div 64$?

Ⓐ $6{,}000 \div 60$

Ⓑ $5{,}000 \div 60$

Ⓒ $4{,}900 \div 70$

Ⓓ $4{,}800 \div 70$

2. Eliana abrió una cuenta bancaria nueva y ahorró la misma cantidad de dinero por semana durante un año. Ahora, tiene $2,860 en su cuenta. Sea a la cantidad que ahorró por semana.

Parte A

Escribe una ecuación para representar cuánto ahorró Eliana por semana.

Parte B

Resuelve tu ecuación para hallar cuánto ahorró Eliana por semana.

3. Selecciona las expresiones que tienen un valor de 15 cuando $x = 15$.

☐ $\frac{x}{3} + 10$

☐ $15{,}521 \div x$

☐ $(3{,}015 \div x) - 186$

☐ $20x^2 \div 30$

☐ $\frac{2x^2}{5} - 25$

4. Chloe sirvió 320 tazas de limonada en una reunión familiar. Hay 4 tazas en un cuarto y 4 cuartos en un galón. ¿Cuántos galones de limonada sirvió? Explica cómo resolviste el problema.

5. Hay 17,600 yardas en 10 millas. El padre de Samuel puede correr 10 millas en 65 minutos. Si corre a la misma velocidad durante toda esa distancia, aproximadamente, ¿cuántas yardas corre por minuto el padre de Samuel?

6. Una ciudad tiene 1,242 agentes judiciales en el departamento de policía. Si los agentes se dividen en 18 grupos iguales, ¿cuántos agentes habrá en cada grupo?

Ⓐ 60 agentes

Ⓑ 68 agentes

Ⓒ 69 agentes

Ⓓ 70 agentes

7. 1,070 personas irán de viaje a Nueva York. El grupo de turismo que organiza el viaje puede usar cualquiera de los vehículos que se muestran en la tabla.

Tipo de vehículo	Cantidad de pasajeros	Costo
Minivan	8	$35
Microbús grande	12	$50
Autobús	40	$120

Parte A

Si el grupo de turismo decide usar solamente un tipo de vehículo, ¿cuántos necesitará para transportar a 1,070 personas?

minivanes   microbuses grandes   autobuses

Parte B

A último momento, veinte personas más se unen al grupo. ¿Cuántos autobuses necesita el grupo ahora? ¿Hay una opción más económica que transportar a todos en autobús? Explícalo.

8. La tabla muestra la cantidad de empleados que asisten a una conferencia. Lee cada una de las siguientes situaciones. Traza líneas para unir cada número con la pregunta que responde.

Grupo	Cantidad de empleados
Contaduría	521
Mercadotecnia	536
Oficina central	172

45

Si en cada fila de asientos se pueden sentar 27 empleados, ¿cuántas filas de asientos van a ser necesarias si cada empleado ocupa un asiento?

46

Todos los empleados de la oficina central y de contaduría asisten a sesiones especiales. Hay 21 sesiones especiales a las que siempre asiste la misma cantidad de personas. ¿Cuántas personas asisten a cada sesión?

33

Para la sesión de cierre, los empleados se dividen en 26 grupos iguales. Si 59 personas no pudieron ir a la sesión de cierre, ¿cuántos empleados hay en cada grupo?

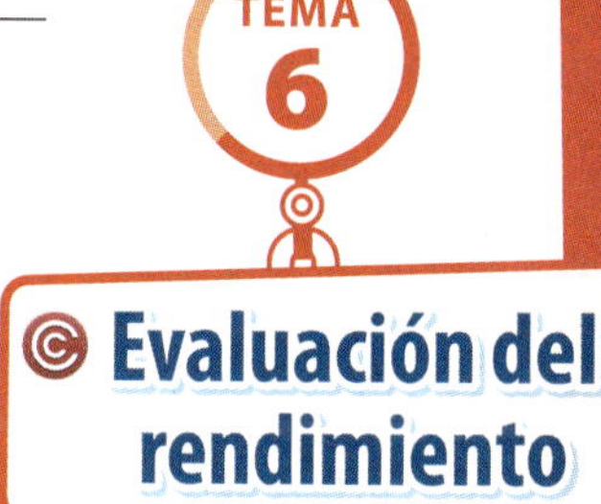

¡A vender pizzas!

El equipo de básquetbol de Gavin tiene que recaudar $13,800 para pagar uniformes y gastos de viaje. Hay 12 jugadores en el equipo. El entrenador decidió vender pizzas para recaudar el dinero que necesitan.

1. Cada jugador acepta recaudar la misma cantidad de dinero. ¿Al menos cuánto dinero tiene que recaudar cada jugador?

2. Las pizzas que se van a vender se compran en paquetes de 6 pizzas pequeñas o 4 pizzas grandes cada uno. El equipo quiere tener una ganancia de $5 con cada pizza pequeña y $6 con cada pizza grande que venda.

Parte A

Sea $g =$ la ganancia obtenida con cada pizza. Completa la tabla evaluando la expresión $p \div n + g$ para hallar el precio de venta de cada tipo de pizza.

Tipo de pizza	Pizzas por paquete (n)	Costo por paquete (p)	Precio de venta por pizza ($p \div n + g$)
Pequeña de queso	6	$30	
Pequeña de *pepperoni*	6	$36	
Grande de queso	4	$32	
Grande de *pepperoni*	4	$36	

Parte B

Sea $q =$ el precio de venta de 1 pizza grande de queso. Resuelve la ecuación $4q = t$ para hallar el precio total de venta, t, de 1 paquete de pizzas grandes de queso.

3. Gavin escribió la expresión $5p + 6g$ para representar la ganancia que puede tener si vende una combinación de pizzas pequeñas y grandes, donde $p =$ la cantidad de pizzas pequeñas y $g =$ la cantidad de pizzas grandes.

- Evalúa su expresión si $p = 72$ y $g = 60$ para hallar cuánto recaudó hasta ahora. Muestra tu trabajo.
- Usa la respuesta para hallar la cantidad de dinero que Gavin todavía necesita recaudar para completar su parte de los $13,800.

4. Escribe una ecuación que describa la menor cantidad de pizzas pequeñas de *pepperoni* que Gavin puede vender para recaudar lo que le falta de su parte (tu respuesta del Problema 3). Sea *z* la cantidad de pizzas pequeñas de *pepperoni*. Si vende las pizzas en paquetes de 6, ¿cuál es la menor cantidad de paquetes que debe vender? Explícalo.

5. Al equipo todavía le faltan $1,536 para alcanzar su objetivo. Deciden organizar una noche de pizza en la escuela de Gavin. La cantidad de pizzas grandes que vende el equipo es 3 veces la cantidad de pizzas pequeñas vendidas, y así superan el objetivo de recaudación. Escribe una desigualdad que se pueda usar para hallar cantidades posibles de pizzas grandes y pequeñas vendidas en la noche de pizza. Halla una solución posible.

TEMA 7

Sumar, restar, multiplicar y dividir números decimales con facilidad

Pregunta esencial: ¿Cómo se pueden sumar, restar, multiplicar y dividir números decimales con facilidad?

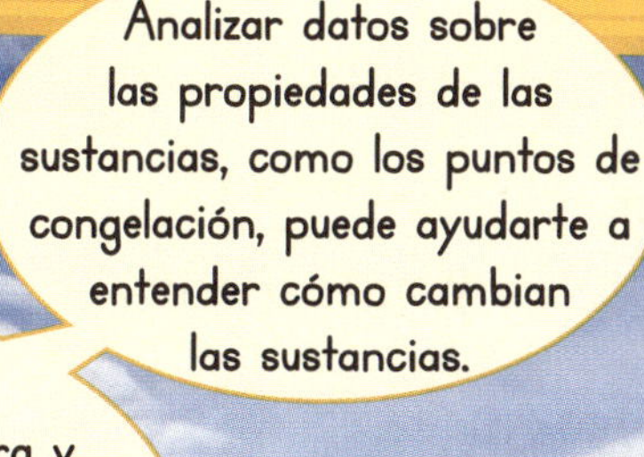

Proyecto de Matemáticas y Ciencias: Puntos de congelación

Investigar Usa la Internet u otros recursos para aprender más sobre los puntos de congelación. Haz una lista con algunas de las propiedades del agua y de la sal, incluido el punto de congelación del agua, y luego halla el punto de congelación de la salmuera saturada, y de la salmuera al 5%, al 10% y al 20%. Redondea a la centésima de °C.

Diario: Escribir un informe Incluye lo que averiguaste. En tu informe, también:

- di cuánto más bajo es el punto de congelación de la salmuera saturada que el del agua pura. ¿Y el de la salmuera al 5%? ¿Y al 10%? ¿Y al 20%? ¿Cuál es la diferencia entre el punto de congelación de la salmuera al 5% y el de la salmuera al 20%?

- repasa las propiedades del agua salada y explica si crees que combinar sal y agua implica una reacción química o una reacción física.

✫Repasa lo que sabes

🅰🅩 Vocabulario

Escoge el mejor término del recuadro.
Escríbelo en el espacio en blanco.

- cociente
- diferencia
- estimación
- número decimal
- números compatibles
- producto
- suma

1. El resultado de multiplicar dos números se llama _______________.

2. Una _______________ es una respuesta aproximada.

3. Los números que son fáciles de calcular mentalmente son _______________.

4. En la ecuación $497 - 265 = 232$, el número 232 es la _______________.

Operaciones con números enteros

Calcula los valores.

5. $4\overline{)348}$

6. $9{,}007 - 3{,}128$

7. 35×17

8. $7{,}964 + 3{,}872$

9. $22\overline{)4{,}638}$

10. 181×42

Evaluar expresiones

Evalúa las expresiones si $x = 3$ y $x = 7$.

11. $5x$

12. $84 - 2x$

13. $4 + 21 \div x$

14. $3x + 98 \div 14$

15. $6x \div x - 2$

16. $28 + 4x \div 2$

Números decimales

17. ¿Qué número decimal representa este modelo? Explica cómo lo sabes.

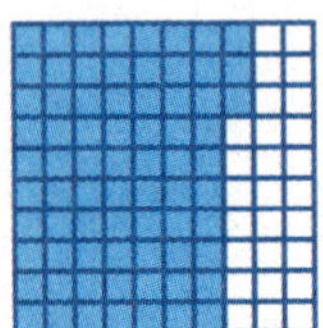

© Pearson Education, Inc. 6

Estimar sumas y diferencias

Nombre _______________

Durante el día cayeron 13.9 pulgadas de nieve. Más tarde esa noche, cayeron otras 6.4 pulgadas. Aproximadamente, ¿cuánta nieve cayó en total en la ciudad ese día? **Resuelve este problema de la manera que prefieras.**

Puedo...

estimar sumas y diferencias de números decimales.

Ⓒ **Estándar de contenido** 6.SN.B.3
Prácticas matemáticas PM.1, PM.2, PM.3, PM.4, PM.6, PM.7

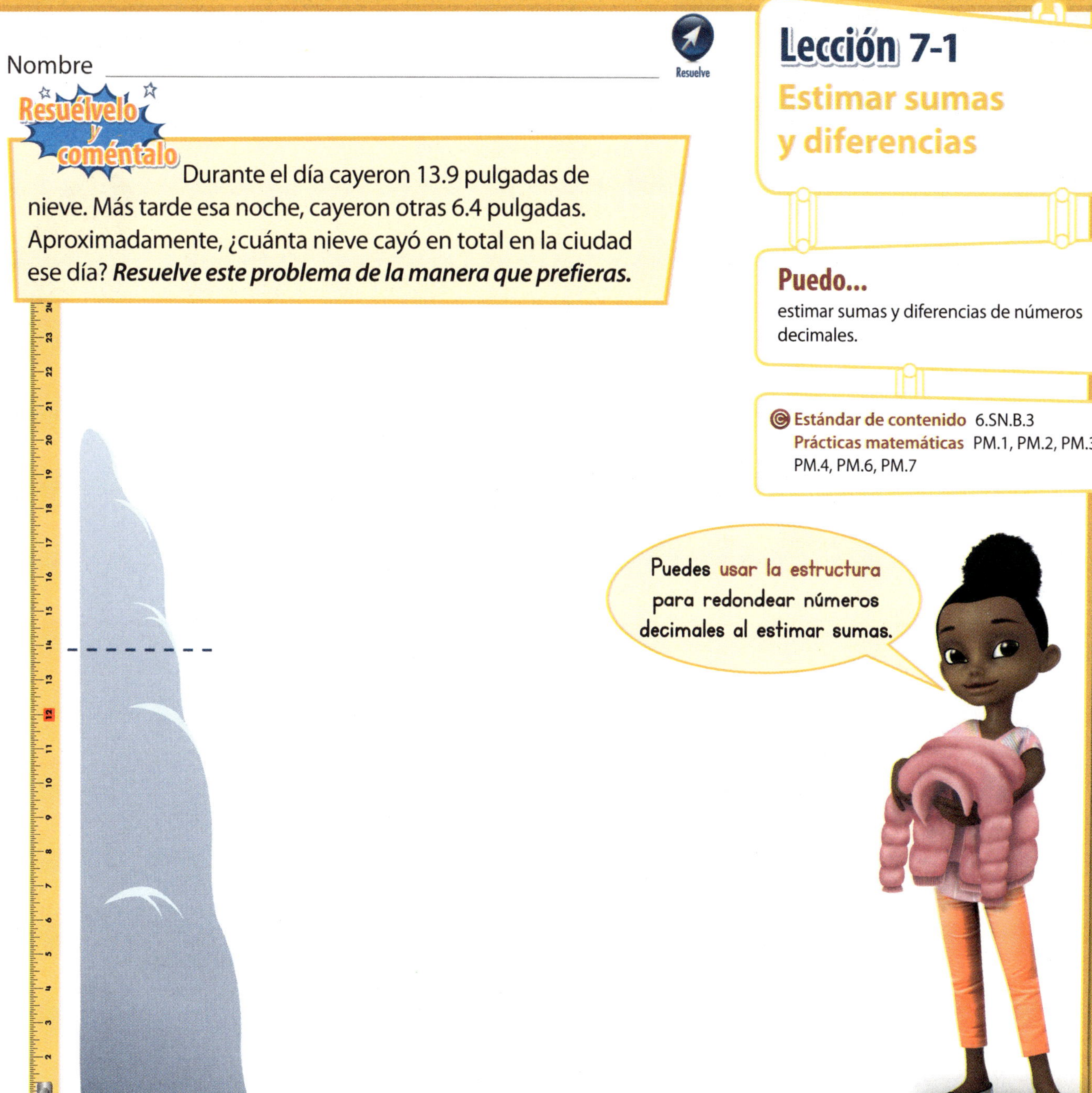

¡Vuelve atrás! Ⓒ **PM.1 Entender y perseverar** Al año siguiente, en la misma ciudad cayeron 4.8 pulgadas de nieve por la mañana, 3.9 pulgadas por la tarde y 6.2 pulgadas por la noche. Aproximadamente, ¿cuánta nieve más cayó en un día el año anterior?

¿Cómo se pueden hacer estimaciones con números decimales?

A

En las olimpíadas de 2012, se rompió el récord masculino en la carrera de 100 metros, donde el tiempo ganador fue 9.63 segundos. La Sra. Carlson, la maestra de gimnasia, corrió los 100 metros en 14.7 segundos. Aproximadamente, ¿cuánto más corto fue el tiempo de las olimpíadas de 2012 que el de la Sra. Carlson?

B ## Una manera

Redondea para estimar sumas y diferencias. Redondea cada número al mismo valor de posición.

Redondea cada número al número entero más cercano.

$$14.7 \rightarrow 15$$
$$-\ 9.63 \rightarrow -\ 10$$
$$5$$

La diferencia es aproximadamente 5 segundos.

C ## Otra manera

Usa números compatibles que sean fáciles de calcular mentalmente.

$$14.7 \rightarrow 14.7$$
$$-\ 9.63 \rightarrow -\ 9.7$$
$$5.0$$

La diferencia es aproximadamente 5.0 segundos.

¡Convénceme!  **PM.1 Entender y perseverar** Emma debe comprar los premios para la feria de ciencias. Cada premio cuesta $5.43 y el marco del premio cuesta $3.82. Emma tiene un presupuesto de $100. Estimó el costo total de cada premio y dijo que le alcanzaría para 10 premios. ¿Es razonable la estimación de Emma? Muestra cómo lo sabes.

☆ Práctica guiada *

¿Lo entiendes?

1. ¿En qué situaciones harías una estimación?

2. © **PM.3 Construir argumentos** ¿La estimación de Emma de la página 320 fue una estimación por exceso o una estimación por defecto? Explícalo.

3. © **PM.4 Representar con modelos matemáticos** Escribe un problema de la vida diaria que sea apropiado para estimar la suma o la diferencia de números decimales.

¿Cómo hacerlo?

Completa las estimaciones con números fáciles de calcular mentalmente en los Ejercicios **4** y **5.**

4. $1.769 + 0.686$

$$1.\_\_\_ + 0.\_\_\_ = \_\_\_.5$$

5. $20.45 - 13.15$

$$\_\_\_\_\_ - 13.2 = \_\_\_\_\_$$

Redondea al número entero más cercano para hacer una estimación en los Ejercicios **6** y **7.**

6. $1.456 + 5.4 + 14.08 = \_\_\_\_$

7. $72.43 - 59.8 = \_\_\_\_$

☆ Práctica independiente

Redondea al número entero más cercano para hacer una estimación en los Ejercicios **8** a **13.**

8. $20.791 + 5.25 + 3.84$

9. $\$10.10 - \$3.69$

10. $376.52 - 9.14$

11. $34 - 12.23 + 11.8$

12. $28.321 - 14.2$

13. $1.01 + 0.98 + 3.784$

Usa números compatibles redondeados al lugar de las décimas para hacer una estimación en los Ejercicios **14** a **19.**

14. $7.12 + 2.501 + 9.2$

15. $91.26 - 31.32$

16. $\$3.79 - \$1.22$

17. $314.53 - 34.5$

18. $15.663 - 1.03 + 10.80$

19. $28.02 + 2.83 + 5.008$

20. **Sentido numérico** Rachel irá de compras y necesita pan, carnes frías y pretzels para el almuerzo. Tiene un billete de diez dólares. Haz una estimación para hallar si tiene suficiente dinero. Explica tu razonamiento.

21. Cooper, un caballo de 2 años, corrió una vuelta en 8.71 segundos. Corrió una segunda vuelta en 7.32 segundos. Estima el tiempo total de Cooper redondeado al segundo más cercano.

22. Ⓒ **PM.3 Construir argumentos** Camila estimó que la suma de $8.614 + 3.099 + 7.301$ es aproximadamente 19. Sumó $8.6 + 3.1 + 7.3$ para obtener la suma. ¿Su estimación es una estimación por exceso o por defecto? Explica tu razonamiento.

23. El joyero hizo una corona nueva para la reina. La hizo con un diamante de 8.74 quilates, un rubí de 7.086 quilates y un zafiro de 4.93 quilates. ¿Cuál es el peso total aproximado, en quilates, de todas las gemas de la corona de la reina?

24. **Razonamiento de orden superior** En cierto proceso de fabricación, una sustancia química debe calentarse a exactamente 236.75 °F. Si la temperatura alcanzada es 210.964 °F, ¿usarías la estimación para hallar cuánto más debe subir la temperatura? Explícalo.

Ⓒ **Evaluación de *Common Core***

25. Kira quiere comprar un boleto de cine, palomitas de maíz y una bebida. El boleto cuesta $7.75 y el plato combinado de palomitas y bebida cuesta $2.85. Si Kira tiene $10, ¿tendrá suficiente dinero para el boleto y el plato combinado? Haz una estimación para explicar tu razonamiento.

¡Revisemos!

La Sra. Danos escribió las siguientes expresiones en el pizarrón. ¿Cómo puedes hacer una estimación para hallar el valor aproximado de cada expresión?

$7.382 + 4.97$

$12.57 - 6.806$

$3.847 + 11.22$

Estima: $7.382 + 4.97$
Redondea los números a la décima más cercana.
$$7.382 + 4.97$$
$$\downarrow \quad \downarrow$$
$$7.4 + 5$$
Suma para hacer una estimación:
$$7.4 + 5 = 12.4$$
$$7.382 + 4.97 \approx 12.4$$

Estima: $12.57 - 6.806$
Redondea a los números enteros más cercanos.
$$12.57 - 6.806$$
$$\downarrow \quad \downarrow$$
$$13 - 7$$
Resta para hacer una estimación:
$$13 - 7 = 6$$
$$12.57 - 6.806 \approx 6$$

Estima: $3.847 + 11.22$
Haz una estimación descomponiendo el número entero y el número decimal.
$$3.847 \longrightarrow 3\ .8$$
$$+\ 11.22 \longrightarrow +\ 11\ .2$$
$$\downarrow \quad \downarrow$$
$$14 + 1.0 = 15$$
$$3.847 + 11.22 \approx 15$$

Redondea al número entero más cercano para hacer una estimación en los Ejercicios **1** a **9**.

1. $4.38 + 9.179$

2. $62.873 - 12.7$

3. $52.83 + 97.288$

4. $131.049 - 82.604$

5. $79.14 + 32.546$

6. $48.468 + 63.029$

7. $112.658 - 81.903$

8. $586.735 - 204.63$

9. $107.139 + 90.621$

Usa números compatibles redondeados al lugar de las décimas para hacer una estimación en los Ejercicios **10** a **15**.

10. $9.13 - 5.1$

11. $\$15.56 + \$2.19$

12. $20.22 + 22.81 + 25.278$

13. $89.36 + 253.5$

14. $25.6 - 12.22 + 10.8$

15. $86.89 - 45.69$

16. **© PM.6 Hacerlo con precisión** En beisbol, el promedio de carreras limpias (PCL) es el promedio de carreras limpias de un lanzador cada nueve entradas lanzadas.

a Ordena los PCL de la tabla de mayor a menor.

b Aproximadamente, ¿cuántas décimas de diferencia hay entre el PCL más alto y el más bajo de la tabla?

Jugador	Promedio de carreras limpias (PCL)
Eddie	1.82
John	2.10
Mario	2.06
Scott	2.04
Josh	1.89

17. **© PM.2 Razonar** Alexis tiene un billete de $5, dos billetes de $10 y un billete de $20. Quiere comprar un DVD de $17.89, una taza de $5.12 y una camiseta de $12.99. Estima la suma redondeada al dólar más cercano. Indica qué billetes debería darle al cajero para pagar sus artículos.

18. **Razonamiento de orden superior** Al redondear al número entero más cercano, el número decimal 9.5 generalmente se redondearía a 10. ¿Cómo redondearías los números 9.5 y 7.5 en la ecuación $9.5 + 4.7 + 3.2 + 7.5 = x$ si quisieras que tu estimación se acercara lo más posible a la suma real?

19. **Álgebra** Al evaluar la expresión $8(4 + 6^2) \div 20 - (3^2 + 3)$, James dice que su valor es 40. ¿Tiene razón? Usa el orden de las operaciones para explicar cómo lo sabes.

20. El área de la sala de los Garrett es 18.087 yardas cuadradas. El área del dormitorio es 15.98 yardas cuadradas. Redondea a la décima más cercana y estima la cantidad total de alfombra que necesitan para las dos habitaciones.

© Evaluación de *Common Core*

21. Bill, Tory y Jessica corrieron una carrera de relevos de 300 metros. Cada uno corrió 100 metros. Bill corrió su tramo de la carrera en 13.73 segundos, Tory corrió el suyo en 14.22 segundos y Jessica corrió el tramo final en 15.09 segundos. Bill estima que mejoraron el tiempo de 44.2 segundos que hicieron el año pasado. Haz una estimación para mostrar si Bill tiene razón.

Nombre _______________

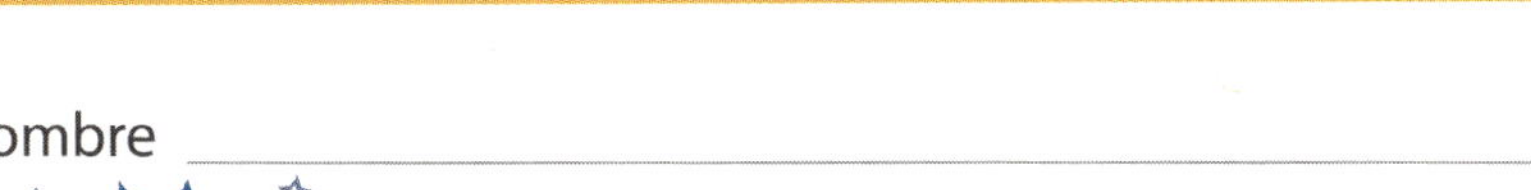

Julie y Doug están construyendo una casita de árbol con tablas de madera. Julie tiene una tabla que mide 1.15 metros de longitud y Doug tiene una tabla que mide 0.7 metros de longitud. ¿Cuál es la longitud total de las dos tablas juntas? *Resuelve este problema de la manera que prefieras.*

Puedo...
hallar la suma o diferencia de problemas con números decimales.

Ⓒ **Estándar de contenido** 6.SN.B.3
Prácticas matemáticas PM.1, PM.3, PM.6, PM.7, PM.8

¡Vuelve atrás! Ⓒ **PM.7 Usar la estructura** De la tabla de Julie, cortan una tabla del mismo tamaño que la tabla de Doug. ¿Cuál es la longitud de la nueva tabla de Julie?

¿Cómo se pueden sumar y restar números decimales?

A

Kim y Martín nadaron 50 metros. Martín tardó 0.26 segundos más que Kim. ¿Cuál fue el tiempo de Martín en la carrera?

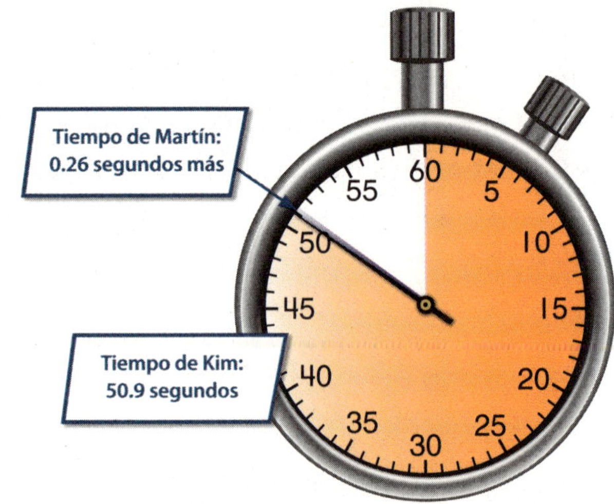

B Halla $50.9 + 0.26$. Primero redondea los sumandos para hacer una estimación.

$$51 + 0.3 = 51.3$$

Halla la suma. Agrega un cero para que todos los lugares tengan un dígito.

$$50.90$$
$$+\ 0.26$$

C Suma los lugares. Puedes reagrupar la suma de nueve décimas y dos décimas.

$$\overset{1}{50.9}0$$
$$+\ 0.26$$
$$\overline{51.16}$$

Martín completó la carrera en 51.16 segundos. La suma 51.16 está cerca de la estimación, 51.3.

¡Convénceme! © **PM.7 Usar la estructura** Supón que Martín completó la carrera 0.26 segundos antes que Kim. ¿Cuál es el tiempo de Martín en la carrera? Haz una estimación para ver si tu respuesta es razonable.

Otro ejemplo

Amy corrió una carrera en 20.7 segundos. Katie terminó la carrera 0.25 segundos antes que Amy. ¿Cuánto tiempo tardó Katie en correr la carrera?

Halla $20.7 - 0.25$.
Redondea para estimar la diferencia.

$$20.7 - 0.3 = 20.4$$

Para hallar la diferencia, alinea los valores de posición.

20.7**0** ← Agrega un cero como marcador de posición.
$-$ 0.25

Resta cada lugar. Reagrupa las siete décimas para restar las centésimas.

$$\begin{array}{r} \overset{610}{20.7\!\!\!\not0} \\ -\ \ 0.25 \\ \hline 20.45 \end{array}$$

Katie corrió la carrera en 20.45 segundos. 20.45 está cerca de la estimación, 20.4.

☆ Práctica guiada *

¿Lo entiendes?

1. Ⓒ **PM.8 Generalizar** ¿En qué se parece y en qué se diferencia sumar y restar números decimales a sumar y restar números enteros?

¿Cómo hacerlo?

Halla las sumas o las diferencias en los Ejercicios **2** a **5**.

2. $5.9 + 2.7$ **3.** $4.01 - 2.95$

4. $2.57 + 7.706$ **5.** $15 - 6.108$

☆ Práctica independiente

Halla las sumas o las diferencias en los Ejercicios **6** a **13**.

6. $2.17 - 0.8$ **7.** $4.3 + 4.16$ **8.** $46.91 - 28.7$ **9.** $4.815 + 2.17$

10. $5.187 - 0.48$ **11.** $27 + 0.185$ **12.** $9.501 - 9.45$ **13.** $14 + 9.8$

14. © **PM.6 Hacerlo con precisión** La Oficina de Censo de Estados Unidos registra el tiempo de viaje hasta el trabajo. Usa la información de la tabla para comparar el tiempo de viaje en Nueva York con el que hay en Chicago. Escribe una ecuación que muestre tu trabajo.

DATOS	Lugar	Tiempo promedio de viaje al trabajo (minutos)
	Estados Unidos	23.2
	Los Ángeles, CA	26.5
	Chicago, IL	29.1
	Nueva York, NY	35.3

15. **Álgebra** Anna corrió una carrera en 23.1 segundos. El tiempo de otro corredor fue 5.86 segundos más rápido. Escribe y evalúa una ecuación con una variable para hallar la diferencia entre el tiempo de Anna y el del otro corredor.

16. **Razonamiento de orden superior** Matthew compró una camiseta deportiva a $39.99, un banderín a $10.25 y una gorra a $13.75. Pagó con un billete de $50 y le pidió prestado el resto a un amigo. Si Matthew recibió $6.01 de vuelto, ¿cuánto le pidió prestado a su amigo para comprar todos los artículos?

© Evaluación de *Common Core*

17. Usa la información de la tabla para resolver los problemas. Haz una estimación para comprobar si tus respuestas son razonables.

DATOS	Caminos del Parque Nacional Joshua Tree	
	Camino	**Longitud (kilómetros)**
	Lost Horse Mine	6.4
	Lost Palms Oasis	11.6
	Mastodon Peak	4.8
	Skull Rock	2.7

Parte A

¿Cuál es la longitud total del camino Lost Horse Mine y del camino Mastodon Peak juntos?

Parte B

¿Cuánto más largo es el camino Lost Palms Oasis que el camino Skull Rock?

¡Revisemos!

Tres amigos corrieron una carrera de relevos de 50 kilómetros. En los primeros dos tramos, Tamika corrió 16.93 kilómetros y Félix corrió 21.6 kilómetros. ¿Cuántos kilómetros corrió Isaac en el tercer tramo?

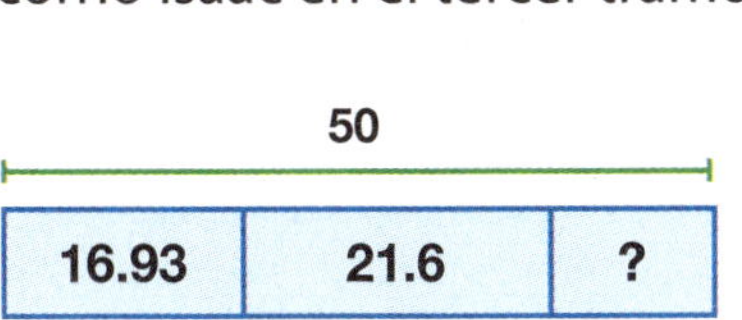

50		
16.93	21.6	?

Suma para hallar la distancia total que corrieron Tamika y Félix.

Estima: $16.93 \approx 17$ y $21.6 \approx 22$

$17 + 22 = 39$

$$
\begin{array}{r}
\overset{1}{}16.93 \\
+\ 21.60 \\
\hline
38.53
\end{array}
$$
← Agrega un cero.

38.53 está cerca de 39; por tanto, la respuesta es razonable.

Resta para hallar cuánto corrió Isaac.

Estima: $38.53 \approx 39$

$50 - 39 = 11$

$$
\begin{array}{r}
\overset{4\ 9\ \ 9\ 10}{\cancel{50.00}} \\
-\ 38.53 \\
\hline
11.47
\end{array}
$$
← Agrega 2 ceros.

11.47 está cerca de 11; por tanto, la respuesta es razonable.

Isaac corrió 11.47 kilómetros.

Halla las sumas o las diferencias en los Ejercicios **1** a **15**.

1. $45.6 + 26.3$

2. $14.25 - 5.14$

3. $17.2 + 6.08$

4. $24.84 - 22.7$

5. $13.64 - 8.3$

6. $0.214 + 15.9$

7. $3.652 - 1.41$

8. $18.06 + 9.798$

9. $8.006 - 6.38$

10. $34.89 - 12.2$

11. $22.31 - 4.22$

12. $1.01 + 3.69$

13. $87.5 + 85.05$

14. $1.09 - 1.03$

15. $100.02 - 64.58$

16. **© PM.7 Buscar relaciones** Completa la secuencia de números de este conjunto y explica el patrón.

7.5   6.25   5   _____   _____

17. **© PM.3 Evaluar el razonamiento** Jaime escribió $4.4 - 0.33 = 1.1$. ¿Es razonable su respuesta? Explica por qué.

18. Los pesos de 3 gatitos de una semana eran 3.6 onzas, 4.2 onzas y 3.3 onzas. Si cada gatito aumentara 2.3 onzas, ¿cuánto pesaría cada uno?

19. En un cine hay una oferta especial. Si un grupo de cuatro paga $7.25 cada uno por los boletos, puede llevar palomitas de maíz y una bebida por $5.75. Usa la expresión $4(5.75 + 7.25)$ para hallar el costo total para 4 amigos.

20. **© PM.1 Entender y perseverar** En una fábrica venden repuestos de juguetes en distintas cantidades, como se muestra en la tabla. ¿Cuánto costarían 11 repuestos?

Cantidad de repuestos	2	7	12	15
Costo	$0.90	$3.15	$5.40	$6.75

21. **Razonamiento de orden superior** El perímetro de una figura de 5 lados es 45.56 metros. Dos lados tienen la misma longitud. La suma de las longitudes de los otros tres lados es 24.2 metros. Aproximadamente, ¿cuánto mide cada lado de igual longitud? Explica cómo lo decidiste.

© Evaluación de *Common Core*

22. Usa la información de la tabla para resolver los problemas. Haz una estimación para comprobar si tus respuestas son razonables.

Materiales para manualidades	
Cartulina gruesa	$1.29/lámina
Marcadores	$4.50/paquete
Cinta adhesiva	$1.99/rollo
Pegamento	$2.39/tubo
Cartulina	$3.79/paquete

Parte A

¿Cuánto más que 1 rollo de cinta adhesiva cuesta 1 tubo de pegamento?

Parte B

¿Cuál es el costo total de 2 paquetes de marcadores y un paquete de cartulina?

Nombre ______________________

En la tabla se muestra el precio de los boletos de un museo. Aproximadamente, ¿cuánto dinero ahorraría la escuela si, en lugar de la tarifa regular, pagara la tarifa grupal por 54 estudiantes y adultos para visitar el museo en una excursión? *Resuelve este problema de la manera que prefieras.*

Puedo...

estimar los productos de números decimales.

Estándar de contenido 6.SN.B.3
Prácticas matemáticas PM.1, PM.2, PM.3, PM.6

Boletos del museo	
Boleto	**Costo por persona**
Regular	$8.95
Grupal	$7.65
Abono	$84.50

¡Vuelve atrás! **PM.2 Razonar** Seis personas que fueron a la excursión decidieron comprar abonos. Estima el costo total de los 6 abonos y explica tu razonamiento.

Pregunta esencial

¿Cómo se puede estimar el producto de números decimales?

A

Los estudiantes de la Escuela Intermedia Waldron están vendiendo latas de palomitas de maíz para recaudar dinero para uniformes nuevos. Vendieron 42 latas la primera semana. Aproximadamente, ¿cuánto dinero ganaron la primera semana?

B Redondea los factores para hacer una estimación.

$$42 \times \$9.25$$
$$\downarrow \qquad \downarrow$$
$$40 \times \$9 = \$360$$

Por tanto, $42 \times \$9.25 \approx \$360$.

Los estudiantes recaudaron aproximadamente $360 la primera semana.

C Usa números compatibles para hacer una estimación.

$$42 \times \$9.25$$
$$\downarrow \qquad \downarrow$$
$$42 \times \$10 = \$420.$$

Por tanto, $42 \times \$9.25 \approx \$420$.

Los estudiantes recaudaron aproximadamente $420 la primera semana.

¡Convénceme! © **PM.1 Entender y perseverar** Sam quiere comprar 3 latas de palomitas para su familia y 4 latas para regalar. Tiene tres billetes de $20 y un billete de $10. Estima el costo total de las latas de palomitas para hallar si Sam tiene suficiente dinero para comprarlas. Explica tu razonamiento.

Otro ejemplo

¿Cómo haces una estimación para hallar el producto de dos números decimales?

Usa el redondeo.

Estima 7.83 × 3.8.

$$7.83 \times 3.8$$
$$\downarrow \qquad \downarrow$$
$$8 \times 4 = 32$$

Por tanto, 7.83 × 3.8 ≈ 32.

Usa números compatibles.

Estima 44.3 × 6.71.

$$44.3 \times 6.71$$
$$\downarrow \qquad \downarrow$$
$$50 \times 6 = 300$$

Por tanto, 44.3 × 6.71 ≈ 300.

✰ Práctica guiada *

¿Lo entiendes?

1. ¿Cuál es el método más fácil de usar para estimar la cantidad de dinero que recaudarán los estudiantes de la página 332 si venden 112 latas de palomitas de maíz?

2. Ⓒ **PM.3 Construir argumentos** En los ejemplos sobre la venta de palomitas de maíz, ¿se trata de estimaciones por exceso o por defecto? Explícalo.

¿Cómo hacerlo?

En los Ejercicios **3** a **8**, usa el redondeo o números compatibles para estimar los productos.

3. 6.8 × 53

4. 518 × 6.82

5. 65.13 × 2.89

6. 2,386.25 × 40.1

7. 9.34 × 0.68

8. 35.7 × 8.9

✰ Práctica independiente

Estima los productos en los Ejercicios **9** a **16**.

9. 615 × 5.3

10. 12.10 × 3.69

11. 376.52 × 9.94

12. 20.2 × 1.96

13. 412 × 2.421

14. 98.2 × 33.46

15. 73.6 × 7.16

16. $73.09 × 0.88

Puedes encontrar otro ejemplo en el Grupo B, página 381. **Tema 7** │ Lección 7-3 **333**

17. Latrell comprará ropa para la escuela. Tiene $150. Quiere comprar dos pares de *jeans* de $38 cada uno y 2 camisas de $25 cada una. Simplifica la expresión $150 - [(2 \times 38) + (2 \times 25)]$ para hallar si tiene suficiente dinero.

18. Razonamiento de orden superior Damon usó números compatibles para estimar el producto de 12.65×55. Intentó con dos combinaciones de factores y obtuvo la misma estimación las dos veces. ¿Qué números multiplicó?

Usa la información del diagrama en los Ejercicios **19** y **20.**

19. Patti usó el redondeo para estimar la longitud de seis dólares Lafayette colocados uno al lado del otro. ¿Es su estimación una estimación por exceso o por defecto? Explícalo.

$$38.1 \times 6 \approx 40 \times 6$$
$$\approx 240 \text{ mm}$$

20. © **PM.1 Entender y perseverar** El ancho de una mesa es 1 metro. Si se colocan 30 dólares Washington uno al lado del otro, ¿la longitud total de los dólares será mayor o menor que el ancho de la mesa? Haz una estimación y explica tu razonamiento.

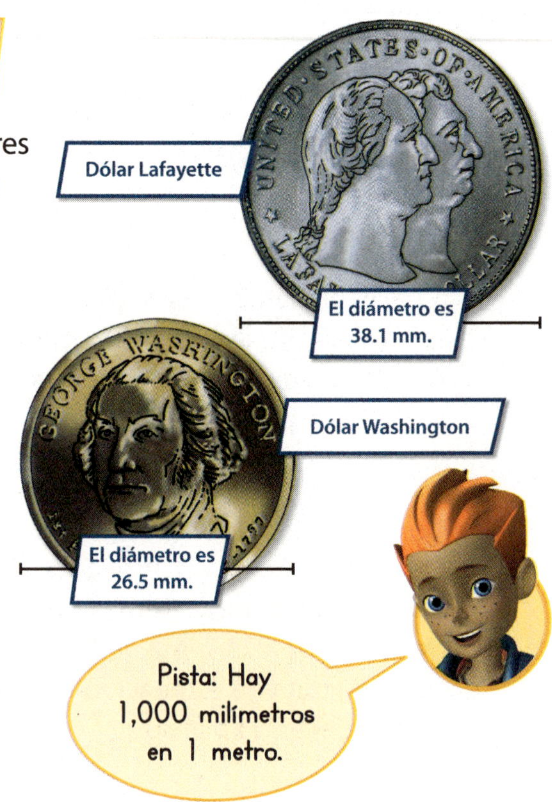

© Evaluación de *Common Core*

21. Una clase de sexto grado pidió 19 pizzas de verdura para una fiesta. El precio normal de la pizza es $9.79. La clase tiene un cupón de $1.10 de descuento por cada pizza. Aproximadamente, ¿cuánto dinero necesitará la clase para comprar las pizzas?

¿Cuál de las siguientes expresiones da una estimación razonable de la respuesta?

Ⓐ $10 \times 20

Ⓑ $9 \times 15

Ⓒ $9 \times 20

Ⓓ $8 \times 15

Tarea y práctica 7-3

Estimar productos

¡Revisemos!

Un vendedor de comidas vendió 28 *hot dogs* en 15 minutos durante el partido. Cada *hot dog* cuesta $4.25. ¿Cuánto dinero ganó el vendedor en 15 minutos con la venta de *hot dogs*?

Redondeo:

Redondea los factores a la decena o al número entero más cercano.

28 × $4.25

↓   ↓

30 × $4 = $120

Por tanto, 28 × $4.25 ≈ $120.

El vendedor ganó aproximadamente $120 con la venta de *hot dogs* en 15 minutos.

Números compatibles:

Halla números compatibles y multiplica.

28 × 4.25

↓   ↓

25 × $4 = $100

Por tanto, 28 × $4.25 ≈ $100.

El vendedor ganó aproximadamente $100 en 15 minutos con la venta de *hot dogs*.

Estima los productos en los Ejercicios 1 a 12.

1. 3.73 × 8.16

2. 35.518 × 9.722

3. 7.349 × 5.62

4. 4.178 × 12.513

5. 8.498 × 5.602

6. 24.534 × 7.96

7. 55.93 × 8.34

8. 61.438 × 8.72

9. 122.899 × 5.36

10. 16.954 × 3.5

11. 17.158 × 8.99

12. 38.753 × 8.461

13. © **PM.6 Hacerlo con precisión** Estima el área del dormitorio de Mandy. Indica qué estrategia de estimación usaste y por qué.

Dormitorio de Mandy

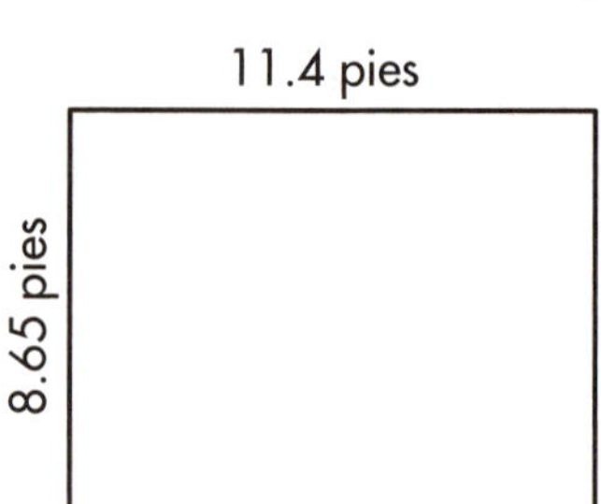

14. **Razonamiento de orden superior** Mandy necesita alfombrar su dormitorio. ¿Por qué la estimación del área debería ser una estimación por exceso y no una estimación por defecto?

15. Julie estima que puede crear 28 rompecabezas en una semana. Vende cada rompecabezas a $12.25. Estima la cantidad de dinero que gana Julie en un mes. Indica qué técnica de estimación usaste.

16. © **PM.1 Entender y perseverar**
La longitud del estante de una biblioteca es 46.725 pulgadas. Fue diseñado para los nuevos reproductores de audiolibros en formato MP3. Cuando llegaron los reproductores, la bibliotecaria vio que cada una de las 24 cajas medía 1.65 pulgadas. ¿Cabrán las 24 cajas en el estante? Haz una estimación para explicar tu razonamiento.

© Evaluación de *Common Core*

17. En una fábrica de alimentos, se agregan 8.8 libras de maní a otras frutas, cereales y frutos secos para hacer una tanda de barras de granola. Aproximadamente, ¿cuántas libras de maní se necesitan para 54 tandas de barras de granola?

¿Cuál de las siguientes expresiones **NO** da una estimación razonable de la respuesta?

    Ⓐ 8×50

    Ⓑ 10×100

    Ⓒ 10×50

    Ⓓ 9×50

Lección 7-4
Multiplicar números decimales

Maxine está haciendo una maqueta de un molino para la feria de ciencias. Unirá 4 tubos de cartón en posición vertical. Cada tubo mide 0.28 metros de longitud. ¿Cuál es la medida total de todos los tubos juntos? **Resuelve este problema de la manera que prefieras.**

Puedo...
multiplicar números decimales.

© **Estándar de contenido** 6.SN.B.3
Prácticas matemáticas PM.2, PM.3, PM.5, PM.7, PM.8

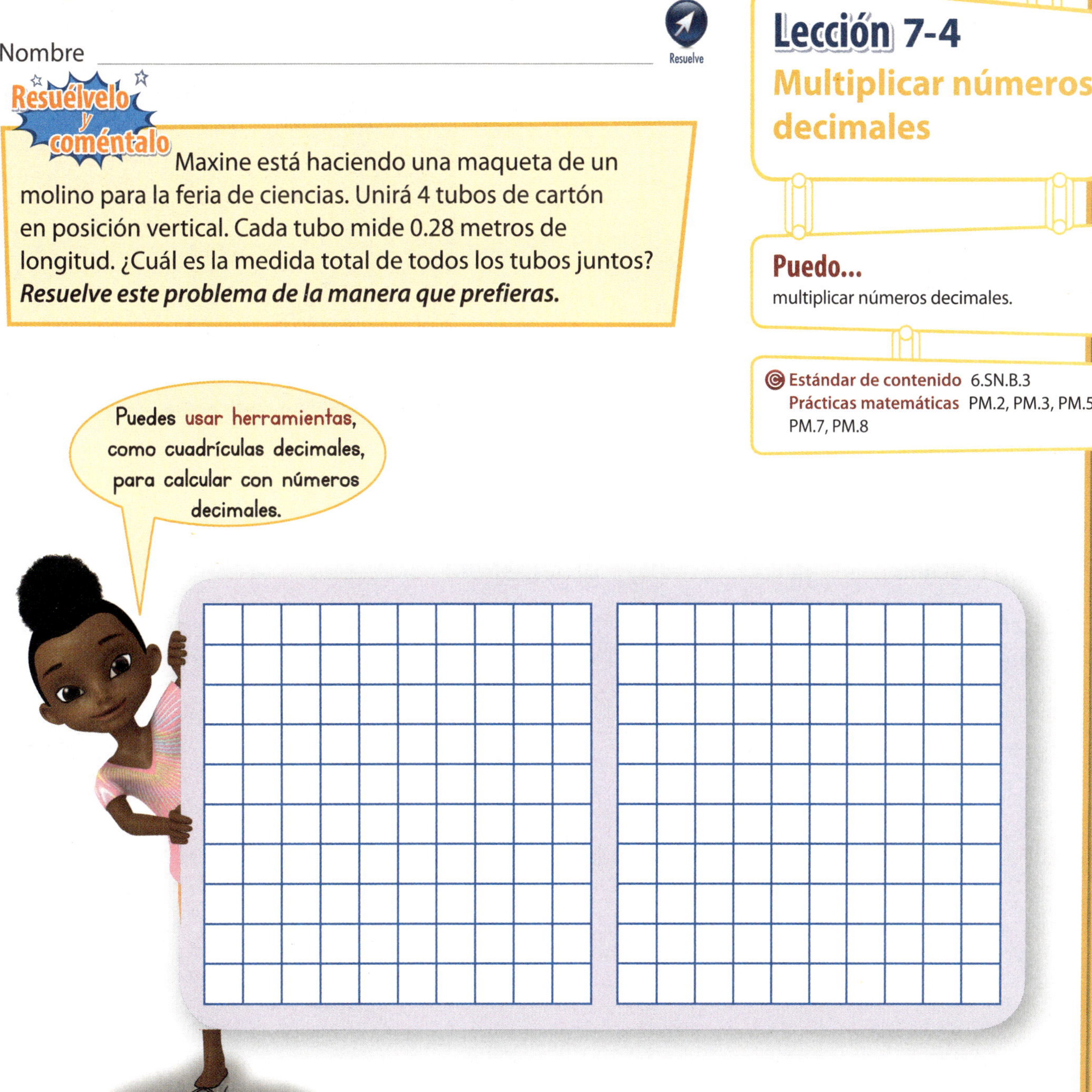

¡Vuelve atrás! © **PM.7 Buscar relaciones** Supón que Maxine hizo otra maqueta de un molino uniendo 4 tubos de cartón que miden 2.8 metros de longitud. ¿Cuál es la medida total de esa maqueta? ¿Qué relación ves en los factores que usaste aquí y en el problema anterior? Explica cómo te ayuda eso a resolver el problema.

Pregunta esencial **¿Cómo se pueden multiplicar números decimales?**

A

¿Cuál es el área de este mapa antiguo?

2.5 pies

3.25 pies

B **Una manera**

Escribe los números decimales como fracciones y luego multiplica.

$$A = \ell a$$
$$= 2.5 \cdot 3.25$$
$$= \frac{25}{10} \cdot \frac{325}{100}$$
$$= \frac{8,125}{1,000}$$
$$= 8.125$$

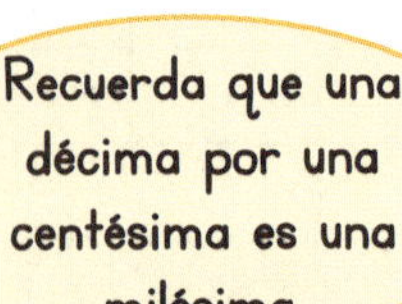

El área del mapa es 8.125 pies^2.

C **Otra manera**

Multiplica como lo harías con números enteros y luego coloca el punto decimal en el producto.

```
    3.25  ← 2 lugares decimales (centésimas)
  × 2.5   ← 1 lugar decimal (décimas)
  1,625
+ 6,500
  8.125   ← 3 lugares decimales
```

El área del mapa es 8.125 pies^2.

¡Convénceme! **PM.8 Generalizar** ¿Cómo determinas dónde debes colocar el punto decimal en el producto cuando los dos factores son números decimales?

Otro ejemplo

¿Cuánto es 48 × 3.9? ¿Cuánto es 0.43 × 0.2?

Multiplica un número entero y un número decimal.

Halla 48 × 3.9.

Estima: 50 × 4 = 200

```
        48    ←    0 lugares decimales
      × 3.9   ←   + 1 lugar decimal
       432
     1,440
     187.2    ←    1 lugar decimal
```

48 × 3.9 = 187.2

Agrega ceros al producto.

Halla 0.43 × 0.2.

```
   0.43   ←   2 lugares decimales
 × 0.2    ←  + 1 lugar decimal
 0.086    ←   3 lugares decimales
```

0.43 × 0.2 = 0.086

☆ Práctica guiada *

¿Lo entiendes?

1. ¿Qué puedes hacer si un producto decimal termina en cero, a la derecha del punto decimal?

2. © **PM.3 Evaluar el razonamiento** Diego dice que el producto de 0.51 × 2.427 tendrá cinco lugares decimales? ¿Tiene razón? Explica por qué.

¿Cómo hacerlo?

Coloca el punto decimal de los productos en los Ejercicios **3** a **8**.

3. 4 × 0.94 = 376   4. 5 × 0.487 = 2435

5. 3.4 × 6.8 = 2312   6. 3.9 × 0.08 = 312

7. 0.9 × 0.22 = 198   8. 9 × 1.2 = 108

☆ Práctica independiente

Halla los productos en los Ejercicios **9** a **14**.

9. 7 × 0.5   10. 12 × 0.08   11. 24 × 0.17

12. 0.4 × 0.17   13. 1.9 × 0.46   14. 3.42 × 5.15

Puedes encontrar otro ejemplo en el Grupo B, página 381.

Prácticas matemáticas y resolución de problemas

15. Sentido numérico Escribe una oración numérica que ilustre lo siguiente: un número con dos lugares decimales multiplicado por un número con un lugar decimal. Solo dos de los dígitos del producto son distintos de cero.

16. En la fábrica de champú Brillo, agregan 1.078 onzas de aceite de vainilla a un frasco de champú de 6.35 onzas. ¿Qué parte del frasco de champú **NO** tiene aceite de vainilla?

17. Escribe la forma desarrollada de la expresión 8^5 y luego evalúa la expresión.

18. Razonamiento de orden superior Explica por qué 0.25×0.4 tiene un solo lugar decimal en el producto.

Usa la gráfica para resolver los Ejercicios **19** a **21.**

19. La velocidad más rápida a la que se golpeó una pelota de ping-pong es aproximadamente 13.07 veces la velocidad del nadador más rápido. ¿Cuál es la velocidad de la pelota de ping-pong?

20. © **PM.7 Buscar relaciones** ¿Qué velocidad sería 1.5 veces la velocidad del remador más rápido? Antes de resolver el ejercicio, di la cantidad de lugares decimales de tu respuesta.

21. ¿Qué actividad tiene una velocidad registrada que es aproximadamente 7 veces la velocidad del remador más rápido?

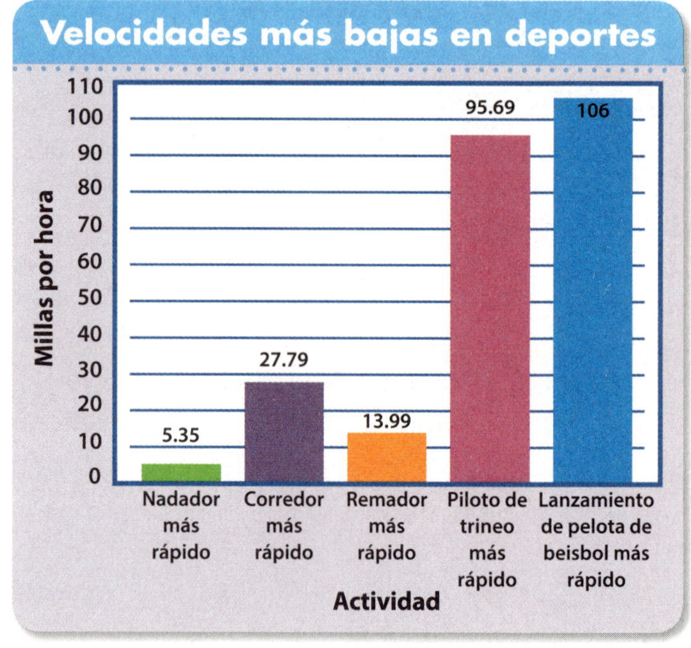

© Evaluación de *Common Core*

22. Algunos colibríes baten las alas 52 veces por segundo.

Parte A

Si un colibrí planea durante 35.5 segundos, ¿cuántas veces bate las alas?

Parte B

Estima la cantidad de veces que batiría las alas en un minuto.

¡Revisemos!

Halla 0.72×23 y 0.45×0.8.

Ignora los puntos decimales y multiplica como lo harías con dos números enteros.

La cantidad de lugares decimales del producto es la suma de los lugares decimales de los factores.

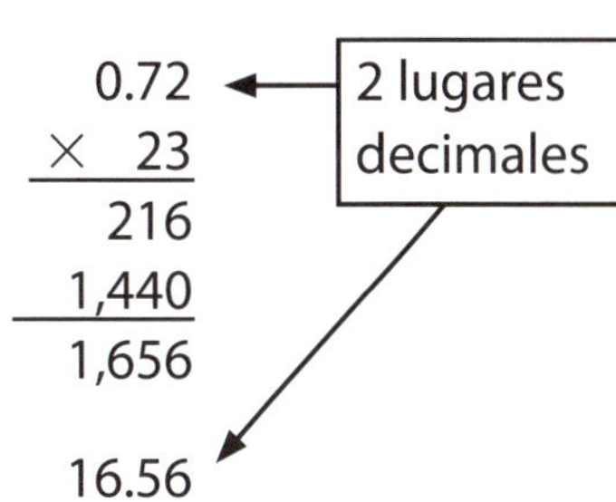

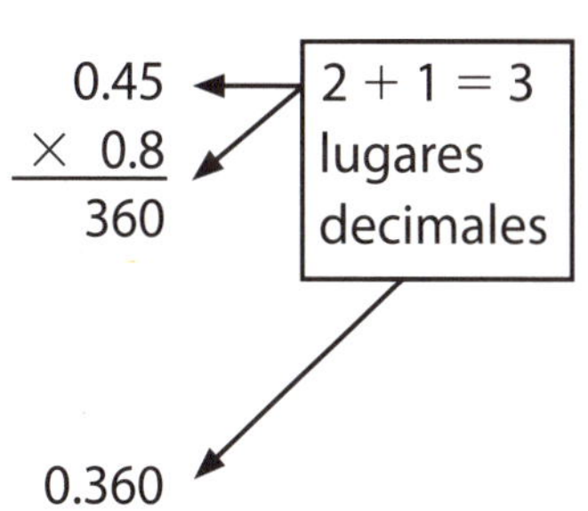

Coloca el punto decimal de los productos en los Ejercicios **1** a **3.**

1. $1.2 \times 3.6 = 432$

2. $5.5 \times 3.77 = 20735$

3. $4.4 \times 2.333 = 102652$

Halla los productos en los Ejercicios **4** a **15.**

4.
$$\begin{array}{r} 532.1 \\ \times\ 4.2 \\ \hline \end{array}$$

5.
$$\begin{array}{r} 47.50 \\ \times\ 0.03 \\ \hline \end{array}$$

6.
$$\begin{array}{r} 210.7 \\ \times\ 17.4 \\ \hline \end{array}$$

7. $4.3 \times 2.1 =$

8. $40.45 \times 0.01 =$

9. $6.1 \times 0.3 =$

10. 4.89×2.2

11. 2.01×0.43

12. 54.1×0.69

13. 0.5×0.05

14. 14.09×1.3

15. 10.92×4.08

16. **© PM.2 Razonar** Si multiplicas dos números decimales menores que 1, ¿puedes predecir si el producto será menor o mayor que cualquiera de los factores? Explícalo.

17. **Sentido numérico** Se multiplican dos factores y su producto es 34.44. Un factor es un número entero. ¿Cuántos lugares decimales tiene el otro factor? Explica cómo lo sabes.

Usa la gráfica para resolver los Ejercicios **18** y **19**.

18. Renaldo tiene una agencia de carros usados. ¿Cuál es la cantidad total de carros que vendió Renaldo durante los tres meses?

19. Renaldo gana $956.75 por cada carro que vende. Estima cuánto dinero ganó durante los tres meses.

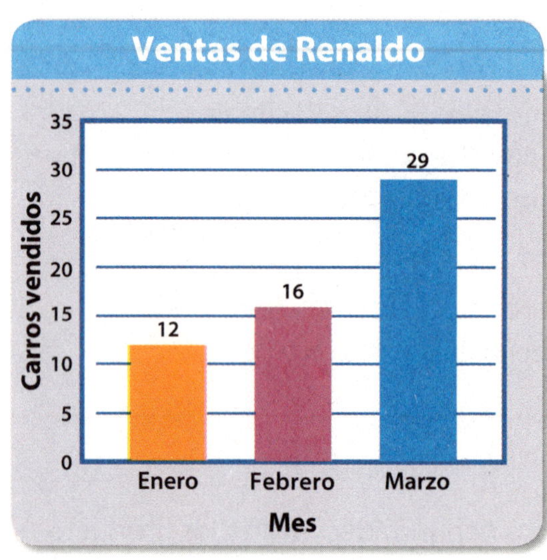

---

20. **© PM.3 Evaluar el razonamiento** Kim multiplicó 8×0.952 y obtuvo 76.16. ¿Cómo puedes usar la estimación para mostrar que la respuesta de Kim es incorrecta?

21. **Razonamiento de orden superior** El número decimal 104.3 se transforma en 1,043 cuando se multiplica por 10. El mismo número se transforma en 10.43 cuando se multiplica por 0.10. Explica por qué.

© Evaluación de *Common Core*

22. Un lobo puede oír el aullido de otro lobo en el bosque a una distancia de hasta 1.8 kilómetros. Los lobos también son muy rápidos y dan saltos de hasta 4.5 metros de altura.

Parte A

Si un canguro salta 1.68 veces la altura que salta un lobo, ¿cuántos metros salta el canguro?

Parte B

Un elefante puede oír un sonido a una distancia que es 5.4 veces la distancia a la que puede oír el lobo. ¿A cuántos kilómetros de distancia puede oír un sonido?

Resuélvelo y coméntalo

Lola, Tanisha, Sarita y Tiara reciben la cuenta por el consumo de bocaditos y bebidas. Si reparten el costo en partes iguales, ¿cuánto debe pagar cada niña? *Resuelve este problema de la manera que prefieras.*

Puedo...
dividir números decimales por números enteros.

© **Estándares de contenido** 6.SN.B.2, 6.SN.B.3
Prácticas matemáticas PM.2, PM.3, PM.7

Cuenta	
1 plato de verduras	2.99
4 bebidas medianas	7.16
Impuestos	0.81
Total	$ 10.96

¡Vuelve atrás! © **PM.3 Construir argumentos** Explica cómo usar la estimación para comprobar si la respuesta es razonable.

¿Cómo se puede dividir un número decimal por un número entero?

A

Gina pagará su computadora nueva en 12 pagos iguales. ¿Cuánto costará cada pago mensual?

B

Paso 1

Estima el cociente como ayuda para decidir dónde colocar el primer dígito.

Usa números compatibles para hacer una estimación.

809.40 está cerca de 840.
$840 \div 12 = 70$

Escribe la división con el algoritmo convencional.

$12\overline{)809.40}$

C

Paso 2

Divide.

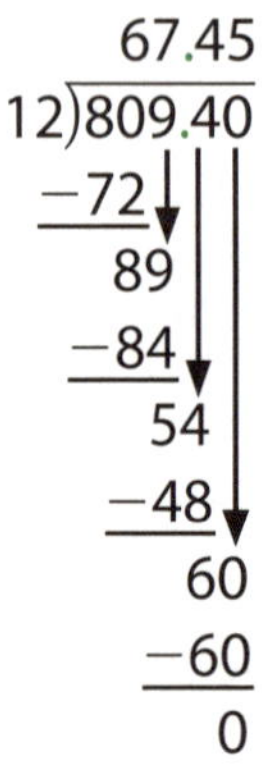

$$
\begin{array}{r}
67.45 \\
12\overline{)809.40} \\
-72 \\
\hline
89 \\
-84 \\
\hline
54 \\
-48 \\
\hline
60 \\
-60 \\
\hline
0
\end{array}
$$

Coloca el punto decimal del cociente arriba del punto decimal del dividendo.

D

Paso 3

Comprueba que tu respuesta sea razonable.

El cociente 67.45 está cerca de 70; por tanto, la respuesta es razonable.

El pago mensual costará $67.45.

¡Convénceme! © **PM.7 Usar la estructura** ¿Cómo puedes usar la multiplicación para comprobar la respuesta del problema anterior?

Amigo de práctica   Herramientas   Evaluación

Otro ejemplo

¿Cómo se puede escribir un cociente decimal al dividir números enteros?

Halla $180 \div 8$.
Haz una estimación. Dado que $180 \div 10 = 18$, comienza a dividir por el lugar de las decenas.

$$
\begin{array}{r}
22 \\
8\overline{)180} \\
-16 \\
\hline
20 \\
-16 \\
\hline
4
\end{array}
$$

Divide las decenas y las unidades.

Escribe el residuo en forma decimal. Coloca el punto decimal y agrega un 0 en el lugar de las décimas.

Luego, completa la división.

$$
\begin{array}{r}
22.5 \\
8\overline{)180.0} \\
-16 \\
\hline
20 \\
-16 \\
\hline
40 \\
-40 \\
\hline
0
\end{array}
$$

Coloca el punto decimal.
Agrega un cero.

☆ Práctica guiada ☆ *

¿Lo entiendes?

1.  **PM.7 Usar la estructura** ¿Cómo sabes dónde debes colocar el punto decimal en el cociente al dividir por un número entero con números decimales?

2. **PM.2 Razonar** ¿Cómo estimarías el cociente de $\$722 \div 89$? ¿Por dónde empezarías a dividir?

¿Cómo hacerlo?

Completa las divisiones en los Ejercicios **3** y **4.**

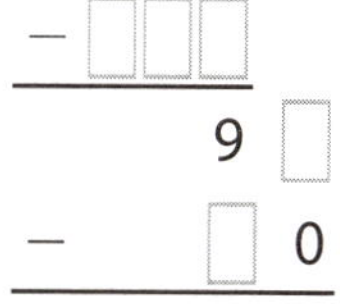

3. $5\overline{)34.75}$

$$
\begin{array}{r}
\square.9\,\square \\
5\overline{)34.75} \\
-30 \\
\hline
\square\square \\
-45 \\
\hline
\square\square \\
-25 \\
\hline
\square
\end{array}
$$

4. $18\overline{)153.\square}$

$$
\begin{array}{r}
8.\square \\
18\overline{)153.\square} \\
-\square\square\square \\
\hline
9\,\square \\
-\square0 \\
\hline
\square
\end{array}
$$

☆ Práctica independiente ☆

Halla los cocientes en los Ejercicios **5** a **12.**

5. $6\overline{)\$54.18}$

6. $5\overline{)56}$

7. $6\overline{)86.1}$

8. $8\overline{)187.2}$

9. $22.34 \div 10$

10. $6.3 \div 7$

11. $\$2.75 \div 25$

12. $232 \div 40$

Prácticas matemáticas y resolución de problemas

13. **A-Z Vocabulario** Escribe un ejemplo de una *fórmula*.

14. El tiempo más largo que se hizo girar una pelota de básquetbol sobre un dedo es 255 minutos. ¿A cuántas horas equivale?

15. **© PM.3 Evaluar el razonamiento** Henrieta dividió 0.80 por 20 como se muestra. ¿Es correcto su trabajo? Si no es así, explica por qué y da la respuesta correcta.

$$\begin{array}{r} 0.40 \\ 20\overline{)0.80} \\ -\,80 \\ \hline 0 \end{array}$$

16. ¿Qué marca de bocaditos de frutas cuesta menos por libra? ¿Cuánto menos?

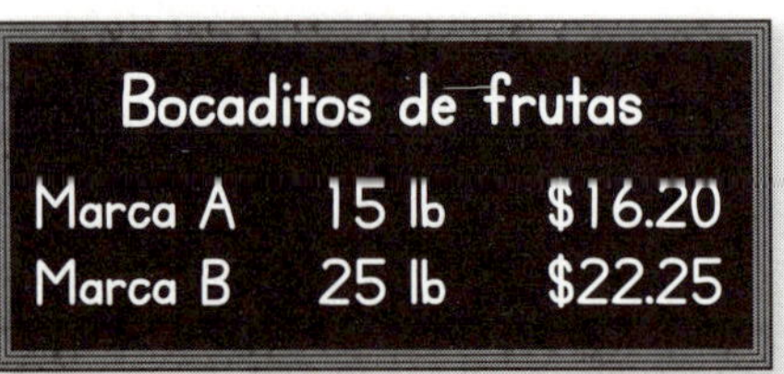

17. ¿Cuál es la mejor manera de estimar el cociente de 479.25 ÷ 24?

18. **Razonamiento de orden superior** Kendra tiene 5.5 libras de palomitas de maíz y quiere envasarlas en partes iguales en 50 bolsas. ¿Cómo puede usar el razonamiento del valor de posición para hallar la cantidad de palomitas que debe colocar en cada bolsa?

© Evaluación de *Common Core*

19. Traza una línea para unir las expresiones de división de la Columna A con los cocientes de la Columna B.

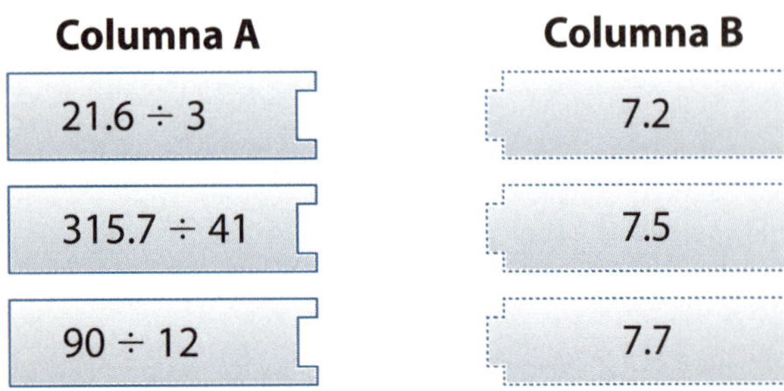

Columna A	Columna B
21.6 ÷ 3	7.2
315.7 ÷ 41	7.5
90 ÷ 12	7.7

Tarea y práctica
7-5

Dividir números decimales por un número entero

¡Revisemos!

El Club de juegos de la escuela gastó $196.80 en bocaditos y premios para una fiesta. El club tiene 32 miembros. Cada uno acepta pagar una parte igual del costo de los bocaditos y los premios. Halla cuánto es 196.8 dividido por 32.

Paso 1

Coloca el punto decimal del cociente justo encima del punto decimal del dividendo. Divide. Resta.

$$\begin{array}{r} 6. \\ 32\overline{)196.8} \\ -192 \\ \hline 4 \end{array}$$

Paso 2

Completa el siguiente valor de posición con el 8. Divide. Resta.

$$\begin{array}{r} 6.1 \\ 32\overline{)196.8} \\ -192 \downarrow \\ \hline 48 \\ -32 \\ \hline 16 \end{array}$$

Paso 3

Agrega un cero al final del dividendo. Divide. Resta.

$$\begin{array}{r} 6.15 \\ 32\overline{)196.80} \\ -192 \downarrow \\ \hline 48 \\ -32 \downarrow \\ \hline 160 \\ -160 \\ \hline 0 \end{array}$$

Cada miembro paga $6.15.

Halla los cocientes en los Ejercicios **1** a **16.**

1. $12\overline{)\$44.40}$

2. $9\overline{)20.7}$

3. $4\overline{)26}$

4. $7\overline{)22.61}$

5. $\$42.78 \div 3$

6. $73.5 \div 6$

7. $34 \div 10$

8. $59.6 \div 8$

9. $188.4 \div 60$

10. $9 \div 90$

11. $231 \div 42$

12. $11.2 \div 25$

13. $32.9 \div 5$

14. $0.34 \div 34$

15. $12.8 \div 64$

16. $31 \div 62$

17. Yolanda compró 8 boletos para un concierto a $214. ¿Cuánto costó cada boleto?

18. Sentido numérico Vicky hace bisutería. Usa 42 cuentas en cada collar que hace y tiene 500 cuentas. ¿Cuántos collares puede hacer? Explícalo.

19. © **PM.3 Evaluar el razonamiento** Dana dijo que $0.6 \div 30 = 0.02$. ¿Tiene razón? Explica cómo lo sabes.

20. ¿Qué bolsa de papas cuesta más por libra? ¿Cuánto más?

21. Tony compró una caja de 72 onzas de galletas para perros. ¿Cuántas libras de galletas para perros compró?

22. Razonamiento de orden superior Al dividir 7.7 por 700, ¿cuántos lugares decimales tendrá el cociente? Usa el razonamiento del valor de posición para explicar cómo lo sabes.

© **Evaluación de _Common Core_** ______________________

23. Traza una línea para unir las expresiones de división de la Columna A con los cocientes de la Columna B.

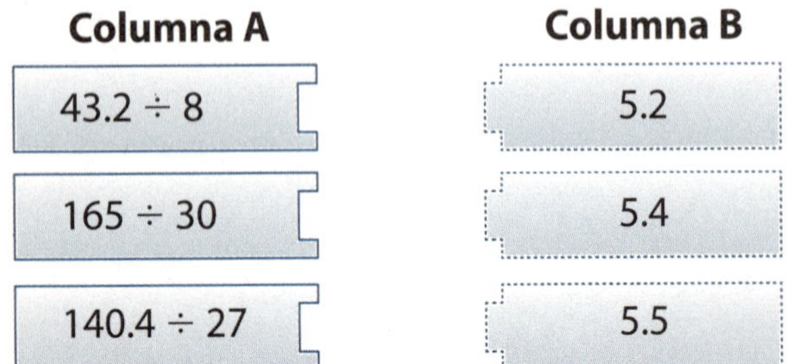

Columna A	Columna B
$43.2 \div 8$	5.2
$165 \div 30$	5.4
$140.4 \div 27$	5.5

Tiara compró unas cuentas especiales para hacer pulseras. Cada cuenta cuesta $0.30. El costo total de las cuentas fue $1.50. ¿Cuántas cuentas compró Tiara? **Resuelve este problema de la manera que prefieras.**

Lección 7-6
Dividir números decimales

Puedo...
usar distintas estrategias para dividir números decimales.

© **Estándares de contenido** 6.SN.B.2, 6.SN.B.3
Prácticas matemáticas PM.2, PM.4, PM.6, PM.7

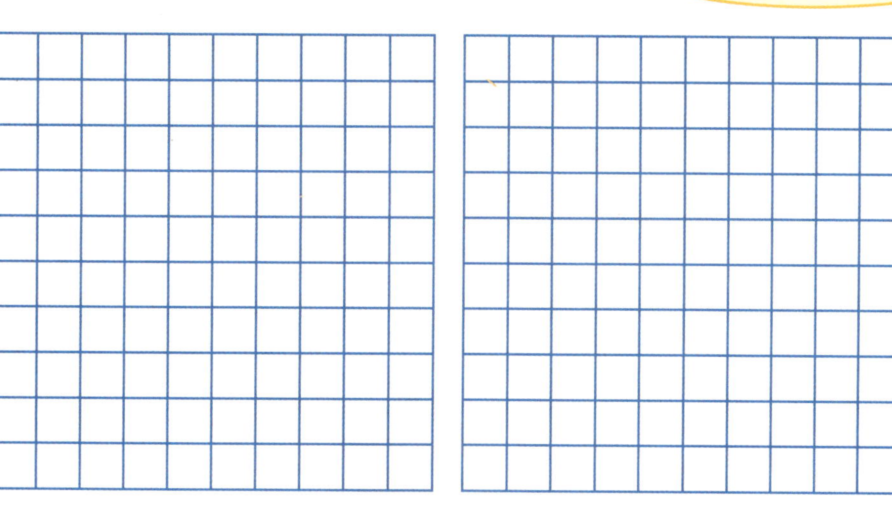

¡Vuelve atrás! © **PM.2 Razonar** Piensa en el costo de las cuentas como 150 centavos en lugar de $1.50. ¿Cómo te facilitaría la división? Explica tu razonamiento.

¿Cómo se puede dividir con un divisor decimal?

A

Tyler compró varias canciones para descargar en su reproductor de MP3. Antes de los impuestos, el costo total era $4.20 y el costo de cada canción era $1.40. ¿Cuántas canciones compró?

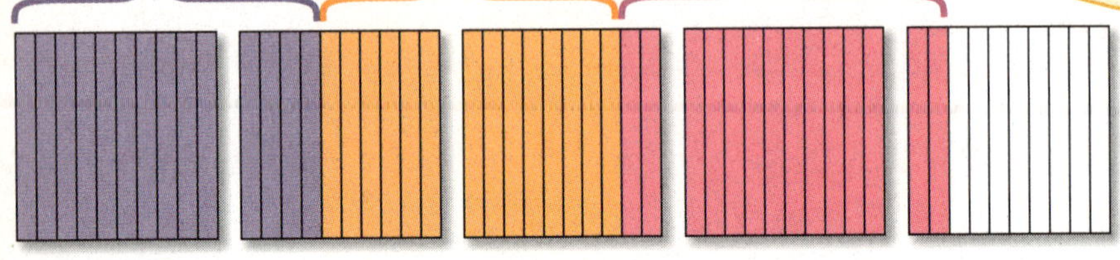

B ## Paso 1

Estima: $4 \div 1 = 4$.

Piensa en una potencia de 10 con la que el divisor será un número entero.

$$1.40\overline{)4.20}$$

Multiplica 1.40 por 10^2 o 100.

C ## Paso 2

Multiplica el divisor y el dividendo por la misma potencia de 10.

$$1.40\overline{)4.20}$$

D ## Paso 3

Halla $420 \div 140$.

Divide. Coloca el punto decimal en el cociente si es necesario.

$$140\overline{)420} = 3$$
$$-420$$
$$0$$

3 está cerca de 4; por tanto, la respuesta es razonable.

Tyler compró 3 canciones.

¡Convénceme! © **PM.7 Usar la estructura**   En la división $41.75\overline{)250.5}$, ¿cómo se puede transformar el divisor en un número entero? Escribe otra división en la que el divisor sea un número entero.

Otro ejemplo

Halla 0.021 ÷ 0.35.

Multiplica el divisor y el dividendo por la misma potencia de 10 con la que el divisor es un número entero y luego coloca el punto decimal en el cociente.

$$0.35\overline{)0.021} = 35\overline{)2.1}$$

Divide y agrega los ceros que sean necesarios.

$$\begin{array}{r} 0.06 \\ 35\overline{)2.10} \\ -\,2\,10 \\ \hline 0 \end{array}$$

Por tanto, 0.021 ÷ 0.35 = 0.06.

☆ Práctica guiada *

¿Lo entiendes?

1. **© PM.7 Buscar relaciones** Al dividir 55.8 por 2.325, ¿por qué potencia de 10 multiplicarías el divisor y el dividendo? ¿Cuántos lugares se movería el punto decimal en el divisor y el dividendo?

2. En la sección Otro ejemplo, ¿por qué se agrega un 0 al dividendo?

¿Cómo hacerlo?

Halla los cocientes en los Ejercicios **3** a **6.**

3. $3\overline{)0.6}$

4. $0.50\overline{)2.50}$

5. 3.6 ÷ 0.9

6. 8.8 ÷ 0.4

☆ Práctica independiente

Halla los cocientes en los Ejercicios **7** a **14.**

7. $0.8\overline{)64}$

8. $0.03\overline{)33.9}$

9. $0.005\overline{)0.04}$

10. $0.6\overline{)0.024}$

11. 52.6 ÷ 0.08

12. 1.275 ÷ 0.03

13. 52.056 ÷ 7.23

14. 9.089 ÷ 0.745

15. Una compañía de electricidad cobra $0.15 por cada kilovatio-hora de electricidad. Si la cuenta de electricidad es $67.50, ¿cuántos kilovatios-hora de electricidad se usaron?

16. Sentido numérico ¿Cómo decidirías qué cociente es mayor, $127.34 \div 0.673$ o $127.34 \div 0.671$, sin hacer la división?

17. © **PM.6 Hacerlo con precisión** ¿Cuántas veces lo que valía un artículo en 1960 valía ese mismo artículo en 2010?

Boleto de cine _____________

Palomitas de maíz _____________

Bebida _____________

	DATOS		
Artículo		**Costo en 1960**	**Costo en 2010**
Boleto de cine		$0.75	$9.75
Palomitas de maíz		$0.25	$4.10
Bebida		$0.35	$3.08

18. Razonamiento de orden superior A ti y a un amigo les pagan $38.25 por cortar el césped. Tú trabajas 2.5 horas y tu amigo trabaja 2 horas. Dividen el dinero según la cantidad de tiempo que trabajó cada uno. ¿Qué parte del dinero recibes tú? Explícalo.

© **Evaluación de** *Common Core*

19. Un granjero cosechó 634.5 fanegas de maíz de un campo de 4.5 acres. Si cosechó la misma cantidad de fanegas por cada acre, ¿cuántas fanegas hay por acre?

Explica cómo hallar $634.5 \div 4.5$.

Ayuda   Amigo de práctica   Herramientas   Juegos

Tarea y práctica
7-6

Dividir números decimales

¡Revisemos!

Halla $2.48 \div 0.8$.

Para que el divisor sea un número entero, multiplica el divisor y el dividendo por la misma potencia de 10.

Coloca el punto decimal en el cociente y divide como lo harías con números enteros.

$$0.8 \overline{)2.48}$$

$$0.8 \times 10 = 8$$
$$2.48 \times 10 = 24.8$$

$$8 \overline{)24.8} \longrightarrow \begin{array}{r} 3.1 \\ 8 \overline{)24.8} \\ -24 \\ \hline 8 \\ -8 \\ \hline 0 \end{array}$$

Halla los cocientes en los Ejercicios **1** a **22**.

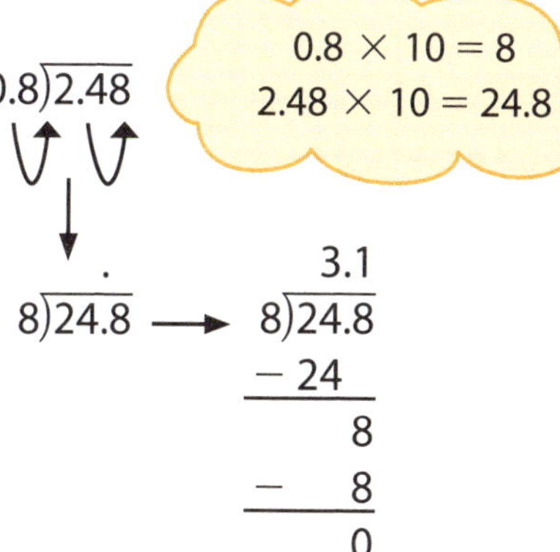

1. $0.6 \overline{)0.36}$ **2.** $0.2 \overline{)1.5}$

3. $8.4 \div 0.3$ **4.** $10.5 \div 1.5$ **5.** $7.28 \div 1.4$ **6.** $2.87 \div 0.01$

7. $66.15 \div 0.63$ **8.** $0.86 \div 0.004$ **9.** $14.36 \div 0.4$ **10.** $78.32 \div 2.2$

11. $36.4 \div 0.52$ **12.** $0.4462 \div 9.7$ **13.** $4.8 \div 0.6$ **14.** $6.588 \div 0.54$

15. $23.6 \div 5$ **16.** $89.54 \div 11$ **17.** $21 \div 0.2$ **18.** $100.8 \div 8.4$

19. $10.25 \div 4.1$ **20.** $76.23 \div 0.03$ **21.** $2.8 \div 1.4$ **22.** $9.3 \div 3.1$

23. Matemáticas y Ciencias Alec investigó los puntos de fusión de distintos elementos. El sodio se funde a 97.72 °C. El plomo se funde a 327.5 °C. ¿Cuánto más caliente es el punto de fusión del plomo que el del sodio?

24. Razonamiento de orden superior ¿Cómo sabes que $1.016 \div 4.064 \neq 0.025$ sin hacer la división?

25. © PM.4 Representar con modelos matemáticos Ricky quiere comprar plantas para su jardín. Cada planta con la maceta cuesta $1.60. ¿Cuántas plantas puede comprar con $10.00? Haz un dibujo y escribe una ecuación para mostrar cómo obtener la respuesta.

$1.60 $1.60 $1.60 $1.60 $1.60 $1.60

26. El Sr. Timm alquiló un camión a $39.95 por día, más $0.54 por milla manejada. La cuenta total, sin incluir la gasolina, fue $72.62. ¿Cuántas millas manejó?

© Evaluación de *Common Core*

27. Un granjero cosechó 1,627.5 fanegas de soja de un campo de 38.75 acres. Si cosechó la misma cantidad de fanegas por cada acre, ¿cuántas fanegas hay por acre?

Explica cómo hallar $1,627.5 \div 38.75$.

Resuélvelo y coméntalo

Algunos amigos fueron a almorzar y dividieron la cuenta en partes iguales. Si cada persona pagó $6.75, ¿cuántas personas fueron a almorzar? Usa un diagrama o una ecuación para explicar tu razonamiento. **Resuelve este problema de la manera que prefieras.**

Lección 7-7
Más sobre dividir números decimales

Puedo...
dividir números decimales para resolver problemas de la vida diaria.

© **Estándares de contenido** 6.SN.B.2, 6.SN.B.3
Prácticas matemáticas PM.1, PM.2, PM.4, PM.7

¡Vuelve atrás! © **PM.2 Razonar** Supón que se sumaron $7.00 a la cuenta porque pidieron un postre para compartir entre todos. ¿Cuánto más debe pagar cada persona? Explica cómo hallaste la respuesta.

¿Cómo se puede dividir un número decimal por un número decimal?

A

El área del cantero de Josie es 7.75 metros cuadrados. ¿Cuál es la longitud del cantero?

$A = \ell \cdot a$

$7.75 = \ell \cdot 1.25$ ← Divide ambos lados por 1.25.

$7.75 \div 1.25 = \ell$

Halla $7.75 \div 1.25$.

B ## Paso 1

Multiplica el divisor por una potencia de 10 para que sea un número entero. Multiplica por 10^2 o 100.

$$1.25 \cdot 100 = 125$$

Multiplica el dividendo por la misma potencia de 10.

$$7.75 \cdot 100 = 775$$

Halla $125\overline{)775}$.

C ## Paso 2

Coloca el punto decimal en el cociente y divide.

$$
\begin{array}{r}
6.2 \\
125\overline{)775.000} \\
-750 \\
\hline
250 \\
-250 \\
\hline
0
\end{array}
$$

D ## Paso 3

Multiplica la longitud que hallaste por el ancho para comprobar tu respuesta.

$$6.2 \cdot 1.25 = 7.75$$

Se comprueba que el área mide 7.75 metros cuadrados.

La longitud del cantero de Josie es 6.2 metros.

¡Convénceme! © **PM.2 Razonar** Henry tiene un jardín. Todos los lados miden 0.006 kilómetros. El perímetro del jardín es 0.03 kilómetros. ¿Cuántos lados tiene el jardín de Henry? Explica cómo hallaste la respuesta.

Amigo de práctica Herramientas Evaluación

☆ Práctica guiada *

¿Lo entiendes?

1. © **PM.7 Buscar relaciones** Cuando el divisor es un número decimal, ¿cómo sabes por qué potencia de 10 debes multiplicar para transformarlo en un número entero?

2. ¿Por qué hay que multiplicar el divisor y el dividendo por la misma potencia de 10?

¿Cómo hacerlo?

Halla los cocientes en los Ejercicios **3** a **6**.

3. $2.7 \div 0.3$

4. $1.6 \div 0.004$

5. $8.1 \div 0.03$

6. $2.25 \div 0.05$

☆ Práctica independiente ☆

Práctica al nivel Halla los cocientes en los Ejercicios **7** a **14**.

7. $0.03\overline{)1.5}$ **8.** $0.008\overline{)0.64}$ **9.** $0.04\overline{)9.6}$ **10.** $0.02\overline{)5.74}$

11. $13.76 \div 0.32$ **12.** $0.116 \div 0.004$ **13.** $73.8 \div 0.9$ **14.** $3.91 \div 0.23$

En la tabla está registrada la masa de las verduras ganadoras en una feria estatal.

15. ¿Cuántas veces la masa del repollo es la masa de la calabaza?

16. En la carreta de Gina, caben hasta 135 kilogramos. ¿Cuántas zanahorias ganadoras puede cargar en la carreta?

17. El año pasado, el peso de la coliflor ganadora fue 12.9 kg. ¿Cuánto mayor es la masa de la coliflor ganadora de este año que la de la ganadora del año pasado?

Resultados del concurso de verduras de la feria estatal			
Verdura	**Masa**	**Verdura**	**Masa**
Zanahoria	7.5 kg	Calabaza	652 kg
Repollo	32.6 kg	Brócoli	14.8 kg
Coliflor	13.7 kg	Batata	10.6 kg

18. Helen tiene una unidad de memoria portátil de 8 *megabytes*. Quiere usarla para guardar fotos de la excursión de la clase. Cada foto ocupa 0.36 *megabytes* de espacio. ¿Cuántas fotos puede guardar en la memoria? ¿Cuánto espacio quedará?

19. Razonamiento de orden superior La masa de un frasco lleno de canicas es 8.65 kilogramos. Cuando el frasco está vacío, su masa es 0.9 kilogramos. Cada canica pesa 0.025 kilogramos. ¿Puedes hallar la cantidad de canicas que hay en el frasco sin contarlas? Explícalo.

Ⓒ Evaluación de *Common Core*

20. Marca todas las ecuaciones que sean verdaderas.

- ☐ $161.6 \div 5.05 = 32$
- ☐ $6.12 \div 0.68 = 90$
- ☐ $0.06 \div 0.005 = 12$
- ☐ $90.2 \div 2.2 = 410$

21. Marca todas las ecuaciones que **NO** sean verdaderas.

- ☐ $10.8 \div 3 = 3.6$
- ☐ $814 \div 3.7 = 202$
- ☐ $4.03 \div 32.5 = 1.24$
- ☐ $5.418 \div 1.4 = 3.87$

Ayuda   Amigo de   Herramientas   Juegos
        práctica

¡Revisemos!

Si todas las botellas de plástico que recolectó la familia Quinn para reciclar en un mes dado se colocaran extremo contra extremo, medirían 35.2 metros de longitud. ¿Cuántas botellas recolectaron si cada botella mide 0.16 metros?

Halla $35.2 \div 0.16$.

Paso 1 Transforma el divisor en un número entero. Multiplica el divisor y el dividendo por la misma potencia de 10. Coloca el punto decimal en el cociente.

$$0.16\overline{)35.20} = 220$$

$$-32$$
$$32$$
$$-32$$
$$0$$

$0.16 \times 100 = 16$
$35.2 \times 100 = 3{,}520$

Paso 2 Divide como lo harías con números enteros. Recuerda que a veces hay que agregar ceros.

$220 \times 0.16 = 35.2$
220 botellas es razonable.

No hay residuo; por tanto, no hay lugares decimales en el cociente.

Paso 3 Multiplica para comprobar que tu respuesta sea razonable.

Halla los cocientes en los Ejercicios **1** a **8**.

1. $0.25\overline{)500}$

2. $0.68\overline{)0.816}$

3. $0.9\overline{)0.36}$

4. $0.5\overline{)0.004}$

5. $15.4 \div 0.308$

6. $7.37 \div 0.67$

7. $4.848 \div 0.4$

8. $1.16 \div 0.008$

Samanta visita la feria local para comprar manzanas y naranjas para una ensalada de frutas. Tiene $10.00 para gastar.

9. Si Samanta compra solamente manzanas, ¿cuántas puede comprar?

10. Si Samanta compra solamente naranjas, ¿cuántas puede comprar?

11. Razonamiento de orden superior
Samanta decide comprar manzanas y naranjas. Da dos soluciones para indicar cuántas manzanas y cuántas naranjas podría comprar.

12. © **PM.4 Representar con modelos matemáticos** Jared dibuja varias figuras con la misma longitud del lado: 1.4 metros. En la siguiente tabla, Jared anota el perímetro, en metros, de cada figura.

Sea c = la cantidad de lados de cada figura. Escribe una ecuación que represente el perímetro y completa la tabla.

Cantidad de lados, c	3	4	5	6	8
Perímetro	4.2		7		

13. © **PM.1 Entender y perseverar** Tienes $15.60 para comprar envases de jugo para el picnic escolar. Cada envase cuesta $0.80. ¿Cuántos envases puedes comprar? ¿Esperarías recibir vuelto al pagar por los envases de jugo? Si es así, ¿cuánto sería?

© **Evaluación de _Common Core_**

14. Marca todas las ecuaciones que sean verdaderas.

- [ ] $157.59 \div 35.02 = 4$
- [ ] $2.244 \div 3.4 = 0.66$
- [ ] $222.5 \div 0.89 = 25$
- [ ] $4.428 \div 1.2 = 3.69$

15. Marca todas las ecuaciones que **NO** sean verdaderas.

- [ ] $8.5 \div 2.5 = 0.34$
- [ ] $5.60 \div 7.0 = 8$
- [ ] $3.311 \div 1.4 = 2.365$
- [ ] $2.58 \div 0.3 = 8.6$

Evaluar expresiones con números decimales

Nombre _______________

Resuélvelo y coméntalo

En una tienda de bicicletas, cobran por hora el alquiler de una bicicleta. Los artículos relacionados se alquilan a una tarifa fija. Escribe una expresión que represente cuánto costará alquilar una bicicleta y un casco durante h horas. ¿Cuánto costaría alquilar una bicicleta y un casco durante 3 horas? *Resuelve este problema de la manera que prefieras.*

Puedo...
evaluar una expresión algebraica con números decimales.

Ⓒ **Estándares de contenido** 6.EE.A.2a, 6.EE.A.2c, 6.SN.B.2, 6.SN.B.3
Prácticas matemáticas PM.3, PM.4, PM.6, PM.7, PM.8

Alquiler	Costo
Bicicleta	$12.50 (por hora)
Casco	$5.25
Candado	$1.75
Canasta	$2.25

¡Vuelve atrás! Ⓒ **PM.7 Usar la estructura** Escribe una expresión que represente el alquiler de una bicicleta, un candado y una canasta durante h horas. ¿Cuál es el costo de alquilar ese equipo durante 4 horas?

¿Cómo se pueden escribir y evaluar expresiones algebraicas con números decimales?

A

Sara y su hermano compran boletos para ver la obra escolar en familia. Deciden repartir el costo en partes iguales.

Escribe una expresión algebraica que muestre la parte del costo que debe pagar Sara. Luego, usa la expresión para hallar lo que paga Sara si su familia tiene 6 integrantes.

Precio de los boletos para la obra escolar

Entrada general	$4.25

B ## Paso 1

Escribe la expresión algebraica.

Sea $x =$ la cantidad de boletos comprados.

Cada boleto cuesta $4.25; por tanto, la expresión $4.25x$ representa el costo total de los boletos.

Sara y su hermano reparten el costo en partes iguales; por tanto, divide para hallar las partes iguales.

$$4.25x \div 2$$

C ## Paso 2

Evalúa la expresión algebraica.

Usa la sustitución para evaluar la expresión.

Evalúa $4.25x \div 2$ si $x = 6$.

$$4.25(6) \div 2$$
$$= 25.50 \div 2$$
$$= 12.75$$

Sara pagará $12.75 por los boletos para su familia.

¡Convénceme! © **PM.7 Usar la estructura** Supón que es posible comprar boletos para grupos de 10 personas a un precio de descuento de $4.00 por boleto. Escribe una expresión algebraica que muestre el costo para Sara si compra boletos para más de 10 familiares. Explica qué representa cada término de la expresión.

Amigo de práctica   Herramientas   Evaluación

☆ Práctica guiada *

¿Lo entiendes?

1. © **PM.8 Generalizar** ¿Qué significa *evaluar* una expresión usando la *sustitución*?

2. © **PM.7 Usar la estructura** Supón que los boletos para la obra cuestan $5.50 cada uno. Escribe una expresión algebraica que represente la cantidad que Sara pagaría por los boletos para su familia. ¿Cuánto pagaría Sara si su familia tuviera 3 integrantes?

¿Cómo hacerlo?

Evalúa las expresiones en los Ejercicios **3** a **6**.

3. $r \div 2.4$; $r = 16.8$

4. $9.85 \times s$; $s = 4$

5. $4f - 7$; $f = 12.6$

6. $6y + (y \div 2)$; $y = 6.1$

☆ Práctica independiente

En los Ejercicios **7** a **15**, evalúa las expresiones si $x = 1.8$, $x = 5$ y $x = 6.4$.

7. $x \div 4$

8. $x(3.35)$

9. $2x + 3.1$

10. $6.7(x \div 2)$

11. $x \div x$

12. $2x + x^2$

13. $(1.3x + 8.9) \times 0$

14. $3x + 1.2x$

15. $x^2 \div 1 + 1$

16. Evalúa la expresión para los valores de t.

t	0.02	6	11.2
$6.32 + 4.2 \div t$			

17. Evalúa la expresión para los valores de p.

p	69.08	25	0.008
$p \div 8 + 0(p)$			

18. Evalúa la expresión para los valores de b.

b	8.9	5.1	0.2
$b(3) + 20.4$			

19. Evalúa la expresión para los valores de n.

n	13.8	45.16	53.004
$n \div 2 - 4.15$			

Prácticas matemáticas y resolución de problemas

20. © **PM.4 Representar con modelos matemáticos** Tamara hará un collar de longitud mediana. Escribe una expresión que muestre cuál será el costo de la cadena, el colgante y c cuentas que cuestan $0.25 cada una. Luego, halla el costo total del collar si Tamara usa 30 cuentas.

Longitud del collar	Costo de la cadena	Costo del colgante
Larga	$2.25	$4.50
Mediana	$1.80	$3.72
Corta	$1.15	$2.39

21. **Razonamiento de orden superior** Ronnie hará collares cortos y largos con una sola cadena y un solo colgante por collar. Escribe una expresión que muestre cuál será el costo de s collares cortos y n collares largos. Luego, halla el costo de 3 collares cortos y 2 largos.

22. © **PM.3 Evaluar el razonamiento** Un químico usa la expresión $g \div 2.25 + 2.25$ para hallar la cantidad de gramos de una sustancia necesaria para una mezcla. Si $g = 4.5$, David dice que la respuesta es 1. ¿Qué error cometió David? ¿Cuál es el valor correcto de la expresión si $g = 4.5$?

23. Katie evalúa la expresión $15.75 \div p + 3p$, 2^3 si $p = 3.15$. Explica los pasos que debe seguir.

© **Evaluación de _Common Core_**

24. Escoge los valores correctos del recuadro para completar la tabla. Evalúa la expresión con el valor de cada variable de la tabla.

0.32	0.48	27.2	28.8	38.4

x	0.09	5.1	7.2
$5x + (x \div 3)$			

Ayuda   Amigo de práctica   Herramientas   Juegos

Tarea y práctica 7-8

Evaluar expresiones con números decimales

¡Revisemos!

Evalúa $5.1 + 3n$ si $n = 2.6$.

Reemplaza n por 2.6. $\longrightarrow$ $5.1 + 3(2.6)$

Multiplica primero. $\longrightarrow$ $5.1 + 7.8$

Luego, suma. $\longrightarrow$ 12.9

El valor de la expresión es 12.9.

Evalúa $x^2 + 2x - x \div 3$ si $x = 3.3$.

Reemplaza x por 3.3. $\longrightarrow$ $3.3^2 + 2(3.3) - 3.3 \div 3$

Primero, evalúa los términos con exponentes. $\longrightarrow$ $10.89 + 2(3.3) - 3.3 \div 3$

Luego, multiplica y divide. $\longrightarrow$ $10.89 + 6.6 - 1.1$

Luego, suma y resta. $\longrightarrow$ 16.39

El valor de la expresión es 16.39.

Usa la sustitución para evaluar las expresiones en los Ejercicios 1 a 3.

1. $6n$; $n = 2.3$

2. $3x - 8.1$; $x = 6.4$

3. $r + 53.3 \div r$; $r = 6.5$

En los Ejercicios 4 a 9, evalúa las expresiones si $x = 3.1$, $x = 6.2$ y $x = 8.3$.

4. $5x$

5. $8.2 + x \div 2$

6. $2x + 1.5x$

7. $12x - 14.5$

8. $(0.85 + x) \div 5$

9. $8.92 - (x + 0.47)$

10. Evalúa la expresión para los valores de f.

f	0.6	24	100
$2.6f + f \div 8$			

11. Evalúa la expresión para los valores de v.

v	1.8	13.2	200.89
$v - 0.8 + 0.5 \cdot v$			

12. Evalúa la expresión para los valores de s.

s	0.002	2.89	34.74
$4.09s \div s$			

13. Evalúa la expresión para los valores de t.

t	0.01	1	2.5
$\dfrac{9.5}{t} + 3.2t$			

14. **Razonamiento de orden superior** En la salchichonería venden jamón a $3.95 la libra, pavo a $4.30 la libra y queso a $3.10 la libra. Escribe una expresión que muestre el costo de j libras de jamón, p libras de pavo y q libras de queso. Luego, halla el costo de 1 libra de jamón, 1.5 libras de pavo y 2.3 libras de queso.

15. © **PM.4 Representar con modelos matemáticos** Juan alquiló una tabla de surf de remo a $5.75 por hora más una tarifa de $17.50. Escribe una expresión que muestre cuánto le costará a Juan alquilar la tabla durante x horas. Luego, evalúa la expresión para 3 horas.

16. © **PM.6 Hacerlo con precisión** En la tabla se muestra cuánto cobra un negocio de yogur helado por el yogur. Escribe una expresión que muestre cuánto cuesta comprar un yogur pequeño sin agregados y un yogur grande con x agregados. Luego, halla el costo total de un yogur pequeño sin agregados y un yogur grande con 3 agregados.

DATOS	Tamaño del vaso	Costo del vaso	Costo por agregado
	Pequeño	$2.85	$0.25
	Mediano	$3.75	$0.30
	Grande	$4.65	$0.35

17. **Matemáticas y Ciencias** El corazón de un ser humano adulto bombea aproximadamente 83.3 galones de sangre por hora. Escribe una expresión que muestre cuántos galones de sangre bombea en h horas.

18. Evalúa la expresión del Ejercicio 17 para hallar cuántos galones de sangre bombea al corazón de un ser humano adulto en 3 horas y en 10 horas.

19. (A-Z) **Vocabulario** La multiplicación y la división tienen una *relación inversa*. ¿Cuál es la relación entre la multiplicación y la división?

20. Ordena los siguientes números de menor a mayor.

$$\frac{3}{4}, \ -\frac{1}{8}, \ \left|\frac{1}{4}\right|, \ -3, \ -\frac{1}{2}, \ |-1|$$

© **Evaluación de *Common Core***

21. Escoge los valores correctos del recuadro para completar la tabla. Evalúa la expresión con el valor de cada variable de la tabla.

0.71	0.97	3.13	3.73	4.13

r	0.59	1.8	2.3
$3r - (r + 0.47)$			

Resuélvelo y coméntalo

El Camino de la Costa es un camino de senderismo popular. Durante sus vacaciones, una familia caminó 22.2 millas por el camino. ¿Cuántas veces recorrió el camino la familia durante las vacaciones? **Resuelve este problema de la manera que prefieras.**

Lección 7-9
Resolver ecuaciones con números decimales

Puedo...
resolver ecuaciones algebraicas con números decimales.

© **Estándares de contenido** 6.EE.B.7, 6.SN.B.2, 6.SN.B.3
Prácticas matemáticas PM.2, PM.3, PM.4, PM.7

¡Vuelve atrás! © **PM.2 Razonar** ¿Cómo usas la estimación para comprobar que tu respuesta sea razonable? Explícalo.

Pregunta esencial 

¿Cómo se pueden resolver ecuaciones con números decimales?

A

Molly compró estas naranjas a $7.15. Pagó la misma cantidad por cada naranja.

Sea n el costo igual de cada naranja. Resuelve la ecuación 13n = 7.15 para hallar cuánto pagó Molly por cada naranja.

B Usa relaciones inversas para resolver la ecuación.

La variable n se multiplica por 13. Para separar la n a un lado de la ecuación, usa el inverso de multiplicar por 13.

Divide ambos lados de la ecuación por 13.

$$13n = 7.15$$
$$13n \div 13 = 7.15 \div 13$$
$$n = 0.55$$

C Para comprobar la solución, reemplaza n por 0.55.

$$13(0.55) = 7.15$$
$$7.15 = 7.15$$

¡Se comprueba la respuesta!

Molly pagó $0.55 por cada naranja.

¡Convénceme! © **PM.4 Representar con modelos matemáticos**

Molly también compra una bolsa de 8 manzanas a $3.60. Escribe y resuelve una ecuación para hallar cuánto pagó Molly por cada manzana.

Otro ejemplo

Usa relaciones inversas para resolver las ecuaciones.

$$m + 5.43 = 9.28 \qquad x \div 2.5 = 40 \qquad y - 6.2 = 2.9$$
$$m + 5.43 - 5.43 = 9.28 - 5.43 \qquad x \div 2.5 \times 2.5 = 40 \times 2.5 \qquad y - 6.2 + 6.2 = 2.9 + 6.2$$
$$m = 3.85 \qquad x = 100 \qquad y = 9.1$$

☆ Práctica guiada *

¿Lo entiendes?

1. © **PM.3 Construir argumentos** ¿Por qué las relaciones inversas son importantes para resolver ecuaciones?

2. © **PM.3 Evaluar el razonamiento** Johnny resolvió la ecuación $x - 3.5 = 7.2$ sumando 3.5 al lado izquierdo de la ecuación. Explica si Johnny tiene razón.

¿Cómo hacerlo?

Resuelve las ecuaciones y comprueba tu solución en los Ejercicios **3** a **6**.

3. $13.27 = t - 24.45$ 4. $17.3 + v = 22.32$

5. $1.8x = 40.14$ 6. $r \div 5.5 = 18.2$

☆ Práctica independiente

Práctica al nivel Resuelve las ecuaciones y comprueba tu solución en los Ejercicios **7** a **11**.

7. $w - 3.2 = 5.6$
$$w - 3.2 + \underline{\quad} = 5.6 + \underline{\quad}$$
$$w = \underline{\quad}$$

8. $9.6 = 1.6y$
$$9.6 \div \underline{\quad} = 1.6y \div \underline{\quad}$$
$$\underline{\quad} = y$$

9. $48.55 + k = 61.77$ 10. $m \div 3.54 = 1.5$ 11. $45.3 = 3g$

Puedes encontrar otro ejemplo en el Grupo D, página 382.

Prácticas matemáticas y resolución de problemas

12. **Matemáticas y Ciencias** El nombre científico de los puntitos que tenemos en la lengua es *papilas fungiformes*. Cada puntito contiene muchas papilas gustativas. La cantidad de papilas gustativas que tiene una persona es variable. Hay tres clasificaciones generales del gusto: superdegustador, degustador medio y no degustador. Supón que un superdegustador tiene 8,640 papilas gustativas. Resuelve la ecuación $4.5c = 8,640$ para hallar la cantidad, c, de papilas gustativas que tiene un no degustador.

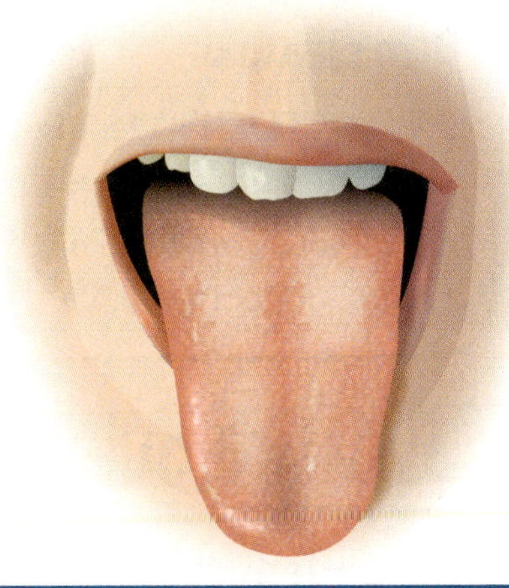

13. © **PM.4 Representar con modelos matemáticos** En un estudio, la cantidad de mujeres superdegustadoras fue 2.25 veces la cantidad de hombres clasificados como superdegustadores. Supón que 72 mujeres se clasificaron como superdegustadoras. Escribe una ecuación que represente la cantidad de hombres, h, clasificados como superdegustadores y resuélvela. ¿Cuántos hombres se clasificaron como superdegustadores?

14. **Razonamiento de orden superior** ¿Se puede escribir cualquier ecuación que tiene una suma como una ecuación equivalente con una resta? Explica tu razonamiento y da un ejemplo con números decimales para mostrar tu razonamiento.

15. © **PM.3 Evaluar el razonamiento** Óscar tiene 12 años y su hermanita tiene 6. Óscar usa una a para representar su edad. Dice que puede usar la expresión $a \div 2$ para saber siempre cuántos años tiene su hermana. ¿Estás de acuerdo? Explícalo.

© **Evaluación de *Common Core***

16. ¿Qué opción es la solución de la siguiente ecuación?

    $0.26y = 0.676$

    Ⓐ $y = 0.17576$

    Ⓑ $y = 0.26$

    Ⓒ $y = 2.6$

    Ⓓ $y = 26$

17. ¿Qué opción es la solución de la siguiente ecuación?

    $0.435 + x = 0.92$

    Ⓐ $x = 1.355$

    Ⓑ $x = 0.595$

    Ⓒ $x = 0.495$

    Ⓓ $x = 0.485$

Tarea y práctica 7-9

Resolver ecuaciones con números decimales

¡Revisemos!

Se pueden resolver ecuaciones usando relaciones inversas y las propiedades de la igualdad para separar la variable a un lado de la ecuación.

Resuelve la ecuación $5.2 + c = 13.6$.

Para separar c, cancela la suma de 5.2 restando 5.2 de ambos lados.

$$5.2 + c = 13.6$$
$$5.2 + c - \mathbf{5.2} = 13.6 - \mathbf{5.2}$$
$$c = 8.4$$

Para comprobar la solución, sustituye c por 8.4 en la ecuación.

$$5.2 + c = 13.6$$
$$5.2 + 8.4 = 13.6$$
$$13.6 = 13.6$$

Se comprueba la respuesta.

Resuelve la ecuación $t \div 2.5 = 11.7$.

Para separar t, cancela la división por 2.5 multiplicando ambos lados por 2.5.

$$t \div 2.5 = 11.7$$
$$t \div 2.5 \times \mathbf{2.5} = 11.7 \times \mathbf{2.5}$$
$$t = 29.25$$

Para comprobar la solución, sustituye t por 29.25 en la ecuación.

$$t \div 2.5 = 11.7$$
$$29.25 \div 2.5 = 11.7$$
$$11.7 = 11.7$$

Se comprueba la respuesta.

Resuelve las ecuaciones y comprueba tu solución en los Ejercicios **1** a **14.**

1. $t \div 5.4 = 9.01$

$t \div 5.4 \times$ _____ $= 9.01 \times$ _____

$t =$ _________

2. $43.9 = m + 8.84$

$43.9 -$ _____ $= m + 8.84 -$ _____

$m =$ _____

3. $w \div 1.9 = 9$

4. $10.4 = 0.2t$

5. $51 = b \div 3.25$

6. $\dfrac{v}{2.6} = 88.9$

7. $x \div 3.25 = 5.6$

8. $2.7k = 54.0$

9. $5.89 + j = 9.34$

10. $m - 7.62 = 9.5$

11. $k + 24.75 = 36.12$

12. $x \div 45.2 = 2.3$

13. $12.85 = x - 4.34$

14. $15.95 = 3.19n$

15. En una carrera de relevos de 400 metros, cuatro corredores se pasan una estafeta y cada uno corre 100 metros de la carrera. La tabla muestra los tiempos intermedios de los primeros 3 corredores del equipo. Supón que la meta del equipo es correr la carrera en 210 segundos. Resuelve la ecuación $(53.715 + 51.3 + 52.62) + n = 210$ para hallar la cantidad de segundos, n, que debe correr el 4.º corredor para alcanzar la meta.

1.ᵉʳ corredor	53.715
2.º corredor	51.3
3.ᵉʳ corredor	52.62
4.º corredor	n

16. Sentido numérico Supón que el equipo del Ejercicio 15 cumple la meta y corre la carrera en 210 segundos. Escribe 210 segundos en minutos en forma decimal. Luego, escribe 210 segundos en minutos y segundos.

17. © **PM.4 Representar con modelos matemáticos** El equipo ganador de una carrera de relevos de 400 metros hizo un tiempo de 198.608 segundos. Supón que los 4 tiempos intermedios fueron iguales. Escribe una ecuación para hallar los tiempos intermedios y resuélvela. ¿Cuál fue el tiempo intermedio que hizo cada corredor?

18. Razonamiento de orden superior ¿Se puede escribir cualquier ecuación que tiene una multiplicación como una ecuación equivalente con una división? Explica tu razonamiento y da un ejemplo con números decimales para mostrar tu razonamiento.

19. © **PM.7 Usar la estructura** Teresa colocó los paréntesis en la siguiente expresión de modo que su valor fuera mayor que 80. Escribe la expresión para mostrar dónde colocó los paréntesis.

$$10.5 + 9.5 \times 3 - 1 \times 2.5$$

© **Evaluación de *Common Core***

20. ¿Qué opción es la solución de la siguiente ecuación?

$y \div 2.5 = 1.95$

- Ⓐ $y = 0.78$
- Ⓑ $y = 4.875$
- Ⓒ $y = 48.75$
- Ⓓ $y = 4,875$

21. ¿Qué opción es la solución de la siguiente ecuación?

$x - 4.21 = 6.047$

- Ⓐ $x = 10.68$
- Ⓑ $x = 10.257$
- Ⓒ $x = 10.247$
- Ⓓ $x = 1.837$

Resuélvelo y coméntalo

Vas a jugar un juego de matemáticas llamado cuadrados mágicos. Resolverás un cuadrado mágico hallando los valores que faltan para que todas las filas, columnas y diagonales tengan la misma suma, que es el número mágico. Para hallar los valores que faltan, usa la manera más eficiente y exacta para resolverlo.

Escoge una herramienta apropiada como ayuda para resolver el problema.

Lección 7-10

Usar herramientas apropiadas

Puedo...

escoger una herramienta apropiada y usarla de manera estratégica para resolver un problema.

Prácticas matemáticas PM.5, PM.4, PM.7, PM.8
Estándares de contenido 6.SN.B.2, 6.SN.B.3

Número mágico: 21

	7	
	10	4.75

Hábitos de razonamiento

¡Razona correctamente! Estas preguntas te pueden ayudar.

- ¿Qué herramientas puedo usar?
- ¿Por qué debo usar esta herramienta como ayuda para resolver el problema?
- ¿Hay alguna otra herramienta que podría usar?
- ¿Estoy usando la herramienta correctamente?

¡Vuelve atrás! PM.5 **Usar herramientas apropiadas** Supón que los valores de cada recuadro del cuadrado mágico son fracciones y el número mágico es un número mixto. ¿La herramienta que usaste para hallar los valores decimales sería apropiada para hallar los valores fraccionarios? Explica por qué.

¿Cómo se puede escoger una herramienta apropiada?

A

James colecciona monedas y guarda las monedas de 25¢ en estuches o rollos de papel. Cada rollo tiene la misma cantidad de monedas. James mide cada rollo y halla el ancho total de todos los rollos. ¿Cuántas monedas de 25¢ tiene James?

¿Qué debo hacer?

Usar herramientas apropiadas y aplicar lo que sé sobre el dinero para resolver el problema.

B **¿Qué herramientas puedo usar como ayuda para resolver el problema?**

Puedo

- decidir qué herramienta es apropiada.

- usar la tecnología para resolver este problema.

- usar la herramienta correctamente.

C

Puedo usar la Internet para hallar el ancho de una moneda de 25¢.

Luego, convierto 2.016 metros a milímetros para que las unidades sean las mismas.

1 metro = 1,000 milímetros
2.016 metros = 2,016 milímetros

Hallo la cantidad total de monedas de 25¢ usando el algoritmo convencional.

Divido. 2,016 ÷ 1.75 = 1,152

James tiene 1,152 monedas de 25¢.

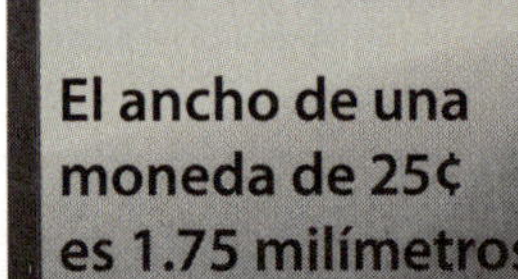

¡Convénceme! © **PM.5 Usar herramientas apropiadas** En el ejemplo anterior, se usó la Internet en lugar de una regla métrica para hallar el ancho de una moneda de 25¢. ¿Por qué la Internet es una herramienta más apropiada que una regla métrica para medir algo muy pequeño?

✫ Práctica guiada *

© PM.5 Usar herramientas apropiadas

Maya preparó una bandeja de lasaña. Colocó una capa uniforme de 2.45 libras de queso en la bandeja. Si Maya corta la lasaña en 10 porciones iguales, ¿cuántas onzas de queso tendrá cada porción de lasaña?

1. ¿Qué herramienta puedes usar como ayuda para resolver este problema?

2. Explica por qué la herramienta que escogiste es apropiada y, luego, resuelve el problema.

✫ Práctica independiente

© PM.5 Usar herramientas apropiadas

Patty tiene una cinta que mide 100 pulgadas de longitud. Quiere cortar la cinta en 16 trozos iguales. Redondeada al $\frac{1}{4}$ de pulgada más cercano, ¿cuál es la longitud de cada trozo de cinta?

3. ¿Qué herramienta puedes usar para asegurarte de que los 16 trozos de cinta tengan la misma longitud?

4. ¿Por qué es apropiada esa herramienta para resolver el problema? Explica cómo usarla de manera estratégica para cortar 16 trozos de cinta de la misma longitud.

5. ¿Puedes usar otra herramienta para resolver este problema de otra manera? Explica tu razonamiento.

© Evaluación de rendimiento de *Common Core*

Competencia de natación

Un equipo de natación tiene seis miembros: Jordan, Allison, Kylie, Óscar, Matt y Luis. Cada uno compitió en dos carreras en una competencia. El nadador más rápido tuvo el tiempo total más bajo. Completa la tabla para hallar quién fue el nadador más rápido del equipo.

Nadador	Primera carrera (segundos)	Segunda carrera (segundos)	Tiempo total (segundos)
	42.11	42.55	
	39.65	40.03	
	43.03	42.94	
	39.25	39.14	
	41.8	41.83	
	40.82	40.29	

- El tiempo total de Jordan fue 81.11 segundos.

- Allison terminó cuatro décimas de segundo por detrás del nadador más rápido del equipo en la primera carrera.

- El tiempo de Kylie en la primera carrera fue 0.11 segundos más lento que el tiempo que hizo en la segunda carrera.

- Luis tardó 0.03 segundos más en terminar la segunda carrera que en terminar la primera.

- Óscar tardó aproximadamente 43 segundos en completar la primera carrera.

6. **PM.5 Usar herramientas apropiadas** ¿Puedes usar la tabla como ayuda para resolver el problema? Explícalo.

7. **PM.7 Usar la estructura** ¿Cómo puedes usar relaciones de valor de posición para resolver las pistas y hallar al nadador más rápido del equipo?

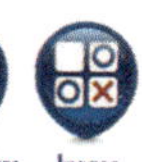

¡Revisemos!

Deidre quiere cubrir todos los lados y la parte superior de un cubo con tela de *jean* azul. Deidre calcula el área total que debe cubrir y luego redondea al $\frac{1}{4}$ de yarda siguiente para asegurarse de que tendrá suficiente tela. ¿Cuánta tela debe comprar Deidre?

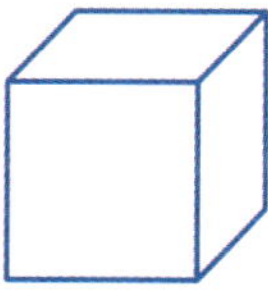

21.6 pulgs.

Indica cómo usar herramientas para resolver el problema.

- Puedo usar lápiz y papel para diagramar el problema.

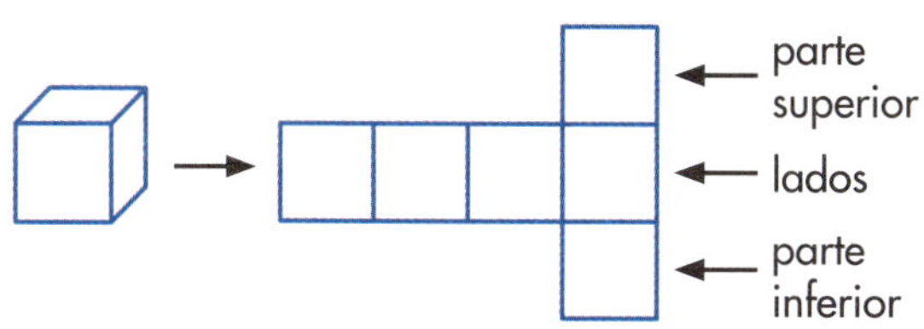

- Puedo usar una tabla de conversión o la Internet para asegurarme de que 36 pulgadas = 1 yarda.

Resuelve el problema y explica cómo usar las herramientas de manera estratégica para hallar la solución.

El diagrama muestra que se deben cubrir 5 lados cuadrados. Multiplica para hallar el área total.

$5 \times 21.6 \times 21.6 = 2{,}332.8$ pulgadas cuadradas

La tela se vende en largos de 1 yarda que miden 60 pulgadas de ancho. Multiplica para hallar la cantidad de pulgadas cuadradas que hay en 1 yarda de tela. 1 yarda = 36 pulgadas

$36 \times 60 = 2{,}160$ pulgadas cuadradas

Divide para hallar la cantidad necesaria de yardas de tela.

$2{,}332.8 \div 2{,}160 = 1.08$

Deidre necesita 1.08 yardas; por tanto, deberá comprar 1.25 yardas de tela.

© PM.5 Usar herramientas apropiadas

Harris tiene una computadora portátil que ocupa un área de 135.9 pulgs.^{2} cuando está cerrada. Le regalan un estuche para computadora que mide 15.75 pulgadas por 13.2 pulgadas. ¿Le servirá el estuche para su computadora? Explica cómo lo decidiste.

1. ¿Qué herramienta puede ayudarte a resolver este problema? ¿Por qué usarías esa herramienta?

2. Explica cómo usar esta herramienta de manera estratégica para resolver el problema.

Medidas del dinero

Zack halló esta tabla en la Internet. Tiene una pila de monedas de 25¢ y de 10¢ que mide 12 mm de altura. Tres monedas son de 25¢ y el resto son de 10¢. ¿Cuál es el valor de la pila de monedas? ¿Cuál es la masa de las monedas?

	Moneda de 1¢	Moneda de 5¢	Moneda de 10¢	Moneda de 25¢	Moneda de 50¢
Masa	2.500 g	5.000 g	2.268 g	5.670 g	11.340 g
Grosor	1.52 mm	1.95 mm	1.35 mm	1.75 mm	2.15 mm

3. **PM.5 Usar herramientas apropiadas** ¿Cómo puedes usar la información de la tabla de manera estratégica para resolver el problema?

4. **PM.5 Representar con modelos matemáticos** Explica cómo puedes usar palabras, números y símbolos para hallar la cantidad y el valor de las monedas de Zack.

5. **PM.8 Generalizar** ¿Puedes usar la misma estrategia para hallar la masa total de las monedas de Zack? Explica tu razonamiento.

Actividad de práctica de fluidez

Sombrea la ruta desde la **SALIDA** hasta la **META.** Sigue los productos y los cocientes en los que el dígito del lugar de las centésimas es mayor que el dígito del lugar de las décimas. Solo puedes moverte hacia arriba, hacia abajo, hacia la derecha y hacia la izquierda.

Puedo...

multiplicar y dividir números decimales de varios dígitos.

© **Estándar de contenido**
6.SN.B.3

Salida

22.04 × 9	7.2)42.12	53.08 × 2.4	0.18 × 1.5	7)0.28
25)28	3.71 × 0.6	2.5)23.35	9)0.954	0.9 × 0.27
12.4 × 14.6	1.3)2.314	86.35 × 7	0.4)1.06	6)72.72
1.2)0.9	1.05 × 1.05	2.4)8.7	7.2 × 0.06	75)18
86.3 × 0.4	16)0.04	8)4.4	5.2 × 3.8	22.3 × 1.8

Meta

Repaso del vocabulario

Glosario

Lista de palabras

- cociente
- diferencia
- ecuación
- estimación
- evaluar
- número decimal
- números compatibles
- producto
- redondear
- relación inversa
- suma o total

Comprender el vocabulario

Escoge el mejor término de la Lista de palabras. Escríbelo en el espacio en blanco.

1. Un número que está cerca de una respuesta exacta es una _______________ .

2. Una oración matemática que indica que dos expresiones son iguales es una _______________ .

3. Un número que tiene uno o más dígitos a la derecha del punto decimal es un _______________ .

4. La respuesta a un problema de suma se llama _______________ .

5. _______________ una expresión significa hallar su valor.

¿Qué operación representa la *relación inversa* que se puede usar para resolver cada ecuación? Escribe *suma, resta, multiplicación* o *división*.

6. $3n = 4.8$ _______________

7. $a - 0.52 = 1.02$ _______________

8. $3.8 + z = 5.55$ _______________

9. $0.4 \div d = 0.16$ _______________

Traza una línea de la *ecuación* de la Columna A a su solución en la Columna B.

Columna A	Columna B
10. $x \div 0.5 = 0.2$	$x = 0.01$
11. $3x = 3.3$	$x = 0.1$
12. $1 - x = 0.99$	$x = 1.1$

Usar el vocabulario al escribir

13. Explica dos maneras de estimar $12.741 - 9.8$.
    Usa al menos 4 palabras de la Lista de palabras.

Refuerzo

Grupo A páginas 319 a 324, 325 a 330

Halla $300.4 + 92.12$. Estima: $300 + 90 = 390$.

Halla $90.23 - 7.8$. Estima: $90 - 8 = 82$.

Escribe los números. Alinea los puntos decimales. Agrega ceros como marcadores de posición si es necesario y, luego, suma o resta.

$$300.40$$
$$+ \ 92.12$$
$$392.52$$

$$90.23$$
$$- \ \ 7.80$$
$$82.43$$

392.52 está cerca de 390. 82.43 está cerca de 82. Las respuestas son razonables.

Recuerda que puedes redondear o usar números compatibles para estimar sumas y diferencias.

Estima las respuestas y, luego, halla la suma o la diferencia.

1. $91.2 + 89.9$ **2.** $902.3 - 8.8$

3. $62.99 - 10.83$ **4.** $423.22 + 98.30$

5. $24.52 - 9.6$ **6.** $369.45 + 32.42$

Grupo B páginas 331 a 336, 337 a 342

Halla 52.5×1.9. Estima: $50 \times 2 = 100$.

$$52.5 \ \longleftarrow \ \text{1 lugar decimal}$$
$$\times \ \ 1.9 \ \longleftarrow \ + \text{ 1 lugar decimal}$$
$$4725$$
$$5250$$
$$99.75 \ \longleftarrow \ \text{2 lugares decimales}$$

La respuesta es razonable porque 99.75 está cerca de 100.

Recuerda que puedes redondear o usar números compatibles para estimar productos.

Halla los productos.

1. 5×98.2 **2.** 4×0.21

3. 4.4×6 **4.** 7×21.6

5. 12.5×163.2 **6.** 16×52.3

Grupo C páginas 343 a 348, 349 a 354, 355 a 360

Divide $2.75 \div 0.05$.
    Estima $300 \div 5 = 60$.

$$
\begin{array}{r}
55. \\
5\overline{)275.} \\
-25 \\
\hline
25 \\
-25 \\
\hline
0
\end{array}
$$

Multiplica el divisor y el dividendo por la misma potencia de 10 para dividir números enteros.

Coloca el punto decimal en el cociente y divide.

55 está cerca de 60; por tanto, la respuesta es razonable.

Recuerda que debes pensar en una potencia de 10 que transforme al divisor en un número entero.

Halla los cocientes.

1. $9.6 \div 1.6$ **2.** $48.4 \div 0.4$

3. $13.2 \div 0.006$ **4.** $10.8 \div 0.09$

5. $1.26 \div 0.2$ **6.** $2.24 \div 3.2$

7. $35.75 \div 55$ **8.** $120.4 \div 602$

Evalúa $2.4 \cdot m$ si $m = 6$.

Reemplaza el valor de m por 6 en la expresión.

$$2.4 \cdot m = 2.4 \cdot 6 = 14.4$$

Resuelve $x \div 5.3 = 6.2$. Usa operaciones inversas para separar la variable a un lado de la ecuación.

$$x \div 5.3 = 6.2$$
$$x \div 5.3 \times 5.3 = 6.2 \times 5.3$$
$$x = 32.86$$

Multiplica ambos lados por 5.3.

Recuerda que debes usar la sustitución y comprobar la solución.

Evalúa las expresiones en los Ejercicios **1** a **3**.

1. $6.7 + x$; $x = 2$ **2.** $x(3.4)$; $x = 5.4$

3. $5n^2 + 2d \div 4$; $n = 3, d = 6$

Resuelve las ecuaciones en los Ejercicios **4** y **5**.

4. $x \div 7.9 = 50.56$ **5.** $0.02x = 0.82$

Piensa en estas preguntas como ayuda para **usar las herramientas apropiadas de manera estratégica**.

Hábitos de razonamiento

- ¿Qué herramientas puedo usar?

- ¿Por qué debo usar esta herramienta como ayuda para resolver el problema?

- ¿Hay alguna otra herramienta que podría usar?

- ¿Estoy usando la herramienta correctamente?

Recuerda que debes escoger la herramienta que sea más útil para resolver el problema.

Eva se inscribe en un gimnasio por 12 meses y quiere 5 sesiones de entrenamiento. La Opción A cuesta $45 por mes y $79 por sesión de entrenamiento. La Opción B cuesta $55 por mes más $245 por 5 sesiones de entrenamiento. ¿Cuál es la mejor opción para Eva?

1. ¿Qué herramienta puedes usar para resolver el problema?

2. Usa la herramienta para resolver el problema.

1. En la tabla se muestra el área de 3 parques. ¿Cuál es la mejor estimación de la diferencia entre el área de Shady Heights y la de Pine Island?

DATOS	Área del parque	Área en acres
	Shady Heights	58.38
	Pine Island	27.5
	Oak Woods	792.84

Ⓐ 30 acres

Ⓑ 35 acres

Ⓒ 38 acres

Ⓓ 40 acres

2. La Sra. Jenks compró 53 borradores para los estudiantes de su clase. El Sr. Bailey compró 9 borradores más que la Sra. Jenks. Cada borrador costó $0.14. ¿Cuánto gastaron los maestros en borradores? Explica cómo hallaste la respuesta.

3. El promedio del rendimiento de gasolina del carro de Russ es 9.8 millas por galón. El promedio del rendimiento del carro de Mike es 39.2 millas por galón. ¿Cuántas veces el rendimiento del carro de Russ es el rendimiento del carro de Mike?

4. Escribe la solución de las ecuaciones. Escoge los números del recuadro de abajo.

$n - 3.1 = 1.6$

$n =$

$2.9t = 10.73$

$t =$

$9.1 = 7.6 + s$

$s =$

$38.74 = 14.9p$

$p =$

1.1	1.5	4.7	3.7	0.5	2.6

5. Marca todas las expresiones cuyo cociente sea 0.7.

☐ $1.61 \div 0.23$

☐ $1.61 \div 2.3$

☐ $2.87 \div 4.1$

☐ $0.287 \div 41$

6. Chris y Jeff vendieron 15.5 libras de mezcla de nueces y frutas secas. Vendieron la mezcla a $3.98 la libra. ¿Cuánto dinero recaudaron? Explica cómo hallaste la respuesta.

7. Ilana necesita d dólares para comprar un álbum de recortes que cuesta $8.35. Ilana tiene $4.88. Resuelve la ecuación $4.88 + d = $8.35 para hallar cuánto dinero necesita Ilana.

Ⓐ $d = $3.57

Ⓑ $d = $3.47

Ⓒ $d = $3.42

Ⓓ $d = $4.12

8. Evalúa la expresión $6.908 - g$ si $g = 0.173$.

9. Traza líneas para unir las expresiones de división de la Columna A con los cocientes de la Columna B.

Columna A	Columna B
$32.8 \div 8$	4.1
$436.1 \div 89$	4.2
$37.8 \div 9$	4.5
$54 \div 12$	4.9

10. Diego y Ashley estimaron el producto 23.879×2.995. Diego estimó $25 \times 3 = 75$. Ashley estimó $23 \times 3 = 69$.

¿Qué método usó cada estudiante? ¿Tienen razón los dos? Explícalo.

11. Abby, Brianna y María participaron en una competencia de patinaje artístico. En la tabla se muestran los puntajes de un juez para cada patinadora en una escala de 0 a 6.0. ¿Qué enunciados sobre los puntajes son verdaderos? Selecciona todos los que se apliquen.

Patinadora	Puntajes	
Abby	Técnica	5.8
	Presentación	5.9
Brianna	Técnica	5.7
	Presentación	5.6
María	Técnica	5.8
	Presentación	5.4

☐ Brianna tiene el puntaje total más bajo.

☐ La diferencia entre el puntaje total de Brianna y el de Abby es 0.4.

☐ La diferencia entre el puntaje total de Abby y el de María es 0.05.

☐ El puntaje en técnica de María es 0.1 más que el de Brianna.

12. Milo quiere enviar por correo estos dos objetos. Se entera de que hay una tarifa especial para enviar una caja grande siempre y cuando ninguna dimensión sea mayor que 30.48 cm. ¿Cabrán sus objetos en una caja grande? Explícalo.

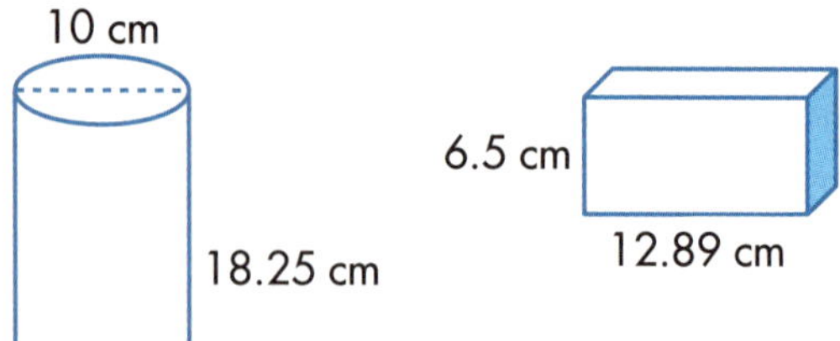

Banco de alimentos

Los voluntarios del Banco de alimentos envasan comidas para alimentar a una familia de cuatro. En la tabla se muestran los alimentos disponibles, la cantidad de porciones y el peso de cada alimento.

- En una caja se envasa un alimento de cada categoría.
- En cada caja cabe un máximo de 3.5 libras, o 56 onzas.

Plato principal			**Plato acompañante**		
Alimento	**Porciones**	**Peso**	**Alimento**	**Porciones**	**Peso**
Rosbif	4	16 oz	Papa	1	4 oz
Pollo	2	12.6 oz	Ensalada de col	4	12.4 oz
Estofado	1	5.2 oz	Ensalada de hojas verdes	2	5.6 oz
Lasaña	4	28 oz	Frijoles asados	4	14.2 oz
Chili	1	8.6 oz	Fideos	2	5.2 oz
Verduras			**Postre**		
Zanahorias	2	6 oz	Pote de flan	1	3.2 oz
Maíz	2	5.8 oz	Pastel de zanahoria	4	10.4 oz
Habichuelas verdes	1	3.2 oz	Yogur congelado	2	2.7 oz
Arvejas	4	14.8 oz	Manzana	1	5 oz

1. Supón que envasas 2 zanahorias, 4 papas y 2 yogures congelados.

Parte A

Escribe una ecuación para hallar la cantidad de onzas que todavía se pueden envasar de un plato principal. Sea $x =$ la cantidad de onzas.

Parte B

¿Qué platos principales puedes usar para completar la comida según las reglas del Banco de alimentos? Explica cómo lo sabes.

2. Describe una comida que podrías preparar que pese 3.5 libras o menos. Incluye la cantidad de porciones y el peso total de cada alimento.

3. El Banco de alimentos tiene 110.9 libras, o 1,774.4 onzas, de pollo. Redondeadas al número entero más cercano, ¿cuántas porciones de pollo hay?

4. Si las donaciones para el Banco de alimentos aumentan, el banco también podrá ofrecer comidas a familias de seis integrantes.

Parte A

¿Las cajas con un límite de peso de 5.1 libras, u 81.6 onzas, serán suficientes para envasar comidas nutritivas para 6 personas? Explica tu razonamiento.

Parte B

Decide un límite de peso de cada caja para una familia de seis. Justifica tu elección y, luego, prepara una comida que quepa en la caja.

Factores comunes y múltiplos

Pregunta esencial: ¿Cómo se hallan los factores comunes y múltiplos de los números?

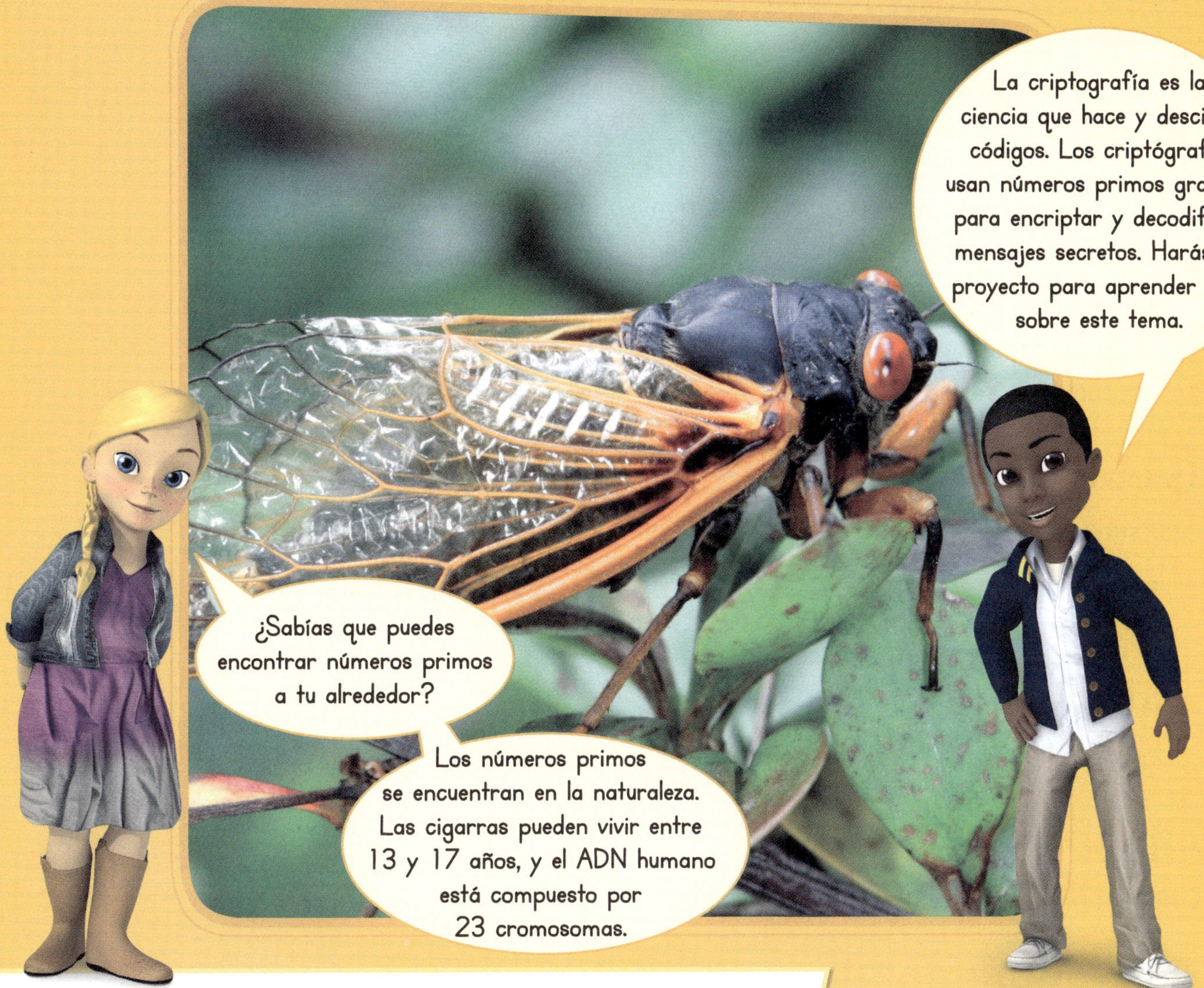

Proyecto de Matemáticas y Ciencias: Criptografía

Investigar Usa la Internet u otras fuentes para averiguar más sobre las técnicas de codificación. Halla ejemplos de técnicas que sean fáciles de reproducir.

Diario: Escribir un informe Incluye lo que averiguaste. En tu informe, también:

- describe por lo menos tres técnicas básicas de codificación.

- escoge una de las técnicas de codificación y encripta un mensaje secreto. Expón el mensaje secreto y, luego, muestra la forma encriptada.

Repasa lo que sabes

Vocabulario

Escoge el mejor término del recuadro.
Escríbelo en el espacio en blanco.

- base
- exponente
- factor
- múltiplo
- número compuesto
- número primo

1. En la expresión 4^3, el número 3 es el _______________.

2. Un _______________ es un número entero mayor que 1 que tiene exactamente dos factores, 1 y sí mismo.

3. El producto de un factor dado y cualquier número entero es un _______________.

4. El número 12 es un _______________ porque tiene más de dos factores.

Exponentes

Escribe una expresión equivalente usando un exponente.

5. $8 \times 8 \times 8$

6. 7×7

7. $5 \times 5 \times 5 \times 5$

Evalúa las expresiones.

8. 3^3

9. 2^5

10. 5^2

Múltiplos

Escribe los primeros 5 múltiplos de cada número.

11. 8

12. 9

13. 6

14. 4

Factores

15. ¿Cómo puedes hallar los factores de 12 y de 15? Explícalo.

Mis tarjetas de palabras

Usa los ejemplos de las palabras de las tarjetas para ayudarte a completar las definiciones que están al reverso.

descomposición en números primos

24
6 × 4
2 × 3 × 2 × 2
$2^3 × 3$

árbol de factores

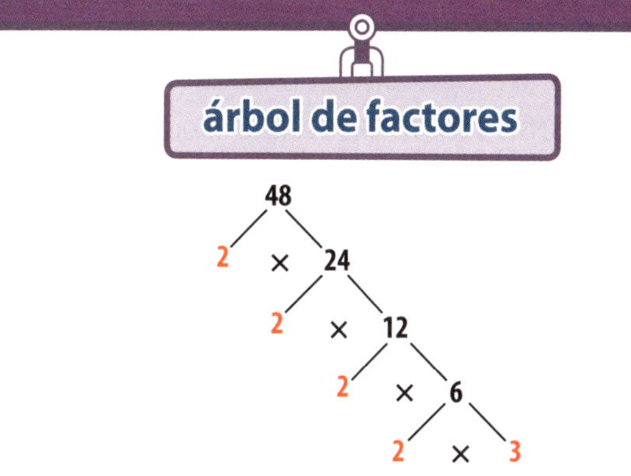

máximo común divisor (M.C.D.)

factores de 30: 1, **2**, 3, 5, 6, 10, 15, 30
factores de 24: 1, **2**, 3, 4, 6, 8, 12, 24

2 y 6 son divisores comunes
de 30 y de 24.

6 es el **máximo común divisor (M.C.D.)**

múltiplo común

múltiplos de 4: 4, 8, 12, 16, 20, 24, 28, 32, 36, 40
múltiplos de 5: 5, 10, 15, 20, 25, 30, 35, 40

20 y **40** son **múltiplos comunes**
de 4 y 5.

mínimo común múltiplo (m.c.m.)

múltiplos de 4: 4, 8, 12, 16, 20, 24, 28, 32, 36, **40**
múltiplos de 5: 5, 10, 15, 20, 25, 30, 35, **40**

20 y 40 son múltiplos comunes
de 4 y de 5.
20 es el **mínimo común múltiplo.**

contraejemplo

Enunciado: Todos los números impares son números primos.
Ejemplo: 3 es un número primo.
Contraejemplo: 9 **NO** es un número primo.

Un diagrama que muestra la descomposición en números primos de un número se llama

___________________________.

Un número escrito como un producto de factores primos se llama

____

___________________________.

Un múltiplo de dos o más números es un

___________________________.

El número mayor que es un factor de dos o más números es el

____

___________________________.

Un ejemplo que muestra que un enunciado es falso es un

___________________________.

El número menor, sin incluir a 0, que es múltiplo común de dos o más números es el

____

___________________________.

Resuélvelo y coméntalo

Un jardín tiene un área de 24 unidades cuadradas. La longitud y el ancho del jardín son números enteros. ¿Cuáles son las dimensiones posibles del jardín? *Resuelve este problema de la manera que prefieras.*

Lección 8-1
Números primos y compuestos

Puedo...

identificar números primos y compuestos, y escribir la descomposición en números primos.

Ⓒ **Estándar de contenido** 6.SN.B.4
Prácticas matemáticas PM.2, PM.3, PM.6, PM.7

¡Vuelve atrás! Ⓒ **PM.2 Razonar** Un jardín rectangular tiene un área de 17 yardas cuadradas. Sus lados son números enteros de yardas. ¿Cuáles son las dimensiones posibles?

A

¿Cómo se pueden usar los números primos y los compuestos para escribir la descomposición en números primos de un número?

Los números enteros mayores que 1 son números primos o números compuestos. Un número compuesto se puede escribir como el producto de sus factores primos, esto se llama **descomposición en números (factores) primos.**

¿Cómo puedes hallar la descomposición en números primos de 48?

$1 \times 5 = 5$

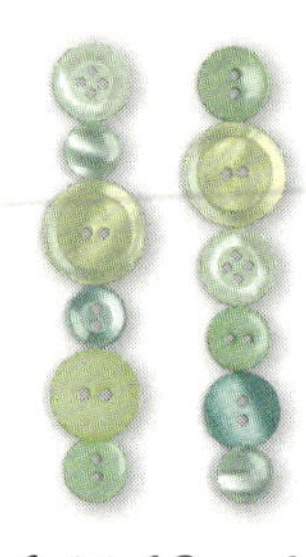

$1 \times 12 = 12$
$2 \times 6 = 12$
$3 \times 4 = 12$

B

Una manera

Para hallar la descomposición en números primos de 48, escribe sus factores. A veces, resulta útil comenzar con el factor primo menor.

$48 = 2 \times 24$ ← 2 es el factor primo menor de 48.

$= 2 \times 2 \times 12$ ← Continúa usando los factores primos.

$= 2 \times 2 \times 2 \times 6$

$= 2 \times 2 \times 2 \times 2 \times 3$

La descomposición en números primos de 48 es $2 \times 2 \times 2 \times 2 \times 3$, o $2^4 \times 3$.

C

Otra manera

Un **árbol de factores** muestra la descomposición en números primos de un número compuesto. Puedes usar un árbol de factores para hallar la descomposición en números primos de 48.

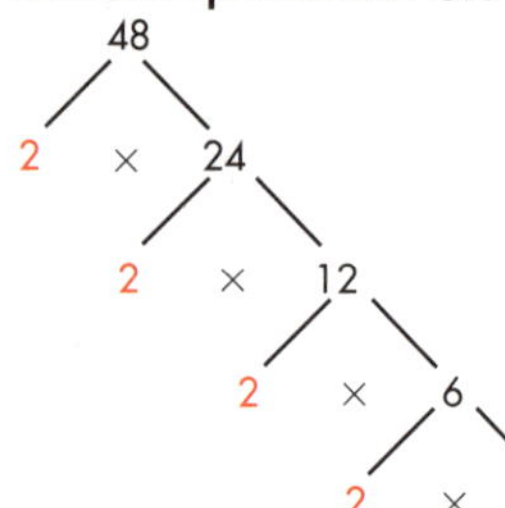

Escribe 48 como el producto de dos factores. Continúa el proceso hasta que todos los factores sean factores primos.

La descomposición en números primos de 48 es $2 \times 2 \times 2 \times 2 \times 3$, o $2^4 \times 3$.

¡Convénceme! © **PM.6 Hacerlo con precisión** Lucero está pensando en un número. El número es mayor que 2, y tiene a 2 como factor. ¿El número es primo o compuesto?

Otro ejemplo

Li y Tim escribieron la descomposición en números primos de 72. ¿Quién tiene razón?

El trabajo de Li

Para hallar la descomposición en números primos de 72, Li comenzó con dos factores cualesquiera.

$$72 = 8 \times 9$$
$$= 2 \times 4 \times 9$$
$$= 2 \times 2 \times 2 \times 9$$
$$= 2 \times 2 \times 2 \times 3 \times 3$$

El trabajo de Tim

Para hallar la descomposición en números primos de 72, Tim hizo un árbol de factores.

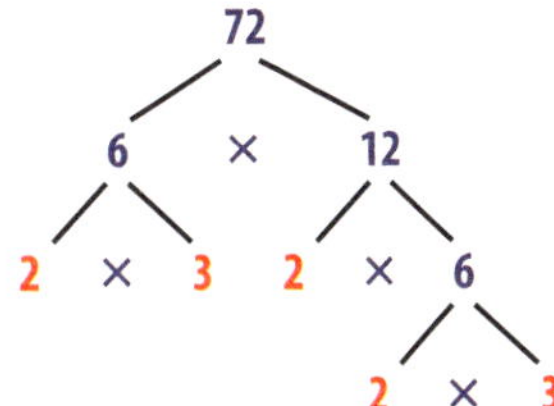

La descomposición en números primos es $2 \times 2 \times 2 \times 3 \times 3$, o $2^3 \times 3^2$.

Li y Tim tienen razón. Hay una sola descomposición en números primos para cualquier número.

☆ Práctica guiada *

¿Lo entiendes?

1. © **PM.6 Hacerlo con precisión** Linda comenzó con los factores 4 y 18 para hallar la descomposición en números primos de 72. ¿Linda encontrará la misma descomposición en números primos de 72 que Li y Tim? Explica cómo lo sabes.

2. Juan dice que la descomposición en números primos de 36 es $2 \times 3 \times 6$. ¿Tiene razón? Explícalo.

¿Cómo hacerlo?

Escribe la descomposición en números primos de cada número en los Ejercicios **3** a **8**. Si el número es primo, escribe *primo*.

3. 33

4. 23

5. 32

6. 45

7. 49

8. 19

☆ Práctica independiente ☆

Halla la descomposición en números primos de cada número en los Ejercicios **9** a **14**. Si el número es primo, escribe *primo*.

9. 26

10. 8

11. 42

12. 27

13. 30

14. 47

Puedes encontrar otro ejemplo en el Grupo A, página 417.

15. Un triángulo tiene un ángulo de 60°, uno de 30° y uno de 90°. ¿Es un triángulo acutángulo, rectángulo u obtusángulo?

16. Chris dice que la expresión $31{,}521g \div 61 - 15{,}205 + 13{,}908$ se puede evaluar dividiendo $31{,}521g$ por 61, luego se resta 15,205 y por último, se suma 13,908. ¿Estás de acuerdo? Explícalo.

17. © **PM.3 Evaluar el razonamiento** Gabrielle y John escribieron la descomposición en números primos de 64. Analiza su trabajo y explica si hay errores.

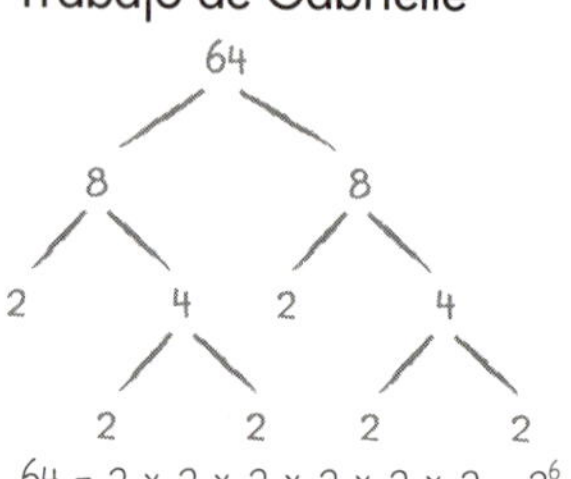

18. ¿Cuáles son los diez primeros números primos? Explica cómo sabes que cada número es un número primo.

19. © **PM.3 Construir argumentos** ¿El número 1 es primo, compuesto o ninguno de los dos? Explícalo.

20. Stephen encargó 3 libras de naranjas por $2 por libra, y 4 libras de peras por $3 por libra. Pagó $6.25 por el envío. ¿Cuál fue el costo total?

21. Razonamiento de orden superior Raúl dice que todos los números impares mayores que 3 se pueden expresar como la suma de dos números primos. Usa el número primo 11 para brindar un contraejemplo y explicar que Raúl no tiene razón.

© Evaluación de *Common Core*

22. El Furius Baco es una montaña rusa que alcanza una velocidad máxima de 84 millas por hora. Escribe la descomposición en números primos de 84.

23. La abuela de Janie tiene 76 años. ¿Cuál es la descomposición en números primos de 76?

¡Revisemos!

Puedes hallar la descomposición en números primos de un número compuesto descomponiéndolo en factores primos o usando un árbol de factores.
Halla la descomposición en números primos de 36.

$$36 = \mathbf{2} \times 18$$
$$= 2 \times \mathbf{2} \times 9$$
$$= 2 \times 2 \times \mathbf{3} \times \mathbf{3}$$

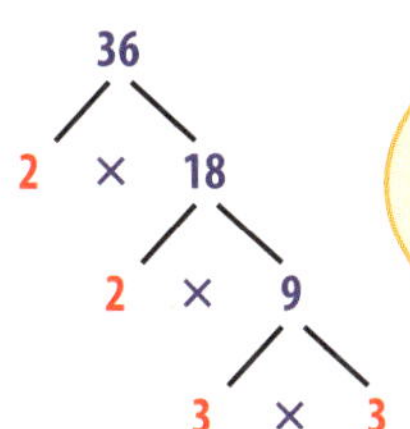

La descomposición en números primos de 36 es $2 \times 2 \times 3 \times 3$, o $2^2 \times 3^2$.

Halla la descomposición en números primos de cada número en los Ejercicios **1** a **18.** Si el número es primo, escribe *primo*.

1. 38

2. 75

3. 20

4. 90

5. 66

6. 52

7. 86

8. 27

9. 99

10. 25

11. 49

12. 50

13. 68

14. 85

15. 7

16. 97

17. 41

18. 100

19. © **PM.6 Hacerlo con precisión** Un carro de carreras pasó de 15 pies por segundo a 110 pies por segundo en 5 segundos. Usa la fórmula $a = \frac{(f - c)}{t}$, donde a es la aceleración, f, la velocidad final, c, la velocidad del comienzo, y t, el tiempo que lleva hacer el cambio. ¿Cuál es la aceleración (en pies por segundo cuadrado) del carro de carreras?

20. **Sentido numérico** Escribe los siguientes tres números en el patrón. Luego, escribe el patrón.

7   3   11   7   15   11   19   15   23

21. © **PM.2 Razonar** El cumpleaños de Alisa en diciembre es un número primo. La fecha es entre el 15 de diciembre y el 20 de diciembre. ¿Cuáles son las fechas posibles del cumpleaños de Alisa?

22. Evalúa la expresión $(5^3 + 9) - 12 \div \frac{6}{2}$.

23. © **PM.2 Razonar** La maestra de James mostró el árbol de factores de la derecha en el pizarrón. Complétalo para hallar el número que tiene una descomposición en números primos de $2^4 \times 3$.

24. © **PM.3 Construir argumentos** Tricia dice que 2 es el único número par primo. Explica por qué Tricia tiene razón.

25. **Razonamiento de orden superior** Martise dice que los primeros 5 números impares mayores que 2 son números primos. Brinda un contraejemplo y explica por qué Martise no tiene razón.

© **Evaluación de *Common Core***

26. En promedio, un alumno de sexto grado realiza 18 respiraciones por minuto. ¿Cuál es la descomposición en números primos de 18?

27. Un jaguar del zoológico local pesa 100 kilogramos. ¿Cuál es la descomposición en números primos de 100?

Hay 16 estudiantes de sexto grado y 20 estudiantes de séptimo grado en el club de cohetes. Los estudiantes se ubicarán en grupos iguales para construir modelos, pero cada grupo solo tendrá estudiantes de sexto grado o séptimo grado. ¿Cuál es la cantidad mayor de estudiantes que puede haber en cada grupo? *Resuelve este problema de la manera que prefieras.*

Lección 8-2
Hallar el máximo común divisor

Puedo...
hallar el máximo común divisor de dos números.

Estándar de contenido 6.SN.B.4
Prácticas matemáticas PM.1, PM.2, PM.4, PM.5, PM.8

16 estudiantes de sexto grado		20 estudiantes de séptimo grado	
Cantidad de grupos	Cantidad de estudiantes de sexto grado en cada grupo	Cantidad de grupos	Cantidad de estudiantes de séptimo grado en cada grupo

¡Vuelve atrás! **PM.1 Entender y perseverar** Supón que se unen al club del cohete 4 estudiantes de séptimo grado más. ¿Cuál es la cantidad mayor de estudiantes que puede haber en cada grupo?

¿Cómo se puede hallar el máximo común divisor de dos números?

A

Keesha está armando bolsas de útiles. Colocó una cantidad igual de palillos de manualidades y botellas de pegamento en cada bolsa. No queda ningún sobrante. ¿Cuál es la mayor cantidad de bolsas de útiles que puede armar Keesha?

B

Una manera

Haz una lista y compara los factores de cada número.

Factores de 12: 1, 2, 3, 4, 6, 12

Factores de 42: 1, 2, 3, 6, 7, 14, 21, 42

1, 2, 3 y 6 son factores comunes de 12 y de 42.

Identifica el **máximo común divisor (M.C.D.)** de 12 y 42. El M.C.D. es el número mayor que es un factor de dos o más números.

El M.C.D. de 12 y 42 es 6. Por tanto, 6 es el número mayor que divide tanto a 12 como a 42 sin sobrantes. Por tanto, Keesha puede armar 6 bolsas de útiles.

C

Otra manera

Usa la descomposición en números primos para hallar el M.C.D.

Halla las descomposiciones en números primos.

$$12 = 2 \cdot 2 \cdot 3$$
$$42 = 2 \cdot 3 \cdot 7$$

Multiplica los factores primos comunes.

$$2 \cdot 3 = 6$$

El M.C.D. de 12 y 42 es 6. Por tanto, Keesha puede armar 6 bolsas de útiles.

¡Convénceme! © **PM.2 Razonar**   Keesha tiene 24 cuentas para sumar de manera igual a cada bolsa. ¿Puede todavía armar 6 bolsas sin sobrantes? Explica cómo lo sabes.

Otro ejemplo

Puedes usar el M.C.D. y la propiedad distributiva para escribir:

$$32 + 56 = 8 \cdot 4 + 8 \cdot 7 = 8(4 + 7)$$

Halla la suma del 18 y del 24.

Paso 1 Halla el M.C.D. de 18 y 24.

$$18 = 2 \cdot 3 \cdot 3$$
$$24 = 2 \cdot 2 \cdot 2 \cdot 3$$

Paso 2 Escribe los números como productos usando el M.C.D. como un factor, y aplica la propiedad distributiva.

$$18 + 24 = 6 \cdot 3 + 6 \cdot 4 = 6(3 + 4) = 6(7) = 42$$

☆ Práctica guiada *

¿Lo entiendes?

1. ¿En qué se diferencian las dos maneras de hallar el M.C.D. de un conjunto de números?

2. © **PM.8 Generalizar** ¿Por qué el M.C.D. de dos números primos siempre es 1? Explica tu razonamiento.

¿Cómo hacerlo?

Halla el M.C.D. de los pares de números en los Ejercicios **3** a **8.**

3. 18, 36

4. 14, 35

5. 22, 55

6. 29, 57

7. 100, 48

8. 30, 70

☆ Práctica independiente ☆

Halla el M.C.D. de los pares de números en los Ejercicios **9** a **12.**

9. 21, 49

10. 8, 52

11. 20, 35

12. 32, 81

Usa el M.C.D. y la propiedad distributiva para hallar las sumas en los Ejercicios **13** a **16.**

13. 30 + 66

14. 34 + 51

15. 15 + 36

16. 45 + 27

Puedes encontrar otro ejemplo en el Grupo B, página 417.

Prácticas matemáticas y resolución de problemas

17. © **PM.4 Representar con modelos matemáticos** El diagrama de Venn de la derecha muestra los factores de 24 y 40.

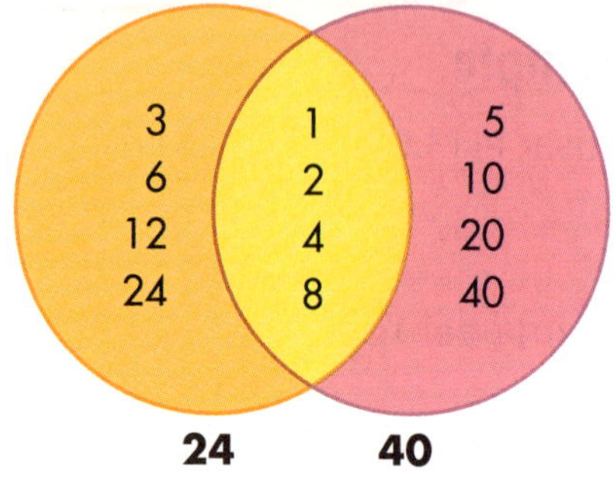

    a. ¿Cuál es el significado de cada región sombreada?

    b. Explica cómo usas el diagrama de Venn para hallar el M.C.D. de 24 y 40. ¿Cuál es el M.C.D. de 24 y 40?

---

18. © **PM.2 Razonar** Tienes 50 pastelitos de arándano azul y 75 bollitos de arándano rojo. Prepara tantas bolsas de pastelitos idénticas como puedas. Cada bolsa debe tener una cantidad igual de pastelitos de arándano azul y una cantidad igual de pastelitos de arándano rojo. ¿Cuál es el número mayor de bolsas que se pueden llenar? Explica cómo lo sabes.

19. **Álgebra** La ecuación $3.2l = 16$ representa el costo total de l libras de fruta que compró Jamal en la feria local. Halla el valor de l para hallar la cantidad de libras de fruta que compró Jamal.

---

20. **Matemáticas y Ciencias** Las cigarras periódicas emergen de la etapa de larva en cantidades grandes a intervalos de años que son números primos, 13 o 17. ¿Cuál es el M.C.D. de los años?

21. **Razonamiento de orden superior** Gena tiene 28 cromos, Sam tiene 91 cromos y Tiffany tiene 49 cromos. Usa el M.C.D. y la propiedad distributiva para hallar la cantidad total de cromos que tienen entre Gena, Sam y Tiffany.

© Evaluación de *Common Core*

22. Escribe los pares de números en el recuadro correcto.

    18, 72   57, 71

    24, 60   12, 48

    9, 51   17, 31

M.C.D. = 1	M.C.D. = 3
M.C.D. = 12	**M.C.D. = 18**

© Pearson Education, Inc. 6

¡Revisemos!

Halla el M.C.D. de 12 y 40.

Hacer una lista de factores

Paso 1 Haz una lista de los factores de cada número.

12: 1, 2, 3, 4, 6, 12

40: 1, 2, 4, 5, 8, 10, 20, 40

Paso 2 Encierra en un círculo los factores que son comunes a los dos números.

12: 1, 2, 3, 4, 6, 12

40: 1, 2, 4, 5, 8, 10, 20, 40

Paso 3 Escoge el factor mayor que sea común a los dos números. 2 y 4 son factores comunes, pero 4 es mayor. El M.C.D. es 4.

Usar la descomposición en números primos

Paso 1 Escribe la descomposición en números primos de cada número.

12: $2 \times 2 \times 3$

40: $2 \times 2 \times 2 \times 5$

Paso 2 Encierra en un círculo los factores primos que los números tienen en común.

12: $2 \times 2 \times 3$

40: $2 \times 2 \times 2 \times 5$

Paso 3 Multiplica los factores comunes.

$2 \times 2 = 4$ El M.C.D. es 4.

Halla el M.C.D. de los pares de números en los Ejercicios **1** a **8**.

1. 45, 60

2. 24, 100

3. 19, 22

4. 14, 28

5. 12, 18

6. 60, 100

7. 55, 99

8. 83, 91

Usa el M.C.D. y la propiedad distributiva para hallar las sumas en los Ejercicios **9** a **14**.

9. $32 + 48$

10. $15 + 57$

11. $98 + 14$

12. $55 + 88$

13. $45 + 75$

14. $81 + 99$

15. **© PM.5 Usar herramientas apropiadas** Completa el diagrama de Venn para mostrar los factores comunes de 36 y 54. ¿Cuál es el M.C.D.?

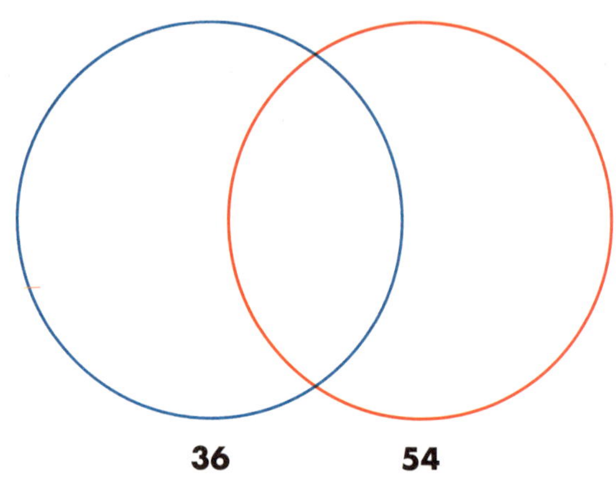

16. El jardín de Aldo tiene 18 pies de longitud y 30 pies de ancho. Aldo quiere colocar todos los postes de la valla a la misma distancia entre ellos a lo largo de los lados del jardín. ¿Cuál es la distancia mayor a la que se pueden colocar los postes de la valla entre uno y otro?

17. **A-Z Vocabulario** ¿Cómo te ayuda la *descomposición en números primos* de dos números para hallar el M.C.D.? Usa un ejemplo para explicar tu respuesta.

18. **Razonamiento de orden superior** El consejo estudiantil realizó una venta de pasteles para la escuela. Los miembros del consejo dividieron los elementos donados de manera igual en platos. Cada plato contenía solo una clase de elementos y todos los platos tenían la misma cantidad de elementos. No hubo sobrantes. ¿Cuál es el número mayor de elementos que se pudieron colocar en cada plato?

Donaciones de la venta de pasteles	
Pastelitos	96
Palitos de pan	48
Panecillos	84

© Evaluación de *Common Core*

19. Escribe los pares de números en el recuadro correcto.

25, 30   51, 85

98, 84   10, 95

27, 45   42, 70

M.C.D. = 5	M.C.D. = 9
M.C.D. = 14	M.C.D. = 17

© Pearson Education, Inc. 6

Resuélvelo y coméntalo

Mark pone la mesa cada 2 días y seca los platos cada 3 días. Si Mark pone la mesa el Día 2 y seca los platos el Día 3, ¿qué día realizará las dos tareas domésticas el mismo día por primera vez? **Resuelve este problema de la manera que prefieras.**

Lección 8-3
Mínimo común múltiplo

Puedo...
hallar el mínimo común múltiplo de dos números.

Estándar de contenido 6.SN.B.4
Prácticas matemáticas PM.3, PM.7, PM.8

Día	Tarea doméstica

¡Vuelve atrás! **PM.8 Generalizar** ¿Qué día realizará las tareas domésticas el mismo día otra vez? ¿Cómo puedes hallar qué días Mark realiza las dos tareas domésticas sin realizar una lista?

Pregunta esencial ¿Cómo se puede hallar el mínimo común múltiplo de dos números?

A

Grant está armando almuerzos para un picnic. Quiere comprar tantas botellas de jugo como tazas de puré de manzana, pero no más de lo que necesita para tener una cantidad igual de cada uno.

¿Cuántos paquetes de cada elemento tiene que comprar Grant?

Recuerda que un múltiplo es el producto de un factor dado y cualquier número entero distinto de cero.

B Una manera

Haz una lista de los múltiplos de cada tamaño de paquete.

6: 6, 12, 18, 24, 30, 36, 42, 48 . . .
8: 8, 16, 24, 32, 40, 48 . . .

24 y 48 son **múltiplos comunes** de 6 y 8. El **mínimo común múltiplo (m.c.m.)** es el mínimo múltiplo común de los dos números. 24 es el m.c.m. de 6 y 8.

$6 \times 4 = 24 \qquad 8 \times 3 = 24$

Grant deberá comprar 4 paquetes de jugo y 3 paquetes de puré de manzana.

C Otra manera

Puedes usar la descomposición de números primos para hallar el m.c.m. de dos números.

$$6 = 2 \times 3$$
$$8 = 2 \times 2 \times 2$$

Haz una lista de la mayor cantidad de veces que aparece cada factor en cualquiera de las dos descomposiciones de números primos. Multiplica los factores.

$$3 \times 2 \times 2 \times 2 = 24$$

$6 \times 4 = 24 \qquad 8 \times 3 = 24$

Grant deberá comprar 4 paquetes de jugo y 3 paquetes de puré de manzana.

¡Convénceme! © **PM.7 Usar la estructura** Grant también compró botellas de agua y jugos para el picnic. Hay 12 botellas de agua en cada paquete y 10 envases de jugo en cada paquete. Grant quiere comprar la menor cantidad de paquetes pero aun así tener tantas botellas de agua como envases de jugo. ¿Cuántos paquetes de cada elemento debe comprar? Explica cómo lo sabes.

✩ Práctica guiada *

¿Lo entiendes?

1. © **PM.3 Construir argumentos** Grant compró botellas de jugo que vienen en paquetes de 3, pero solo hay puré de manzana que viene en paquetes de 8. ¿Cambiará el m.c.m.? Explícalo.

2. © **PM.3 Evaluar el razonamiento** Sarah dice que puedes hallar el m.c.m. de dos números enteros si los multiplicas. Brinda un contraejemplo para mostrar que Sarah no tiene razón.

¿Cómo hacerlo?

Halla el m.c.m. de los números realizando una lista de los múltiplos en los Ejercicios **3** y **4.**

3. 2, 5   **4.** 6, 10

Usa la descomposición en números primos para hallar el m.c.m. de los números en los Ejercicios **5** y **6.**

5. 8, 12   **6.** 6, 9

✩ Práctica independiente ✩

Práctica al nivel Halla el m.c.m. de cada par de números en los Ejercicios **7** a **16.**

7. 4, 10

Múltiplos de 4: 4, 8, _______, _______,

_______, …

Múltiplos de 10: 10, _______, …

m.c.m. _______

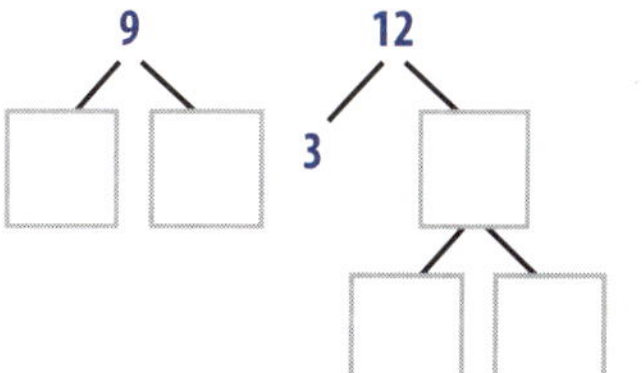

8. 9, 12

$9 = $ _______ $\times$ _______

$12 = $ _______ $\times$ _______ $\times$ _______

9   12

3

m.c.m. $= 2 \times 2 \times 3 \times 3 = $ _______

9. 12, 11   **10.** 4, 12   **11.** 5, 8   **12.** 7, 11

13. 8, 10   **14.** 7, 12   **15.** 3, 5   **16.** 7, 8

17. Matemáticas y Ciencias Halla el m.c.m. de dos números. Luego, usa el m.c.m. para hallar la letra correspondiente de la clave. Escribe la letra en el recuadro. ¿Qué palabra se formó?

2 y 2	3 y 3	1 y 1

Clave de decodificación				
A = 1	B = 2	C = 3	D = 4	E = 5
F = 6	G = 7	H = 8	I = 9	J = 10
K = 11	L = 12	M = 13	N = 14	Ñ = 15
O = 16	P = 17	Q = 18	R = 19	S = 20
T = 21	U = 22	V = 23	W = 24	X = 25
Y = 26	Z = 27			

18. Lidia está enviando tarjetas. Si los sobres vienen en paquetes de 12 y las estampillas vienen en paquetes de 10, ¿cuál es el número menor de estampillas y de sobres que puede comprar para obtener una estampilla por cada sobre?

19. Rami toma clases de natación cada 3 días y clases de guitarra, cada 7 días. Si toma las dos clases el primer día del mes, ¿en cuántos días tendrá las dos lecciones el mismo día otra vez?

20. **A-Z Vocabulario** Identifica tres *múltiplos comunes* de 3 y 5.

21. **Sentido numérico** Un número está entre 58 y 68. Tiene como factores primos a 2, 3 y 5. ¿Cuál es el número?

22. **Razonamiento de orden superior** Una universidad ofrece un servicio de traslados desde Dickson Hall o desde el Sector B hasta el campus. Los dos servicios parten de sus ubicaciones a las 9:10 *a. m.* Van hasta el campus y vuelven de acuerdo a los intervalos que se muestran. ¿Cuándo será la próxima vez que los dos servicios partan del campus a la misma hora? Explícalo.

DATOS	Servicio de traslados de la universidad	
	Lugar de partida	**Frecuencia**
	Sector B	Cada 15 minutos
	Dickson Hall	Cada 12 minutos

Ⓒ **Evaluación de *Common Core***

23. La maestra Jenkins compró la misma cantidad de lápices azules que de lápices verdes. Los lápices azules vienen en paquetes de 5, y los lápices verdes vienen en paquetes de 4. ¿Cuál es el número menor de lápices azules o verdes que la maestra Jenkins pudo haber comprado?

Ⓐ 10 lápices Ⓑ 15 lápices Ⓒ 20 lápices Ⓓ 40 lápices

¡Revisemos!

Halla el m.c.m. de 4 y 5.

Hacer una lista de múltiplos

Paso 1 Haz una lista de los múltiplos de cada número.

4: 4, 8, 12, 16, 20, 24, 28, 32, 36, 40, 44, 48…

5: 5, 10, 15, 20, 25, 30, 35, 40, 45, 50…

Paso 2 Encierra en un círculo los múltiplos que los números tienen en común.

4: 4, 8, 12, 16, (20), 24, 28, 32, 36, (40), 44, 48…

5: 5, 10, 15, (20), 25, 30, 35, (40), 45, 50…

Paso 3 Determina cuál de los múltiplos comunes es el menor.

20 y 40 son múltiplos comunes, pero 20 es el menor.

El m.c.m. de 4 y 5 es 20.

Usar la descomposición en números primos

Paso 1 Haz una lista de los factores primos de cada número.

4: 2×2

5: 5

Paso 2 Encierra en un círculo la mayor cantidad de veces que cada factor distinto apareció.

4: (2 × 2)

5: (5)

Paso 3 Halla el producto de los factores que encerraste en un círculo.

$2 \times 2 \times 5 = 20$

El m.c.m. de 4 y 5 es 20.

Halla el m.c.m. de los pares de números en los Ejercicios **1** a **12.**

1. 8, 12

2. 6, 7

3. 3, 4

4. 4, 9

5. 3, 8

6. 5, 11

7. 4, 8

8. 5, 6

9. 3, 6

10. 2, 4

11. 10, 11

12. 3, 7

13. 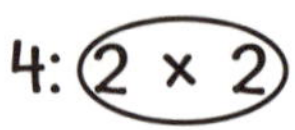 **PM.3 Evaluar el razonamiento** Roberto quiere hallar el m.c.m. de 4 y 6. Se muestra su trabajo a la derecha. ¿Cuál es el error de Roberto? Explica cómo hallar el m.c.m. correcto de 4 y 6.

4: (2 × 2)

6: (2 × 3)

2 × 2 × 2 × 3 = 24; por tanto, el m.c.m. de 4 y 6 es 24.

14. Los maníes se venden en paquetes de 8 onzas y de 12 onzas. ¿Cuál es la menor cantidad de onzas que puedes comprar de cada paquete para tener cantidades iguales de cada tamaño de paquete?

15. **Álgebra** Cierta sustancia comienza a derretirse a una temperatura superior a 42 °F. Escribe una desigualdad que represente las temperaturas a las que la sustancia no se derretirá. Muéstralo en una recta numérica.

16. ¿En qué horarios entre las 10:00 *a. m.* y las 5:00 *p. m.* la presentación de química y la presentación de reciclaje comienzan al mismo tiempo?

17. **Pensamiento de orden superior** El museo realiza talleres en escuelas todos los lunes y talleres en bibliotecas públicas cada cinco días (tanto días de semana como fines de semana). Si el museo realizó tanto un taller en una escuela como uno en una biblioteca el lunes, ¿cuánto días pasarán hasta que los dos talleres se den en el mismo día?

Evaluación de *Common Core*

18. Las distintas clases de cuentas que usa Casey para hacer monederos vienen en paquetes de 3 y de 9. ¿Cuál es la cantidad menor de cada clase de cuentas que puede comprar Casey para tener un número igual de las distintas clases de cuentas?

Ⓐ 90 Ⓑ 27 Ⓒ 27 Ⓓ 27

Resuélvelo y coméntalo

Sam está explorando patrones de números primos. Comienza con el número 1 y luego suma números primos impares consecutivos. Dice que la suma de 1 y los números primos impares consecutivos siempre es un cuadrado perfecto.

Evalúa el razonamiento de Sam y explica si el enunciado es correcto.

$$1 = 1$$
$$1 + 3 = 4$$
$$1 + 3 + 5 = 9$$

Puedo...
evaluar el razonamiento de otros usando lo que sé sobre factores y múltiplos.

© **Prácticas matemáticas** PM.3, PM.1, PM.6, PM.7
Estándar de contenido 6.SN.B.4

Hábitos de razonamiento

¡Razona correctamente! Estas preguntas te pueden ayudar.

- ¿Qué preguntas puedo hacer para entender el razonamiento de otros?
- ¿Hay errores en el razonamiento de otros?
- ¿Puedo mejorar el razonamiento de otros?

¡Vuelve atrás! © **PM.3 Evaluar el razonamiento** ¿Cómo puedo mejorar el razonamiento de Sam?

A

Sara realiza una lista de los factores de cada cuadrado perfecto menor que 100.

Dice que el M.C.D. de dos números cualesquiera de estos cuadrados perfectos es 1.

1: 1

4: 1, 2, 4

9: 1, 3, 9

16: 1, 2, 4, 8, 16

25: 1, 5, 25

36: 1, 2, 3, 4, 6, 9, 12, 18, 36

49: 1, 7, 49

64: 1, 2, 4, 8, 16, 32, 64

81: 1, 3, 9, 27, 81

100: 1, 2, 4, 5, 10, 20, 25, 50, 100

¿Cuál es el razonamiento de Sara para apoyar el enunciado?

El razonamiento de Sara se basa en el análisis de la lista de factores de cada cuadrado perfecto menor que 100.

B ### ¿Cómo puedo evaluar el razonamiento de otros?

Puedo

- hacer preguntas si necesito aclaración.

- decidir si la estrategia que se usó tiene sentido.

- buscar defectos en las estimaciones o los cálculos.

C

El razonamiento de Sara tiene defectos porque un contraejemplo puede demostrar que el enunciado de Sara no es verdadero para todos los cuadrados perfectos menores que 100. Un contraejemplo es un ejemplo que demuestra que un enunciado no es verdadero.

El M.C.D. de 4 y 16 es 4.

El razonamiento de Sara está incompleto y el enunciado no es correcto.

¡Convénceme! Ⓒ **PM.3 Evaluar el razonamiento** Sara corrigió el enunciado. Sara dice que el M.C.D. de dos cuadrados perfectos consecutivos cualesquiera menores que 100 es 1. Evalúa el razonamiento de Sara y explica si es correcto.

☆ Práctica guiada*

Ⓒ PM.3 Evaluar el razonamiento

Un director deportivo programa el uso del gimnasio para mayo. El gimnasio se puede usar solo para una actividad por día. El director razona que si comienza el 1 de mayo y programa la práctica de básquetbol cada 3 días y la práctica de futbol cada 4 días, las dos prácticas no se realizarán el mismo día. El director comprueba el calendario y halla que la práctica de básquetbol será el 3, el 6 y el 9 de mayo, y la práctica de futbol será el 4, el 8 y el 12 de mayo.

1. ¿Cuál es el razonamiento del director para apoyar este enunciado?

2. ¿El razonamiento del director tiene sentido? Usa un ejemplo o un contraejemplo para evaluar el razonamiento.

☆ Práctica independiente

Ⓒ PM.3 Evaluar el razonamiento

Sadie dice que el diagrama de Venn muestra los factores comunes de 8 y 12 en la sección del centro. Concluye que el M.C.D. es 8 ya que $1 \times 2 \times 4 = 8$.

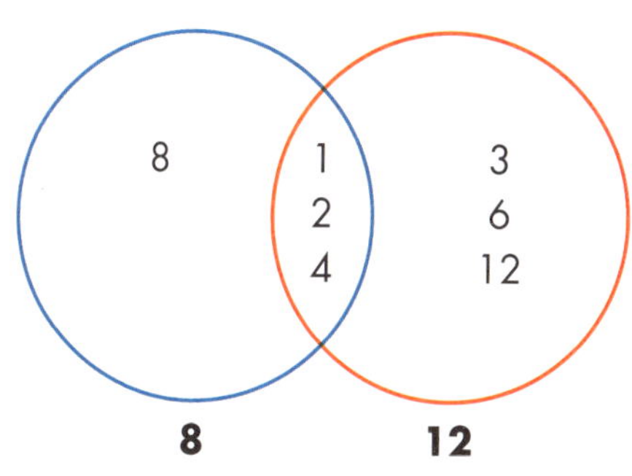

3. ¿Cómo apoya Sadie su conclusión?

4. ¿Tiene sentido la conclusión de Sadie? Usa el diagrama de Venn para evaluar el razonamiento.

5. ¿Qué error cometió Sadie?

© Evaluación de rendimiento de *Common Core*

Bolsas de refrigerio para la caminata de beneficencia

Juan está armando bolsas de refrigerio para una caminata de beneficencia. Tiene planeado colocar la misma cantidad de botellas de agua y la misma cantidad de barras nutritivas en cada bolsa. Quiere armar la mayor cantidad de bolsas que pueda sin que queden sobrantes. Juan afirma que la mayor cantidad de bolsas que puede armar son 14, con 6 botellas de agua y 4 barras nutritivas en cada bolsa.

botellas de agua   84
barras nutritivas   56

$84 + 56 = 14(6 + 4)$

14 bolsas de refrigerio: 6 botellas de agua y 4 barras nutritivas

6. **PM.7 Usar la estructura** ¿Cómo usa Juan la relación entre la suma y la multiplicación para apoyar su afirmación?

7. **PM.1 Entender y perseverar** ¿Cómo puedes usar los cálculos de Juan para comprobar si la estrategia tiene sentido?

8. **PM.3 Evaluar el razonamiento** ¿Los cálculos de Juan apoyan la afirmación de que la mayor cantidad de bolsas que puede armar es 14? Usa un ejemplo o contraejemplo para justificar tu respuesta.

9. **PM.6 Hacerlo con precisión** ¿Cuántas botellas de agua y barras nutritivas puede colocar Juan en cada bolsa? Justifica tu respuesta.

¡Revisemos!

Jim observa que 18 y 27 son múltiplos de 9 y que la suma de 18 y 27 es 45, que también es múltiplo de 9. Jim razona que para dos números cualesquiera que sean múltiplos de 9, la suma será también un múltiplo de 9. Explica si el razonamiento de Jim tiene sentido.

$$9 \times 3 = 27$$

$$9 \times 2 = 18$$

$$18 + 27 = 45 \qquad 45 = 9 \times 5$$

Evalúa el razonamiento de Jim poniendo a prueba más ejemplos.	Usa la propiedad distributiva para mostrar por qué esto funciona.

Evalúa el razonamiento de Jim poniendo a prueba más ejemplos.

$9 \times 6 = 54$ $9 \times 1 = 9$

$9 \times 8 = 72$ $9 \times 4 = 36$

$54 + 72 = 126$ $9 + 36 = 45$

$126 = 9 \times 14$ $45 = 9 \times 5$

Usa la propiedad distributiva para mostrar por qué esto funciona.

$9 \times 6 + 9 \times 8 = 9(6 + 8) = 9(14)$

$9 \times 1 + 9 \times 4 = 9(1 + 4) = 9(5)$

Escribir las expresiones usando la propiedad distributiva muestra que la suma de dos números con un M.C.D. de 9 siempre será un múltiplo de 9.

El razonamiento de Jim tiene sentido.

© PM.3 Evaluar el razonamiento

Eva dice que el M.C.D. de dos números impares es el producto de los dos números.

Múltiplos de 3: 3, 6, 9, 15

Múltiplos de 5: 5, 10, 15

Múltiplos de 7: 7, 14, 21, 28, 35, 42, 49, 56, 63

Múltiplos de 9: 9, 18, 27, 36, 45, 54, 63

1. ¿Cómo apoya Eva su conjetura?

2. Evalúa el razonamiento de Eva poniendo a prueba más ejemplos. ¿Hay algún contraejemplo que pruebe que su conjetura no es verdadera?

Globos

Jane está realizando centros de mesa con globos para un banquete de la escuela. Quiere usar $\frac{1}{3}$ de paquete de cada tipo de globo por centro de mesa. Jane afirma que la cantidad menor de centros de mesa que puede realizar sin que sobren globos es 54.

6: 2×3
9: 3×3
m.c.m.: $2 \times 3 \times 3 \times 3 = 54$

Tipo de globo	Cantidad de globos por paquete
Látex (6 paquetes)	9
Plateados (6 paquetes)	6

3. **PM.1 Entender y perseverar** ¿Cuál es el argumento de Jane y cómo lo apoya?

4. **PM.3 Evaluar el razonamiento** ¿Cómo puedes indicar si el razonamiento de Jane es correcto?

5. **PM.3 Construir argumentos** ¿Los cálculos de Jane son correctos?

Actividad de práctica de fluidez

Trabaja con un compañero. Necesitan papel y lápiz. Cada uno escoge un color diferente: celeste o azul. El Compañero 1 y el Compañero 2 apuntan a uno de los números negros al mismo tiempo. Ambos suman esos números. Si la respuesta está en el color que escogiste, puedes anotar una marca de conteo. Sigan la actividad hasta que uno de los compañeros tenga doce marcas de conteo.

Puedo...
dividir números enteros de varios dígitos.

 **Estándar de contenido**
6.SN.B.2

Compañero 1

| 1,080 |
| 3,168 |
| 2,215 |
| 6,048 |
| 4,048 |

Compañero 2

| 36 |
| 18 |
| 72 |
| 23 |
| 60 |

44	137 R17	88	67 R28
112 R16	84	262 R22	176
46 R22	96 R7	60	100 R48
336	30	52 R48	168
61 R19	18	56 R16	15
30 R55	224 R16	36 R55	123 R1

Marcas de conteo para el Compañero 1

Marcas de conteo para el Compañero 2

Repaso del vocabulario

Glosario

Lista de palabras

- árbol de factores
- contraejemplo
- descomposición en números primos
- máximo común divisor (M.C.D.)
- mínimo común múltiplo (m.c.m.)
- múltiplo común
- número compuesto
- número primo

Comprender el vocabulario

Escoge el mejor término de la Lista de palabras. Escríbelo en el espacio en blanco.

1. Todos los números compuestos se pueden escribir como un producto de factores primos. Esto se llama ___________________ .

2. El número 5 es el ___________ de 10 y 15.

3. Un diagrama que muestra los factores primos de un número compuesto es un ___________________ .

4. Un número que tiene más de dos factores es un

___________________ .

5. Escribe **P** al lado de cada *número primo*. Escribe **C** al lado de cada *número compuesto*.

2 _____   9 _____   65 _____   73 _____

6. Encierra en un círculo los *múltiplos comunes* de 8 y 12.

2   12   24   48   72   4   16   36   60

Traza una línea de cada par de números de la Columna A al *mínimo común múltiplo (m.c.m.)* de los números en la Columna B.

Columna A	Columna B
7. 9, 7	36
8. 9, 12	56
9. 8, 7	63

Usar el vocabulario al escribir

10. Describe dos maneras de hallar la *descomposición en números primos* de 16. Usa en tu explicación al menos 3 palabras de la Lista de palabras.

Nombre ______________________________

Grupo A páginas 391 a 396

Halla la descomposición en números primos de 24.

Comienza con dos factores cualesquiera. Sigue hallando los factores hasta que todos los factores sean primos.

$$24 = 4 \times 6$$
$$= 2 \times 2 \times 6$$
$$= 2 \times 2 \times 2 \times 3$$

La descomposición en números primos de 24 es $2 \times 2 \times 2 \times 3$, o $2^3 \times 3$.

También puedes usar un árbol de factores. Comienza con dos factores cualesquiera.

El árbol de factores muestra que la descomposición en números primos de 24 es $2 \times 2 \times 2 \times 3$, o $2^3 \times 3$.

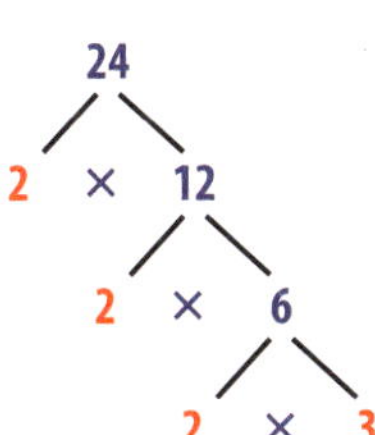

Recuerda que un número es primo cuando sus únicos factores son 1 y sí mismo.

Escribe la descomposición en números primos de los números. Si el número es primo, escribe *primo*.

1. 39

2. 56

3. 83

4. 64

5. 42

6. 75

7. 29

Grupo B páginas 397 a 402

Halla el máximo común divisor (M.C.D.) de 24 y 66 usando la descomposición en números primos. Luego, usa el M.C.D. y la propiedad distributiva para hallar la suma de 24 y 66.

Paso 1 Halla la descomposición en números primos de cada número.

$$24 = 2 \times 2 \times 2 \times 3 \qquad 66 = 2 \times 3 \times 11$$

Paso 2 Multiplica los factores primos comunes. El M.C.D. de 24 y 66 es $2 \times 3 = 6$.

Paso 3 Usa el M.C.D. y la propiedad distributiva para hallar la suma de 24 y 66.

$$24 + 66 = 6 \times 4 + 6 \times 11 = 6(4 + 11)$$
$$= 6(15) = 90$$

Recuerda que para hallar el M.C.D. también puedes hacer una lista de todos los factores de cada número, y luego, escoger el factor mayor que tengan en común.

Halla el M.C.D. de los pares de números. Luego, usa el M.C.D. y la propiedad distributiva para hallar la suma de cada par de números.

1. 30, 100   2. 8, 52

3. 28, 42   4. 37, 67

5. 75, 89   6. 48, 72

Halla el mínimo común múltiplo (m.c.m.) de 10 y 6.

Haz una lista de los múltiplos de cada número.

10: 10, 20, 30 . . .   6: 6, 12, 18, 24, 30 . . .

El m.c.m. es 30.

También puedes usar la descomposición en números primos para hallar el mínimo común múltiplo.

10: ②×⑤

6: ②×③

Haz una lista de la mayor cantidad de veces que aparece cada factor en cualquiera de las dos descomposiciones en números primos. Luego, multiplica los factores.

$2 \times 5 \times 3 = 30$

Recuerda que se multiplica un número dado por cualquier número entero para hallar un múltiplo.

Halla el m.c.m. de cada par de números.

1. 4, 9   **2.** 3, 6

3. 8, 10   **4.** 3, 5

5. 4, 12   **6.** 6, 11

7. 9, 12   **8.** 4, 10

9. 7, 8   **10.** 9, 7

11. 12, 11   **12.** 10, 2

Piensa en estas preguntas, pues te ayudarán a **evaluar el razonamiento de otros**.

Hábitos de razonamiento

- ¿Qué preguntas puedo hacer para entender el razonamiento de otros?

- ¿Hay errores en el razonamiento de otros?

- ¿Puedo mejorar el razonamiento de otros?

Recuerda que puedes evaluar el razonamiento si ofreces un contraejemplo.

La maestra Davis programa actividades después de clase para 18 niñas y 24 niños. Quiere formar grupos iguales con la misma cantidad de niñas y niños en cada grupo. Ella dice que la cantidad mayor de grupos iguales que puede armar es 3.

1. ¿Tiene razón la maestra Davis? Usa un ejemplo o un contraejemplo para evaluar el enunciado de la maestra Davis.

2. ¿Qué error cometió la maestra Davis?

1. Kristen compra hojas de calcomanías de elefantes y de tigres. Hay 12 calcomanías de elefantes en cada hoja y 10 calcomanías de tigres en cada hoja.

Parte A

¿Cuál es la menor cantidad de cada tipo de calcomanía que Kristen puede comprar para tener la misma cantidad de calcomanías de cada tipo? Muestra cómo lo sabes.

Parte B

¿Cuántas hojas de cada tipo de calcomanía deberá comprar? Muestra cómo lo sabes.

2. En las opciones 2a a 2d, escoge Sí o No para mostrar si 3 es el M.C.D. del par de números.

2a. 9, 15   ○ Sí ○ No

2b. 12, 18   ○ Sí ○ No

2c. 15, 27   ○ Sí ○ No

2d. 30, 45   ○ Sí ○ No

3. Ziva observa un patrón mientras halla el m.c.m. de dos números primos. Razona que como los dos únicos factores de cada número primo son 1 y sí mismo, el m.c.m. de dos números primos siempre es el producto de los números.

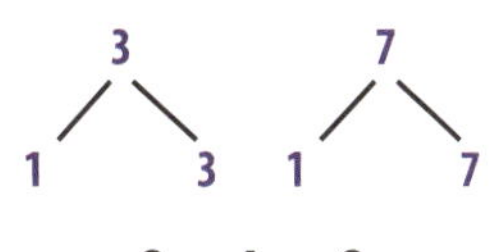

$$3 = 1 \times 3$$
$$7 = 1 \times 7$$
$$\text{m.c.m.} = 1 \times 3 \times 7 = 21$$

¿El razonamiento de Ziva tiene sentido? Explica cómo lo sabes.

4. ¿Cuál es el M.C.D. de 36 y 54?

Ⓐ 2

Ⓑ 6

Ⓒ 9

Ⓓ 18

5. Jamie es voluntario en el albergue para mascotas cada 3 días y en el comedor comunitario, cada 6 días. Este mes trabaja como voluntario en el albergue para mascotas el 3.° día del mes y en el comedor comunitario, el 6.° día del mes. Jamie dice que la primera vez que trabajará de voluntario en los dos lugares será el 18.° día del mes ya que el m.c.m. de 3 y 6 es 18.

¿Tiene sentido el razonamiento de Jamie? Usa un ejemplo o un contraejemplo para explicar tu análisis.

6. Usa el M.C.D. y la propiedad distributiva para hallar la suma de $49 + 56$. Muestra tu trabajo.

7. Jase escribió la descomposición en números primos de 99. ¿Qué expresión pudo haber escrito? Marca todas las que se apliquen.

- ☐ $3^2 \times 11$
- ☐ 9×9
- ☐ $3 \times 3 \times 3 \times 11$
- ☐ 3^4
- ☐ $3 \times 3 \times 11$

8. Traza líneas para unir los pares de números de la izquierda con el m.c.m. de los números de la derecha.

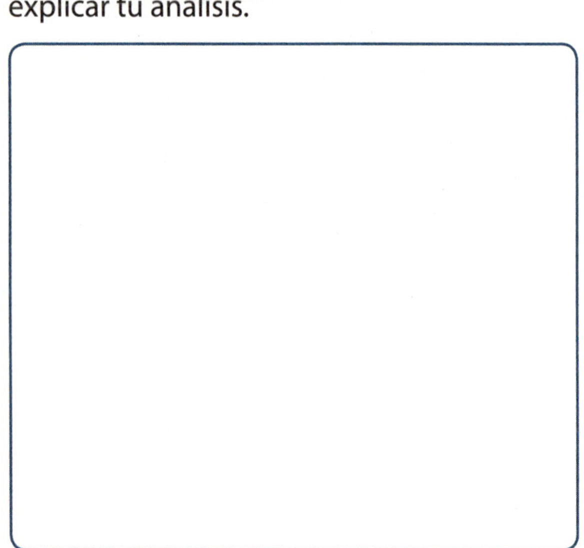

9. Elliot tiene 28 libros de misterio y 35 libros de literatura fantástica que quiere colocar en estantes. Cada estante tendrá la misma cantidad de libros. Elliot quiere colocar solo un tipo de libro en cada estante.

Parte A

¿Cuál es la cantidad mayor de libros que podrá colocar en cada estante?

Parte B

¿Cuántos estantes con libros de misterio habrá? ¿Cuántos estantes con libros de literatura fantástica habrá?

10. Halla el M.C.D. de 9 y 12. Explica tu método.

Comida al aire libre

Ali está planeando una comida al aire libre para su familia y amigos. Habrá 24 personas.

1. Ali alquilará mesas para la comida al aire libre y quiere sentar a la misma cantidad de personas en cada mesa. Tiene que decidir cuántas mesas alquilar. ¿Cómo puede organizar la disposición de asientos para que haya una cantidad razonable e igual de personas sentadas en cada mesa?

2. Ali invitó a 18 adultos y a 6 niños. Sue, la mejor amiga de Ali, sugiere que se sienten una cantidad igual de adultos y una cantidad igual de niños por mesa. ¿Cuál es la mayor cantidad de mesas que necesitará Ali? ¿Cuántos adultos y niños estarán sentados en cada mesa? Explica cómo encontraste tu respuesta.

3. Ali quiere comprar una cantidad igual de cada uno de los elementos de la mesa. Quiere evitar que queden sobrantes.

Elemento	Cantidad de elementos por paquete
Hot dog vegetariano	6
Pan para *hot dog*	8

Parte A

¿Cuál es la cantidad menor de elementos que Ali necesita comprar para que haya una cantidad igual de cada elemento? Explica tu razonamiento.

Parte B

¿Cuántos paquetes de cada elemento tiene que comprar Ali? Explica cómo lo decidiste.

4. A último momento, Sue invita a 6 de sus amigos a la comida de Ali. Hay 4 adultos más y 2 niños más. ¿Cómo puede usar Ali lo que aprendió sobre la disposición de asientos para acomodar a todos los invitados? Explica tu razonamiento.

Glosario

A

altura Segmento desde un vértice perpendicular a la recta en el lado opuesto; la distancia perpendicular entre las bases de un sólido.

análisis dimensional Método que usa factores de conversión para convertir una unidad de medida a otra unidad de medida. *Ejemplo:* $64 \ \cancel{\text{onzas}} \times \dfrac{1 \ \text{taza}}{8 \ \cancel{\text{onzas}}} = \dfrac{64}{8}$ tazas $= 8$ tazas

ángulo Dos semirrectas con el mismo extremo.

ángulo agudo Ángulo con una medida mayor que 0° pero menor que 90°.

ángulo central Ángulo cuyo vértice está en el centro de un círculo.

ángulo llano Ángulo que mide 180°.

ángulo obtuso Ángulo con una medida mayor que 90° pero menor que 180°.

ángulo recto Ángulo que mide 90°.

ángulos adyacentes Par de ángulos con un vértice común y un lado común pero ningún punto interior común. *Ejemplo:* $\angle RSP$ y $\angle PST$.

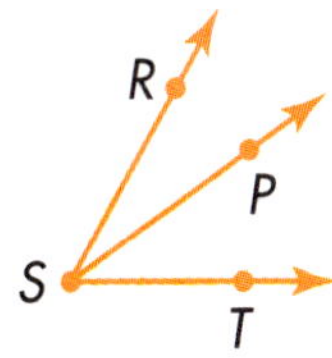

árbol de factores Diagrama que muestra la descomposición en factores primos de un número.

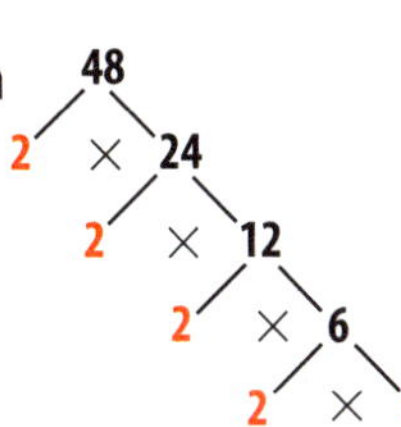

arco Parte de un círculo que conecta dos puntos en un círculo.

área Cantidad de unidades cuadradas necesarias para cubrir una superficie o figura.

área total (AT) Suma del área de cada cara de un poliedro.

arista Segmento de recta en que se encuentran dos caras de un poliedro.

B

base (en geometría) Lado designado de un polígono que es perpendicular a la altura del polígono; una de las dos caras paralelas de un prisma; superficie plana particular de un sólido, como un cilindro o un cono.

base (en numeración) Número que se multiplica por sí mismo la cantidad de veces que indica un exponente. *Ejemplo:* $4 \times 4 \times 4 = 4^3$, donde 4 es la base.

C

capacidad Volumen de un recipiente medido en unidades de medida para líquidos.

cara Superficie plana de un poliedro.

Celsius (°C) Escala para medir la temperatura en el sistema métrico.

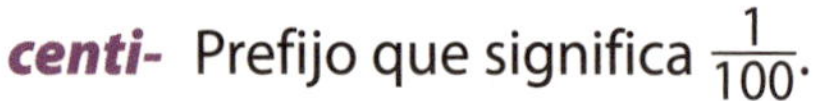

centi- Prefijo que significa $\frac{1}{100}$.

centro (en estadística) Parte de un conjunto de datos en el que los valores medios están concentrados.

centro (en geometría) Punto interior respecto del cual todos los puntos de un círculo están a la misma distancia.

cilindro Figura tridimensional que tiene dos bases circulares paralelas e idénticas. 

círculo Figura plana cerrada cuyos puntos están todos a la misma distancia de un punto dado llamado centro.

circunferencia Distancia alrededor de un círculo.

cociente Respuesta a un problema de división. *Ejemplo:* En $45 \div 9 = 5$, 5 es el cociente.

coeficiente Número multiplicado por una variable en una expresión algebraica. *Ejemplo:* En $6x + 5$, el coeficiente es 6.

cometa Cuadrilátero con dos pares de lados adyacentes de igual longitud.

común denominador Denominador que es el mismo en dos o más fracciones.

conjetura Generalización que se considera verdadera.

cono Figura tridimensional que tiene una base circular. Los puntos de ese círculo están unidos a un punto fuera de la base llamado vértice. 

contraejemplo Ejemplo que muestra que un enunciado es falso. *Ejemplo:* Afirmación: Todos los números impares son números primos.
Contraejemplo: 9 es un número impar pero <u>no</u> es un número primo.

coordenada *x* Primer número en un par ordenado que indica la posición a la izquierda o la derecha respecto del eje de las *y*.

coordenada *y* Segundo número en un par ordenado que indica la posición sobre o debajo del eje de las *x*.

cuadrado Rectángulo con cuatro lados iguales.

cuadrante Una de las cuatro regiones en las que los ejes de las *x* y de las *y* dividen el plano de coordenadas. Los ejes no son parte de los cuadrantes.

cuadrilátero Polígono con cuatro lados.

cuartiles Valores que dividen un conjunto de datos en cuatro partes iguales.

cuerda Segmento de recta cuyos extremos están en un círculo.

D

datos Información reunida.

datos numéricos Datos en los que todos los valores son números.

datos simétricos Datos distribuidos por igual en ambos lados del centro.

decágono Polígono con diez lados.

decimal finito Número decimal con una cantidad finita de dígitos. *Ejemplo:* 0.375

decimal periódico Número decimal en el que uno o más dígitos se repiten infinitamente.

denominador Número debajo de la barra de fracción de una fracción; cantidad total de partes iguales.

descomposición en factores primos Conjunto de factores primos cuyo producto es un número compuesto dado. *Ejemplo:* $60 = 2^2 \times 3 \times 5$

desigualdad Enunciado que contiene $>$ (mayor que), $<$ (menor que), $\geq$ (mayor que o igual a), $\leq$ (menor que o igual a) o $\neq$ (no es igual a) para comparar dos expresiones.

desviación absoluta Distancia total entre cada valor y la media.

desviación absoluta media (DAM) Media de las desviaciones absolutas de un conjunto de datos.

diagonal Segmento de recta que conecta dos vértices de un polígono y no es un lado.

diagrama de caja Diagrama que muestra la distribución de valores usando la mediana, los cuartiles, el valor mínimo y el valor máximo en una recta numérica.

diagrama de puntos Representación de valores que muestra cada valor como un punto o una marca sobre una recta numérica.

diámetro Segmento de recta que atraviesa el centro de un círculo y tiene los dos extremos en el círculo.
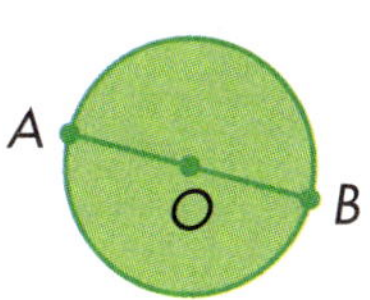

dibujo a escala Dibujo hecho de modo que las distancias en el dibujo sean proporcionales a las distancias reales.

distintos denominadores Denominadores de dos o más fracciones que son diferentes.

distribución de datos Cómo se distribuyen los valores.

dividendo Número dividido por otro número. *Ejemplo:* En $12 \div 3 = 4$, 12 es el dividendo.

divisible Un número es divisible por otro número si el cociente es un número entero y el residuo es cero.

divisor Número usado para dividir otro número. *Ejemplo:* En $12 \div 3 = 4$, 3 es el divisor.

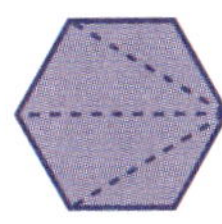

ecuación Oración matemática que afirma que dos expresiones son equivalentes.

ecuación lineal Ecuación cuya gráfica es una línea recta.

eje Cualquiera de las dos rectas perpendiculares de un plano de coordenadas que se intersecan en el origen.

eje de las *x* Recta horizontal en un plano de coordenadas.

eje de las *y* Recta vertical en un plano de coordenadas.

elevado al cuadrado Cuando un número ha sido multiplicado por sí mismo. *Ejemplo:* 5 elevado al cuadrado $= 5^2 = 5 \times 5 = 25$

enteros Los números que se usan para contar, sus opuestos y el cero.

escala Razón de las medidas de un dibujo a las medidas reales del objeto.

esfera Figura tridimensional en que todos los puntos están a la misma distancia del centro.

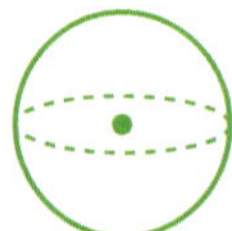

espacio vacío Intervalo con una menor frecuencia en comparación con el resto del conjunto de datos.

estimar Hallar un número que está cerca de una respuesta exacta.

evaluar Hallar el valor de una expresión algebraica reemplazando cada variable con un valor dado. *Ejemplo:* Evalúa $2n + 5$ cuando $n = 3$; $2(3) + 5 = 11$.

exponente Número que indica la cantidad de veces que la base se multiplica por sí misma. *Ejemplo:* $8^3 = 8 \times 8 \times 8$, donde 3 es el exponente y 8 es la base.

expresión Frase matemática que puede contener números, variables y operaciones. *Ejemplo:* $12 - x$

expresión algebraica Frase matemática que tiene al menos una variable y al menos una operación. *Ejemplo:* $10 \times n$ o $10n$

expresión numérica Expresión que contiene solo valores numéricos y operaciones.

expresiones equivalentes Expresiones que tienen el mismo valor sin importar qué número sustituye la misma variable.

F

factor Número que se multiplica por otro para obtener un producto.

factor común Factor que es el mismo para dos o más números.

factor de conversión Tasa que compara medidas equivalentes. *Ejemplos:*

$$\frac{4 \text{ tazas}}{1 \text{ cuarto de galón}} \qquad \frac{12 \text{ pulgadas}}{1 \text{ pie}} \qquad \frac{1{,}000 \text{ metros}}{1 \text{ kilómetro}}$$

Fahrenheit (°F) Escala para medir la temperatura en el sistema usual de medición.

forma desarrollada con exponentes Número escrito en forma desarrollada con los valores de posición escritos en forma exponencial. *Ejemplo:* $3{,}246 = (3 \times 10^3) + (2 \times 10^2) + (4 \times 10^1) + (6 \times 10^0)$

forma exponencial Forma de escribir la multiplicación repetida de un número usando exponentes. *Ejemplo:* 2^5

fórmula Regla que usa símbolos para relacionar dos o más cantidades.

fracción Número que puede usarse para describir una parte de un entero, una parte de un conjunto, una ubicación en una recta numérica o una división de números enteros.

fracciones equivalentes Fracciones que representan la misma cantidad.

G

grado (°) Unidad para medir ángulos o temperaturas.

gráfica circular Gráfica que representa un total dividido en partes.

gráfica de barras Gráfica que usa barras para mostrar y comparar datos.

gramo (g) Unidad métrica de masa.

grupo Intervalo con una mayor frecuencia en comparación con el resto del conjunto de datos.

heptágono Polígono con siete lados.

hexágono Polígono con seis lados.

histograma Gráfica que usa barras para mostrar la frecuencia de intervalos iguales.

intervalo Rango de números usados para representar datos.

kilo- Prefijo que significa 1,000.

lado Segmento usado para formar un polígono; semirrecta usada para formar un ángulo.

litro (L) Unidad métrica de capacidad.

masa Medida de la cantidad de materia de un objeto.

máximo El mayor valor en un conjunto de datos.

máximo común divisor (M.C.D.) El número mayor que es un factor de dos o más números.

media Suma de los valores de un conjunto de datos dividida por la cantidad de datos. También llamada *promedio*.

mediana Valor del medio de un conjunto de datos.

mediatriz Recta, semirrecta o segmento que interseca un segmento en su punto medio y es perpendicular a él.

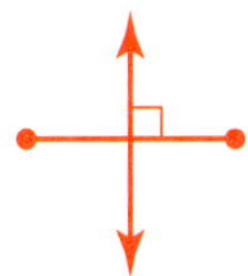

medida de tendencia central Número único que resume el centro de un conjunto de datos. *Ejemplo:* media o mediana

medida de variabilidad Número único que resume la variabilidad de un conjunto de datos. *Ejemplo:* rango entre cuartiles

metro (m) Unidad métrica de longitud.

mili- Prefijo que significa $\frac{1}{1000}$.

mínimo El menor valor en un conjunto de datos.

mínimo común denominador (m.c.d.) Mínimo común múltiplo de los denominadores de dos o más fracciones. *Ejemplo:* 12 es el m.c.d. de $\frac{1}{4}$ y $\frac{1}{6}$.

mínimo común múltiplo (m.c.m.) El menor número, sin incluir el cero, que es múltiplo de dos o más números.

mismo denominador Denominadores de dos o más fracciones que son iguales.

moda El valor que ocurre con mayor frecuencia en un conjunto de datos.

modelo plano Patrón de figuras planas que forma un sólido cuando se pliega.

múltiplo Producto de un número entero dado y cualquier número entero distinto de cero.

múltiplo común Múltiplo que es el mismo para dos o más números.

nonágono Polígono con nueve lados.

numerador Número sobre la barra de fracción en una fracción; cantidad de objetos o partes iguales que se consideran.

número compuesto Número natural mayor que uno y que tiene más de dos factores.

número decimal Número con un dígito o más a la derecha del punto decimal.

número mixto Número que combina un número entero y una fracción.

número primo Número entero mayor que 1 con exactamente dos factores, 1 y él mismo.

número racional Cualquier número que se puede escribir como un cociente $\frac{a}{b}$, donde a y b son enteros y $b \neq 0$.

números compatibles Números que son fáciles de calcular mentalmente.

octágono Polígono con ocho lados.

opuestos Enteros ubicados en lados opuestos respecto de cero y a la misma distancia de cero en una recta numérica. *Ejemplo:* 7 y −7 son opuestos.

orden de las operaciones Conjunto de reglas que usan los matemáticos para determinar el orden en que se deben hacer las operaciones.

origen El punto (0, 0) donde se intersecan el eje de las x y el eje de las y de un plano de coordenadas.

par ordenado Par de números (x, y) que se usa para localizar un punto en un plano de coordenadas.

paralelogramo Cuadrilátero con ambos pares de lados opuestos paralelos.

pentágono Polígono con cinco lados.

perímetro Distancia alrededor de una figura.

peso Medida de cuán pesado es un objeto.

pirámide Poliedro cuya base puede ser cualquier polígono y cuyas caras son triángulos.

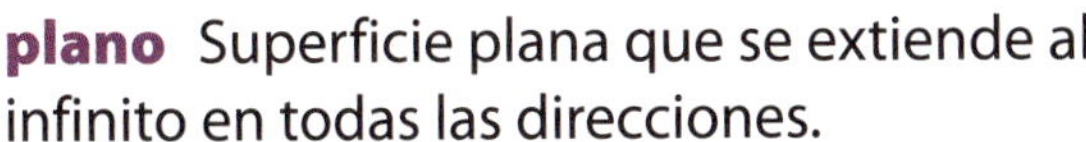

plano Superficie plana que se extiende al infinito en todas las direcciones.

plano de coordenadas Sistema bidimensional en que se describe una posición por su distancia respecto de dos rectas numéricas perpendiculares llamadas eje de las *x* y eje de las *y*.

poliedro Figura tridimensional compuesta de superficies planas que son polígonos.

polígono Figura plana cerrada compuesta de tres segmentos de recta o más.

polígono regular Polígono que tiene lados de igual longitud y ángulos de igual medida.

porcentaje Tasa que compara el primer término con 100.

potencia Valor de la base y el exponente escrito como una expresión numérica.

precio por unidad Tasa por unidad que da el precio de un objeto.

pregunta estadística Pregunta que anticipa que habrá diferentes respuestas en los datos.

prisma Poliedro con dos caras idénticas y paralelas con forma de polígono. 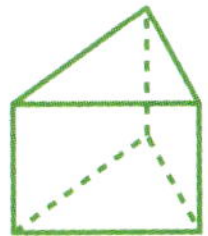 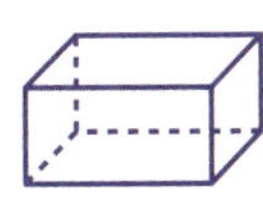

promedio Suma de los valores de un conjunto de datos dividida por la cantidad de valores que hay en el conjunto. También llamado *media*.

propiedad distributiva Propiedad que indica que multiplicar una suma por un número produce el mismo resultado que multiplicar cada sumando por el número y sumar los productos. *Ejemplo:*
$2 \times (3 + 4) = (2 \times 3) + (2 \times 4)$

propiedades asociativas Propiedades que indican que la manera en que los sumandos o factores están agrupados no afecta la suma o producto.

propiedades conmutativas Propiedades que indican que el orden de los sumandos o el orden de los factores no afecta la suma o producto.

propiedades de identidad Propiedades que indican que la suma de cualquier número y cero es ese número y que el producto de cualquier número y uno es ese número.

propiedades de la igualdad Propiedades que indican que hacer la misma operación en ambos lados de una ecuación mantiene la ecuación equilibrada.

proporción Enunciado que indica que dos razones son iguales.

punto Ubicación exacta en el espacio.

punto decimal Punto usado para separar el dinero en dólares y centavos o las unidades de las décimas en un número.

punto medio Punto que divide un segmento en dos segmentos de igual longitud.

radio Cualquier segmento de recta que conecta el centro de un círculo con un punto del círculo.

rango Diferencia entre el mayor valor y el mínimo en un conjunto de datos.

rango entre cuartiles (REC) Medida de variabilidad que es la diferencia entre el tercer cuartil y el primero.

razón Relación en la que cada *x* unidades de una cantidad hay *y* unidades de otra cantidad.

recíprocos Dos números cuyo producto es uno. *Ejemplo:* El recíproco de $\frac{3}{4}$ es $\frac{4}{3}$ porque $\frac{3}{4} \times \frac{4}{3} = 1$.

recta Camino recto de puntos que es infinito en dos direcciones.

rectángulo Paralelogramo con cuatro ángulos rectos.

rectas paralelas Rectas en el mismo plano que no se intersecan.

rectas perpendiculares Rectas que se intersecan y forman ángulos rectos.

reflexión Cambio en la posición de una figura o punto que genera una imagen reflejada sobre una recta.

relaciones inversas Relaciones entre operaciones que se "cancelan" entre sí, como la suma y la resta o la multiplicación y la división (excepto la multiplicación o división por 0).

rombo Paralelogramo con cuatro lados iguales.

S

sector Región limitada por dos radios y un arco.

segmento de recta Parte de una recta que tiene dos extremos.

semirrecta Parte de una recta con un extremo, que se extiende al infinito en una sola dirección.

simplificar Usar operaciones para combinar términos semejantes en una expresión.

sistema métrico (de medición) Sistema que usa decimales y potencias de 10 para medir longitud, masa y capacidad.

solución (de una ecuación) Valor que hace que una ecuación sea verdadera.

sustitución Reemplazo de la variable de una expresión por un número.

T

tabla de entradas y salidas Tabla de valores relacionados.

tabla de frecuencias Tabla que muestra la cantidad de veces que un valor o un rango de valores aparece en un conjunto de datos.

tasa Razón que compara dos cantidades con diferentes unidades de medida.

tasa por unidad Tasa en la que la comparación es con una unidad. *Ejemplo:* 25 pies por segundo

términos Las cantidades *x* y *y* en una razón. También, cada parte de una expresión que está separada por un signo más o menos.

términos semejantes Términos que tienen la misma variable, como *y* y 2*y*.

transformación Movimiento, como la traslación, la reflexión o la rotación, que mueve una figura a una nueva posición.

trapecio Cuadrilátero con exactamente un par de lados opuestos paralelos.

triángulo Polígono con tres lados.

triángulo acutángulo Triángulo con tres ángulos agudos.

triángulo equilátero Triángulo con los tres lados de la misma longitud.

triángulo escaleno Triángulo con todos los lados de distintas medidas.

triángulo isósceles Triángulo con al menos dos lados idénticos.

triángulo obtusángulo Triángulo con un ángulo obtuso.

triángulo rectángulo Triángulo con un ángulo recto.

unidad cúbica Unidad que mide volumen y que consiste en un cubo con lados que miden una unidad.

valor absoluto Distancia a la que un entero está de cero en la recta numérica.

valor extremo Valor extremo con pocos valores ubicados cerca.

variabilidad Medida de la dispersión de datos en un conjunto de datos.

variable Cantidad que cambia o varía, muchas veces representada con una letra.

variable dependiente Variable que cambia en respuesta a otra variable.

variable independiente Variable que hace que cambie la variable dependiente.

velocidad constante Tasa de velocidad que se mantiene igual a través del tiempo.

vértice (en un ángulo) Extremo común de dos semirrectas que forman un ángulo.

vértice (en un poliedro) Punto de intersección de las aristas de un poliedro.

vértice (en un polígono) Punto de intersección de dos lados de un polígono.

volumen Cantidad de unidades cúbicas necesarias para llenar un sólido.

Fotografías

Photo locators denoted as follows: Top (T), Center (C), Bottom (B), Left (L), Right (R), Background (Bkgd)

001 Irin-k/Shutterstock; **013** Pearson Education; **079** Tlorna/Shutterstock; **139** Brykaylo Yuriy/Shutterstock; **146B** Sebastian French/Fotolia; **146CL** Corbis; **146CR** Corbis; **146T** Nicola_G/Fotolia; **223** Solarseven/Shutterstock; **228** Pearson Education; **256** Stockbyte/Getty Images; **271** Ginger Livingston Sanders/Shutterstock; **280** Pearson Education; **282** Steve Lovegrove/Fotolia; **317** Volodymyr Goinyk/Shutterstock; **332** Pearson Education; **344** Mikiekwoods/Shutterstock; **387** Chris Alcock/Shutterstock; **404** Pearson Education; **423** NatalieJean/Shutterstock; **428BC** Massimo Cattaneo/Shutterstock; **428BL** Pearson Education; **428BR** Ysbrand Cosijn/Shutterstock; **428TC** Capture Light/Shutterstock; **428TL** Rebeccaashworth/Shutterstock; **428TR** Marcel Jancovic/Shutterstock; **500** Sascha Hahn/Shutterstock; **504** Dmitry Nikolaev/Fotolia; **537** Wasu Watcharadachaphong/Shutterstock; **591** Sly/Fotolia; **602C** Jupiter Images; **602L** Jupiter Images; **602R** hotshotsworldwide/Fotolia; **604** Dmitri Gomon/Shutterstock; **655** TFoxFoto/Shutterstock; **664B** Carmen Steiner/Fotolia; **664T** johnnyraff/Shutterstock; **703** Ermess/Fotolia; **745** Razlomov/Shutterstock; **770** Nerthuz/Shutterstock; **781** Real Deal Photo/Shutterstock; **804T** Pearson Education; **804B** Pearson Education; **840** Inga Nielsen/Shutterstock; **849L** Image Source/Getty Images; **849R** Getty Images.